Lernen im Turnaround von KMU

KMU-Forschung

Herausgegeben von Friederike Welter und Andreas Pinkwart

Band 2

PETER LANG
Frankfurt am Main · Berlin · Bern · Bruxelles · New York · Oxford · Wien

Daniel Heinemann

Lernen im Turnaround von KMU

Eine theoretische und empirische Betrachtung des Unternehmens-Turnarounds von KMU aus der Perspektive des individuellen und organisationalen Lernens

PETER LANG
Internationaler Verlag der Wissenschaften

Bibliografische Information der Deutschen Nationalbibliothek
Die Deutsche Nationalbibliothek verzeichnet diese Publikation in der Deutschen Nationalbibliografie; detaillierte bibliografische Daten sind im Internet über <http://www.d-nb.de> abrufbar.

Zugl.: Siegen, Univ., Diss., 2007

Gedruckt mit freundlicher Unterstützung der
Wissenschaftsförderung der Sparkassen-Finanzgruppe e.V.

D 467
ISSN 1863-172X
ISBN 978-3-631-56723-4

www.peterlang.de

Vorwort der Herausgeber

Nachdem im vergangenen Jahr der erste Band unserer Schriftenreihe „KMU-Forschung“ erschienen ist, freuen wir uns, die nächste wissenschaftliche Veröffentlichung präsentieren zu dürfen. Ziel unserer Schriftenreihe ist es, die spezifischen Probleme und Herausforderungen des Managements von kleinen und mittleren Unternehmen (KMU) aus unterschiedlichen mikro- und makroökonomischen Perspektiven zu beleuchten. Hierbei wird dem Prozessgedanken des Unternehmens-Lebenszyklus Rechnung getragen, so dass sowohl die Phasen der Gründung, des Wachstums, der Stagnation und des Niedergangs als auch des Turnarounds betrachtet werden.

Dem letzten Themenfeld lässt sich die vorliegende Arbeit zuordnen, die als Dissertation an der Universität Siegen eingereicht und akzeptiert wurde. Mit seiner Arbeit konzentriert sich Daniel Heinemann auf die theoretische und empirische Analyse von Verhaltensveränderungen während eines Turnaround-Prozesses in KMU. Die Dissertation ist damit einer in der noch jungen Turnaround-Forschung bislang kaum behandelten Fragestellung gewidmet. Sie erweitert die betriebswirtschaftliche Forschung um das Betrachtungsfeld der individuellen und organisationalen Lernprozesse in Krisensituationen. Dabei verweist der Autor zu Recht darauf, dass der Turnaround als zeitlich begrenzter Wandlungsprozess besonders gut dafür geeignet ist, Lernvorgänge in Unternehmen auch empirisch zu untersuchen.

Besonders hervorzuheben ist die konzeptionelle Herangehensweise des Autors, die Sichtweisen der organisationalen und unternehmerischen Lernorientierung als eigenständige und doch komplementär zueinander in Beziehung stehende Bereiche organisationalen Lernens theoretisch wie empirisch zu durchdringen. Die empirischen Ergebnisse verweisen dabei auf die besondere Bedeutung eines ganzheitlich gestalteten Turnaround-Prozesses, der sich nicht ausschließlich auf organisationale Maßnahmen konzentriert, sondern die Unternehmerperson mit berücksichtigt. Mit der systematischen Aufbereitung der Erkenntnisse verschiedener Disziplinen zum Lernen, Unternehmerverhalten und Turnaround, deren Verknüpfung zu einem konzeptionellen Rahmen und dessen empirischer Überprüfung leistet die vorliegende Arbeit einen ausgezeichneten Beitrag dazu, die wissenschaftliche Diskussion in der Betriebswirtschaftslehre und angrenzenden Bereichen wie der KMU- sowie der Entrepreneurship-Forschung weiterzuführen.

Daniel Heinemann weist im Rahmen der empirischen Analyse nach, dass der Erfolg eines Turnarounds von der Stärke des unternehmerischen Lernens sowie von der Steigerung der Lernorientierung des Unternehmens bestimmt wird. Diese Arbeit liefert damit sowohl für Unternehmer in mittelständischen Unternehmen als auch für

Berater Hinweise darauf, was einen lernorientierten – und damit eher Erfolg versprechenden – Turnaround ausmacht.

Siegen, im Juli 2007 Prof. Dr. Friederike Welter Prof. Dr. Andreas Pinkwart

Vorwort

Die Realisierung meiner Arbeit wäre nicht ohne das Mitwirken und Vertrauen zahlreicher Personen aus Umfeld des Lehrstuhls PRO KMU möglich gewesen. Daher möchte ich mich an dieser Stelle vor allem bei meinen akademischen Lehrern bedanken, die mir neben der fachlichen Unterstützung auch den notwendigen konzeptionellen Freiraum gewährt haben. Während mich Prof. Dr. Andreas Pinkwart als Erstgutachter insbesondere im Bereich des Krisen- und Turnaround-Managements von KMU konstruktiv begleitet hat, hat mir Prof. Dr. Friederike Welter als Zweitgutachterin stets für Diskussionen auf dem Feld des individuellen und organisationalen Lernens zur Verfügung gestanden. Trotz ihrer unzähligen politischen resp. wissenschaftlichen Aufgaben und Verpflichtungen haben beide meine Fortschritte stets mit großem Interesse verfolgt. Für die fortwährende Bereitschaft zu offenen, kritischen und vor allem zeitnahen Diskussionen möchte ich mich ganz herzlich bedanken. Dieser Dank muss auch die Unterstützung von Frau Esther Polito und Herrn Rudi Hielscher bei der terminlichen Koordination von Treffen mit Prof. Dr. Andreas Pinkwart in Berlin und Düsseldorf einschließen.

Für die Unterstützung am Lehrstuhl PRO KMU möchte ich mich bei allen Kolleginnen und Kollegen sowie den studentischen Hilfskräften bedanken. Aus diesem Kreise ist die enge, freundschaftliche Zusammenarbeit mit meiner Kollegin Dr. Susanne Kolb hervorzuheben. Ihre Hilfs- und Diskussionsbereitschaft sowie ihre wichtigen Anregungen haben nicht nur den Verlauf meiner nun vorliegenden Arbeit, sondern auch der vielen gemeinsamen Veröffentlichungen und Forschungsprojekten positiv beeinflusst. Abschließend sind noch all jene zu erwähnen, die mich durch die Klippen der neuen Rechtschreibreform begleitet haben: Barbara Heinemann, Julia Heinemann und Jens Schmidt.

Bei der Wissenschaftsförderung der Sparkassen-Finanzgruppe e.V. möchte ich mich für die langjährige Förderung bedanken. Schließe ich die Zeit als Kollegiat der Eberle-Butschkau-Stiftung mit ein, begleitet sie mich nun im 10. Jahr meiner akademischen Ausbildung. Als Höhepunkt der wissenschaftlichen Zusammenarbeit sehe ich den erfolgreichen Verlauf des Forschungsprojekts sowie der gleichnamigen Veröffentlichung „Turnaround-Management in kleinen und mittleren Unternehmen mit Hilfe der Balanced Scorecard". Außerdem danke ich der Wissenschaftsförderung für die finanzielle Unterstützung bei der Durchführung der empirischen Untersuchung und bei der Drucklegung. Ohne dieses freundliche Engagement hätte die Arbeit in der vorliegenden Form nicht erscheinen können.

Einen besonderen Dank schulde ich schließlich meiner Frau Julia sowie meinen Kindern Rosa und Julius. Nur durch ihr Verständnis, ihre Rücksichtnahme, ihre Zuversicht und Liebe konnte ich dieses Projekt erfolgreich beenden. Ihnen widme ich meine Arbeit.

Olpe, im Juni 2007 Daniel Heinemann

Inhaltsverzeichnis

Abbildungsverzeichnis

Tabellenverzeichnis

Abkürzungsverzeichnis

Abb.	Abbildung
Anm.	Anmerkung(en)
Bi	Bindung
Bd.	Band
BSC	Balanced Scorecard
bspw.	Beispielsweise
BWA	Betriebswirtschaftliche Abrechnung
bzw.	beziehungsweise
ca.	circa
CE	Craftsman-Entrepreneur
CEO	Chief Executive Officer
CR	kanonische Korrelation
d.	des, der
DBW	Die Betriebswirtschaft
d.h.	das heißt
DSGV	Deutscher Sparkassen- und Giroverband
et al.	et alii
etc.	et cetera
ET&P	Entrepreneurship Theory & Practice
EUR (€)	Euro
f.	folgende
ff.	fortfolgende
FL	Faktorladung
g	Gruppe
ggf.	gegebenenfalls
GmbH	Gesellschaft mit beschränkter Haftung
GuV	Gewinn- und Verlustrechnung
H.	Heft
Hrsg.	Herausgeber
i	Individuum
i.d.R.	in der Regel
i.e.S.	im engeren Sinne
IfM	Institut für Mittelstandsforschung
InsO	Insolvenzordnung
IT	Informationstechnologie
ITM	Integriertes Turnaround-Management
i.V.m.	in Verbindung mit
i.w.S.	im weiteren Sinne
Jg.	Jahrgang
Kap.	Kapitel
KMU	Kleine und mittlere Unternehmen
KonTraG	Gesetz zur Kontrolle und Transparenz im Unternehmensbereich

KSI	Krisen-, Sanierungs- und Insolvenzberatung
M	Mittelwert
m.a.W.	mit anderen Worten
Mio.	Million(en)
MA	Mitarbeiter
Mrd.	Milliarde(n)
n	Netzwerk
nR	negativer Rang
NT	erfolgloser Turnaround
o.a.	oben angeführte(n)
OADI-SMM	Oberserve-Assess-Design-Implement – Shared Mental Models
OE	Opportunistic-Entrepreneur
org	Organisation
pR	positiver Rang
PR	Public Relations
PT	partieller Turnaround
resp.	respektive
ROI	Return on Investment
s.	siehe
S.	Seite(n)
SD	Standardabweichung
SECI	Socialisation, Externalisation, Combination, Internalisation
SGE	Strategische Geschäftseinheiten
S-I-P	Strategie-Implementierungs-Portfolio
SK	Strukturkoeffizient
s.o.	siehe oben
sog.	so genannte(r), (s)
T	erfolgreicher Turnaround
T-BSC	Turnaround-Balanced Scorecard
TMT	Turnaround-Management-Team
Tz.	Textziffer(n)
u.ä.	und ähnliche(s)
u.a.	unter anderem
usw.	und so weiter
VCG	Venture Capital-Gesellschaften
Verf.	Verfasser(s)
vgl.	vergleiche
z.B.	zum Beispiel

A. Einleitung

1. Problemstellung und Aufbau der Untersuchung

Das hohe Niveau der Unternehmensinsolvenzen seit Anfang der 1990er Jahre ist ein Zeichen dafür, dass viele Unternehmen den gestiegenen Anforderungen des Wettbewerbs nicht mehr gewachsen sind, in eine existenzbedrohende Krise geraten und letztlich scheitern. Wie die Insolvenzstatistik belegt, sind es fast ausschließlich kleine und mittlere Unternehmen (KMU), die in diesen Krisensituationen außer Stande sind, die negative Unternehmensentwicklung durch entsprechende Maßnahmen aufzuhalten und umzukehren. Der erfolgreiche Rettungsversuch eines Krisenunternehmens wird als „Turnaround“ bezeichnet und beschreibt eine positive Trendwende in der Leistungsfähigkeit eines Unternehmens.

Aktuelle Studien verdeutlichen,[1] dass die Verbesserung der Leistungsfähigkeit eines Krisenunternehmens insbesondere durch ein ganzheitliches, integriertes Turnaround-Management erzielt werden kann. Dabei kommt es darauf an, *„das Turnaround-Management als einen lernenden Prozess zu begreifen, an dem alle Mitarbeiter und Akteure des Turnaround aktiv beteiligt werden sollten.“*[2] Indem unternehmensweite Lernprozesse ausgelöst werden, erhöht sich die Lern- und Anpassungsfähigkeit von Unternehmen und somit auch ihre Überlebensfähigkeit und -wahrscheinlichkeit in Krisensituationen.[3]

Daher erscheint es erforderlich, das Turnaround-Management von KMU explizit mit dem Konzept des organisationalen Lernens zu verbinden. Aus diesem Grund wird das **organisationale Lernen im Turnaround von KMU** anhand von vier Perspektiven (institutionelle, hierarchische, prozessuale und situative Perspektive) strukturiert und diskutiert. Während die institutionelle Perspektive insbesondere die Akteure resp. Träger des organisationalen Lernens thematisiert, werden mit der hierarchischen Perspektive die unterschiedlichen Arten organisationaler Lernprozesse im Turnaround vorgestellt. Der Verlauf organisationaler Lernprozesse wird im Rahmen der prozessualen Perspektive erläutert und die größen- und führungsbedingten Besonderheiten von KMU werden unter der situativen Perspektive des organisationalen Lernens zusammengefasst.

Folglich wird der Erfolg eines Unternehmens-Turnarounds in der vorliegenden Arbeit als eigentliches Ergebnis dieser organisationalen Lernprozesse angenommen. Somit wird als **erste Grundthese** der anschließenden Untersuchung formuliert: Der erfolgreiche Turnaround von KMU ist als ein umfassender organisationaler Lernprozess des gesamten Unternehmens zu verstehen.

---

[1] Vgl. u.a. *Albach* (2000); *Pinkwart* (2000a); *Pinkwart et al.* (2005a); *Pinkwart et al.* (2005b); *Pinkwart et al.* (2006a); *Pinkwart et al.* (2007); *Kolb* (2006); *Kolb/Heinemann* (2004); *Heinemann* (2006); *Arogyaswamy et al.* (1995); *Thommen* (1999).

[2] *Pinkwart* (2000a), S. 172.

[3] Vgl. *Reinhardt* (1993), S. 17 ff.

Im Rahmen der theoretischen und empirischen Untersuchung wird zudem das (Lern-)Verhalten der betroffenen Unternehmer hervorgehoben,[4] weil sie in ihren Unternehmen eine zentrale Stellung innehaben. Aufgrund der besonderen Rolle des Unternehmers in KMU wird das unternehmerische (Lern-)Verhalten ausführlich aus den relevanten Perspektiven der Entrepreneurship-Forschung, der Krisenursachen- und Turnaround-Forschung, der verhaltenswissenschaftlich geprägten Entscheidungstheorie und der Lerntheorie beleuchtet. Bereits seit Jahren wird die **Bedeutung des Unternehmers für KMU** intensiv in der Entrepreneurship-Forschung untersucht, so dass für dieses Forschungsfeld theoretische Erklärungsansätze und empirische Erkenntnisse über das unternehmerische Verhalten vorliegen. Im Anschluss werden die relevanten theoretischen und empirischen Ergebnisse der Krisen- und Turnaround-Forschung zusammengetragen, die das Verhalten von Unternehmern in Krise und Turnaround bewerten. Dabei wird festgestellt, dass unternehmerisches Fehlverhalten eine wichtige Ursache für das Scheitern von KMU darstellt. Mit Hilfe ausgewählter Theorien und Modelle der verhaltenswissenschaftlich geprägten Entscheidungstheorie werden unterschiedliche psychologische und kognitive Ursachen für das unternehmerische Fehlverhalten vorgestellt.

Aufgrund ihrer Schlüsselposition müssten die Unternehmer eigentlich eine wichtige Rolle in den organisationalen Lernprozessen während des Turnarounds ihres Unternehmens spielen. Allerdings zeigt sich, dass bisher das (Lern-)Verhalten von Unternehmern in Krisen- und Turnaround-Situationen kaum thematisiert wurde, weshalb zu diesem Zeitpunkt weder fundierte theoretische noch empirische Aussagen getroffen werden können. Dabei wird in wissenschaftlichen Veröffentlichungen betont, dass *„der Lernfähigkeit des Managements und der Organisation für die Ausgestaltung des Turnaround-Managements“*[5] in KMU besondere Aufmerksamkeit gewidmet werden müsste. Dies unterstreicht die Notwendigkeit, das (Lern-)Verhalten der Unternehmer in Krisen- und Turnaround-Situationen aus verhaltens- und lerntheoretischer Perspektive zu reflektieren, in den Prozess des organisationalen Lernens zu integrieren und empirisch zu überprüfen.[6] Hieraus ergibt sich die **zweite Grundthese** der vorliegenden Arbeit: Der lernende Unternehmer und damit der „Unternehmer-Turnaround“ ist als eine tragende Säule eines erfolgreichen Turnarounds von KMU anzusehen.[7]

Das **Forschungsziel der Untersuchung** ist es, anhand von empirischen Daten zu zeigen, inwieweit es im Zuge eines Turnaround-Prozesses tatsächlich zu positiven

---

[4] Aus Vereinfachungsgründen wird in dieser Arbeit die Bezeichnung „Unternehmer“ verwendet. Sie ist geschlechtsneutral zu verstehen, d.h. eine inhaltliche Differenzierung zwischen den Geschlechtern ist nicht intendiert. Darüber hinaus schließt sie ebenfalls nicht aus, dass KMU auch von mehreren, gleichberechtigten Unternehmerpersonen geführt werden können.

[5] *Kolb* (2006), S. 91.

[6] Dies entspricht auch aktuellen Forderungen u.a. von *Lohrke et al.* (2004), S. 64 und *Kolb* (2006), S. 246.

[7] Der Unternehmer-Turnaround wird als Lern- und Veränderungsprozess des Unternehmers verstanden, der dazu führt, dass der Unternehmer aus seinen Fehlern lernt; siehe Kap. D.1.

Veränderungen bei den von der Theorie und Empirie bislang als wesentlich bezeichneten Akteuren und Maßnahmen kommt. Im Fokus stehen hierbei die unternehmerische und die organisationale Lernorientierung. Auf diese Weise sollen Anhaltspunkte erarbeitet werden, welche die Erfolgswahrscheinlichkeit von Turnaround-Vorhaben in KMU erhöhen, denn inhabergeführte Krisenunternehmen scheinen von allen Krisenunternehmen am schwierigsten zu retten zu sein.[8]

Die vorliegende Arbeit gliedert sich in sieben Abschnitte, die konzeptionell aufeinander aufbauen. Die Einleitung (**Abschnitt A**) dient dazu, das Forschungsproblem zu definieren sowie das **Erkenntnisobjekt** und den theoretischen Bezugsrahmen der Arbeit zu bestimmen. Im Fokus der Untersuchung stehen kleine und mittlere Unternehmen, die in einer Unternehmenskrise den Turnaround anstreben. Den übergeordneten **Bezugsrahmen** für die theoretische und die empirische Untersuchung des (Lern-)Verhaltens bildet die Theorie des organisationalen Lernens.

In **Abschnitt B** wird das unternehmerischen Verhalten in Krisen- und Turnaround-Situationen vorgestellt und auf der Grundlage unterschiedlicher theoretischer Denkansätze thematisiert. So können die Auslöser, der Verlauf sowie die Voraussetzungen des unternehmerischen Lernens im Turnaround-Prozess fundiert dargelegt werden. Im Anschluss wird in **Abschnitt C** der Untersuchungsfokus auf das organisationale Lernen im Turnaround von KMU erweitert und systematisch aus den vier bekannten Perspektien aufgearbeitet. Außerdem wird in diesem Abschnitt eine konzeptionelle Verknüpfung zwischen dem organisationalen und unternehmerischen Lernen entwickelt.

In **Abschnitt D** werden die gewonnenen Erkenntnisse des unternehmerischen (Lern-)Verhaltens und des organisationalen Lernens im Turnaround von KMU zusammengeführt. Hierzu werden die relevanten Merkmale und Voraussetzungen des unternehmerischen und organisationalen Lernens herausgearbeitet, die im Turnaround-Prozess von KMU eine positive Veränderung der Lern- und Anpassungsfähigkeit spezifizieren können. Diese Kriterien beschreiben die unternehmerische wie auch die organisationale **Lernorientierung im Turnaround**, die in der anschließenden empirischen Untersuchung analysiert wird. Abschließend werden die Hypothesen für die empirische Untersuchung abgeleitet und in einem umfassenden **Forschungsmodell** zur Analyse der Lernorientierung im Turnaround zusammengefasst.

Die empirische Überprüfung des Forschungsmodells findet in **Abschnitt E** statt. Einführend werden in einem **Methodenkapitel** (Kap. E.1) die grundsätzlichen Fragen zur Forschungsmethodik und zur Erhebungsmethode geklärt. Außerdem wird die Zusammensetzung der Stichprobe begründet und der Aufbau des Fragebogens sowie der Verlauf der Datenerhebung erläutert. Hinsichtlich des Turnaround-Erfolgs der untersuchten Unternehmen wird dargelegt, dass drei Gruppen von Turnaround-

---

8 Vgl. *Wieselhuber & Partner* (2004), S. 24 f.

Unternehmen im Rahmen der empirischen Untersuchung unterschieden werden. Zum Abschluss werden das statistische Vorgehen und die verwendeten Methoden vorgestellt.

In den anschließenden Kap. E.2 und E.3 werden die **Ergebnisse der empirischen Untersuchung** präsentiert. Zu Beginn wird die Struktur der Stichprobe beschrieben und die Rücklaufquote bestimmt. Die Krisenursachen werden diskutiert und das Turnaround-Ergebnis bewertet. Anschließend wird die Lernorientierung kleiner und mittlerer Turnaround-Unternehmen untersucht und die aufgestellten Hypothesen werden überprüft. Entsprechend des theoretischen Bezugsrahmen werden zunächst die empirischen Befunde der vier zentralen Bereiche eines lernorientierten Turnaround-Managements einzeln erörtert. Hieran schließt sich eine Überprüfung des Einflusses interner und externer Kontextfaktoren auf das Turnaround-Ergebnis an. Dieser Prüfungsschritt ist erforderlich, um zu testen, ob Variablen außerhalb des Forschungsmodells „verzerrenden" Einfluss auf das Turnaround-Ergebnis haben. Im Anschluss werden die Zusammenhänge zwischen den unterschiedlichen Bereichen dargestellt.

Die **zentralen Erkenntnisse** werden in **Abschnitt F** rekapituliert und Handlungsempfehlungen formuliert. Außerdem werden Ansatzpunkte für weiterführende Forschungsfragen aufgezeigt. **Abschnitt G** enthält den Anhang mit dem verwendeten Fragebogen und statistischen Auswertungen, die nicht im Text wiedergegeben werden.

2. Abgrenzung kleiner und mittlerer Unternehmen (KMU)

Im Mittelpunkt der vorliegenden Arbeit stehen kleine und mittlere Unternehmen und damit die größte, aber auch heterogenste Unternehmensklasse in Deutschland.[9] Sie wird je nach Untersuchungszweck anhand quantitativer und / oder qualitativer Kriterien bestimmt. Das aussagekräftigste Merkmal für eine **quantitative Klassenbildung** ist die Zahl der Mitarbeiter, die häufig noch durch die Höhe des jährlichen Umsatzes und der Bilanzsumme ergänzt werden. Gemeinsam bilden sie das Fundament der klassifizierenden Ansätze des *Handelsgesetzbuchs (HGB)* sowie des *Instituts für Mittelstandsforschung (IfM) Bonn* und der *EU-Kommission*, zwei häufig rekurrierter Quellen im Zusammenhang mit der empirischen Unternehmensgrößenbestimmung.[10] Zwar werden mit der Beschäftigtenanzahl und dem Jahresumsatz übereinstimmende Indikatoren zur Einordnung verwendet, allerdings zeigen bereits die jeweils gewählten Grenzwerte, dass je nach Ansatz die Klassenzuordnung unterschiedlich sein kann (siehe Tab. 1).

---

9 Zur volks- bzw. marktwirtschaftlichen Bedeutung von KMU vgl. u.a. *Albach* (1983), S. 870 ff.; *Mugler* (1998a), S. 38 ff.; *Hamer* (2006), S. 33 ff.; *Pleitner* (1995), S. 119 f.; *Bussiek* (1996), S. 21 f.

10 Die Wahl dieser pragmatischen Klassifizierung ist in der deutschsprachigen Literatur nicht unüblich, vgl. z.B. *Welter* (2003a), S. 30; *Thode* (2000), S. 169 f.

Ansätze zur Klassifizierung	Institut für Mittelstands-forschung (IfM)		EU-Kommission			HGB §267		
Unter-nehmensklassen / quantitative Indikatoren	Be-schäftigte	Umsatz*	Personen	Umsatz*	Bilanz-summe*	Arbeit-nehmer	Umsatz*	Bilanz-summe*
Kleinstunternehmen	k.A.	k.A.	bis 9	bis 2	bis 2	k.A.	k.A.	k.A.
Kleine Unternehmen	bis 9	bis 1	bis 49	bis 10	bis 10	bis 50	bis 6,875	bis 3,438
Mittelgroße Unternehmen	bis 499	bis 50	bis 249	bis 50	bis 43	bis 250	bis 27,5	bis 13,75
Großunternehmen	ab 500	ab 50	ab 250	ab 50	ab 43	ab 251	ab 27,5	ab 13,75

*) Angaben gelten in Mio. €.

Tab. 1: Quantitative Abgrenzung von KMU[11]

Berechnungen des *IfM Bonn* zufolge gehören bis zu 99,7% aller deutschen umsatzsteuerpflichtigen Unternehmen zur Gruppe der kleinen und mittleren Unternehmen.[12] Europaweit erhöht sich der Anteil der Unternehmen mit weniger als 500 Beschäftigten auf bis zu 99,9%, so dass aus Sicht der *EU-Kommission* eine selektive Förderung und Unterstützung kleiner und mittlerer Unternehmen nicht möglich erscheint. Aufgrund dessen enthält die Definition der *EU-Kommission* (2003) niedrigere Schwellenwerte für die Beschäftigtenanzahl, den jährlichen Umsatz und die Eckwerte der Bilanzsumme.[13]

Neben quantitativen Kriterien können ebenfalls **qualitative Kriterien** zur Abgrenzung von KMU angewendet werden. Mit Hilfe dieser qualitativen Merkmale werden typische Eigenschaften von KMU angeführt, die *„die Zweckmäßigkeit einer dichotomischen Gegenüberstellung von mittelständischen und großen Unternehmen"*[14] besser verständlich machen sollen, zumal die Besonderheiten von KMU allein über die Angaben zur Betriebsgröße weder erfasst noch beschrieben werden können.[15] In diesem Zusammenhang werden insbesondere Merkmale betont, die sich auf die Rolle und Funktion der Unternehmerpersönlichkeit beziehen.[16] Diese qualitativen Merkmale werden als Primärmerkmale bezeichnet. Als Primärmerkmale gelten die Verteilung

[11] Quelle: In Anlehnung an *Brockmann* (2003), S. 677; *Günterberg/Wolter* (2002), S. 14; *EU-Kommission* (2003), S. 36 ff.
[12] Vgl. *IfM Bonn* (2006); diese Werte stimmen mit älteren Untersuchungen überein; vgl. z.B. *Günterberg/Wolter* (2002), S. 14; zu weiteren Kennzahlen siehe *Mugler* (1998a), S. 32 ff.
[13] Vgl. *EU-Kommission* (2003), S. 36 ff.; *EU-Kommission* (1996), S. 4 ff.
[14] *Welter* (2003a), S. 28.
[15] *Welter* (2003a), S. 30) argumentiert so am Beispiel zweier fiktiver Familienunternehmen, die lediglich wegen der Anzahl der Beschäftigten (490 und 530) der entsprechenden Größenklasse zugeordnet werden; *Pfohl* (2006), S. 14 ff. kritisiert ebenfalls die einengende Wirkung einer ausschließlich quantitativen Merkmalsanwendung; ebenfalls *Schwiering/Fischer* (1999), S. 184 f.; *Mugler* (1998a), S. 19.
[16] Vgl. *Hilb* (2000), S. 173 ff.

der Eigentumsrechte, des wirtschaftlichen Risikos, der Kontrollfunktion, der Führungsverantwortung und die Autonomie von Unternehmensentscheidungen.[17] Darüber hinaus können KMU durch weitere typische Eigenheiten beschrieben werden. Diese Sekundärmerkmale beziehen sich bspw. auf das Führungsverhalten des Unternehmers, das Finanzierungsverhalten, den Formalisierungsgrad, die Organisationsstruktur, die Kundennähe, die Ressourcenausstattung, die Methodenkompetenz, die Spezialisierung und das Zielsystem.[18]

Da das Lernverhalten der Unternehmer und der Unternehmen in Krisen und Turnaround nicht nur theoretisch, sondern auch empirisch untersucht werden soll, empfiehlt es sich, die Abgrenzungskriterien so zu wählen, dass sie dem **Untersuchungszweck** dienlich sind und eine eindeutige Abgrenzung der KMU von Großunternehmen gewährleisten.[19] Zur eindeutigen Bestimmung von KMU in empirischen Untersuchungen hat sich insbesondere die **Mitarbeiterzahl als Hauptkriterium** durchgesetzt.[20] Im Rahmen der vorliegenden Arbeit wird daher dem Vorschlag des *IfM Bonn* gefolgt, wonach Unternehmen mit max. 499 Mitarbeitern der Gruppe der KMU zugeordnet werden. Weil die Definition des *IfM Bonn* für den Untersuchungszweck zu grob erschien, wurden die personenbezogenen Unternehmensklassen (1-9 Mitarbeiter (MA), 10-49 MA, 50-249 MA) der *EU-Kommission* genutzt; dies allerdings mit der Ergänzung einer vierten KMU-Klasse (250-499 MA), so dass wiederum die Definition des *IfM Bonn* als quantitative Obergrenze integriert wurde. Mit dieser weitergehenden Differenzierung erhofft sich der Autor zusätzliche empirische Erkenntnisse über mögliche größenspezifische Unterschiede.

3. Erkenntnisobjekt „Unternehmens-Turnaround von KMU"

Der Begriff des „Turnarounds" kommt ursprünglich aus dem angelsächsischen Sprachraum und bezeichnet die erfolgreiche „Wende" bzw. den drastischen „Richtungswechsel" in der Leistungsfähigkeit eines Unternehmens.[21] Er beschreibt den **Übergangsprozess** aus einer Phase des krisenbedingten wirtschaftlichen und finanziellen Abschwungs in eine längerfristige Aufschwungphase und damit die nachhaltige Bewältigung einer Krise.[22] *Pinkwart* (2000a) bezeichnet diesen zeitlich befristeten Zeitraum in der Unternehmensentwicklung auch als *„Prozess einer Wendung aus der*

---

[17] Vgl. u.a. *Kayser* (2003), S. 6; *Heinemann/Welter* (2007).
[18] Vgl. u.a. *Heinemann/Welter* (2007); *Mugler* (1998a), S. 18 ff.; *Gruber* (2000), S. 21 ff.; *Kolb* (2006), S. 9 ff.; außerdem stellen *Pfohl* (2006), S. 18 ff. und *Mugler* (1998a), S. 20 ff. ausführliche Kataloge betriebsgrößenabhängiger Unterschiede vor; zur Kritik an diesen Katalogen betriebswirtschaftlich-pathologischer Symptome; vgl. *Wossidlo* (1993), Sp. 2890.
[19] Vgl. *Pfohl* (2006), S. 5 ff.
[20] Vgl. *EU-Kommission* (2003), S. 36.
[21] Vgl. *Franceschetti* (1993), S. 6; *Kelber* (2004), S. 96; *Kolb* (2006), S. 35; *Böckenförde* (1996), S. 7; *Kraft* (2001), S. 63.
[22] *„Turnaround is defined here as a decline and recovery in performance."* *Schendel et al.* (1976), S. 7; *Bibeault* (1982), S. 81.

Krise hin zum Besseren"[23]. Kann der überwiegende Teil des betrieblichen Systems dauerhaft erhalten werden,[24] verläuft der aktiv gestaltete Wendeprozess erfolgreich, d.h. im Lebenszyklus des Unternehmens hat ein Turnaround stattgefunden.[25] Schlägt ein Turnaround-Versuch fehl, droht in letzter Konsequenz die Liquidation des Unternehmens.[26]

In der deutschsprachigen Betriebswirtschaftslehre ist der allgemeine Krisenbegriff im Terminus „Unternehmungs- bzw. Unternehmenskrise" aufgegangen.[27] Im Rahmen dieser Arbeit wird die **Unternehmenskrise als obligatorischer Ausgangspunkt** und als entscheidender Bestimmungsfaktor eines Turnarounds angesehen.[28] Zahlreiche Definitionsansätze sind entwickelt und diskutiert worden.[29] Aktuelle wissenschaftliche Veröffentlichungen zeigen, dass sich insbesondere die umfassende **Definition** von *Krystek* (1987) etabliert hat.[30] Er definiert Unternehmenskrisen als *„ungeplante und ungewollte Prozesse von begrenzter Dauer und Beeinflußbarkeit sowie mit ambivalentem Ausgang. Sie sind in der Lage, den Fortbestand der gesamten Unternehmung substantiell und nachhaltig zu gefährden oder sogar unmöglich zu machen. Dies geschieht durch die Beeinträchtigung bestimmter Ziele (dominanter Ziele), deren Gefährdung oder gar Nichterreichung gleichbedeutend ist mit der nachhaltigen Existenzgefährdung oder Existenzvernichtung der Unternehmung als selbständiger und aktiv am Wirtschaftsprozeß teilnehmender Einheit mit ihren bis dahin gültigen Zweck- und Zielsetzungen"*[31].

Nicht jede negative Zielabweichung oder jede Diskontinuität in der Entwicklung eines Unternehmens ist gleichbedeutend mit einer Unternehmenskrise.[32] *„Um zu vermei-*

---

23 *Pinkwart* (2000a), S. 165.
24 Vgl. *Kelber* (2004), S. 97.
25 Eine Turnaround-Situation kann im Unternehmenslebenszyklus mehrmals auftreten; vgl. *Franceschetti* (1993), S. 8.
26 Vgl. *Coenenberg/Fischer* (1992), S. 3.
27 Auf die Abgrenzung des Begriffs Unternehmenskrise zu anderen ähnlichen Formulierungen wie z.B. Konflikt, Störung und Katastrophe wird an dieser Stelle nicht näher eingegangen, sondern auf einschlägige Quellen verwiesen. Vgl. z.B. *Burtscher* (1996), S. 34 ff.; *Krystek* (1987), S. 8 ff.; *Müller* (1986), S. 46.
28 Vgl. u.a. *Kelber* (2004), S. 96 f.; *Kolb/Heinemann* (2004), S. 683 f.; *Pinkwart et al.* (2005a), S. 54; siehe außerdem die ausführliche Diskussion zur Bestimmung einer Turnaround-Situation in *Kolb* (2006), S. 38 ff.; der etymologische Wortstamm des Begriffs „Krise" wird in der griechischen Sprache („krisis") ausgemacht und bedeutet im allgemeinen Bruch einer bisher kontinuierlichen Entwicklung. Ausführlich zur geschichtlichen Entwicklung des Begriffs „Krise" *Pohl* (1977), S. 19 ff.; *Cezanne* (1999), S. 8 ff.
29 Vgl. u.a. *Bellinger* (1962), S. 51; *Berg/Treffert* (1979), S. 460 f.; *Bretzke* (1984), S. 45; *Diez* (1988), S. 15 ff.; *Gabele* (1981), S. 151; *Grenz* (1987), S. 49; *Krummnacher* (1981), S. 3 ff.; *Krystek* (1987), S. 3 ff.; *Lüthy* (1988), S. 26 f.; *Müller* (1986), S. 15 und 33 ff.; *Müller-Merbach* (1977), S. 420; *Raubach* (1983), S. 33 ff.; *Röthig* (1976), S. 13 f.; *Witte* (1981), S. 9 ff.
30 Vgl. u.a. *Bergauer* (2001), S. 4; *Burtscher* (1996), S. 31; *Cezanne* (1999), S. 10 f.; *David* (2001), S. 23; *Gless* (1996), S. 11; *Gunzenhauser* (1995), S. 7; *Kall* (1999), S. 4; *Kelber* (2004), S. 56; *Kolb* (2006), S. 15; *Kraft* (2001), S. 57; *Moldenhauer* (2004), S. 11; *Pinkwart* (1992), S. 14; *Pinkwart et al.* (2005a), S. 33 f.
31 *Krystek* (1987), S. 6 f. Wörtliche Zitate werden in ihrer originalen Schreibweise wiedergegeben. Aus Vereinfachungsgründen wird darauf verzichtet, auf Schreibweisen nach alter Rechtschreibregelung durch die normalerweise üblichen Ergänzungen [!] bzw. [sic!] hinzuweisen.
32 Vgl. *Müller* (1986), S. 33; *Burtscher* (1996), S. 30.

den, daß der Krisenbegriff lediglich zur Bezeichnung beliebiger unternehmenspolitischer Probleme verwendet und dadurch verwässert wird"[33] spricht sich neben *Krystek* (1987) eine Vielzahl der Autoren dafür aus, den Krisenbegriff eng an den **Sachverhalt der Existenzbedrohung** zu koppeln.[34] Als existenzbedrohend wird eine Situation dann eingestuft, wenn es sich bei den betroffenen Zielen um sog. dominante Unternehmensziele handelt. Typische kurzfristige dominante Ziele sind die Aufrechterhaltung der Zahlungsfähigkeit und die Vermeidung einer bilanziellen Überschuldung, während die längerfristige Erzielung eines Mindestgewinns bzw. einer Mindestrendite sowie die Schaffung und Erhaltung von Erfolgspotenzialen typische langfristige dominante Ziele sind.[35] Werden letztere verfehlt und keine gezielten Gegenmaßnahmen ergriffen, droht der Eintritt in die sich beschleunigende Krisenspirale. Erst wenn die Zielverfehlung als solche von den verantwortlichen Entscheidungsträgern wahrgenommen und identifiziert wird, wird eine Gegenreaktion zu erwarten sein. Je später Unternehmenskrisen erkannt werden, desto existenzgefährdender ist ihre Wirkung und damit auch die Gefahr der (erzwungenen) Geschäftsaufgabe.

Aber nicht nur die Ambivalenz des Krisenausgangs, sondern auch die schwierige Prognostizierbarkeit und Planung der weiteren Unternehmensentwicklung im Anschluss an die Krisenentdeckung ist ein entscheidendes Merkmal von Unternehmenskrisen.[36] Grund für die **weitgehende Ungewissheit** bezüglich des künftigen Entwicklungsverlaufs ist die Intransparenz, die Neuartigkeit, die Komplexität und die Konfliktträchtigkeit der Krisensituation.[37] Aus diesem Grund stellen Unternehmenskrisen für die betroffenen Unternehmer **schlecht-strukturierte Entscheidungssituationen** dar.[38] Hinzu kommt, dass *„Krisen eine spezifische Steuerungsproblematik aufweisen"*[39]. Die tatsächliche Entwicklung eines Krisenunternehmens kann nur begrenzt von der Unternehmensführung in eine bestimmte Richtung gelenkt werden, da verstärkt Kräfte inner- und außerhalb des Unternehmens auftreten können, die in der Lage sind, die Chancen einer Krise zu konterkarieren.[40]

---

33 *Witte* (1981), S. 10.

34 Vgl. z.B. *Bellinger* (1962), S. 56 ff.; *Bergauer* (2001), S. 3 f.; *Gabele* (1981), S. 151; *Grenz* (1987), S. 51; *Krystek* (1987), S. 7; *Moldenhauer* (2004), S. 12; *Müller* (1986), S. 33; *Witte* (1981), S. 10.

35 Vgl. *Krystek* (1987), S. 7; *Kolb* (2006), S. 16 und S. 170 ff.; *Müller* (1986), S. 34; *Witte* (1981), S. 10; *„Gleichwohl vermögen sämtliche Definitionen des Krisenbegriffs keine exakte Antwort darauf zu geben, welche Anzahl dieser dominanten Ziele mit welchem Schweregrad gefährdet sein muß, um von einer Krise sprechen zu können."* *Pinkwart* (1992), S. 14.

36 Vgl. *Pinkwart* (1992), S. 15.

37 Vgl. *Müller* (1986), S. 410 ff.

38 Die Beschreibung schlecht-strukturierter Probleme geht auf *Kaufmann* (1988), S. 89 zurück, der die Merkmale „novelty", „ambiguity" und „complexity" zur Charakterisierung benennt.

39 *Kolb* (2006), S. 17 i.V.m. *Krystek* (1987), S. 6; *Böckenförde* (1996), S. 17; *Burtscher* (1996), S. 38 spricht von der *„Undeterminiertheit"* als begriffsprägendem Merkmal einzelwirtschaftlicher Krisen.

40 Vgl. *Kirsch* (1997), S. 116; *Sitte* (2005), S. 11; *Engberding* (1998), S. 42.

Abschließend muss auf eine weitere krisentypische Eigenheit hingewiesen werden, die sich aus der Betrachtung des Krisenverlaufs zwangsläufig ergibt. So ist im zeitlichen Verlauf einer Krise tendenziell der Anstieg von Zeit-, Entscheidungs- und Handlungsdruck bei gleichzeitiger Abnahme der Ressourcen und der Handlungsalternativen festzustellen. Die Krisenentwicklung eines Unternehmens wird durch einen negativ wirkenden **Effekt der Selbstverstärkung** beschleunigt. *Bretzke* (1984) beschrieb diesen Effekt treffend als *„die Krise nährt die Krise"*[41] und zwar so lange, wie keine Maßnahmen zu ihrer Bewältigung eingeleitet werden. Die Intensität der destruktiven Energie einer Krise potenziert sich mit der Dauer der Untätigkeit der Unternehmensführung, so dass die *„Gefahr der Irreparabilität"*[42] mit zunehmendem Krisenfortschritt steigt.[43] Dies hat zweierlei Konsequenzen für den Turnaround-Prozess: Erstens nehmen die Anforderungen an das Turnaround-Management mit dem Fortschritt der Unternehmenskrise deutlich zu und zweitens verändert sich auch die inhaltliche Ausrichtung.[44]

Unter dem **Begriff des Turnaround-Managements** werden alle Maßnahmen eines Krisenunternehmens verstanden, die auf einen substanziellen und anhaltend positiven Umschwung in der Unternehmensleistung gerichtet sind.[45] Ziel ist, den Fortbestand des Krisenunternehmens durch einen grundlegenden strategischen Wechsel in der Unternehmensausrichtung und einen Wandel der organisatorischen Strukturen dauerhaft zu sichern.[46] Um dieses Ziel zu erreichen, muss ein Turnaround-Konzept erarbeitet werden, das alle organisatorischen, finanz- und leistungswirtschaftlichen Maßnahmen und ihre kurz-, mittel- und langfristigen Wirkungen systematisch aufeinander abstimmt und sich inhaltlich an den situativen Turnaround-Erfordernissen und den unternehmensspezifischen Turnaround-Voraussetzungen orientiert.[47]

Unter die unternehmensspezifischen Turnaround-Voraussetzungen werden auch die Besonderheiten der KMU subsumiert, wobei diese insbesondere die Funktion und die ambivalente Rolle des Unternehmers betreffen. Turnaround-Management ist somit als ein gezielter Eingriff in die Krisenentwicklung eines Unternehmens zu verste-

---

[41] *Bretzke* (1984), S. 53.

[42] *Berg/Treffert* (1979), S. 461.

[43] *Hauschildt* (1983), S. 144 bezeichnet die fortgeschrittene Krise (manifeste Krise) als *„Kulminationspunkt"* von Mißerfolgen und Problemen; *Berg* (1979), S. 136 spricht von der Gefahr eines *„Flächenbrands"*; *Töpfer* (1986b), S. 161 benutzt die Formulierung *„Multiplikator- und Akzelerationseffekte"*.

[44] Vgl. *Pinkwart et al.* (2005a), S. 34.

[45] Vgl. z.B. *Bibeault* (1982), S. 81; *Pinkwart/Kolb* (2000), S. 6; *Siegwart et al.* (1988), S. 1; *Clasen* (1992), S. 134; *Burtscher* (1996), S. 63; *Kelber* (2004), S. 96; *Kolb/Heinemann* (2004), S. 683; *Müller* (1986), S. 16 und *Siegwart et al.* (1988), S. 1 sprechen vom *„Herumreißen des Steuers bzw. des Ruders"*.

[46] Vgl. *Coenenberg/Fischer* (1993), S. 2; *Pinkwart* (2000a), S. 165.

[47] Vgl. *Kelber* (2004), S. 97; *Clasen* (1992), S. 142; *Kolb* (2006), S. 38 ff. und S. 79 ff. Das Turnaround-Erfordernis beschreibt den Grad der situativen Notwendigkeit wie auch die situativen Voraussetzungen des Turnarounds; *Franceschetti* (1993), S. 16 ff. spricht seinerseits von *„Turnaround-Bedürftigkeit"*.

hen[48] und wird von *Coenenberg/Fischer* (1993) als eine der *„anspruchsvollsten Führungsaufgaben im Unternehmen"*[49] bezeichnet.[50]

Die Bestimmung des **Turnaround-Erfordernisses** kommt einer Positionsbestimmung des Unternehmens im Krisenverlauf gleich und gibt Auskunft über den Grad der Existenzgefährdung und des krisenbedingten Ressourcenverzehrs, das Ausmaß an Zeit- und Handlungsdruck sowie die notwendige inhaltliche Ausgestaltung des Turnaround-Managements (siehe Abb. 1).[51]

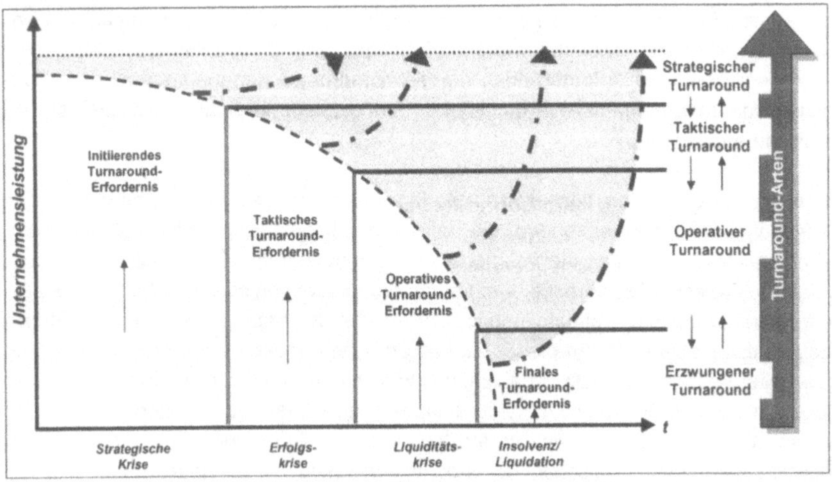

Abb. 1: Arten des Unternehmens-Turnarounds[52]

Um eine derartige Positionsbestimmung vornehmen zu können, müssen die vorhandenen Krisensymptome identifiziert und als Turnaround-Erfordernis interpretiert werden. Hierbei ist es unerheblich, ob das Turnaround-Erfordernis intern von der Unter-

[48] Vgl. *Franceschetti* (1993), S. 6; *„The turnaround, the move into upturn from decline, is not a function of industry growth, it goes beyond that into other factors..." Schendel et al.* (1976), S. 4; ähnlich *Krueger/Willard* (1991), S. 28: *„While a firm's fortune may improve due to natural selection or luck, 'turnaround' implies management action."*

[49] *Coenenberg/Fischer* (1993), S. 2.

[50] Als mögliche Reaktionsformen auf Unternehmenskrisen werden neben dem Turnaround-Management weitere betriebswirtschaftliche Ansätze diskutiert, die prinzipiell eine dem Turnaround-Management vergleichbare Bedeutung haben, z.T. aber andere Managementaspekte hervorheben und sich hinsichtlich des Bedrohungsausmaßes der zugrunde liegenden Krise unterscheiden. Dies sind das „Krisenmanagement", die „Sanierung" und die „Restrukturierung". Vgl ausführlich u.a. *Becker* (1986), S. 62; *Bergauer* (2001), S. 7 ff.; *Böckenförde* (1996), S. 7; *Böckenförde* (1995), Sp. 1859; *Buchhart* (2001), S. 229 ff.; *Burtscher* (1998), S. 58 ff.; *Cezanne* (1999), S. 22 ff.; *Clasen* (1992), S. 146 ff.; *David* (2001), S. 26 ff.; *Franceschetti* (1993), S. 8 ff.; *Gabele* (1981), S. 151; *Gunzenhauser* (1995), S. 10; *Gless* (1996), S. 42 ff.; *Kelber* (2004), S. 98 f.; *Kolb* (2006), S. 46 ff.; *Kraft* (2001), S. 62 ff.; *Kraus/Gless* (1998), S. 101 f.; *Krystek* (1987), S. 91 ff.; *Lafrenz (2004), S. 15 f.; Moldenhauer* (2004), S. 24 f.; *Müller* (1986), S. 16 f.; S. 50 f.; *Pinkwart et al.* (2005a), S. 57 f.

[51] Vgl. das Merkmalprofil der unterschiedlichen Krisenarten nach *Müller* (1986), S. 415.

[52] Quelle: In Anlehnung an *Pinkwart/Kolb* (1999), S. 4.

nehmensleitung oder extern von Steuerberatern/Wirtschaftsprüfern, Unternehmensberatern oder Mitarbeitern der involvierten Kreditinstitute entdeckt wird. Vielmehr muss sich an die erstmalige Wahrnehmung eines symptomatischen Turnaround-Erfordernisses eine analytische Begründung anschließen, ob sich das Unternehmen tatsächlich in einer **Turnaround-Situation** befindet und wenn ja, durch welche strategischen und operativen Anpassungen die dauerhafte Wettbewerbsfähigkeit wieder hergestellt werden kann.

Durch die enge Anlehnung an das **Phasenmodell der Unternehmenskrise** von *Müller* (1986) erhält auch die grafische Unterscheidung der Turnaround-Erfordernisse und der Turnaround-Arten einen idealtypischen Charakter.[53] Allerdings kann in der Mehrzahl aller Krisenverläufe ein längerer Erosionsprozess nachvollzogen werden, der mit dem Eintritt in die strategische Krise und dem Entstehen des initiierenden Turnaround-Erfordernisses beginnt.[54] Je später das Turnaround-Erfordernis in der Unternehmensentwicklung identifiziert wird, desto höher wird der Grad der Existenzgefährdung und umso stärker wird der Zeit- und Handlungsdruck für die Unternehmensleitung, d.h. die Notwendigkeit zur Veränderung steigt, während sich die situativen Voraussetzungen für einen Turnaround verschlechtern.

Da die jeweilige *„Unternehmenskrise als Ausgangspunkt eines Turnarounds resp. als Auslöser eines Turnaround-Erfordernisses anzusehen ist"*[55], unterscheiden sich die Turnaround-Erfordernisse aufgrund der **charakteristischen Anforderungen der einzelnen Krisenphasen**. Hinsichtlich der Struktur, der Gewichtung und der Anzahl der bedrohten und verfehlten Ziele weichen die Turnaround-Erfordernisse erheblich voneinander ab. Je nachdem in welcher Krisenphase das Turnaround-Erfordernis erkannt wird, beeinflussen andere Ober- und Unterziele den Handlungsrahmen für die durchzuführenden Maßnahmen.[56] Aus diesem Grunde konfiguriert sich das **Zielsystem** eines strategischen Turnarounds völlig anders als das Zielsystem eines ope-

---

[53] Die intensiven Bemühungen der Krisenforschung haben seit Beginn der 1970er Jahren zu alternativen Ansätzen zur Abgrenzung von Krisenarten sowie voneinander abweichenden Prozess- und Phasenmodellen der Unternehmenskrise geführt. Vgl. u.a. *Albach* (1976), S. 683 ff.; *Albach (1979a)*, S. 9 ff.; *Albach et al.* (1984), S. 779 ff.; *Argenti* (1976), S. 121 ff.; *Bellinger* (1962), S. 60 ff.; *Greiner* (1972), S. 38 ff.; *Löhneysen* (1982), S. 102 ff.; *Pümpin/Prange* (1991), S. 132 ff.; *Röthig* (1976), S. 76 ff. sowie zusammenfassend *Albach* (1993), Sp. 4417 ff.; *Hesselmann* (1995), S. 40 ff.; *Jäger* (1998), S. 41 ff.; *Kall* (1999), S. 43 ff.; *Kolb* (2006), S. 14 ff.; *Krystek* (1987), S. 10 ff.; *Pinkwart et al.* (2005a), S. 35 ff. Im Laufe der Diskussion hat sich *Müllers* Typologisierung der Unternehmenskrise anhand bedrohter Unternehmensziele weitgehend durchgesetzt. Vgl. u.a. *Cezanne* (1999), S. 11 ff.; *Kall* (1999), S.48 ff.; *Kelber* (2004), S. 57 ff.; *Kolb* (2006), S. 40; *Kraft* (2001), S. 58; *Moldenhauer* (2004), S. 13 ff.; *Pinkwart/Kolb* (2000), S. 4 ff.; *Pinkwart et al.* (2005a), S. 36 ff.; *Kolb/Heinemann* (2004), S. 684; *Berktold* (1999), S. 90; *Böckenförde* (1996), S.19 ff.; *Gunzenhauser* (1995), S. 16.

[54] Vgl. *Argenti* (1976), S. 121 ff.; *Müller* (1986), S. 55 f. Diese Aussage hat an Aktualität nichts eingebüßt wie die Krisenverläufe von Internetunternehmen der ‚New Economy' zeigen. Allerdings stellt *Kelber* (2004), S. 59 fest, dass alle Krisenphasen erheblich schneller und intensiver durchlaufen werden.

[55] *Kolb* (2006), S. 39 (im Original teilweise hervorgehoben).

[56] Zu typischen finanz-, leistungswirtschaftlichen und personellen Maßnahmen; vgl. *Gunzenhauser* (1995), S. 43 ff.

rativen Turnarounds,[57] weil die relevanten Ober- und Unterziele andere Anforderungen an das jeweilige Turnaround-Management stellen.

Ein Turnaround kann nur nachhaltig und damit erfolgreich verlaufen, wenn nicht ausschließlich die **phasentypischen Oberziele** fokussiert, sondern auch die Ziele der vorgelagerten Turnaround-Arten als **Nebenbedingungen** in das Zielsystem des Turnaround-Managements aufgenommen werden. Vor diesem Hintergrund können die einzelnen Turnaround-Arten und ihre Oberziele auch nicht isoliert resp. sequentiell betrachtet werden; sie sind vielmehr interdependent und bedürfen eines **Abstimmungsprozesses**, um die Kompatibilität der Übergänge bzw. Wechsel zu gewährleisten. Weil dies aber häufig in der Turnaround-Praxis nicht gelingt, prägte *Meyer* (1993) den Begriff des „Scheinturnarounds", der eine kurzfristige Aufschwungphase beschreibt, die ausschließlich durch einseitige Kosteneinsparungen getragen wird.[58] *Pinkwart* (2000a) bezeichnet dieses Phänomen der rein symptomorientierten Krisenbewältigung als reaktives Turnaround-Management.[59] In beiden Fällen sind die Oberziele des strategischen, möglicherweise auch des taktischen Turnarounds nicht in das Zielsystem des operativen Turnaround-Managements aufgenommen worden. Dementsprechend wurden mittel- bis langfristige Nebenbedingungen eines **nachhaltigen Turnarounds** entweder vernachlässigt oder verletzt. Drängende Probleme werden gelöst, ohne zu bedenken, dass durch die Problemlösungen neue erzeugt werden können.[60]

In Abhängigkeit von der Krisenphase und dem situativen Turnaround-Erfordernis werden **vier Turnaround-Arten** unterschieden. Sie passen sich den charakteristischen Anforderungen des Turnaround-Erfordernisses an, denn wie *Chowdhury* (2002) konstatiert: *„turnaround actions must match the cause of a firm's decline"*[61]. Dies wirkt sich sowohl auf die einsetzbaren Analyse- und Planungsinstrumente als auch auf das Zielsystem des Turnaround-Konzepts aus sowie auf die Struktur und Kombination der kurz-, mittel- und langfristigen Korrekturmaßnahmen.[62]

Zu den Mitbegründern der Lehre des modernen Turnaround-Managements zählen zweifelsohne *Schendel et al.* (1976), die mit ihren frühen Forschungsbemühungen den Bogen zwischen krisenhaften und krisenbewältigenden Unternehmensphasen

---

[57] Vgl. *Müller* (1986), S. 416 ff.; *Kelber* (2004), S. 126 ff. und die dort weiterführende Literatur.

[58] Vgl. *Meyer* (1993), S. 59 ff.; *„Fast jeder fehlgeschlagene Turnaround ist deshalb ein operativer, der eigentlich ein strategischer hätte sein müssen."* *Siegwart el al.* (1988), S. 6 und ähnlich *Arogyaswamy et al.* (1995), S. 506: *„Ineffective recovery strategies can leave the causes of the firm's decline intact and so any stability created by decline-stemming strategies is likely short-lived."*

[59] Vgl. *Pinkwart* (2000a), S. 166.

[60] Vgl. *Dörner* (2003), S. 11. *„Zu dem Zeitpunkt, da man sich mit dem einen Problem beschäftigt, denkt man eben an dieses eine Problem und nicht an Probleme, die im Moment gar keine sind. Es ist also nicht ein Problem des Unwissens, sondern ein Problem des Nicht-wissen-Wollens. Nicht-wissen-Wollen nicht aus Boshaftigkeit oder Egoismus heraus, sondern wegen der Einschränkung des Denkens auf das im Moment akute Problem."* *Dörner* (2003), S. 86.

[61] *Chowdhury* (2002), S. 254.

[62] Vgl. *Pinkwart/Kolb* (2000), S. 6 ff.

schlugen.[63] *„Of interest here are the management decisions and environmental changes that are associated with substantial decline and subsequent recovery in the performance of a business firm – in what can be called a turnaround in performance."*[64] Anknüpfende Forschungsarbeiten haben unterschiedliche Systematisierungs- und Definitionsversuche des Turnarounds und des Turnaround-Managements hervorgebracht,[65] die ein einheitliches theoretisches Verständnis beeinträchtigen. Aus diesem Grund wird der **Unternehmens-Turnaround von KMU in enger Anlehnung an *Kolb* (2006)** definiert als zeitlich begrenzter Prozess in der Entwicklung eines KMU, während dessen das Unternehmen die Wende hin zum Besseren vollzieht. Er wird durch eine Unternehmenskrise ausgelöst, die je nach Krisenphase durch einen unterschiedlichen Grad der Existenzbedrohung gekennzeichnet ist. Ziel des Turnarounds ist es, das Turnaround-Erfordernis zu überwinden, das betriebliche System (überwiegend) zu erhalten und die Wettbewerbsfähigkeit des KMU nachhaltig wieder herzustellen. Das Turnaround-Management umfasst in diesem Prozess alle aktiv eingeleiteten Maßnahmen und Aktivitäten, um das Turnaround-Ziel zu erreichen.[66]

In der **aktuellen Turnaround-Forschung** befassen sich die meisten theoretischen und empirischen Arbeiten nach wie vor mit der Situation der Großunternehmen. Somit muss festgestellt werden, dass die Aussage von *Chowdhury/Lang* (1996a) – *„there is only a very small body of empirical research on turnaround of small firms…"*[67] – bis zum heutigen Zeitpunkt nichts an Aktualität eingebüßt hat und dies, obwohl die strukturellen Besonderheiten von KMU eine „Eins-zu-Eins-Übertragung" der üblicherweise auf Großunternehmen zugeschnittenen Turnaround-Empfehlungen verhindern.[68]

Dies betrifft insbesondere die Rolle des Unternehmers, der aufgrund seiner Führungs- und Entscheidungsmacht einen großen Einfluss auf die wirtschaftliche Ent-

---

[63] Vgl. *Robbins/Pearce* (1992), S. 288; *Hoffman* (1989), S. 49 ff. gibt einen Überblick über die ersten empirischen Veröffentlichungen. Darüber hinaus *Pandit* (2000), S. 43 ff.; *Pinkwart/Kolb* (2003), S. 87 ff.

[64] *Schendel et al.* (1976), S. 3.

[65] Vgl. *Kolb* (2006), S. 35 ff.; *Pandit* (2000), S. 34 ff.

[66] Vgl. *Kolb* (2006), S. 45. Auf den Turnaround-Management-Prozess, die unterschiedlichen Turnaround-Strategien, -Aufgaben und -Maßnahmen soll an dieser Stelle nicht näher eingangen werden, siehe hierzu u.a. *Pinkwart et al.* (2005a); *Kolb* (2006); *Faulhaber/Landwehr* (2005); *Müller-Ganz* (2004); *Fechner*, (1999), *Müller* (1986); *Kelber* (2004); *Böckenförde* (1996); *Kall* (1999); *Siegwart et al.* (1990); *Bickhoff et al.* (2004); *Lafrenz* (2004); *Clasen* (1992); *Moldenhauer* (2004); *Berktold* (1999); *Bergauer* (2001); *Achilles* (2000).

[67] *Chowdhury/Lang* (1996a), S. 169

[68] Vgl. *Schachner et al.* (2006), S. 590; *Tscheulin/Römer* (2003), S. 71; *Chowdhury/Lang* (1996a), S. 175; *Kolb* (2006), S. 56 ff. *Welsh/White* (1980), S. 18 haben auf diesen doch häufig zu beobachteten Trugschluss mit folgenden Worten hingewiesen: *„A small business is not a little big business."*

wicklung seines Unternehmens ausüben kann.[69] KMU sind typischerweise **unternehmerzentrierte Organisationen**, d.h. die Unternehmer sind Inhaber und zentrale Führungsperson zugleich. Durch die Identität von Eigentumsrechten und Unternehmensführung entsteht eine sehr enge Verflechtung zwischen den wirtschaftlichen und finanziellen Interessen des Unternehmers und des Unternehmens, weshalb im Folgenden auch von Eigentümerunternehmern gesprochen wird.[70]

Der Turnaround von KMU kann allerdings nicht als alleiniges Ergebnis des individuellen Unternehmerverhaltens gewertet werden, sondern muss in den umfassenderen Unternehmenskontext gestellt werden.[71] Ein Turnaround ist eine **gemeinschaftliche (Lern-)Herausforderung**, der sich der Unternehmer gemeinsam mit seinen Mitarbeitern stellen muss. Ohne die Anpassung des Verhaltens aller relevanten Organisationsmitglieder ist der Turnaround eines KMU nicht durchführbar.[72] Folglich beruhen erfolgreiche Turnaround-Prozesse von KMU auf dem Lernen aller betroffenen Organisationsmitglieder, die in den Prozess aktiv eingebunden sind, oder wie *Argyris/Schön* (1978) formulieren *„...members of the organization act as learning agents for the organization, responding to changes in the internal and external environments of the organization...“*[73].

Als ein wirkungsvolles Konzept zur Gestaltung entsprechender gemeinschaftlicher Veränderungsprozesse in Unternehmen hat sich das „organisationale Lernen“ etablieren können. Der Unternehmens-Turnaround bietet einen idealen Kontext, um **organisationales Lernen** theoretisch und vor allem empirisch zu untersuchen,[74] denn der Turnaround-Prozess stellt eine Unternehmensphase dar, in der nicht nur der Unternehmer, sondern auch der Führungskreis und alle betroffenen Mitarbeiter in erhöhtem Maße aus ihren Fehlern und Schwächen in der Vergangenheit lernen müssen, wollen sie die Krise erfolgreich bewältigen. Ziel des organisationalen Lernens im Turnaround von KMU ist, die **Leistungs- bzw. Wettbewerbsfähigkeit** sowie die **Steuerbarkeit des Krisenunternehmens** innerhalb eines begrenzten Zeitraums deutlich zu verbessern.[75]

---

[69] Vgl. *Hamer* (1987), S. 133; *Bussiek* (1996), S. 40. Sowohl das *IfM Bonn* als auch die *EU-Kommission* integrieren diese charakteristische Besonderheit in ihre Empfehlungen zur Abgrenzung von KMU. Um als KMU zu gelten, müssen die Unternehmen die festgelegten Schwellenwerte erfüllen und zudem in wirtschaftlicher und juristischer Hinsicht eigenständig sein. Die Eigenständigkeit von KMU wird mit Hilfe der Verteilung der Verfügungsrechte bewertet. So fordert bspw. das *IfM Bonn*, dass die Mehrheit der Verfügungsrechte entweder von der leitenden Familie oder von maximal zwei natürlichen, geschäftsführenden Gesellschaftern gehalten werden; vgl. *Buchhart* (2001), S. 55; *Reinemann* (1999), S. 661; *Wolter/Hauser* (2001), S. 33; *EU-Kommission* (2003), S. 36 ff.

[70] Aktuell benutzen diesen Begriff bspw. *Brockmann* (2003), S. 677; *Behringer* (2004), S. 20.

[71] Vgl. *Albach* (2000), S. 86 ff.

[72] *„Somit werden die bisherigen Mitarbeiter nahezu gesamthaft als Problemlöser benötigt und "entscheiden“ mit ihrer Bereitschaft [zur Veränderung, Anm. d. Verf.] mit über den Fortbestand des Unternehmens.“ Clasen* (1992), S. 185.

[73] *Argyris/Schön* (1978), S. 29.

[74] *„The opportunity-recognition process provides an ideal context for studying organizational learning.“ Lumpkin/Lichtenstein* (2005), S. 467.

[75] Wegen des hohen Zeitdrucks, unter dem die Veränderungen realisiert werden müssen, kann der Turnaround als ein „extremes“ Beispiel des Lernens in und von Organisationen verstanden werden.

4. Organisationales Lernen als theoretischer Bezugsrahmen

Das wissenschaftliche Interesse am organisationalen Lernen hat sich seit Mitte der 1990er Jahre deutlich verstärkt und kann an der hohen Zahl der jährlichen Neuveröffentlichungen abgelesen werden.[76] Seit den richtungsweisenden Veröffentlichungen von *Cyert/March* (1963) und *Argyris/Schön* (1978) hat sich das Themenfeld des organisationalen Lernens zu einem bedeutenden Forschungszweig entwickelt, den *Pawlowsky* (1994) als einen einzigartigen *„Schmelztiegel interdisziplinärer Arbeiten“*[77] bezeichnet. Die Folge der intensiven Forschungsbemühungen ist eine große Anzahl wissenschaftlicher Veröffentlichungen theoretischen und praktischen Inhalts.[78]

Diese fachübergreifende Betrachtung hat aber auch eine nahezu unüberschaubare **Begriffsvielfalt** befördert.[79] Auf der einen Seite werden zur Bezeichnung von Unternehmen, welche die Kernkompetenz bzw. die Fähigkeit des Lernens kultiviert haben, Schlagworte wie „lernende Unternehmen“[80], „intelligente Unternehmen“[81] und „Lernunternehmen“[82] verwendet. Dieser Forschungszweig folgt eher einem praktischen Beratungsansatz und stellt spezielle Instrumente zur Verfügung, die für die Verantwortlichen in Unternehmen nützlich sein können, Lernprozesse zu identifizieren, zu verstärken und zu beurteilen.[83] Auf der anderen Seite finden sich die Bezeichnungen „organisationales Lernen“, „organisationelles Lernen“, „organisatorisches Lernen“ und „Organisationslernen“.[84] Sie beschreiben, wie sich Lernprozesse in Organisationen ausgestalten müssen, damit diese als effizient lernende Organisation gelten. Ziel ist, Prozesse des individuellen und kollektiven Lernens in Organisationen zu beobachten und zu analysieren.[85]

Mit der Vielfalt der Begriffsfassungen und der konzeptuellen Unterschiedlichkeit der Ansätze öffnet sich fast zwangsläufig ein weites Feld alternativer Definitionsversu-

---

76 Vgl. *Bapuji/Crossan* (2004), S. 398.

77 *Pawlowsky* (1994), S. 262. Vgl. *Prange* (1999), S. 23 für eine kurze historische Aufarbeitung der Ursprünge des organisationalen Lernens.

78 Vgl. *Bapuji/Crossan* (2004), S. 398; *Pawlowsky* (2001), S. 63; *Wengelowski* (2000), S. 3.

79 Vgl. z. B. *Scheff* (2001), S. 17; *Prange* (1999), S. 28 ff.; *Türk* (1989), S. 97; *Fiol/Lyles* (1985), S. 808 ff.; *Argyris/Schön* (1978), S. 12 ff.

80 Vgl. z. B. *Argyris/Schön* (2002); *Brentel et al.* (2003); *Bullinger* (1996); *Diettrich* (2000); *Dorsten* (1995); *Garvin* (1999); *Laßleben* (2002); *Meyer* (1998); *Nagl* (1997); *Ottenjann* (1996); *Pawlak* (1998); *Pawlowsky* (1994); *Sattelberger* (1991); *Schäfer* (1997); *Stäbler* (1999); *Wahren* (1996).

81 Vgl. z.B. *Schwaninger* (1999); *Mähr* (2003); *Beratergruppe Neuwaldegg* (1995).

82 Vgl. z.B. *Mähr* (2003), *Pawlowsky* (1994); *Sattelberger* (1991); *Schwaninger* (1999).

83 Vgl. *Berthoin Antal* (1998), S. 39 f.; *Easterby-Smith/Araujo* (1999), S. 2.

84 Vgl. z. B. *Baitsch et al.* (1999); *Brehm* (2001); *Hennemann* (1997); *Hodel* (1998); *Kranz* (2000); *Prange* (2002); *Probst* (1994); *Probst/Büchel* (1998); *Reber* (1992); *Schächtele* (2003); *Scherf-Braune* (2000); *Schüppel* (1996); *Stotz* (1999); *Streubel* (2000); *Thobe* (2002); *Wengelowski* (2000); *Wiegand* (1996); *Wüllenweber* (2003); die Bezeichnung „organisationales Lernen“ lehnt sich sehr eng an die in der englischsprachigen Literatur gängige Beschreibung „organizational learning“ an; vgl. z. B. *Friedberg* (2003); *March/Olsen* (1990); *Müller-Stewens/Pautzke* (1989); *Müller-Stewens/Pautzke* (1991); Pautzke (1989); *Albach et al.* (1999); *Berthoin Antal/Dierkes* (2002); *Geißler* (1994); *Geißler* (1998); *Moerke* (2001).

85 Vgl. *Prange* (1999), S. 24.

che. Auf die Vielzahl unterschiedlicher Definitionen und ein uneinheitliches Begriffsverständnis des organisationalen Lernens wird bereits seit Anfang der achtziger Jahre aufmerksam gemacht.[86] Seitdem wird dieses Phänomen häufig als einleitender Aufhänger für den Einstieg in die Diskussion verwendet und ebenso oft zum Anlass genommen, eine weitere inhaltliche Bestimmung und Auslegung hinzuzufügen.[87] Auf diese Weise hat sich die **Fülle alternativer Definitionen** erheblich ausgedehnt und zwar entsprechend des fachlichen Blickwinkels des jeweiligen Betrachters (siehe Tab. 2).[88] Ein allgemein akzeptiertes Konzept und eine generell anerkannte Definition haben sich bislang nicht durchsetzen können.[89]

Für den deutschsprachigen Raum gilt diese Feststellung nur begrenzt. Hier scheint sich die Definition von *Probst/Büchel* (1998) durchzusetzen,[90] weshalb sie im Folgenden verwendet wird. *Probst/Büchel* (1998) verstehen organisationales Lernen als ***„Prozess der Veränderung der organisationalen Wissensbasis, die Verbesserung der Problemlösungs- und Handlungskompetenz sowie die Veränderung des gemeinsamen Bezugsrahmens von und für Mitglieder der Organisation“***[91]. Die organisationale Wissensbasis ist eine unternehmensindividuelle Größe, die sich aus dem individuellen Wissen der einzelnen Mitglieder sowie aus dem überindividuellen Wissen des Unternehmens zusammensetzt. **Überindividuelles Wissen** kann in zweierlei Form die organisationale Wissensbasis stärken. Zum einen liegt es als kollektives Wissen der Gemeinschaft und damit in einer festen Bindung zu den Personen vor. Zum anderen verfügen die Organisationen über elektronisches und/oder schriftliches Wissen, welches personenungebunden gespeichert und wieder abgerufen werden kann. Somit kann die organisationale Wissensbasis nicht als Kumulation des individuellen Wissens angesehen werden, da zwischen beiden Wissensbasen z.T. deutliche Wissensasymmetrien bestehen. Diese resultieren einerseits aus den Wissensvorteilen des Lernsubjekts. Nur jener Teil des Wissens, den die Mitarbeiter für die Ausführung betrieblicher Aufgaben selbst anwenden oder an Dritte weitergeben, fließt in das organisationale Wissen ein. Andererseits kann die Organisation über archiviertes Wissen verfügen, das den Organisationsmitgliedern nicht oder nicht

---

[86] *Fiol/Lyles* (1985), S. 803 stellen fest: *„Although there exists widespread acceptance of the notion of organizational learning and its importance to strategic performance, no theory or model of organizational learning is widely accepted.“* Knapp zehn Jahre später formuliert *Kim* (1993), S. 37: *„The topic of organizational learning has gained a lot of attention, but there is little agreement on what organizational learning means and even less how to create a learning.“* Darüber hinaus wird eine ähnliche Ansicht vertreten von *Shrivastava* (1983), S. 9; *Dodgson* (1993), S. 376.

[87] *Berthoin Antal* (1998), S. 48 kritisiert die unnötige und unproduktive Begriffsvermehrung.

[88] Vgl. *Probst/Büchel* (1998), S. 17.

[89] Vgl. *Olbert-Bock* (2002), S. 11; *Prange* (1999), S. 39; *Hennemann* (1997), S. 7. Tabellarische Übersichten von Definitionen finden sich z. B. bei *Heinemann/Welter* (2007); *Berthoin Antal* (1998), S. 31 ff.; *Olbert-Bock* (2002), S. 16 f.; *Probst/Büchel* (1998), S. 18; *Prange* (1999), S. 28 f.

[90] Vgl. u.a. *Nagl* (1997), S. 90; *Heinemann/Welter* (2007); *Scheff* (2001), S. 20 definiert organisationales Lernen in enger Anlehnung

[91] *Probst/Büchel* (1998), S. 17.

mehr präsent ist.[92] Folglich unterscheiden sich organisationales und individuelles Wissen sowohl in quantitativer als auch in qualitativer Hinsicht.[93]

Autor	Definition
Fiol/Lyles (1985), S. 803	„Organizational learning means the process of improving actions through better knowledge and understanding."
Cangelosi/Dill (1965), S. 200	„Organizational learning must be viewed as a series of interactions between adaptation at the invididual or subgroup level and adaptation at the organizational level."
Cyert/March (1963), S. 123	„Organizational learning is adaptive behaviour of organizations over time."
Argyris/Schön (1978),S. 29	Organizational learning is the process by which „members of the organization act as learning agents for the organization, responding to changes in the internal und external environmets of the organization by detecting and correcting errors in organizational theory-in-use, and embedding the results of their inquiry in private images and shared maps of the organization."
Duncan/Weiss (1979), S. 84	„Organizational learning is defined as the process within the organization by which knowledge about action-out-come relationships and the effect of the environment on these relationships is developed."
Kolb (1984), S. 38	„Learning is the process whereby knowledge is created through the transformation of experience."
Levitt/March (1988), S. 319	„Organizations are seen as learning by encoding inferences from history into routines that guide behavior."
Huber (1991), S. 89	„An entity learns if, through its processing of information, the range of its potential behaviors is changed."

Tab. 2: Definitionen organisationalen Lernens[94]

Weil organisationales Lernen als ein wichtiger Ansatz des tiefgreifenden Unternehmenswandels gilt, wird es als **konzeptionelle Klammer** für die theoretische und empirische Diskussion des Lernverhaltens des Unternehmers und des Unternehmens während des Turnarounds genutzt (siehe Abb. 2). Durch diese Herangehensweise wird das vorherrschende Verständnis des Unternehmens-Turnarounds um Aspekte des individuellen und organisationalen Lernens ergänzt. Veröffentlichungen, welche die Verknüpfung zwischen dem organisationalen Lernen und dem Turnaround von Unternehmen bereits auf theoretischem Wege hergestellt haben,[95] kommen zu der

[92] Vgl. *Argyris/Schön* (1978), S. 9; *Hedberg* (1981), S. 6; *Fiol/Lyles* (1985), S. 804; *Levitt/March* (1988), S. 326ff.; *Probst/Büchel* (1998), S. 19.

[93] Vgl. *Probst/Büchel* (1998), S. 19 ff.; *Streubel* (2000), S. 116 ff.

[94] Quellen: In Anlehnung an *Heinemann/Welter* (2007); *Prange* (1999), S. 28 f.; *Berthoin Antal* (1998), S. 31 ff.

[95] Hierzu zählen insbesondere *Albach* (2000), S. 85 ff.; *Thommen* (1996), S. 247 ff.; *Thommen* (1999), S. 67 ff.; darüber hinaus nimmt *Clasen* (1992), S. 358 für sich in Anspruch, einen Rahmen geschaffen zu haben, *„innerhalb dessen Unternehmer in KMU in der ihnen typischen Eigenreflexion i.S. eines Lernprozesses nicht nur den Verlauf von Unternehmenskrisen in KMU und seine Implikationen, sondern auch die Alternativen der Krisenbewältigung – insbesondere des Turnaround-Managements – erfassen und nutzen können."* *Shepherd/Wiklund* (2005), S. 187 ff. und *Shepherd/Wiklund* (2006), S. 1 ff. untersuchen das unternehmerische Lernverhalten im Anschluss an die Unternehmensauflösung.

einheitlichen Schlussfolgerung, dass dem organisationalen Lernen eine überragende Bedeutung in der Krisenerkennung und -bewältigung zukommen müsste.[96]

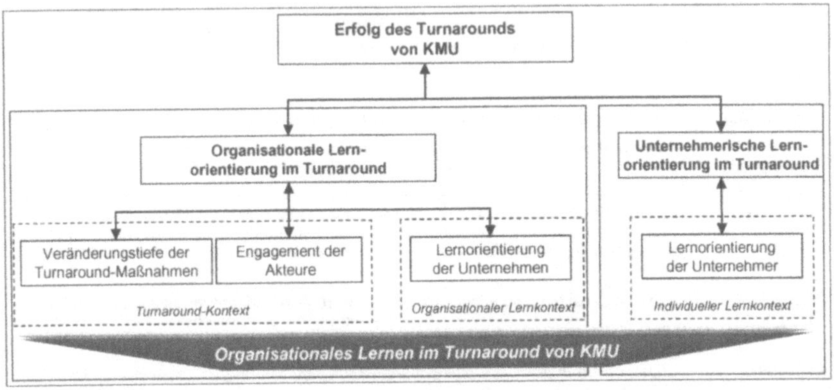

Abb. 2: Theoretischer Bezugsrahmen

Um der besonderen Stellung des Unternehmers in kleinen und mittleren Turnaround-Unternehmen gerecht zu werden, wird das Lernverhalten des Unternehmers in der Krise und während des Turnarounds gesondert analysiert. Diese bewusste Unterscheidung zwischen unternehmerischem und organisationalem Lernverhalten führt dazu, dass der Unternehmer-Turnaround zu einem wichtigen Element der Turnaround-Bemühungen wird. Das Lernverhalten im Turnaround von KMU als eine aggregierte Größe zu betrachten, würde der charakteristischen Struktur der KMU nicht entsprechen und daher einen entscheidenden Informationsverlust bedeuten. Aus diesem Grund wird der Turnaround als **„dichotomer" Prozess** interpretiert, der sich aus den lernrelevanten Elementen des **Unternehmer- und des Unternehmens-Turnarounds** zusammensetzt, die in einem engen komplementären Verhältnis zueinander stehen. Aus lernorientierter Sicht darf keines der beiden Elemente während des Turnaround-Prozesses eines KMU vernachlässigt werden, ansonsten droht der Turnaround-Versuch zu scheitern.

Zur Untersuchung des Lernens im Turnaround wird ein empirisch überprüfbares Strukturmodell entwickelt, das auf den Voraussetzungen und Merkmalen des individuellen und organisationalen Lernens und insofern auf der Beschreibung der unternehmerischen und organisationalen Lernorientierung im Turnaround aufbaut.[97] Damit

[96] Vgl. *Thommen* (1999), S. 72; darüber hinaus haben u.a. *Albach* (2000), S. 85 ff. und *Thommen* (1996), S. 67 ff. organisationales Lernen in Turnaround-Situationen diskutiert; *Reinhardt* (1995), S. 29 empfiehlt zwar in akuten und existenzbedrohenden Unternehmenskrisen keine systematische Gestaltung bzw. Einführung organisationaler Lernprozesse, nennt gleichzeitig aber auch das Beispiel eines KMU als Ausnahme.

[97] Die konzeptionelle Idee der organisationalen Lernorientierung geht auf die Habilitationsschrift von *Scheff* (2001) zurück. Er entwickelt die organisationale Lernorientierung als ein Strukturmodell des organisationalen Lernens, das Aussagen über kognitive, konative und affektive Voraussetzungen des organisationalen Lernens in kleinen und mittleren Unternehmen zulässt; vgl. *Scheff* (2001), S. 17 ff.

das Forschungsmodell zur „Lernorientierung im Turnaround“ trotz des explorativen Ansatzes eine ausreichende theoretische und empirische Fundierung aufweist, werden nur Variablen verwendet, die sich im Rahmen vergangener empirischer und theoretischer Analysen zum Lernen sowie zum Turnaround-Management als tragfähig erwiesen haben.

B. Der Unternehmer in Krise und Turnaround

1. Einfluss und Bedeutung des Unternehmers in KMU

„Das Mittelständische Unternehmen ist Reflex seines Unternehmers. Darum ist der Risikounternehmer unentbehrliches Hirn und Herz seines Unternehmens."[1] Mit diesen Worten hebt *Hamer* (1987) die besondere Bedeutung und den großen Einfluss hervor, den Unternehmer auf die Entwicklung ihres Unternehmens ausüben. Im Folgenden werden der hohe Stellenwert des Unternehmers für sein Unternehmen begründet und die damit einhergehenden Konsequenzen für die Krisen- und Turnaround-Situation erörtert.

Der Unternehmer vereingt i.d.R. Eigentumsbesitz, Unternehmensführung, Haftungs- und Entscheidungsrisiko in seiner Person.[2] In bis zu 95% aller KMU, so aktuelle Schätzungen des *IfM Bonn*, bilden Kapitaleigentum und Unternehmensführung diese beschriebene Einheit,[3] die den Begriff des **Eigentümerunternehmers** prägt.[4] Personelles Gegenstück zu den Eigentümerunternehmern sind die sog. „Fremdmanager", die zwar vergleichbare dispositive Tätigkeiten übernehmen, allerdings nur zeitlich befristet angestellt sind.[5] Sie verfolgen z.T. auch andere Interessen als Eigentümerunternehmer und haben weniger Rechte und Handlungsfreiheiten.[6] Die Verbindung zwischen Berufs- und Privatleben ist bei Unternehmern wesentlich intensiver als bspw. bei Fremdmanagern in Großunternehmen.[7]

Durch die Einheit von **Kapitalherrschaft und Unternehmensleitung** sind KMU weitgehend unabhängig und können selbstverantwortlich geführt werden. Die Verantwortung, die strategische Ausrichtung und die operative Entwicklung des Unternehmens zu kontrollieren, liegt ausnahmslos beim Eigentümerunternehmer, der letztlich die Entscheidungen treffen muss, ob er sich und sein Unternehmen einer Selbstkontrolle unterziehen möchte oder nicht. Zur **Selbstkontrolle** können bspw. Planungs- und Steuerungsinstrumente des Controllings sowie für KMU fakultative Kontroll- bzw. Beratungsgremien genutzt werden. Untersuchungen decken allerdings den dringenden **Nachholbedarf** an Methoden und Instrumenten der Unternehmenssteu-

---

1 *Hamer* (1987), S. 130 f.

2 Vgl. *Fröhlich et al.* (2000), S. 12; *Buchhart* (2001), S. 53 ff.; *Wossidlo* (1993), Sp. 2892; *Pleitner* (1995), S. 120; *Daschmann* (1994), S. 56 Die Unternehmensführung von KMU hält den überwiegenden, wenn nicht sogar den gesamten Teil des Eigenkapitals in Händen.Vgl. *Bussiek* (1996), S. 40.

3 Vgl. *Wolter/Hauser* (2001), S. 71; diesen hohen Wert bestätigen ebenfalls die Ergebnisse der Studien *MIND* 02, S. 14 und *MIND* 04, S. 17. In 93,6% (in 2004) bzw. 96,2% (in 2002) der befragten Unternehmen fallen Kapitaleigentum und Unternehmensführung zusammen.

4 Aktuell benutzen diesen Begriff bspw. *Brockmann* (2003), S. 677; *Behringer* (2004), S. 20.

5 Vgl. *Fröhlich et al.* (2000), S. 28; *Bussiek* (1996), S. 41; ausführlich *Gerum* (1995), Sp. 1457 ff.

6 Manager gewichten i.d.R. die Maximierung des persönlichen Einkommens höher als den Unternehmenserfolg, daher werden monetäre Anreizsysteme zwischen Eigentümern und Managern vereinbart. Sie können darüber hinaus nicht eigenständig über den Verkauf des Unternehmens entscheiden, sondern müssen immer die Eigentümer in diesen Entscheidungsprozess integrieren; vgl. *Fröhlich et al.* (2000), S. 27 f.; *Behringer* (2004), S. 17.

7 Vgl. *Bussiek* (1996), S. 41. *Buchhart* (2001), S. 56 und *Behringer* (2004), S. 17 sprechen von einer engen *„Verflechtung von Unternehmens- und Privatsphäre"*.

erung in KMU auf.[8] Die objektive Beurteilung der Unternehmenssituation kann durch bestehende Informationsdefizite gestört werden, weil negative Effekte in Folge von strategischen und operativen Fehlern nicht wahrgenommen werden.[9] Spätestens in einer Turnaround-Situation wird der Nachholbedarf offensichtlich. Zusätzlich ergeben sich teilweise erhebliche Probleme in der Unternehmensanalyse, weil sowohl Rechnungswesen als auch Kostenrechnung mit inhaltlichen und qualitativen Mängeln behaftet sind und eine Auswertung erschweren.[10]

Die Skepsis der Unternehmer gegenüber Controllinginstrumenten ist zwar in den vergangenen Jahren gesunken, dennoch sind in KMU z.T. noch deutliche Defizite vorhanden. Nur eine Minderheit der KMU in Deutschland steuert die Unternehmensgeschicke mit Hilfe von langfristigen Strategiekonzepten. In den meisten KMU wird das Führungs- und Entscheidungsverhalten durch eine kurzfristige, nicht formalisierte und inkrementale Planung bestimmt.[11] Während dieser Umstand als „Planungslücke" bezeichnet werden kann, weist *Welter* (2003a) darauf hin, dass empirische Untersuchungen kein eindeutiges Bild über den Zusammenhang von strategischer Planung und Unternehmenserfolg in KMU nachzeichnen können.[12]

Eine weitere Möglichkeit zur Selbstkontrolle ist die freiwillige Konstitutierung eines **Beratungs- und Kontrollgremiums**, wie es für große Kapitalgesellschaften verpflichtend ist. Über ein solches Gremium, das die Qualität vergangener Managemententscheidungen kritisch reflektiert und strategische Fragen der Geschäftspolitik diskutiert, fließt dem Unternehmen zusätzliches, wertvolles Know-how zu.[13] Für KMU ist dies eine freiwillige organisatorische Möglichkeit, hoch qualifizierte Know-how-Träger an das Unternehmen zu binden und die Nachteile eines vergleichsweise wenig spezialisierten und quantitativ begrenzten Personalstamms zu kompensieren. Die genannten Schwachstellen verzögern das Erkennen des Turnaround-Erfordernisses, so dass sich die Rahmenbedingungen für einen erfolgreichen Turnaround weiter verschlechtern.

Eine weitere Besonderheit von KMU ist in den unternehmensinternen **Sozial- und Führungsbeziehungen** zu sehen.[14] Die enge, häufig langjährige Zusammenarbeit zwischen Unternehmer und Mitarbeitern kann ein Klima der Verbundenheit und

---

8 Vgl. u.a. die Studien von *Treuz/Creutzburg* (2002); *Wieselhuber & Partner* (2002); mit sinkender Unternehmensgröße steigt der Nachholbedarf, vgl. *Ossadnik et al.* (2004), S. 627.

9 Vgl. *Franceschetti* (1993), S. 74 ff. unterscheidet in diesem Zusammenhang zwischen Unterlassungsfehlern (Fehlern aus ungenügender Reaktion auf Veränderungen) und Begehungsfehlern (ungeeignete Korrekturmaßnahmen und strategisch ungeeignete Weichenstellungen) der Unternehmensführung.

10 Vgl. *Behringer* (2004), S. 19 f.

11 Vgl. *Bussiek* (1996), S. 43; *Behringer* (2004), S. 18; *Welter* (2003b), S. 29 ff.; *Schachner et al.* (2006), S. 605 ff.; *Daschmann* (1994), S. 59.

12 Vgl. *Welter* (2003a), S. 36.

13 Vgl. *Kayser* (1995) , Sp. 1307.

14 Vgl. *Kahle* (1992), Sp. 1412.

Loyalität fördern,[15] das sich auf Seiten des Unternehmers regelmäßig durch ein *„patriarchalisches Verantwortungsgefühl“*[16] für die Mitarbeiter ausdrückt. Eine niedrige Fluktuation und hohe Zufriedenheit der Mitarbeiter mit dem Arbeitsumfeld können in eine langjährige und vertrauensvolle Zusammenarbeit zwischen Unternehmer und Mitarbeitern münden.

Persönliche Beziehungen bis ins private Umfeld und das Gefühl der sozialen Verantwortung für die eigenen Mitarbeiter grenzen den Aktionsradius des Unternehmers in Krisenzeiten ein, d.h. Kapazitätsanpassungen sind vergleichsweise schwierig umzusetzen.[17] Hierzu zählen insbesondere Maßnahmen mit dem Ziel, die Personalkosten des Unternehmens zu senken. Vorschläge wie Kurzarbeit, die Streichung von außertariflichen Vergünstigungen sowie Entlassungen stoßen bei betroffenen Unternehmern erst einmal auf Widerstand und Unverständnis, auch wenn diese Einschnitte für einen erfolgreichen Turnaround notwendig sind.[18]

Während börsennotierte Kapitalgesellschaften prinizipiell nach dem Kerngedanken des Shareholder Value geführt werden, finden die Ansätze der unternehmenswertorientierten Steuerung in KMU kaum Anwendung.[19] *„Eine strikte Orientierung allein an den Interessen der Kapitalgeber [entspricht, Anm. d. Verf.] nicht der Sozialkultur des Mittelstands.“*[20] Vielmehr spiegeln die betrieblichen Zielsysteme die **pluralistischen Wertvorstellungen und Interessen** des Unternehmers wider. Sie enthalten Ziele wie die langfristige Existenzsicherung, Familienvorsorge, Unabhängigkeit und gesellschaftliches Ansehen.[21] Allerdings besteht die Gefahr, dass nicht-finanzielle resp. persönliche Interessen des Unternehmers im Vergleich zu den überlebensnotwendigen finanziellen Unternehmenszielen zu stark verfolgt werden, so dass Entscheidungen nicht mehr nur nach ökonomischer Vernunft getroffen werden.[22]

Die Ambivalenz einer Turnaround-Situation rückt wiederum die **wirtschaftliche und finanzielle Abhängigkeit** zwischen Unternehmen und Unternehmer in den Vordergrund. Bis zu 90% ihres Privatvermögens investieren Unternehmer und ihre Familien

---

15 Vgl. *Kahle* (1992), Sp. 1413; ein Indiz dieser Verbundenheit sei bspw. eine signifikant niedrigere Krankheitsquote; vgl. *Bussiek* (1996), S. 50.

16 Vgl. *Bussiek* (1996), S. 49.

17 Vgl. *Arbeitskreis „Wertorientierte Führung in mittelständischen Unternehmen“* (2003), S. 525; *Albach* (2002), S. 172; der Unternehmer möchte soweit wie möglich auch ein negatives gesellschaftliches Echo z.B. in regionalen Zeitungen etc. verhindern, welches das Ansehen und den Status beschädigen könnte.

18 Auch die Untersuchungsteilnehmer führten aus, dass Unternehmern die Notwendigkeit einschneidender Maßnahmen z.T. nur auf drastische Weise verdeutlicht werden kann, wie z.B.: „Wer soll zum Sozialamt – Sie oder Ihr Mitarbeiter?“

19 Vgl. *Arbeitskreis „Wertorientierte Führung in mittelständischen Unternehmen“* (2003), S. 526.

20 *Arbeitskreis „Wertorientierte Führung in mittelständischen Unternehmen“* (2003), S. 526.

21 Vgl. *Hamer* (1987), S. 131; *Behringer* (2004), S. 16 f.; *Bussiek* (1996), S. 41.

22 Vgl. *Drummond* (2004), S. 493. In einer aktuellen Untersuchung stellen *Schachner et al.* (2006), S. 600 fest, dass stakeholderorientierte Ziele für Familienunternehmen nicht wichtiger sind als für Nichtfamilienunternehmen. Um die Zukunft eines KMU langfristig zu sichern, sollte mit allen Entscheidungen des Unternehmens das Ziel verfolgt werden, den Shareholder-Value zu steigern; vgl. *Albach* (2002), S. 172.

in ihre Unternehmen.[23] Der Verlauf des Unternehmens-Turnarounds entscheidet folglich über die zukünftige wirtschaftliche Existenz der Gesellschafter und ihrer Angehörigen.[24] Zwar bestehen heutzutage vermehrt Möglichkeiten, durch die formale Wahl der Rechtsform die persönliche Haftung des Unternehmers zu begrenzen.[25] Hierauf reagieren jedoch insbesondere die Kreditinstitute als einflussreichste Gläubiger, indem sie Teile der Finanzierung durch privates Vermögen wie z.B. Immobilien und Kapitallebensversicherungen absichern. Das tatsächliche unternehmerische und finanzielle Risiko trägt der Unternehmer dementsprechend weiter, d.h. die exklusive Konzentration der Turnaround-Analyse auf den Unternehmensbereich, wie bei großen Turnaround-Unternehmen üblich, ist bei KMU wenig empfehlenswert. Für das ganzheitliche Verständnis der Turnaround-Situation eines KMU sind mindestens rudimentäre Kenntnisse über die Privatsphäre des Unternehmers wichtig.

Die **KMU-spezifische Reziprozität** zwischen Unternehmens- und Privatsphäre zeigt sich insbesondere in jenen Situationen, in denen dysfunktionale Tendenzen aus dem einen Lebensbereich die Qualität des anderen z.T. drastisch beeinflussen. Während ein intaktes privates Umfeld einen nicht zu unterschätzenden Rückhalt bildet und damit leistungsstimulierend wirkt, kann sich die positive Wirkung bei Problemen und Schwierigkeiten ins Gegenteil umkehren. Dies kann bspw. der Fall sein, wenn die krisenhafte Unternehmensentwicklung zwischenmenschliche Konflikte und Auseinandersetzungen in der Familie hervorruft oder wenn unvorhergesehene Veränderungen im privaten Umfeld wie z.B. Krankheits- oder Todesfälle, Scheidung oder auch Schwangerschaft die Einsatzfähigkeit und –bereitschaft der Unternehmensführung entscheidend beeinträchtigen.[26]

Die unternehmerische Dominanz bewirkt dann, dass Unternehmenskrisen mit fehlerhaftem Entscheidungsverhalten sowie mangelnden Managementfähigkeiten der Unternehmerpersonen assoziert werden.[27] Das Spektrum krisenauslösenden Fehlverhaltens der Unternehmensführung ist breit und umfasst sowohl mangelnde fachliche und soziale Kompetenz, die personelle Zusammensetzung des Führungsgremiums, dessen Zusammenarbeit als auch falsche oder unterlassene Führungsentscheidungen.[28] Aufgrund dessen wird die Unternehmensführung in der Turnaround-Situation

---

23 Vgl. *Lansberg* (1999), S. 7; *Löhr* (2001), S. 49; *Oesterheld* (2002), S. 68 ff.; *Albach* (2002), S. 165 formuliert diesen Umstand so: *„Die Familienunternehmer stecken nicht nur ihre ganze Zeit in ihr Unternehmen, sondern auch ihr ganzes Geld."*

24 Vgl. *Wossidlo* (1993), Sp. 2892 der von einer *„umgekehrten wirtschaftlichen Abhängigkeit des Inhabers vom Schicksal seiner Unternehmung"* spricht.

25 Z.B. durch eine Kapitalgesellschaft AG oder GmbH wird formal die Haftung beschränkt; zur Rechtsformwahl von KMU vgl. u.a. *Bussiek* (1996), S. 22 ff.; *Wolter/Hauser* (2001), S. 36 ff.

26 *„Ohne diese Zentraleinheit [gemeint ist die Unternehmerperson, Anm. d. Verf.] wäre der Betrieb ein in sich zusammenfallender Mantel." Hamer* (1987), S. 129.

27 Diese Aussage wird durch die empirische Untersuchung bestätigt; siehe Kap. E.2.2. In Kap. B.2.2 werden außerdem die Erkenntnisse früherer empirischer Untersuchungen vorgestellt.

28 Vgl. *Kolb* (2006), S. 84 f.; *Böckenförde* (1996), S. 104; *Krystek/Müller* (1995), S. 21, *Franceschetti* (1993), S. 74 ff. unterscheidet bspw. zwischen Unterlassungs- und Begehungsfehlern. Top managers *„are accused of mismanagement, and some or most of them are selected as scapegoats"*; *Albach* (2000), S. 87; *Barker et al.* (2001), S. 259 f.

zu einem **ambivalenten Hoffnungsträger**. Einerseits wird sie für die wirtschaftliche Lage des Unternehmens verantwortlich gemacht, das Vertrauen der Turnaround-Akteure sinkt ebenso wie die Zuversicht in eine erfolgreiche Krisenbewältigung.[29] Andererseits muss konstatiert werden, dass die Unternehmensleitung über explizites und implizites Wissen sowie Fähigkeiten verfügt, die für einen Turnaround unabdingbar sein können.

In Wissenschaft und Praxis existiert keine einhellige Meinung, ob nun **Kontinuität oder Austausch** der Unternehmensleitung dem nachhaltigen und erfolgreichen Turnaround-Verlauf zuträglich ist.[30] Auch empirische Untersuchungen kommen zu konträren Ergebnissen. So existieren widersprüchliche Aussagen hinsichtlich der signifikanten Veränderungen in der Zusammensetzung der Unternehmensführung und hinsichtlich der Erfolgswirksamkeit dieser personellen Maßnahmen.[31] Ein Patentrezept zu diesem personellen Aspekt gibt es nicht, dementsprechend muss sich eine Entscheidung am vorliegenden Einzelfall und dessen individuellen Rahmenbedingungen orientieren.[32] Allerdings wird die glaubwürdige Übernahme des Turnaround-Managements erschwert, wenn die Feststellung des Turnaround-Erfordernisses nicht auf die Unternehmensleitung zurückgeht. Um die unterschiedlichen Sichtweisen argumentativ zu stützen, werden im Folgenden die Darlegungen der beiden Positionen ausgeführt.

Da das Entstehen der Unternehmenskrise regelmäßig dem Management angelastet wird, sind personelle Veränderungen konsequenterweise auch häufig geforderte Maßnahmen. *„Unternehmenskrisen sind [..] in der Regel auch Managementkrisen."*[33] Von einem **Wechsel an der Unternehmensspitze** erhofft man sich die psychologische Signalwirkung des Aufbruchs innerhalb und außerhalb des Unternehmens.[34] Die neue Führung ist unbelastet, neutral und objektiv, da sie Fehlentscheidungen der Vergangenheit nicht zu verantworten hat. Mit dem Ausscheiden der alten Unternehmensleitung scheint zudem eine vorhandene Gefahrenquelle für weitere gravierende Fehler eliminiert zu sein.[35] Unterschiedliche Auffassungen werden überdies in Bezug auf die Herkunft des/der Nachfolger(s) vertreten. Während sich einige Autoren für

---

29 Vgl. *Müller* (1986), S. 412; *Albach* (2000), S. 86.

30 Vgl. *Krystek* (1987), S. 98; *Müller* (1986), S. 511 f. In der Diskussion finden sich folgende Beispiele: *„den Bock zum Gärtner zu machen"*, *Siegwart et al.* (1988), S. 1; *„Neue Besen kehren gut"* und *„Wenn man den Fluss überquert, sollte man nicht das Pferd wechseln"*, *Fechner* (1998), S. 13.

31 So findet *Nothardt* (2001), S. 259 f. kein signifikanten Veränderungen im Management, im Gegensatz zu *Schendel et al.* (1976), S. 8; *Hofer* (1980), S. 25; *Slatter* (1984), S. 121; *Barker et al.* (2001), S. 251 f.; *Bergauer* (2001), S. 172; *Virany et al.* (1992), S. 85. Vgl. *Barker/Duhaime* (1997), S. 30: *„CEO replacement occurred in only 40 percent of the sample turnarounds, showing that replacements do not procede recovery at all types of declining firms."*

32 Vgl. *Fechner* (1998), S. 13 f.; *Virany et al.* (1992), S. 89.

33 *Müller* (1986), S. 511.

34 Vgl. *Albach* (2000), S. 87.

35 Mit dem Ausscheiden der alten Unternehmensleitung scheint eine *„latent vorhandene Gefahrenquelle für weitere existentielle Fehler"* abgestellt zu sein; *Böckenförde* (1996), S. 105.

unternehmensinterne Nachfolgelösungen aussprechen, favorisieren andere unternehmensexterne.[36]

Als **Gegenargumente** werden bspw. die erschwerten Bedingungen ins Feld geführt, unter denen die Führungsposition(en) wieder besetzt werden müssen. Der Handlungsdruck auf das Unternehmen erlaubt nur eine kurze Frist, in der nach fähigen und bezahlbaren Nachfolgern gesucht wird. Die geringe berufliche Attraktivität des Angebots sowie das Risiko des persönlichen Reputationsschadens im Falle eines Scheiterns lässt sich der in Frage kommende Personenkreis durch hohe Ausgleichszahlungen vergüten. Ist ein Nachfolger gefunden, ist die Einarbeitungszeit wegen der Turnaround-Situation nur sehr knapp bemessen. Hinzu kommt, dass mit den bisherigen Amtsinhabern nicht ersetzbares implizites Wissen über die internen Abläufe und Verhaltensmuster sowie über das Branchen- und Wettbewerbsumfeld das Unternehmen verloren geht.[37] *Ross/Staw* (1991) weisen darauf hin, dass durch den erzwungenen Austausch von Entscheidungsträgern notwendige individuelle und organisationale Lernprozesse in Krisenunternehmen zu kurz kommen können, weil mit dem „Sündenbock" der Verantwortliche für die Krise das Unternehmen verlassen hat. Dies kann die Motivation der verbliebenen Organisationsmitglieder vermindern, aus den Fehlern der Vergangenheit zu lernen.[38]

Im Falle der Krise von KMU wird aus der engen Verflechtung der wirtschaftlichen Existenz des Unternehmens und des Unternehmers eine Art **„Schicksalsgemeinschaft"**.[39] Anlass für diesen hohen Grad der gegenseitigen Abhängigkeit ist einerseits die unzureichende Regelung von Vertretung und Nachfolge und damit ein schwerwiegendes Versäumnis der strategischen Unternehmenssteuerung. Andererseits ist gerade die mangelnde Ersetz- und Austauschbarkeit des Unternehmers ein konstitutives Merkmal von KMU, zumal der Unternehmer nicht nur Kapitalgeber, sondern auch strategisches und operatives Zentrum ihres Unternehmens ist. Je kleiner das Unternehmen gemessen an der Mitarbeiterzahl ist, desto offensichtlicher und gravierender tritt dieses Abhängigkeitsverhältnis in Erscheinung.[40]

Eine ähnlich starke Fluktuation wie sie in Kapitalgesellschaften zu beobachten ist, die von Fremdmanagern geführt werden, ist in KMU aufgrund der Einheit von Eigentumsrecht und Geschäftsleitung eher unwahrscheinlich.[41] Ob Leitungsbefugnisse

---

[36] Vgl. zusammenfassend *Lohrke et al.* (2004), S. 64; *Bresser et al.* (2005), S. 1171; *Kolb* (2006), S. 130 ff. Für deutsche DAX-Unternehmen kann empirisch festgestellt werden, dass die Bestellung eines Outsiders zum Nachfolger im Anschluss an einen erzwungenen Führungswechsels signifikant häufiger ist als bei einem Routinewechsel; vgl. *Bresser et al.* (2005), S. 1182 f.

[37] Vgl. *Böckenförde* (1996), S. 104 ff.; *Müller* (1986), S. 512.

[38] Vgl. *Ross/Staw* (1991), S. 22 f.

[39] Vgl. *Achilles* (2000), S. 310; *Buchhart* (2001), S. 53; *Bussiek* (1996), S. 41. Diese Bezeichnung beschreibt anschaulich die hohe gegenseitige Abhängigkeit; vgl. *Hinderer* (1984), S. 9; *Welter* (2003a), S. 29; *Pinkwart et al.* (2005a), S. 24; *Hamer* (2006), S. 30.

[40] Vgl. *Bussiek* (1996), S. 43.

[41] Vgl. *Kolb* (2006), S. 147; *Albach* (2000), S. 88. Der Austausch der Geschäftsführung ist in diesen Fällen wesentlich tiefgreifender als für Unternehmen, in denen die Eigentümer- und Geschäftsführungsfunktion getrennt sind; vgl. *Hesselmann/Stefan* (1990), S. 59.

temporär oder endgültig auf Dritte übertragen werden, kann aus rein rechtlichen Gründen nur der Eigentümerunternehmer persönlich entscheiden.[42] Im Extremfall bedeutet dies, dass der Eigentümerunternehmer sich selbst entlassen müsste, da er gegen seinen Willen nicht oder nur sehr schwierig austauschbar ist.[43] Nicht zu vergessen ist in Turnaround-Situationen von KMU allerdings die **Ausnahmestellung der Hausbanken**, durch die bspw. eine temporäre Unterstützung von externen Krisenexperten „erzwungen" werden kann. Dies geschieht, indem finanzielle Zusagen von einem objektiven und fundierten Turnaround-Konzept abhängig gemacht werden. Wird durch externen Druck außerdem der Rückzug des Unternehmers aus der Geschäftsführung herbeigeführt, entspricht dies einer faktischen *„Entrechtung im eigenen Unternehmen"*[44], die auch mit der Konsequenz verbunden ist, dass eine spätere Rückkehr in die Geschäftsführung ausgeschlossen ist.[45] Der Eigentümerunternehmer trennt durch diese Entscheidung die Managementfunktion von der Kapitalanlagefunktion.

Zusammenfassend muss festgestellt werden, dass dem Unternehmer in KMU eine entscheidende Bedeutung sowohl als Erfolgs- als auch als Misserfolgsfaktor für die Unternehmensentwicklung im Allgemeinen und für den Turnaround im Speziellen zukommt. Aus diesem Grund wird im Folgenden das unternehmerische (Lern-) Verhalten aus unterschiedlichen Perspektiven erörtert.

2. Unternehmerisches (Lern-)Verhalten als Untersuchungsgegenstand

Die Unternehmerforschung kann auf eine lange Tradition zurückblicken. Die ersten bekannten theoretischen Betrachtungen des Unternehmers resp. „Entrepreneurs" finden sich in den Schriften von *Cantillon* (1755/1931) und *Turgot* (1766/1946).[46] Seitdem zählt die Beschreibung und Erklärung unternehmerischen Handelns zum Forschungsgebiet des „Entrepreneurship", das jedoch in den Wirtschaftswissenschaften noch eine vergleichsweise junge Disziplin ist.[47] Im Folgenden werden die **unterschiedlichen Strömungen der Unternehmertheorie** beschrieben und deren inhaltliche Forschungsziele skizziert, um zu eruieren, inwiefern sie einen Beitrag zur Erklärung des Verhaltens von Unternehmern in krisenhaften Unternehmenssituationen leisten können.

Im Anschluss an die „kognitive Unternehmertheorie" wird das unternehmerische Verhalten aus der Perspektive der **Krisenursachen- und Turnaround-Forschung** betrachtet. Ergebnisse empirischer Studien werden präsentiert, die im Rahmen der Kri-

[42] Vgl. *Clasen* (1992), S. 125.
[43] Vgl. *Böckenförde* (1996), S. 134; *Bussiek* (1996), S. 41.
[44] *Oesterheld* (2002), S. 86.
[45] Vgl. *Achilles* (2000), S. 309.
[46] Vgl. *Fallgatter* (2002), S. 93.
[47] Vgl. *Pinkwart* (2000b), S. 186 f.; prägende Arbeiten finden sich vielmehr in der Soziologie, der Psychologie, der Anthropologie und der Wirtschaftsgeschichte, vgl. *Fallgatter* (2002), S. 75 ff.

senursachenforschung insbesondere die Krisenentwicklung von KMU untersucht haben. Außerdem wird die gefährliche Interdependenz zwischen fehlerhaftem Unternehmerverhalten und dem Verlauf einer Unternehmenskrise transparent gemacht.

Hierauf aufbauend werden im folgenden Kapital unterschiedliche Theorien und Modelle aus dem Bereich der **verhaltenswissenschaftlich geprägten Entscheidungstheorie** erläutert, um die Ursachen unternehmerischen Fehlverhaltens in Krisen- und Turnaround-Situationen aufzuzeigen. Dabei werden Fehlermöglichkeiten in den zwei grundlegenden Phasen des unternehmerischen Entscheidungsprozesses, d.h. in der Phase der Wahrnehmung von Informationen und der Phase der Suche und Auswahl von Strategien und Maßnahmen, erläutert.

Mit dem letzten Kapitel in diesem Abschnitt werden alternative Strömungen der **Lern- und Verhaltensforschung** vorgestellt. Durch die Lern- und Verhaltensforschung kann die bisherige Diskussion um Aspekte erweitert werden, welche die Anpassung unternehmerischen Verhaltens an sich verändernde Unternehmens- und Marktsituationen erklären können. Diese Verhaltensveränderungen werden durch kognitive Lernprozesse des Unternehmers begründet. So verknüpft u.a. *Röpke* (2002) die Eigenschaft des Lernens mit der Qualität der unternehmerischen Fähigkeit, indem er feststellt: *„Gute Unternehmer sind gute Lerner."*[48]

Die Betrachtung des unternehmerischen Verhaltens aus diesen unterschiedlichen Perspektiven bildet den Ausgangspunkt, um in Kap. D.1 ein Anforderungsprofil für das (Lern-)Verhalten der Unternehmer im Turnaround von KMU zu entwickeln.

2.1 Entrepreneurship-Theorie

Entrepreneurship lässt sich ansatzweise als „Unternehmertum" übersetzen, fokussiert sich inhaltlich auf die Erforschung der Unternehmerperson und ihrer Bedeutung für den Entstehungs- und Entwicklungsprozess von Unternehmen, der Gründungs- und Wachstumsprozesse von Unternehmen sowie der gesamtwirtschaftlichen Wirkung von Unternehmensgründungen. Allerdings muss konstatiert werden, dass weder für den Begriff des Entrepreneurship eine allgemeingültige Definition akzeptiert ist, noch für die zentralen Themenbereiche eine abschließende Abgrenzung besteht.[49] Die nachfolgende Diskussion wird sich daher auf das **Themenfeld der Unternehmerforschung** beschränken.

In der Entrepreneurship-Forschung können verschiedene Forschungsrichtungen isoliert werden, die auf unterschiedliche Art und Weise die Besonderheiten von Unter-

---

[48] *Röpke* (2002), S. 45.

[49] Vgl. *Pinkwart et al.* (2005d), S. 6 ff.; *Pinkwart* (2000b), S. 181 ff.; *Fallgatter* (2002), S. 11 ff.; *De* (2005), S. 16 ff.; *Lundström/Stevenson* (2005), S. 43 f.; *Shane/Venkataraman (2000), S. 218 f.; Shane* (2003), S. 4 ff.; *Freiling* (2006), S. 11 ff.

nehmern untersucht haben. Zu unterscheiden sind die Bemühungen der sog. „traits school" sowie die Erklärungsbeiträge der „funktionalen Unternehmertheorie", der „positiven Unternehmertheorie" und der „kognitiven Unternehmertheorie".[50] Die Vertreter der „**traits school**" versuchen, einzelne **Persönlichkeitsstrukturen und Eigenschaftsmerkmale** von Unternehmern zu ermitteln, die den Erfolg unternehmerischen Handelns erklärbar machen und überdies verallgemeinerbar sind. *„Insgesamt besteht [..] allem Anschein nach in der Literatur Einigkeit über die unmittelbar handlungsprägenden Eigenschaften von Unternehmungsgründern und Unternehmern. ‚Need for Achievement', eine moderate Neigung zur Risikoübernahme, Ambiguitätstoleranz, interner ‚Locus of Control' sowie das Streben nach Autonomie werden immer wieder aufgeführt."*[51] Daher sollen sich die folgenden Ausführungen auf die Vorstellung dieser Eigenschaften beschränken:[52]

- *McClelland* (1961) identifiziert die Leistungs- und Verantwortungsbereitschaft verbunden mit einem starken Streben nach Anerkennung (Need for Achievement) als ein entscheidendes Persönlichkeitsmerkmal unternehmerisch veranlagter Personen.
- Unternehmerpersonen besitzen einen sog. internen Locus of Control, d.h. sie sind davon überzeugt, dass ihr unternehmerischer Erfolg hauptsächlich auf persönliche Anstrengungen zurückzuführen und demnach beeinflussbar ist. Machbarkeitsdenken und Selbstvertrauen beschreiben den internen Locus of Control treffend.[53]
- Unternehmern wird ein hohes Maß an „Ambiguitätstoleranz" zugeschrieben, wonach sie offen und konstruktiv auf ungewisse resp. mehrdeutige Situationen reagieren. Mehrdeutige Situationen werden nicht als stressig oder bedrohlich, sondern vielmehr als wünschenswerte Herausforderung angesehen. Dies ist eine Eigenschaft, die insbesondere Gründer von innovativen Unternehmen auszeichnet.
- Unternehmer besitzen sowohl ein starkes Streben nach Autonomie, Eigenständigkeit und Unabhängigkeit als auch eine mittlere Risikoneigung, d.h. sie gehen unternehmerische Risiken ein, halten diese aber für kalkulier- und kontrollierbar.

Abschließend muss jedoch festgestellt werden, dass die eigenschaftsbezogenen Forschungsbemühungen nicht die erhofften verallgemeinerbaren Persönlichkeitsstrukturen von erfolgreichen (erfolglosen) Unternehmern identifizieren konnten. Vielmehr lautet das vorläufige Fazit, dass zwar Persönlichkeitsmerkmale für ein erfolg-

---

[50] Vgl. *Fallgatter* (2001), S. 1218 ff.; *Fallgatter* (2002), S. 259 ff.; *Pinkwart* (2002), S. 62 ff.

[51] *Fallgatter* (2002), S. 125, (im Original teilweise kursiv).

[52] Vgl. *Fallgatter* (2002), S. 120 ff.; *Pinkwart* (2002), S. 64 f.; *Pinkwart et al.* (2005d), S. 6; *Shane* (2003), S. 97 ff.; *Neugebauer* (1997), S. 90 ff.; *Freiling* (2006), S. 128 ff.; *Bhidé* (2000), S. 92 ff.

[53] Vgl. *Rotter* (1966); *Pinkwart et al.* (2005d), S. 6.

reiches (erfolgloses) unternehmerisches Handeln von großer Bedeutung sind, ein homogener Katalog aber nicht existiert.[54]

Die „**funktionale Unternehmertheorie**“ richtet ihr Augenmerk auf die gesamtwirtschaftlichen Wirkungen unternehmerischen Handelns und damit auf die Funktionen, die in der Wirtschaftstheorie Unternehmern zugesprochen werden.[55] Als die wichtigsten Vertreter gelten *Say* (1803/1971), *Knight* (1921/1971), *Schumpeter* (1934/1993), *Heuss* (1965) und *Kirzner* (1978) die Unternehmern eine zentrale Bedeutung resp. Funktion für die wirtschaftliche Entwicklung attestieren. Sie beschreiben die **gesamtwirtschaftliche Funktion** der Unternehmer z.T. anhand eigens entwickelter „Unternehmertypen“. Im Folgenden werden die Kernaussagen der o.a. Vertreter kurz vorgestellt:[56]

- *Say* (1803/1971) betont die unternehmensexterne und -interne Koordinationsleistung des Unternehmers nach dem Muster moderner Führungs- und Managementfunktionen. Dabei ist die unternehmerische Betätigung auch mit einem Vermögens- und Reputationsrisiko verbunden.
- *Knight* (1921/1971) beschreibt den Unternehmer erstmalig in seiner doppelten Funktion als Risikoträger, d.h. der Unternehmer ist zum einen unternehmerischen Risiken ausgesetzt (Betroffener) und zum anderen aktiver Gestalter des Risikos bzw. der Unsicherheiten seines unternehmerischen Handelns.
- Für *Schumpeter* (1934/1993) ist die wirtschaftliche Entwicklung ein endogener Prozess der *„schöpferischen Zerstörung“*[57], der durch das Streben von „Pionierunternehmern“ nach Innovationen getragen wird. Das Unternehmerbild Schumpeters (1934/1993) erfasst ausschließlich Unternehmer, die durch ihre innovative Tätigkeit neuartige Produkte (aus Sicht der Konsumenten) anbieten, neuartige Produktionsmethoden anwenden, neue Absatzmärkte erschließen, die Produktzusammensetzung durch die Verwendung innovativer Inputgüter und die vorherrschenden Wettbewerbsstrukturen verändern.
- *Heuss* (1965) ergänzt den schumpeterschen Pionierunternehmer um weitere Unternehmertypen, die prinzipiell die Funktion von Imitatoren übernehmen und den Pionierunternehmern in den Markt folgen. Indem sie die innovative Pionierarbeit imitieren, fördern sie den Wettbewerb und übernehmen ähnliche Risiken wie die Pionierunternehmer. *Heuss* (1965) unterscheidet frühe Folger (spontan imitierende Unternehmer) und späte Folger (konservative Unternehmer), wobei letztere weniger danach streben, den Markt zu verändern als ihn vielmehr in seinem weitgehend stationären Zustand zu erhalten.

---

54 Vgl. *Pinkwart et al.* (2005d), S. 7; *Fallgatter* (2001), S. 1219; *Fallgatter* (2002), S. 135; *Gartner* (1988), S. 11 ff.; *Davidsson* (2003), S. 315 ff.

55 Vgl. *Fallgatter* (2001), S. 1219 f.

56 Vgl. u.a. *Freiling* (2006), S. 81 ff.; *Pinkwart* (2001), Sp 461; *Pinkwart* (2002), S. 62 f.; *Albach* (1979b), S. 537 ff.; bei *Fallgatter* (2002), S. 260 ff. finden sich auch Ausführungen zu *Leibenstein* (1978) und *Casson* (1982).

57 *Schumpeter* (1934/1993), S. 138.

- Der auf *Kirzner* (1978) zurückgehende Unternehmertypus des „Arbitrageurs" zeichnet sich durch seine besondere Fähigkeit der unternehmerischen „Findigkeit" (alertness) aus. Sie führt dazu, dass Unternehmer Ungleichgewichtszustände auf den Märkten entdecken und durch unternehmerisches Handeln die vorhandenen (Effizienz-)Gewinne abschöpfen.

Die funktionale Unternehmertheorie wird generell dafür kritisiert, dass die entwickelten Unternehmertypen sehr stark von gesamtwirtschaftlichen Überlegungen abhängen.[58]

Mit der „**positiven Unternehmertheorie**" hat sich seit Mitte der 1960er Jahre ein dritter Forschungszweig der Unternehmerforschung entwickelt.[59] Kern dieser empirischen und theoretisch-konzeptionellen Bemühungen ist es, die Unternehmerperson durch alternative **Typologien** beschreib- und erfassbar zu machen. Hierzu werden Charakteristika von Unternehmern (u.a. Alter, Ausbildungsstand, Eigenschaften, Motivation, Erwartungen an die berufliche Tätigkeit) zu sehr ausführlichen Kriterienkatalogen zusammenfasst, um unterschiedliche Unternehmertypen identifizieren und/oder Eigentümerunternehmer von angestellten Führungskräften abgrenzen zu können. Zu den einflussreichsten empirischen Forschungsvorhaben zählen die Arbeiten von *Smith* (1967), *Filley et al.* (1976) sowie *Miner et al.* (1992), während aus theoretisch-konzeptioneller Sicht vor allem die Bemühungen von *Carland et al.* (1984), *Stevenson/Sahlman* (1986), *Hornaday* (1990) und *Stanworth/Curran* (1976) hervorzuheben sind:[60]

- *Smith* (1967) prägte die bekannte Differenzierung von Unternehmerpersonen in den so genannten „Craftsman-Entrepreneur" und „Opportunistic-Entrepreneur". Während für den Craftsman-Entrepreneur insbesondere eine enge Ausbildung, ein relativ unsicherer Umgang mit der Umwelt und eine begrenzte zeitliche Orientierung bezeichnend sind, weist der Opportunistic-Entrepreneur entgegengesetzte Merkmalsausprägungen auf, die durch das Streben nach Produktverbesserungen sowie durch die Optimierung der gesamten Unternehmung ergänzt werden.
- *Filley et al.* (1976) erweitern die o.a. Typologie um den Unternehmertyp des „Administrative Entrepreneurs", der vor allem eine starke Aufgabendifferenzierung und Hierarchiebildung verfolgt sowie ausgeprägte Planungs- und Kontrollsysteme als wichtig empfindet.
- *Miner et al.* (1992) greifen ebenfalls auf die Unternehmertypologie von Smith (1967) zurück und ergänzen sie durch den so genannten „Inventor-Entrepreneur". Dieser Unternehmertyp setzt gezielt auf eine Strategie der Produkt- und

---

58 Vgl. u.a. *Albach* (1979b), S. 538 ff.; *Fallgatter* (2001), S. 1222 f.; *Fallgatter* (2002), S. 274 ff.

59 Als Ausgangspunkt dieser Forschungsströmung gelten die Arbeiten von *Collins et al.* (1964) und *Smith* (1967); *Collins et al.* (1964) verglichen die Eigenschaftsprofile von Eigentümerunternehmern kleiner Unternehmen mit denen von angestellten Managern.

60 Vgl. ausführlich *Fallgatter* (2001), S. 1223 ff.; *Fallgatter* (2002), S. 279 ff.

Prozessentwicklung und erzielt mit diesem innovativen Verhalten ein höheres Maß an Unternehmenswachstum und –erfolg.

- *Carland et al.* (1984) differenzieren auf theoretisch-konzeptionellem Wege zwei Typen von Unternehmensgründern. „Entrepreneurs" verfolgen primär wachstums- und gewinnorientierte Unternehmensziele, die sie mit innovativem Verhalten erreichen möchten, während „Small Business Owner" eher konservativ agieren, sich nicht um Innovationen bemühen und die Unternehmensziele eng mit den persönlichen und familiären Wünschen und Bedürfnissen verbinden.
- *Stevenson/Sahlman* (1986) konzentrieren sich in ihrer Untersuchung auf die Unterscheidung von Unternehmern bzw. Unternehmensgründern (Promotor) und angestellten Managern (Trustee). Hierzu erarbeiten sie einen Bewertungkatalog bestehend aus sechs Kriterien (strategische Orientierung, Bezug zu marktlichen Gelegenheiten, Bezug zu Ressourcen, angestrebte Kontrolle über Ressourcen, Vorstellungen von Führung und Entgeltpolitik).
- *Hornaday* (1990) unterscheidet seinerseits drei Typen von Eigentümerunternehmern. Der Unternehmertyp des „Crafts" ist intrinsisch motiviert, strebt nach Unabhängigkeit und persönlicher Kontrolle. Der Unternehmertyp des „Promotors" ist extrinsisch motiviert, strebt nach Unabhängigkeit und persönlicher Kontrolle und setzt auf Innovationen und Wachstum. Dem Unternehmertyp des „Professional Managers" ist hingegen das erfolgreiche Führen eines Unternehmens wichtig, und er konzentriert sich dabei auf Innovationen und Unternehmenswachstum.
- *Stanworth/Curran* (1976) *„hinterfragen die jeweilige Eigenwahrnehmung von Unternehmern, deren Wandelbarkeit sowie deren Einfluss auf die Unternehmensentwicklung"*[61] und identifizieren Unternehmer mit einer „artisan identity", „classical entrepreneur identity" oder „managerial identity". Unternehmer mit einer stark geprägten „artisan identity" richten ihre unternehmerische Tätigkeit auf Autonomie und persönliche Zufriedenheit aus, sind intrinsisch motiviert und haben ein herausragendes Qualitätsbewusstsein sowohl in Bezug auf Produkte und Dienstleistungen als auch in Bezug auf die Auswahl der Geschäftspartner. Unternehmer mit einer „classical entrepreneur identity" sind besonders gewinnorientiert und Unternehmer mit einer „managerial identity" wenden verstärkt rationale Managementtechniken an.

Nach *Fallgatter* (2002) wird die positive Unternehmertheorie in dreierlei Hinsicht kritisiert, und zwar bestehen Zweifel an der zeitlichen Stabilität der gewonnenen Ergebnisse, stark unterschiedliche Studiendesigns erschweren die Verallgemeinerbarkeit, und die Unternehmertypologien stehen im Widerspruch zu Ergebnissen anderer Forschungsströmungen.[62] Für die Untersuchung des unternehmerischen (Lern-) Verhaltens im Turnaround liegt der Nutzen der bereits vorgestellten Unternehmertheorien darin, Anhaltspunkte zu haben, die zur Beschreibung von erfolgreichen Unterneh-

---

[61] *Fallgatter* (2002), S. 285.
[62] Vgl. *Fallgatter* (2002), S. 295 ff.

mern herangezogen werden. Von Interesse wird daher im weiteren Verlauf der Arbeit sein, zu hinterfragen, ob einzelne der o.g. unternehmerischen Charakteristika auch zur Unterscheidung erfolgreicher und erfolgloser Turnaround-Unternehmer herangezogen werden können.

Eine aktuelle Strömung der Entrepreneurship-Forschung fokussiert sich auf die sog. „**kognitive Unternehmertheorie**". Sie fasst die **kognitiven Fähigkeiten** des Individuums als wichtiges Element zur Erklärung und Begründung unternehmerischen Handelns auf.[63] Mit diesem Forschungszweig wird die Hoffnung verbunden, neue Erkenntnisse zu gewinnen, wie Unternehmer ihr Verhalten angesichts sich verändernder Märkte anpassen, wie sie denken und warum sie handeln, wie sie handeln.[64]

In der kognitiven Entrepreneurship-Forschung haben insbesondere drei Fragestellungen Aufmerksamkeit erhalten. Hierzu zählen das Bestreben, kognitive Unterschiede zwischen Unternehmern und angestellten Führungskräften empirisch zu isolieren, kognitive Fehler und Verzerrungen im Denken von Unternehmern zu identifizieren und die kognitiven Prozesse im Rahmen der Wahrnehmung von unternehmerischen Chancen (opportunity recognition) zu erkennen.[65] So zeigen empirische Studien u.a., dass Unternehmer ein übersteigertes Selbstvertrauen (overconfidence) zu haben scheinen sowie ihre Einfluss- und Kontrollmöglichkeiten überschätzen.[66] Außerdem konnte empirisch festgestellt werden, dass innovative Unternehmer in Folge ihrer selektiven Informationswahrnehmung und –verarbeitung die Stärken und Chancen geschäftlicher Möglichkeiten höher einschätzen als die Schwächen und Risiken.[67] Hingegen stellen *Gaglio/Katz* (2001) in ihrer Diskussion die unternehmerische Findigkeit (entrepreneurial alertness) in den Mittelpunkt und beschreiben sie als einen komplexen kognitiven Bezugsrahmen, der es ihnen ermöglicht, Marktveränderungen als Chancen zu erkennen.[68]

Die Bemühungen der unterschiedlichen Unternehmertheorien in der Entrepreneurship-Forschung konzentrieren sich bislang nahezu ausschließlich auf das Verhalten von Unternehmern in Gründungs- und Wachstumsphasen ihrer Unternehmen und

---

[63] Vgl. z.B. *Baron* (1998), S. 275 ff.; *Fallgatter* (2002), S. 309 ff.; *Pinkwart* (2002), S. 65; *Welter* (2003a), S. 46 ff.; *Mintzberg et al.* (1999), S. 175 ff.; zur Rolle kognitiver Unternehmerfähigkeiten in der Gründerausbildung vgl. *Pinkwart* (2000b), S. 187 ff.; *Krueger* (2003), S. 129 ff.

[64] Vgl. *Mitchell et al.* (2002), S. 96, *Fallgatter* (2001), S. 1230; sie bieten auch einen kurzen Überblick über die Entwicklung der kognitiven Unternehmertheorie in der Entrepreneurship-Forschung; vgl. *Mitchell et al.* (2002), S. 97 f.

[65] Vgl. *Baron/Ward* (2004), S. 554 ff.; *Krueger* (2003), S. 105 ff.

[66] Vgl. *Busenitz/Barney* (1997), S. 9 ff.; *Amit et al.* (2000), S. 119 ff.; *Simon et al.* (2000), S. 113 ff.; *Shane* (2003),S. 45 ff. und S. 113 f.; allerdings stellen *Shepherd/Wiklund* (2006), S. 6 auch fest, dass *„overconfidence is a bias that when exhibited by founding entrepreneurs jeopardizes the life of their venture"*.

[67] Vgl. *Palich/Bagby* (1995), S. 431 ff.

[68] Vgl. *Gaglio/Katz* (2001), S. 95 ff.; Die vorgestellten Erkenntnisse stellen nur einen Ausschnitt aus der gesamten kognitiven Entrepreneurship-Forschung dar. Eine ausführlichere Vorstellung und Diskussion findet sich z.B. in *Katz/Shepherd* (2003); *Gartner et al.* (2004), S. 129 ff.; *Acs/Audretsch* (2003), S. 37 ff.

folgen somit einem „positiven“ Unternehmerbild. Das Verhalten von Unternehmern in Unternehmenskrisen wird nicht behandelt. Damit können die bisherigen Erkenntnisse der Unternehmertheorie nur partiell als Erklärungsgrundlage für den Untersuchungsgegenstand dieser Arbeit herangezogen werden. Von den vier Forschungsrichtungen bietet insbesondere die **kognitive Unternehmertheorie direkte Anknüpfungspunkte** für weiterführende Ansätze der Lern- und Verhaltensforschung.

Die kognitive Unternehmertheorie begründet das jeweilige Handeln und Verhalten von Unternehmern mit den zugrunde liegenden Kognitionen eines Individuums. **Kognitionen sind Strukturelemente des mentalen Systems** des Menschen, d.h. Hypothesen aus Informationen und Meinungen eines Menschen über sich und seine Umwelt.[69] Diese Denk- und Handlungsmuster beeinflussen sowohl die Aufnahme und Verarbeitung von unternehmensinternen und –externen Informationen als auch das (Risiko-)Verhalten von Unternehmern in den jeweiligen Entscheidungssituationen.[70] Während die kognitive Unternehmertheorie die individuellen Denk- und Handlungsmuster als maßgebliche Einflussfaktoren auf das unternehmerische Verhalten ansieht, beschäftigt sich die Lern- und Verhaltensforschung maßgeblich mit den kognitiven Fähigkeiten und Prozessen von Individuen im Rahmen der Informationsverarbeitung. Dies zeigt, dass sich die beiden Forschungsbereiche zwar inhaltlich überschneiden, allerdings aber auch komplementäre Untersuchungsziele verfolgen.

2.2 Krisenursachen- und Turnaround-Forschung

Zentraler Forschungsschwerpunkt der Krisenursachenforschung ist die Identifikation und Erklärung von Tatbeständen, die in der Vergangenheit für die Entstehung von Unternehmenskrisen verantwortlich waren.[71] Ziel ist es, diejenigen Faktoren zu bestimmen, die den Misserfolg von Unternehmen ausmachen.[72] Hierzu ist es notwendig, die wichtigsten Krisenursachen zu identifizieren und die Unterschiede zwischen **Krisenursache und Krisensymptom** zu verdeutlichen. Während Krisenursachen Faktoren darstellen, die Auslöser der Fehlentwicklung und somit für die Entstehung der Krise verantwortlich sind,[73] sind Krisensymptome lediglich als Merkmale bzw. Anzeichen einer existierenden Krise zu verstehen. Als erkennbare Indikatoren

[69] Vgl. *Irle* (1971), S. 141 ff.; *Staehle* (1994), S. 233; *Pinkwart/Kolb* (2000), S. 14; *Schulz-Hardt* (1997), S. 58.
[70] Vgl. *Pinkwart* (2002), S. 65; *Gifford* (2003), S. 37 ff.; aus kognitionsbiologischer Sicht bedingt jede Entscheidungssituation spezifische Informationsverarbeitungsprozesse, vgl. *Fallgatter* (2001), S.1231; *Fallgatter* (2002), S. 309; *Keh et al.* (2002), S. 125 ff.
[71] Vgl. *Schiller/Tytko* (2001), S. 52.
[72] Vgl. *Pinkwart/Kolb* (2003), S. 55; Betrachtet man die Krisen- bzw. Insolvenzursachenforschung methodisch, so können die bislang veröffentlichten Untersuchungsansätze grob in kasuistische Methoden und Hypothesenmodelle eingeteilt werden; vgl. *Günther/Scheipers* (1993), S. 448 ff.; *Kolb* (2006), S. 50 ff. Zur Methodik der Krisenursachenforschung vgl. *Burtscher* (1996), S. 46 ff.; *Kall* (1999), S. 60 f.; *Krystek* (1987), S. 33; *Pinkwart et al.* (2005a), S. 38 ff.; *Kolb* (2006), S. 83 ff.
[73] Vgl. *Böckenförde* (1996), S. 27 ff.

tragen sie zur Krisenidentifikation bei, ohne jedoch eindeutige Rückschlüsse auf die eigentlichen Krisenursachen zu geben.[74]

Allgemein hat sich in der Literatur die Differenzierung zwischen inner- (endogenen) und überbetrieblichen (exogenen) Krisenursachen etabliert.[75] Endogene Krisenursachen umfassen alle Faktoren, die innerhalb des Unternehmens direkt beeinflussbar sind, d.h. der unternehmensinterne Bereich gilt als Entstehungsort der Krise. Exogene Krisenursachen beinhalten alle kontinuierlichen und diskontinuierlichen Veränderungen der Unternehmensumwelt (unternehmensexterne Bereiche als Entstehungsort von Krisen).[76] Im Folgenden werden ausgewählte **empirische Untersuchungen** vorgestellt, welche die Krisenursachen speziell in Bezug auf KMU und damit auch hinsichtlich des unternehmerischen Verhaltens analysiert haben.[77]

Zu einer der fundiertesten Untersuchungen der Krisenursachen von kleinen und mittleren Unternehmen zählt bis heute die von *Reske et al.* (1978) durchgeführte Studie für das IfM Bonn.[78] Sie haben ihre Bemühungen sehr stark auf Unternehmen mit weniger als 20 Beschäftigten konzentriert, um den empirischen Zusammenhang zwischen Betriebsgröße und Insolvenzanfälligkeit zu erforschen.[79] Zur Festlegung der Ursachenrangfolge haben die Autoren eine Kennziffer entwickelt, die sich aus der Häufigkeit der Ursachennennung, gewichtet mit ihrer insolvenzverursachenden Bedeutung, ergibt.[80] Die ersten drei und damit wichtigsten krisenverursachenden Rangplätze werden von den Bereichen **„Führung“**, **„Finanzierung“** und **„Absatz“** eingenommen. *„Dieses Ergebnis beweist, dass aus der zentralen Stellung der Führung im mittelständischen Betrieb im allgemeinen auch die größten Gefahren für die Existenz*

---

74 Vgl. *Burtscher* (1996), S. 45; *Böckenförde* (1996), S. 22 ff.; *Franceschetti* (1993), S. 61.

75 Vgl. z.B. *Fleege-Althoff* (1930), S. 84; *Hahn* (1958), S. 60 ff.; *Krystek* (1987), S. 67 ff.; *Hesselmann/Stefan* (1990), S. 36; *Böckenförde* (1996), S. 27; *Pinkwart et al.* (2005a), S. 49; *Kolb* (2006), S. 83. Die Mischform endogener und exogener Ursachen wird häufig als zwischenbetriebliche Krisenursache bezeichnet; vgl. *Reske et al.* (1978), S. 171; *Bea/Kötzle* (1983), S. 566.

76 Die vereinfachende Differenzierung zwischen endogenen und exogenen Ursachenbereichen darf aber nicht darüber hinwegtäuschen, dass die Ergebnisse der Forschungsbemühungen auf eine hohe Komplexität der Krisenursachen hinweisen. Zur Kritik an dieser Form der Ursachendichotomie vgl. u.a. *Kall* (1999), S. 62 f.; *Moldenhauer* (2004), S. 18 betont, dass die Dichotomie ausschließlich dem Zweck der Strukturierung dient. So haben sie in der Regel mehrere Entstehungsorte, was auch mit dem Begriff „Multilokalität“ umschrieben wird. Zusätzlich erschweren die „Multikausalität und Mehrstufigkeit der Krisenursachen“ die einzelwirtschaftliche Krisenursachenanalyse. Die Multikausalität von Krisenursachen beschreibt das Zusammenwirken verschiedener krisenauslösender und –verstärkender Faktoren, da in den überwiegenden Fällen von einer monokausalen Krise nicht auszugehen ist. Überdies sind Krisenursachen über mehrstufige Ursache-Wirkungsketten miteinander vernetzt. Vgl. z.B. *Krystek* (1987), S. 67; *Burtscher* (1996), S. 51; *Böckenförde* (1996), S. 29 ff.; *Töpfer* (1986b), S. 159 ff.; *Pinkwart/Kolb* (2003), S. 57 ff.; *Pinkwart et al.* (2005a), S. 49 ff.; *Kolb (2006), S. 83 ff.*; *Schäfer* (2001), S. 19.

77 Darüber hinaus bieten die folgenden Veröffentlichungen einen umfassenden Überblick über die empirische Krisenursachenforschung. Vgl. u.a. die synoptische Darstellung von *Pinkwart/Kolb (*2003), S. 60 ff. i.V.m. S. 87 ff.; *Bea/Kötzle* (1983), S. 565 ff.; *Krystek* (1987), S. 45 ff.; *Weisel* (1982), S. 13 ff.

78 Vgl. *Bea/Kötzle* (1983), S. 566; *Gless* (1996), S. 23; *Buchhart* (2001), S. 61.

79 Vgl. *Reske et al.* (1978), S. 19; 67% der befragten Unternehmen hatten 19 oder weniger Beschäftigte, vgl. *Reske et al.* (1978), S. 46. Aus 1300 Insolvenzakten wurden 264 herausgefiltert, welche die notwendigen aussagefähigen Informationen enthielten. Zusätzlich wurden 74 Konkursverwalter befragt; *Reske et al.* (1978), S. 24.

80 Vgl. *Reske et al.* (1978), S. 51 ff.

des Betriebes erwachsen."[81] Aus dem Bereich der Unternehmensführung erweist sich eine mangelhafte Unternehmerqualifikation als wichtigster insolvenzfördernder Einflussfaktor noch vor einem unzureichenden Informationsstand und ungenügender Führungskenntnis.[82]

Hesselmann (1995) identifiziert in seiner Forschungsarbeit anhand empirischer Daten qualitative Kriterien aus den Bereichen **Managementqualität** und **Marktposition**, deren Ausprägungen sich bei Krisenunternehmen und „gesunden" Unternehmen deutlich unterscheiden.[83] Hinsichtlich der Qualität der Unternehmensführung weisen z.B. Kriterien wie das Engagement der Belegschaft und die Beteiligung der Mitarbeiter an Problemlösungen bei den Krisenunternehmen besonders hohe negative Abweichungen vom Durchschnitt aller Unternehmen auf. Im Bereich der Marktposition werden die höchsten Abweichungen u.a. beim Bekanntheitsgrad und Image des Unternehmens, der Qualität bzw. Attraktivität der Produkte und Dienstleistungen sowie der Kundennähe festgestellt.[84]

Pinkwart/Kolb (1999) haben mit ihrem qualitativen Forschungsansatz das regionale Insolvenzgeschehen des Kreises Siegen-Wittgenstein näher untersucht.[85] Die Analyse basiert auf der Befragung von Konkursverwaltern, Betriebsräten und Geschäftsführern sowie der Auswertung von Handelsregisterauszügen und Auskünften der Creditreform. *Pinkwart/Kolb* (1999) identifizieren als primäre Krisenursache **Managementfehler**, die einer unzureichenden Managementqualifikation, Nachfolgeproblemen sowie Abstimmungsschwierigkeiten unter den Gesellschaftern zuzuschreiben sind. Die Charakterisierung der betroffenen Unternehmerpersonen durch die Konkurs- bzw. Insolvenzverwalter deuten zudem auf Übereinstimmungen mit dem von *Haake* (1987) beschriebenen Unternehmertypus des *„traditionellen Familienunternehmers"*[86] hin. Diese zeichnen sich durch ein hohes Misstrauen gegenüber einer langfristigen Planung, durch eine geringe Kritikfähigkeit und eine geringe Beteiligung der Mitarbeiter an der Entscheidungsfindung, durch ein hohes berufliches Engagement, die enge Bindung an die Heimat sowie durch das Festhalten an lang Bewährtem aus.[87]

---

[81] *Reske et al.* (1978), S. 176; die Führung als Ursachenbereich verliert ihre dominierende Stellung mit steigender Unternehmensgröße an unternehmensexterne Einflüsse und den Produktionsbereich.
[82] Vgl. *Reske et al.* (1978), S. 61 ff.
[83] Vgl. *Hesselmann* (1995), S. 71 ff.
[84] *Hesselmann* (1995), S. 55 ff. verdichtet die gewichteten Faktoren zu einem sog. Q-Wert und verknüpfte diesen mit dem quantitativ-orientierten Z-Wert der „klassischen" Diskriminanzfunktion. Mit dieser Erweiterung um qualitative Aspekte kann die Insolvenzprognosefähigkeit des auf bilanziellen Daten beruhenden Z-Werts deutlich gesteigert werden. Dies bedeutet, dass bereits in einem frühen Stadium der Erfolgskrise oder sogar in der strategischen Krise eine Insolvenz-/ bzw. Krisengefahr angezeigt werden kann. Damit erhöhen sich die zur Verfügung stehende Reaktionszeit sowie der Aktionsraum zur Durchführung von Gegenmaßnahmen deutlich.
[85] Vgl. *Pinkwart/Kolb* (1999), S. 58 ff. Im Rahmen der Feldstudie wurden 17 Unternehmensinsolvenzen detailliert untersucht.
[86] *Haake* (1987), S. 99.
[87] Vgl. *Pinkwart/Kolb* (1999), S. 70 f.; *Pinkwart/Kolb* (2003), S. 74 ff.; *Haake* (1987), S. 99 ff.

In einer empirischen Studie mit dem Titel „Unternehmenskrisen im Mittelstand" unterzog *Wieselhuber & Partner* (2002) 38 Krisenunternehmen einer Analyse.[88] Als wichtigste Krisenursachen werden **Defizite in Führungsverhalten und -kompetenz**, Defizite im **Unternehmenscontrolling** sowie **strukturelle Umbrüche** in Branche und Markt registriert. Die Unternehmensführung wird kritisiert, weil in vielen Krisenunternehmen Probleme in der Willensbildung des Managements wie z.B. Entscheidungsstau oder Entscheidungsschwäche auftreten.[89] Dabei gilt besonders in Krisensituationen, dass nicht Routineentscheidungen, sondern nur außerordentliche Managemententscheidungen einen Umkehrprozess erwirken können.[90] Zu den besonderen Controllingschwächen der Krisenunternehmen gehören die Intransparenz der genutzten Systeme sowie regelmäßige Planabweichungen, die jedoch ohne konkrete Reaktion bleiben. Außerdem fällt auf, dass die Unternehmer die Ausgangslage positiver einschätzen, als sie nach objektiver Detailanalyse tatsächlich ist.[91]

In einer von der DtA (Deutsche Ausgleichsbank) durchgeführten Studie wurden Mitte 2002 sowohl Krisenexperten (Kammerberater, Unternehmensberater, Bankberater) als auch Unternehmer telefonisch befragt,[92] die im Rahmen der Aktion „Runder Tisch" gemeinsam einen Unternehmens-Turnaround versucht haben.[93] Diese Befragung ermöglicht eine direkte Gegenüberstellung der jeweiligen Ansichten und Wahrnehmungen bspw. bei der Einschätzung der Krisenursachen. Es zeigt sich eine deutliche **Diskrepanz** zwischen den Personengruppen bei der **Bewertung der endogenen und exogenen Krisenursachen**.[94] Während die Krisenexperten in bis zu 39% der Fälle Managementfehler bzw. Schwächen in der Unternehmensführung als ursächlich einschätzen, tun dies die Unternehmer in nur 11% der Fälle. Diametral verläuft ebenso die Bewertung der wirtschaftlichen Lage bzw. Konjunktur. Unternehmensberater sehen sie in 22%, Bankberater in 30% und Kammerberater in 40% der Fälle als Krisenauslöser, während die befragten Unternehmer mit 52% der Nennungen diesen Punkt als die Hauptursache für ihre Krise wahrnehmen.[95]

Die vorgestellten empirischen Ergebnisse verdeutlichen folgendes: Fehler in der Unternehmensführung, eine zu geringe Ausstattung mit Eigenkapital und Defizite im Un-

---

[88] *Wieselhuber & Partner* (2002). Aus quantitativer Sicht muss allerdings konstatiert werden, dass 66% der Unternehmen mehr als 50 Mio. € Umsatz erwirtschaften und 37% sogar mehr als 151 Mio. €. Demgegenüber zeigt sich in 74% der Unternehmen ein bedeutender Einfluss der Inhaber auf die operative und strategische Ausrichtung.

[89] *Wieselhuber & Partner* (2002), S. 11; ähnlich *Wieselhuber & Partner* (2004), S. 33.

[90] Vgl. *Pinkwart* (1992), S. 21.

[91] Vgl. *Wieselhuber & Partner* (2002), S. 19; *Wieselhuber & Partner* (2004), S. 22; grafische Darstellung in *Pinkwart et al.* (2005a), S. 130.

[92] Vgl. *Tchouvakhina* (2003). Die Befragung diente der Evaluation des „Runden Tisches", einer Initiative der DtA, zur Unterstützung von kleinen und mittleren Krisenunternehmen.

[93] Zu weitergehenden Informationen zu Organisation und Ablauf des Runden Tisches siehe *Kranzusch/May-Strobl* (2002), S. 52 ff.

[94] Zudem, so *Tchouvakhina* (2003), S. 6, kritisieren die Berater die Neigung der Unternehmer, kaufmännische Verantwortung an den Steuerberater zu übertragen.

[95] Vgl. *Tchouvakhina* (2003), S. 5 ff.; da die Stichprobe mit 544 Befragten sehr groß ist, kann die Repräsentativität der Ergebnisse weitestgehend unterstellt werden.

ternehmenscontrolling zählen zu den häufigsten endogenen Auslösern von Krisen. Allerdings ist die Feststellung, dass Führungsfehler eine der häufigsten und damit wichtigsten Krisenursachen überhaupt sind, nicht ganz unproblematisch, da retrospektiv jede Unternehmenskrise auf fehlerhaftes Management zurückgeführt werden kann.[96] Hinsichtlich der geringen Eigenkapitalausstattung ist anzumerken, dass diese erst dann zu einem Problem wird, wenn andere Krisenfaktoren hinzutreten, aufgrund derer das Unternehmen die Renditeziele nicht mehr erwirtschaftet. Ist kein oder nur wenig Eigenkapital vorhanden, können die Verluste nur begrenzt aufgefangen werden. Umgekehrt können Unternehmen, die über ein komfortables Eigenkapitalpolster verfügen, Krisenzeiten länger durchstehen bzw. die Kosten eines Turnarounds eher verkraften.[97] Diese Ausführungen zeigen, dass finanzielle Krisenauslöser i.d.R. einen krisenverstärkenden Effekt und weniger eine -verursachende Wirkung haben. *Reske et al.* (1978) weisen ferner darauf hin, dass die Bedeutung unternehmensinterner Krisenursachen mit abnehmender Unternehmensgröße noch steigt,[98] d.h. der **negative Effekt unternehmerischen Fehlverhaltens wirkt sich in kleinen Unternehmen stärker aus als in größeren**.

Als wichtigste **exogene Krisenauslöser** werden besonders häufig konjunkturelle Einflüsse und Veränderungen des Absatzmarkts angeführt. Eine Unternehmenskrise entwickelt sich jedoch erst zu jenem Moment, indem die Anpassungsfähigkeit der Organisation den exogen ausgelösten Misfit nicht mehr ausgleicht.[99] Exogene Einflussfaktoren wirken verstärkend auf bereits bestehende latente oder akute Krisen und forcieren damit den Abwärtstrend des Unternehmens. Aus diesem Grunde kommt exogenen Einflüssen weniger eine krisenverursachende als vielmehr eine -verschärfende Wirkung zu. In Bezug auf die Größe der Krisenunternehmen ist festzuhalten, dass unternehmensexterne Einflüsse auf KMU einen vergleichsweise stärkeren Effekt ausüben als auf Großunternehmen.[100] Somit kann geschlossen werden, dass die **Krisenanfälligkeit** und damit die **Krisengefährdung** von KMU im Vergleich zu Großunternehmen höher einzuschätzen ist.[101]

---

[96] Vgl. *Günther/Scheipers* (1993), S. 452; Krystek (1987), S. 68; *Pinkwart/Kolb* (2003), S. 59; *Achilles* (2000), S. 62. Ureigenes Ziel der Unternehmensführung ist es zwar, durch ordnungsgemäße Planung und Kontrolle das Ausmaß risikobehafteter Entscheidungen zu reduzieren, allerdings ist ein gänzlicher Ausschluss des unternehmerischen Risikos faktisch nicht möglich. *„Die einseitigen Schuldzuweisungen gegenüber der Unternehmungsführung sind bei der Lösung dieses Problems [der Multikausalität und –komplexität, Anm. d. Verf.] ebensowenig hilfreich wie die fatalistisch anmutenden Erklärungsversuche stetig steigender exogener Einflüsse.“* *Krystek* (1987), S. 72.

[97] Vgl. *Pinkwart/Kolb* (2003), S. 61 ff.

[98] Vgl. *Reske et al.* (1978), S. 178; *Kelber* (2004), S. 61.

[99] Vgl. *Böckenförde* (1996), S. 27; *Bleicher* (1979), S. 62.

[100] Vgl. *Howaldt* (1994), S. 208; *Kolb* (2006), S. 24 ff. Aus diesen Gründen postuliert *Buchhart* (2001), S. 235 für KMU die Notwendigkeit einer *„unternehmensindividuellen Kausalanalyse“* als Ausgangspunkt für eine unternehmensbezogene Strategie der Krisenbewältigung.

[101] Im Rahmen der Entrepreneurship-Diskussion wird das höhere Existenzrisiko von Start-ups bzw. kleinen Unternehmen als Hypothek der Neuheit (liability of newness) und Hypothek der Kleinheit (liability of smallness) beschrieben; vgl. *Brüderl/Schüssler* (1990), S. 530 ff.; *Pinkwart* (2002), S. 60; *Kolb* (2006), S. 24; *Shepherd/Wiklund* (2006), S. 4; *Altman* (1993), S. 18 f.

Um die Aussagen der Krisenursachenforschung empirisch zu validieren, werden die o.g. Krisenauslöser in KMU zu einem eigenständigen Fragenkomplex in der späteren Untersuchung dieser Arbeit zusammengefasst.[102] Untersuchungsziel ist festzustellen, ob sich die Bedeutung der Krisenursachen verändert hat oder ob fehlerhaftes Unternehmerverhalten weiterhin als primäre Krisenursache in KMU bezeichnet werden kann. Zu diesem Zeitpunkt muss konstatiert werden, dass Unternehmenskrisen i.d.R. auf *„some type of managerial incompetence“*[103] zurückzuführen sind.[104]

Um dieser besonderen Rolle des Unternehmers in KMU Rechnung zu tragen, entwickelt *Clasen* (1992) ein **Phasenmodell des unternehmerischen Verhaltens**, in dem er das Verhalten des Unternehmers als Erklärungsgröße für den Krisen- und Turnaround-Verlauf annimmt.[105] Auf diese Weise wird die allgemeine Krisen- und Turnaround-Literatur um eine wichtige KMU-spezifische Erklärungsgröße erweitert, die dem hohen Einfluss von Wahrnehmung und Handeln des Unternehmers auf die Entwicklung von KMU gerecht wird.[106]

Der dargestellte Krisenprozess beginnt (siehe Abb. 3), wenn das **Systemgleichgewicht** zwischen Unternehmen und Umwelt **gestört** und instabil wird. Da das initiierende Turnaround-Erfordernis nicht vom Unternehmer wahrgenommen wird, behält er die traditionell bewährten Entscheidungs- und Handlungsroutinen bei, und für das Unternehmen beginnt mit der strategischen Krisenphase der Einstieg in die existenzbedrohende Krisenspirale.[107] Auch komplexe Frühwarnsysteme der operativen und strategischen Frühaufklärung können den Unternehmer nur partiell unterstützen, die ersten sehr schwachen und diffusen Krisensignale zu identifizieren.[108] Einem umfassenden Einsatz dieser Instrumente stehen aber die geringe Ressourcenausstattung von KMU sowie psychologische Barrieren (kognitive Dissonanz, fehlende Motivation etc.) entgegen.[109]

In keiner Phase des Modells ist der betroffene Unternehmer in der Lage, stabilisierend auf Störungen des Gleichgewichts zwischen Unternehmensinwelt und -umwelt einzuwirken und damit die Gleichgewichtsstörungen des Systems KMU zu verringern. In Folge dieser **unternehmerischen Wahrnehmungs- und Handlungsano-**

---

[102] Zu den Ergebnissen der empirischen Krisenursachenanalyse siehe Kap. E.2.2.
[103] *Altman* (1993), S. 17 f.
[104] Vgl. u.a. *Müller* (1986), S. 367; *Hesselmann* (1995), S. 58 ff.; *Bergauer* (2001), S. 51; *Reske et al.* (1978), S. 172; *Argenti* (1976), S. 121 ff.; *Balgobin/Pandit* (2001), S. 303; *Kolb* (2006), S. 84, *Schendel et al.* (1976), S. 7; *Böckenförde* (1996), S. 104; *Pinkwart et al.* (2005a), S. 49 ff.; *Pinkwart/Kolb* (2003), S. 87 ff. Aktuelle empirische Untersuchungen von innovativen Start-ups zeigen zudem, dass eine große Zahl der Pionier-Unternehmen durch mangelnde Fähigkeit und Bereitschaft zur marktorientierten Unternehmensführung ihre Existenz gefährden; vgl. z.B. *Kulicke* (1993), S. 166.
[105] Vgl. *Clasen* (1992), S. 95 ff.
[106] *„The beliefs of top managers of small businesses are extremely influential because their firms lack the systematic buffers and inertia that can temper the relationship between managerial perception and firm action.“ Simon et al.* (2003), S. 421.
[107] Vgl. *Clasen* (1992), S. 98 f.
[108] Vgl. ausführlich *Krystek* (1987); S. 140 ff.; *Krystek/Müller-Stewens* (1993).
[109] Vgl. z.B. *Pinkwart/Kolb* (1999), S. 30 ff.; *Clasen* (1992), S. 99; *Kropfberger* (1986), S. 53 ff.

malie wird das System KMU kontinuierlich destabilisiert und nähert sich mit Krisenfortschritt der kritischen Systemgrenze, ab der sich ein Krisenunternehmen auflösen muss.[110] Mit der Insolvenz des Unternehmens wird auch der negative Höhepunkt in der psychischen Krise des Unternehmers erreicht, weil der Unternehmensverlauf als persönliche Niederlage empfunden wird.[111]

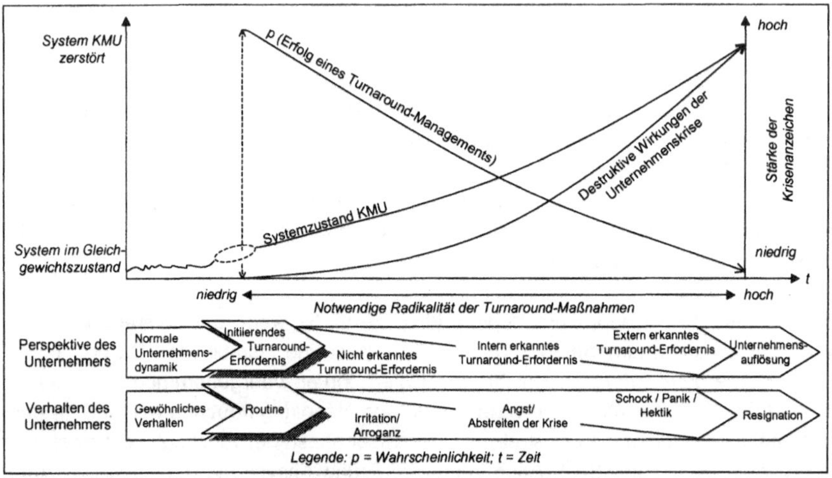

Abb. 3: Phasenmodell des unternehmerischen Verhaltens in Krisen[112]

Zu erkennen sind außerdem zwei für die Krise von KMU **typische Besonderheiten** und Zusammenhänge: Erstens beschränkt sich die Zunahme der destruktiven Wirkung des Krisenverlaufs nicht nur auf das Unternehmen, sondern erstreckt sich auch auf die **psychische und physische Konstitution** des Unternehmers. Zweitens wirken das wirtschaftliche Verhalten des Unternehmers und der Prozess der Unternehmenskrise gegenseitig verstärkend aufeinander ein und die Beziehung zwischen Unternehmerverhalten und Krisenverlauf kann zu einem ***„circulus vitiosus“***[113] werden. Um diesen Kreislauf zu durchbrechen, muss der Unternehmer sein Verhalten während der Krise grundsätzlich verändern.[114]

---

[110] Vgl. *Clasen* (1992), S. 95 f. Theoretische Grundlage für die Begründung des hier dargestellten rigiden Unternehmerverhaltens ist die „Threat-Rigidity-Hypothese“.

[111] Vgl. *Clasen* (1992), S. 107 f. Im Gegensatz zum angloamerikanischen Verständnis werden erfolglose Unternehmer in Deutschland häufig stigmatisiert, aus dem gesellschaftlichen Leben ausgeschlossen und erhalten nur selten eine zweite unternehmerische Chance. *„Insolvenzen sind nach wie vor mit dem Stigma des Scheiterns behaftet.“ Kranzusch/May-Strobl* (2002), S. 1.

[112] Quelle: In Anlehnung an *Clasen* (1992), S. 97.

[113] *Clasen* (1992), S. 108 und *Pinkwart* (2000a), S. 167 verstehen unter einem „circulus vitiosus“ sich gegenseitig verstärkende Kausalzusammenhänge, die zu einer überproportionalen Zunahme der negativen Wirkungen im Krisenverlauf führen.

[114] Allerdings, so stellt *Clasen* (1992), S. 110 heraus, sei eine derartige Korrektur wegen der *„engen emotionalen Verbundenheit des Unternehmers zu seinem Unternehmen“* nicht wahrscheinlich.

Mit seinem Phasenmodell illustriert *Clasen* (1992) eine mögliche Kettenreaktion unternehmerischen Fehlverhaltens. Wird der spezifische Krisenverlauf abstrahiert, kann unternehmerisches Fehlverhalten vor allem an der unzureichenden Wahrnehmung der Krisensituation und an Entscheidungs- und Handlungsfehlern festgemacht werden. Dafür ist einerseits ursächlich, dass Krisenanzeichen nicht oder verzögert zeitlich wahrgenommen werden. Die identifizierten Veränderungen werden zunächst nicht als Bedrohung der dominanten Unternehmensziele interpretiert, wodurch wertvolle Reaktionszeit ungenutzt verstreicht.[115]

In Anlehnung an *Kropfberger* (1999) kann zwischen sachlichen und menschlichen **Barrieren der Krisenwahrnehmung** in KMU differenziert werden.[116] Während sich die sachlichen Barrieren auf Eigenschaften des Führungssystems sowie des Unternehmenstyps beziehen, beruhen die menschlichen Barrieren auf psychischen und kognitiven Eigenschaften der betroffenen Unternehmer. Unter die sachlichen Barrieren fallen typischerweise mit Mängeln behaftete Unternehmens- und Umfeldinformationen aufgrund unzureichender und vergangenheitsbezogener Informationssysteme sowie die Arbeitsüberlastung des Unternehmers aufgrund der begrenzten Ressourcen (Mitarbeiter, Kapital) und der flachen Hierachie kleiner und mittlerer Unternehmen.[117]

Andererseits tragen unterschiedliche Entscheidungs- und Handlungsfehler der Unternehmer maßgeblich dazu bei, dass die Turnaround-Wahrscheinlichkeit des Unternehmens sinkt. Es ist hervorzuheben, dass Fehlentscheidungen, die Krisen auslösen oder weiter verschärfen, in vielen Fällen nicht durch mangelnde Intelligenz oder mangelndes Fachwissen des Unternehmers begründet werden können.[118] Häufig sind kreative bzw. innovative Problemlösungsprozesse notwendig, allerdings neigen Unternehmer vor allem in schwierigen und unsicheren Ausgangssituationen dazu, sich auf vorhandene und bereits erfolgreich angewandte Maßnahmen und Methoden zu verlassen.[119] Traditionelle Verhaltensmuster werden in dieser Situation den Umkehrprozess des Unternehmens meist nicht bewirken können.[120] Außerdem beeinträchtigen bspw. Panik, Hektik bis hin zur Resignation der Unternehmer die Entscheidungsqualität. Zusammenfassend kann festgehalten werden, dass **unternehmerisches Fehlverhalten das frühzeitige Erkennen von Krisenanzeichen, die**

---

[115] Vgl. *Faulhaber/Landwehr* (2005), S. 24.

[116] *Kropfberger* (1999), S. 36 ff. spricht von Barrieren des Nicht-Sehens, Nicht-Wollens, Nicht-Könnens, Nicht-Dürfens, Nicht-Wirkens und Nicht-Lernens.

[117] Vgl. *Kolb* (2006), S. 108 f.

[118] Dies verdeutlichen viele Krisenbeispiele aus Politik und Wirtschaft; vgl. *Schulz-Hardt* (1997), S. 13 ff.; *Staw* (1997), S. 192; *Staw* (1981), S. 577 f.; *Rubin/Brockner* (1975), S. 1054 f. *Dörner* (2003), S. 1 ff. zeigt anhand von Simulationsexperimenten, dass „Irren menschlich ist".

[119] Vgl. *Holsti* (1978), S. 45 f.; *Ocasio* (1995), S. 295. sowie die Ausführungen in Kap. B.2.4 zur Starrheit kognitiver Denkmodelle und zur begrenzten menschlichen Rationalität.

[120] Während in wohl-definierten Situationen routinemäßige und adaptive Entscheidungen getroffen werden können, erfordern schlecht-definierte Situation innovative Entscheidungen; vgl. ausführlich *Kirsch* (1977b), S. 141 ff.; *Pinkwart* (1992), S. 21 hebt für Krisensituationen von Unternehmen hervor, dass nicht Routineentscheidungen, sondern nur außerordentliche Managemententscheidungen einen Umkehrprozess erwirken können.

realistische Diagnose der Krisensituation und die Bewältigung der Unternehmenskrise negativ beeinflusst. Diese Ergebnisse der Krisen- und Turnaround-Forschung machen eine intensivere Analyse unternehmerischen Fehlverhaltens insbesondere aus psychologischer Perspektive erforderlich.

2.3 Verhaltenswissenschaftlich geprägte Entscheidungstheorie

In der verhaltenswissenschaftlich geprägten Entscheidungstheorie existieren unterschiedliche Theorien und Modelle, die unternehmerisches Fehlverhalten in Unternehmenskrisen erklären können.[121] Alle im Folgenden vorgestellten Erklärungsansätze werden in Tab. 3 präsentiert und den zwei grundlegenden Phasen des strategischen Entscheidungsprozesses zugeordnet.[122] So werden die Ansätze entweder der Phase der Wahrnehmung von Krisenanzeichen oder der Phase der Suche und Auswahl entsprechender Maßnahmen zugeordnet, wobei eine trennscharfe Unterscheidung aufgrund von Wechselwirkungen und Überschneidungen nicht immer möglich ist.[123] Mit jedem Ansatz kann eine andere Facette unternehmerischen Fehlverhaltens in Krisen- und Turnaround-Situationen erklärt werden, z.B. warum erfolgreiche Unternehmer scheitern, weshalb Unternehmer an Fehlentscheidungen festhalten, warum Mitverantwortung abgestritten wird und weshalb sie in Krisensituationen nicht reagieren. Aus diesem Grund werden die aufgeführten Ansätze kurz vorgestellt, um zu verstehen, warum sich die Unternehmer derart verhalten. Mit dieser Transparenz wird der Annahme von *Milliken/Lant* (1991) gefolgt, „*that managers may benefit from recognizing that they may ignore environmental changes, may be motivated to explain performance outcomes in ways that protect themselves, and may persist with outdated strategies, or even undermine the organizational properties that have produced success. Managers who understand decision-making processes and the potential role of psychological and inertia forces may be able to make more informed choices than managers who are unaware.*“[124]

Grundsätzlich ist für die Bewertung unternehmerischen Verhaltens zu berücksichtigen, dass die Unternehmer (wie alle Menschen) nur über eine **begrenzte Rationalität** (bounded rationality) verfügen. „*Die Kapazität des menschlichen Verstandes für die Formulierung und Lösung komplexer Probleme ist sehr klein im Vergleich zu dem Umfang der Probleme, deren Lösung für die Verwirklichung eines objektiv rationalen Verhaltens in der Realität – oder wenigstens für eine vernünftige Annäherung an eine solche objektive Rationalität – erforderlich ist.*“[125] Der Unternehmer legt demnach

---

[121] Die Konzentration liegt primär auf der Erklärung individuellen und nicht kollektiven Fehlverhaltens in Krisensituationen.
[122] Vgl. *Welter* (2003a), S. 39 i.V.m. *Schwenk* (1984), S. 115.
[123] Vgl. ähnlich *Welter* (2003a), S. 39.
[124] *Milliken/Lant* (1991), S. 152.
[125] *Kirsch* (1977a), S. 65 mit direktem Verweis auf *Simon* (1957), S. 198; umfassende Diskussionen zur Bedeutung rationalen Verhaltens finden sich in *Welter* (2003a), S. 34 ff. und *Wiswede* (2000), S. 30 ff.

seiner Wahrnehmung und seiner Suche, Auswahl und Umsetzung Ursache-Wirkungshypothesen zugrunde, die nur bruchstückhaft die Komplexität der Krisen- und Turnaround-Situation widerspiegeln,[126] d.h. die **kognitiven Modelle** der Unternehmer sind lediglich ein **simplifiziertes Abbild der Realität**.

Erklärungsansatz	Kernaussage	Fehlermöglichkeit
Begrenzte Rationalität	Entscheidungsprobleme können nicht in ihrer vollständigen Komplexität erfasst werden	Ursache-Wirkungs-Zusammenhänge werden falsch interpretiert bzw. zu stark vereinfacht
	Wahrnehmung von Krisenanzeichen	
Attributionstheorie	Bewertung eines Problems anhand von drei Kriterien (Beeinflussbarkeit, zeitliche Stabilität, Kontrollierbarkeit)	Ablehnung von Mitverantwortung, Korrekturmaßnahmen werden unterlassen, Fatalismus
Theorie der gelernten Sorglosigkeit	Erfolgreiches Handeln beeinflusst die Wahrnehmung und das Verhalten	Unterschätzung des Bedrohungspotenzials und mangelnde Lernfähigkeit
Entscheidungsautismus	Unfehlbarkeitsdenken beeinträchtigt realitätsnahe Wahrnehmung und Entscheidungen	Mangelnde Reflexion und unzureichende Soll-Ist-Vergleiche
Theorie der kognitiven Dissonanz	Dissonanzen begünstigen die retrospektive Rechtfertigung von Entscheidungen	Unzureichende bzw. zu günstige Einschätzung der gewählten Handlungsalternative
	Suche und Auswahl von Turnaround-Maßnahmen	
Bedrohungs-Rigiditäts-Theorie	Bedrohung bzw. Krise fördert die Anwendung traditioneller Verhaltensmuster	Starkes Kontrollbedürfnis, zentralisierte Entscheidungen, mangelndes innovatives Handeln
Escalation of Commitment (sunk costs)	Beharrliches Festhalten an erfolglosen Strategien bzw. Verlustträgern	Fortsetzung bisherigen Handelns bzw. bisheriger Strategien
Prospect-Theory / Risk/Return-Paradoxon	Krisensituationen steigern die Bereitschaft, Risiken einzugehen	Verhindert rechtzeitigen Handlungsabbruch
Stress	Bedrohung bzw. Krise begünstigt Veränderungen im (Entscheidungs-) Verhalten	Alternativen werden zu früh verworfen bzw. unzureichend bewertet, blinder Aktionismus, starkes Kontrollbedürfnis
Entrapment-Hypothese	Nicht-finanzielle resp. persönliche Ziele werden bei Entscheidungen priorisiert	Reaktionslosigkeit, kurzfristiger Planungshorizont, ökonomisch wichtige Entscheidungen werden vertagt
Theorie der erlernten Hilflosigkeit	Erfolgloses Handeln führt zu Veränderungen im Verhalten	Überschätzung des Bedrohungspotenzials, Resignation, Passivität, Hoffnungslosigkeit

Tab. 3: Ausgewählte Ansätze zur Erklärung unternehmerischen Fehlverhaltens[127]

Die Ansätze zur Erklärung der verzerrten Wahrnehmung können in sich nochmals zweigeteilt werden. Während die Theorie der gelernten Sorglosigkeit, die Theorie der kognitiven Dissonanz und das Modell des Entscheidungsautismus eher den kausalen Ursprung der verzerrten Wahrnehmung behandeln, zeigt die Attributionstheorie, an welchen Bewertungskriterien eine verzerrte Wahrnehmung deutlich wird.

---

[126] Vgl. *Kirsch* (1994), S. 25. *„Environmental change and uncertainty may make it difficult for managers to accurately interpret their past performance outcomes and to predict the effects of environment changes on an organization."* *Levitt/March* (1988), S. 320.
[127] Quelle: In Anlehnung an *Welter* (2003a), S. 40.

Drei Bewertungsdimensionen (zeitliche Stabilität, Beeinflussbarkeit, Kontrollierbarkeit) werden in der „**Attributionstheorie**" zusammengeführt und können die ambivalente Beziehung zwischen einer negativen Unternehmensentwicklung und dem unternehmerischen Verhalten schlüssig begründen.[128] So ist in Krisenfällen häufig zu beobachten, dass Anzeichen und Informationen, die auf eine Unternehmenskrise hindeuten, von Unternehmern nicht als solche wahrgenommen werden,[129] sondern als kurzfristige Erscheinungen, d.h. zeitlich instabil, interpretiert werden. **Zeitliche Stabilität** wird im Rahmen des Krisen- und Turnaround-Managements als *„the degree of permanence that managers associate with a given perceived cause of decline"*[130] definiert. Es wird demnach unterstellt, dass in Situationen, in denen die Ursachen einer negativen Unternehmensentwicklung als zeitlich stabil bzw. langfristig wirksam eingeschätzt werden, eher gezielte Maßnahmen zu erwarten sind.[131] Werden stattdessen die Ursachen für die Krisenentwicklung als zeitlich instabil bewertet, so unterstellt der Unternehmer, dass sich die Unternehmenssituation ohne aktiven Eingriff wieder automatisch verbessern wird. Dies bedeutet, dass eine unternehmerische Reaktion (z. B. Neuentwicklung von Produkten, Anpassung von Prozessen und Personal) auf die Krise ausbleiben wird. *„Wahrscheinlich ist in dieser Krisenphase aufgrund einer empfundenen ‚Ausnahmesituation' eher das Eintreten einer Irritation beim Unternehmer, die er mit zunehmender Selbstgefälligkeit und Überheblichkeit zu überdecken versucht."*[132] Die Veränderungen werden zunächst nicht als Bedrohung der dominanten Unternehmensziele interpretiert.[133]

Neben der zeitlichen Stabilität wird die Unternehmenssituation ebenfalls hinsichtlich ihrer Beeinflussbarkeit und ihrer Kontrollierbarkeit bewertet. Dabei wirkt die Bewertung der **Beeinflussbarkeit** einer Krisensituation häufig als persönlicher Schutzmechanismus oder wie *Drummond* (2004) formuliert: *„when failure becomes obvious, it is frequently attributed to exogeneous causes in order to enable decision makers to limit ego damage"*[134]. Denn Menschen haben im Allgemeinen die Angewohnheit, positive Erfahrungen auf die eigenen Fähigkeiten und das persönliche Engagement zurückzuführen, während die Verantwortung für negative Erfahrungen i.d.R. nur sehr zögerlich übernommen wird. Es erscheint menschlich, im Falle von negativen Erlebnissen wie z. B. Unternehmenskrisen anzunehmen, dass die Auslöser außerhalb des persönlichen Einflussbereiches liegen und damit unbeeinflussbar sind, so dass we-

---

[128] Eine allgemeingültige Attributionstheorie hat sich bisher nicht durchsetzen können. Daher wird im Folgenden das Attributionsmodell von *Weiner* (1994) vorgestellt, da es vor allem zur Analyse der Leistungsmotivation des Unternehmers geeignet ist und zudem in einem Großteil der einschlägigen empirischen Studien Anwendung findet; vgl. *Wiswede* (2000), S. 83 f.

[129] Auflistungen von typischen Krisenanzeichen finden sich u.a. in *Pinkwart/Kolb* (1999), S. 91 und *Kolb* (2006), S. 105.

[130] *Mone et al.* (1998), S. 124.

[131] *„The more stable the causes are to which decline is attributed, the more positive the effect of organizational decline on innovation will be."* *Mone et al.* (1998), S. 124; am Beispiel des Software Herstellers Baan zeigen *Mueller et al.* (2001), S. 27, wie sich zeitliche Fehleinschätzungen auswirken können.

[132] *Clasen* (1992), S. 100.

[133] Vgl. *Faulhaber/Landwehr* (2005), S. 24.

[134] *Drummond* (2004), S. 497.

der Mitverantwortung noch Fehlverhalten eingestanden werden müssen.[135] Diese Tendenz erschwert den Prozess der kritischen Selbstreflexion, der wiederum notwendig ist, um das eigene Entscheidungs- und Führungsverhalten zu überdenken und aus unternehmerischen Fehlern der Vergangenheit zu lernen.

Ausschlaggebend für die Einschätzung der **Kontrollierbarkeit** der Unternehmenssituation ist wiederum die subjektive Wahrnehmung des Unternehmers.[136] Damit mittelständische Unternehmer auf eine Krise mit einer strategischen Neuausrichtung reagieren und Innovationen im Unternehmen vorantreiben, müssen sie sich sicher sein, dass sie auf die Krisenentwicklung aktiv Einfluss nehmen können.[137] *„In the context of declining organizations, this implies that managers who believe the causes of decline are controllable are more likely to commit resources to strategic reorientation."*[138] Das Gefühl mangelnder Kontrollierbarkeit äußert sich hingegen in einer zu pessimistischen Einschätzung über die Zukunftsfähigkeit des Unternehmens, Fatalismus und in zunehmender (erlernter) Hilflosigkeit. In Folge dessen versuchen die Entscheidungsträger durch einseitige Maßnahmen mit kostenreduzierendem Charakter den wirtschaftlichen Status quo weitgehend zu verteidigen.[139]

Im Folgenden werden nun mögliche Ursachen einer verzerrten Wahrnehmung anhand der o.g. Ansätze dargestellt. Im Rahmen der **Theorie der gelernten Sorglosigkeit** wird bspw. argumentiert, dass die verzerrte Wahrnehmung von Informationen auf unternehmerische Arroganz, Selbstüberschätzung resp. Fatalismus beruhen kann. Sie können im weiteren Krisenverlauf einen reflexiven und sorgfältigen Prozess der Informationsverarbeitung und -interpretation verhindern und damit zu einer systematischen Unterschätzung des Bedrohungspotenzials beitragen.[140] Außerdem werden Warnsignale verdrängt oder bewusst verleugnet, weil sie das Selbstbild eines erfolgreichen Unternehmers stören.[141] Dieses unternehmerische Verhalten wird als gelernte Sorglosigkeit beschrieben (siehe Abb. 4). Sie bezieht sich vor allem auf Unternehmer, die ihr Unternehmen ohne große persönliche Anstrengungen und über einen langen Zeitraum hinweg **ausnahmslos erfolgreich** geführt und dabei auch risikoreiche Entscheidungen getroffen haben.[142] Diese Unternehmer neigen dazu, ihr

---

[135] Vgl. *Barker/Patterson* (1996), S. 310; *Lohrke et al.* (2004), S. 74; *Milliken/Lant* (1991), S.142 f.

[136] Grundsätzlich postulieren Kontrolltheorien, dass Individuen bestrebt sind, Ereignisse in ihrem Umfeld kontrollieren zu können; vgl. *Wiswede* (2000), S. 84 f. Des Weiteren legt Rotter (1954, 1966) seinem Konzept die Annahme zugrunde, dass ein wichtiger *„Zusammenhang zwischen den kognitiven Erwartungshaltungen und der Beeinflussbarkeit des Umfeldes und dem auf einen Reiz gezeigten Verhalten"* (*Güldenberg* (2003), S. 87) besteht. Eine ausführliche Zusammenfassung der Arbeiten *Rotters* liefert *Weiner* (1994), S. 187 ff.

[137] Vgl. *Mone et al.* (1998), S. 125; *Wood/Bandura* (1989), S. 372 ff.

[138] *Mone et al.* (1998), S. 125.

[139] Vgl. *Mone et al.* (1998), S. 126; *Mueller et al.* (2001), S. 27

[140] Die systematische Überschätzung einer Krisensituation kann mit Hilfe der Theorie der erlernten Hilflosigkeit beschrieben werden.

[141] Hinzu kommt, dass die Fähigkeit und Motivation des Unternehmers zur Gefahrenaufdeckung während der ausschließlich positiven Unternehmensentwicklung degenerieren.

[142] Erfolgreich heißt, dass gravierende strategische und finanzielle Rückschläge in Folge des unternehmerischen Risikos nicht hingenommen werden mussten.

Unternehmen zunehmend sorglos zu führen, weil sie durch den fortwährenden unternehmerischen Erfolg gelernt haben, dass ihre Entscheidungen nicht mit negativen, sondern nur mit positiven Konsequenzen verbunden sind. Diese positiven Erfahrungen werden verinnerlicht und in die Zukunft extrapoliert.[143]

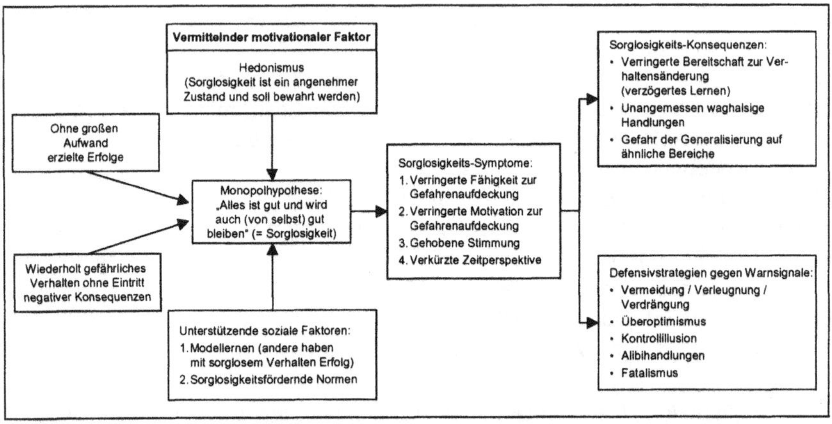

Abb. 4: Theorie der gelernten Sorglosigkeit[144]

Dies hat auch direkte Auswirkungen auf das unternehmerische Verhalten im Unternehmens-Turnaround. Zum einen lösen sich diese Unternehmer nur sehr zögerlich von ihren persönlichen Erfolgsmodellen der Vergangenheit, zeigen also nur eine verringerte Lernbereitschaft. Zum anderen neigen sie dazu, durch unangemessen waghalsige Handlungen den notwendigen Befreiungsschlag landen zu wollen.[145]

Das **Modell des Entscheidungsautismus** begründet die verzerrte Wahrnehmung von Krisensignalen nicht durch die positiven Erfahrungen der Unternehmer in der Vergangenheit, sondern führt sie auf ihre charakterlichen Eigenschaften zurück. *„Entscheidungsautismus liegt vor, wenn ein Entscheidungsträger von Selbstbestätigungstendenzen beherrscht wird. Solche Selbstbestätigungstendenzen zeigen sich im Denken des Entscheiders, in seinem Kommunikations- und Interaktionsverhalten sowie im Procedere seiner Entscheidungsfindung."*[146] **Selbstbestätigungstendenzen** entstehen, wenn der Unternehmer bereits zu Beginn eines Entscheidungsprozesses **änderungsresistente Präferenzen** besitzt und zudem fest erwartet, dass sich diese Präferenzen durch neue Informationen bestätigen werden.[147] Der Unter-

[143] Vgl. *Schulz-Hardt/Frey* (1999), S. 313; *Milliken/Lant* (1991), S. 138 f.
[144] Quelle: *Schulz-Hardt/Frey* (1999), S. 314.
[145] Vgl. *Schulz-Hardt/Frey* (1999), S. 314; *Milliken/Lant* (1991), S. 139.
[146] *Schulz-Hardt* (1997), S. 96.
[147] Vgl. *Schulz-Hardt* (1997), S. 85 f. und S. 96 f.

nehmer fixiert sich völlig auf die eigenen Annahmen und Präferenzen und konstruiert sich seine eigene „rosarote Scheinwelt".[148]

Probleme bzw. krisenhafte Veränderungen werden von „Entscheidungsautisten" entweder ignoriert oder unterschätzt. Außerdem werden Ursache-Wirkungsanalysen und Bewertungsprofile subjektiv verzerrt, um die präferierte Handlungsoption als bestmögliche Alternative erscheinen zu lassen.[149] Wird die Entscheidung schließlich umgesetzt, erfolgt die Implementierung, ohne dass mögliche negative Szenarien geplant und entsprechende Notfallpläne entwickelt worden sind. Negative Zielabweichungen werden im Folgenden nur unzureichend erfasst und falls sie doch wahrgenommen werden, als temporäre Erscheinung abgetan.[150]

Unternehmer, die zur dieser Selbstbestätigung neigen, charakterisieren sich dadurch, dass sie an ihre Unfehlbarkeit glauben, Zweifel an ihren Präferenzen verdrängen oder wegrationalisieren und den Hang zur Selbstglorifizierung haben. Darüber hinaus bevorzugen sie Gesprächspartner, die ihre Ansichten und Meinungen teilen, während Andersdenkende unter Druck gesetzt oder ausgegrenzt werden.[151] Eine frühzeitige, kritische Reflexion der Unternehmenssituation bzw. von Entscheidungen ist somit ausgeschlossen.

Die „**Theorie der kognitiven Dissonanz**"[152] bietet eine fundierte Argumentationsgrundlage, warum Unternehmer an ihren Entscheidungen festhalten, obwohl bereits eindeutige Anzeichen vorhanden sind, die für eine Entscheidungsrevision sprechen.[153] Kognitive Dissonanzen sind die Folge von unternehmerischen Entscheidungen und werden prinizipiell als **unangenehmer Spannungszustand** empfunden.[154] Dieser unangenehme Spannungszustand entsteht, weil während eines Prozesses der Entscheidungsfindung unterschiedliche Alternativen bewertet werden und mit der

---

148 Vgl. *Schulz-Hardt* (1997), S. 95 f.; das Modell des Entscheidungsautismus beruht maßgeblich auf der Dissonanztheorie, die im weiteren Verlauf dieses Kapitels vorgestellt wird.

149 Die Anzahl möglicher Alternativen wird bewusst gering gehalten (im Extremfall wird nur die präferierte Handlungsoption betrachtet). Im Bewertungsprozess werden die Vorteile der präferierten Alternative über- und die Nachteile unterschätzt, so dass Alternativen zügig (voreilig) verworfen werden; vgl. *Schulz-Hardt* (1997), S. 101.

150 Vgl. *Schulz-Hardt* (1997), S. 97 ff.

151 Gegensätzliche Argumente werden nicht wahrgenommen (selektive Aufmerksamkeit) oder so interpretiert, dass sie wieder kongruent sind (selektive Interpretation); vgl. *Schulz-Hardt* (1997), S. 99 f.

152 Die „Theorie der kognitiven Dissonanz" geht insbesondere auf *Festinger* (1957) sowie auf *Irle* (1971), S. 145 ff. zurück. *Schulz-Hardt* (1997), S. 57 ff. diskutiert die Gemeinsamkeiten und Unterschiede der beiden Ansätze intensiv.

153 Die Theorie der kognitiven Dissonanz besagt ganz allgemein, dass Individuen motiviert sind, kognitive Unstimmigkeits- bzw. Dissonanzzustände zwischen dem Wissen um getroffene Entscheidungen und den Entscheidungsalternativen zu eliminieren; vgl. *Staehle* (1994), S. 233; *Weiner* (1994), S. 238 f.; *Schulz-Hardt* (1997), S. 57 f.

154 Vgl. *Irle* (1971), S. 148. Bei der Beurteilung der Beziehung zwischen zwei Kognitionen sind zwei Dinge zu beachten. Erstens muss unterschieden werden, ob die Beziehung zwischen ihnen relevant oder irrelevant ist, d.h. besteht ein Zusammenhang zwischen beiden oder nicht. Zweitens kann unterschieden werden, ob ein relevanter Zusammenhang konsonanter oder dissonater Natur ist. *„Konsonanz bedeutet, dass die beiden Kognitionen für die Person miteinander vereinbar sind, Dissonanz hingegen verweist auf ihre Unvereinbarkeit."* *Schulz-Hardt* (1997), S. 58.

endgültigen Entscheidung eine Alternative als überlegen bzw. dominant eingestuft wird. Je wichtiger nun die Entscheidung für den Unternehmer und je geringer die inhaltliche Übereinstimmung der Entscheidungsalternativen, desto größer ist das Ausmaß der kognitiven Dissonanzen und damit auch des Spannungszustands.[155] Derartige Entscheidungsdissonanzen können allerdings auf vielfältige Art und Weise verhindert bzw. reduziert werden, indem bspw. die gewählte Alternative nachträglich überbewertet und die verworfenen Alternativen unterbewertet werden, indem die Wichtigkeit der Entscheidung heruntergespielt oder die inhaltliche Überlappung der Alternativen erhöht wird.[156] Meist ist das Ergebnis kognitiver Dissonanz, dass sich die Attraktivität und Vorteilhaftigkeit der gewählten Entscheidung ex post weiter erhöht und eventuelle Zweifel an der Richtigkeit eliminiert werden (retrospektive Rechtfertigung).[157]

Darüber hinaus beeinflusst die **selektive Informationssuche bzw. -abwehr** das Ausmaß der Dissonanzen. Nur solche Signale, Anzeichen und Informationen werden noch wahrgenommen, die aus Sicht des Unternehmers opportun sind und die eigene Meinung oder Entscheidung stützen. Denn wenn der Unternehmer eines Krisenunternehmens erst einmal eine wichtige Entscheidung getroffen hat, wird er froh sein, *„der ganzen Unbestimmtheit und Unentschiedenheit der Vorentscheidungsphase entronnen zu sein"*[158]. Je kompetenter sich ein Unternehmer in einem Entscheidungsfeld fühlt, je selbstbewusster er auftritt und je überzeugter er von seiner Entscheidung ist, desto stärker werden konsonante gegenüber dissonanten Informationen bevorzugt, wenn das Selbstbild bzw. das dominante Denkmodell gefährdet erscheint.[159]

Für den Unternehmer eines Krisenunternehmens kann dies bedeuten, dass verlustreiche Handlungen nicht eingestellt werden, um dem persönlichen Fehlereingeständnis zu entgehen oder um eine persönlich bedeutsame Vision nicht aufgeben zu müssen.[160] Informationen, Ansichten und Meinungen, die bspw. im Widerspruch zum unternehmerischen Verhalten stehen, werden relativiert, missinterpretiert oder qualitativ angezweifelt.[161] Dies kann soweit gehen, dass Informationsquellen bzw. die Informationen als manipuliert dargestellt werden.[162] Durch abwartende und ausweichende unternehmerische Tätigkeit soll der drohende Verlust an Autorität, Glaubwürdigkeit und Selbstbewusstsein vermieden werden.[163]

---

[155] Vgl. *Weiner* (1994), S. 239.
[156] Vgl. *Wiswede* (2000), S. 81. Auch indem die Entscheidung rückgängig gemacht wird, können Dissonanzen reduziert werden. Dies geschieht allerdings nur in seltenen Fällen.
[157] Vgl. Irle (1971), S. 148 ff.; Staehle (1994), S. 231 ff.; Schulz-Hardt (1997), S. 59 f.
[158] *Dörner* (2003), S. 147.
[159] Vgl. *Staehle* (1994), S. 233; *Schulz-Hardt* (1997), S. 67 ff.
[160] Vgl. *Schulz-Hardt/Frey* (1999), S. 322.
[161] In Analogie zum dissonanzreduzierenden Verhalten von Rauchern; vgl. *Zimbardo* (1995), S. 710.
[162] Vgl. *Pinkwart/Kolb* (2000), S. 15.
[163] Vgl. *Clasen* (1992), S. 101.

Lant et al. (1992) stellen in diesem Kontext fest: *„The desire to avoid dissonance may cause managers to seek excuses or external explanations for their failures, particularly when they are responsible for the strategies that are associated with failure."*[164] Dass diese Feststellung auch empirisch nachvollzogen werden kann, zeigt die bereits vorgestellte Studie der DtA (Deutsche Ausgleichsbank), in der deutliche Abweichungen zwischen der Bewertung der befragten Unternehmer und Krisenexperten hinsichtlich der wichtigsten Krisenursachen nachgewiesen wurden.[165] Die befragten Unternehmer machen die Ursache für die Fehlentwicklung ihres Unternehmens nicht an eigenen Fehlentscheidungen, sondern an makroökonomischen Einflussfaktoren fest. Dieser Ansicht widersprechen die betreuenden Krisenexperten.[166]

Dennoch werden die Unternehmer im weiteren Verlauf der Unternehmenskrise die destruktive Wirkung der Unternehmenskrise, wie z. B. ein negatives Geschäftsergebnis, wahrnehmen. Durch den sinkenden wirtschaftlichen Erfolg wird sowohl der intrinsische Druck (Stress) der Unternehmer als auch der extrinsische Druck auf die Unternehmer steigen, ökonomisch rational zu reagieren und die Krisenentwicklung aufzuhalten. Die Art und Weise, wie der Unternehmer in dieser Situation reagiert, äußert sich in der strategischen Veränderungstiefe der gewählten Turnaround-Maßnahmen und dem Aktivitätsniveau des Unternehmers.[167] Grundsätzlich können in dieser Phase der Suche, Auswahl und anschließenden Umsetzung vier unterschiedliche Verhaltensweisen von Unternehmern in Krisensituationen beobachtet werden:

- Festhalten an der bisherigen Unternehmensausrichtung,
- Veränderung der bisherigen Unternehmensausrichtung,
- unternehmerische Passivität oder
- blinder Aktionismus.

Weshalb Unternehmer von KMU den **bisherigen Kurs ihres Unternehmens nicht verändern**, sondern auch nach Wahrnehmung der Unternehmenskrise beharrlich weiter verfolgen, wird im Folgenden anhand von zwei alternativen Erklärungsmodellen veranschaulicht. Während die „Bedrohungs-Rigiditäts-Theorie" davon ausgeht, dass die wahrgenommene Unternehmenskrise bei den Unternehmern verstärkt Angst und Stress auslöst, die das Verhalten der Unternehmer unbewusst beeinträchtigen, erklärt der Ansatz des „Escalation of Commitment", warum Unternehmer Entscheidungen der Vergangenheit nicht oder erst nach großer zeitlicher Verzögerung revidieren.

Einerseits argumentiert die **Bedrohungs-Rigiditäts-Theorie** (Threat-Rigidity-Theory), dass Individuen, Gruppen und Organisationen generell dazu tendieren, im

[164] *Lant et al.* (1992), S. 593; sowohl die Attributionstheorie als auch die Theorie kognitiver Dissonanz kann die Unterschiede in der Wahrnehmung erklären.
[165] Siehe Kap. B.2.3 oder *Tchouvakhina* (2003).
[166] Vgl. *Krehl* (1985), S. 79 f.; *Kropfberger* (1999), S. 34 zitiert eine Studie des Kreditschutzverbands von 1870, die zu vergleichbaren Ergebnissen kommt.
[167] Vgl. *Mone et al.* (1998), S. 115 ff.

Angesicht von Bedrohungen bzw. Krisen mit rigidem Handeln zu reagieren.[168] Die wahrgenommene Bedrohung führt folglich bei Unternehmern zu Angst und Stress, die wiederum die Wahrnehmungs- und Entscheidungsprozesse der Unternehmer sowie der Organisation beeinflussen.[169] So stellt bspw. *Geißler* (2005) fest, dass stark angstdurchsetzte Organisationskulturen Gefahr laufen, *„zu „lernbehinderten" Organisationen zu werden"*[170]. Zur Verdeutlichung der Bedrohungs-Rigiditäts-Theorie werden die Zusammenhänge in Abb. 5 grafisch dargestellt.

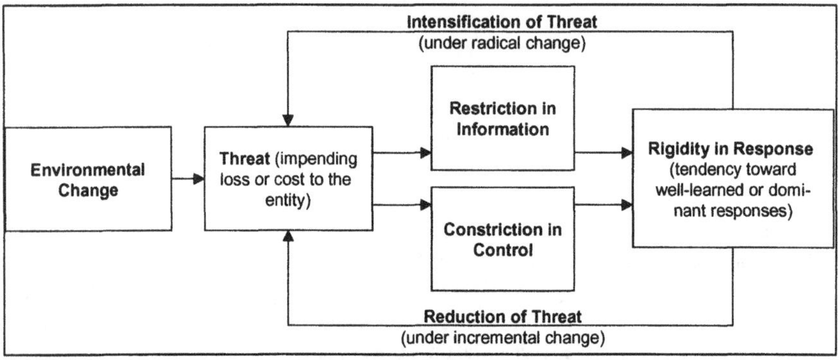

Abb. 5: Bedrohungs-Rigiditäts-Kreislauf nach *Staw et al.* (1981)[171]

Folge einer wahrgenommen Bedrohung ist steigender psychischer Stress und damit die Motivation und Bereitschaft, Wege zu finden, das erkannte Problem zu beheben.[172] Allerdings führt der steigende Stress auch dazu, dass sich das **Wahrnehmungsfeld des Unternehmers verengt** und sich damit die Informationswahrnehmung und –verarbeitung einschränken. Die für eine objektivierende Entscheidungsfindung relevanten Informationen werden nicht mehr kognitiv aufgenommen, weil sich der Unternehmer ausschließlich auf starke Signale und damit offensichtliche Aspekte der Krisensituation konzentriert, so dass sich die Wahrscheinlichkeit einer umfassenden Ursachenanalyse verringert.[173] Ein zweiter Effekt betrifft das menschliche Bedürfnis nach Kontrolle. Dieses **Kontrollbedürfnis** führt dazu, dass der Unternehmer die strategische und operative Entscheidungsbefugnis zunehmend auf sich zentralisiert und die Prozesse in der Organisation verstärkt formalisiert und standardi-

[168] Vgl. *Staw et al.* (1981), S. 503; *Auer-Rizzi* (2002), S. 36; *Milliken/Lant* (1991), S.142; Rigidität umschreibt die Unfähigkeit, sich wechselnden Bedingungen schnell anzupassen, aber auch eine hohe Unnachgiebigkeit.
[169] Vgl. *Staw et al.* (1981), S. 503 ff.; *Auer-Rizzi* (2002), S. 37 f.
[170] *Geißler* (2005), S. 144.
[171] Quelle: *Staw et al.* (1981), S. 503.
[172] Die Motivation des Menschen, Verluste zu vermeiden ist i.d.R. hoch, so dass ein rigides Verhalten als Reaktion auf ökonomische Widrigkeiten weder an mangelnder Motivationsbereitschaft noch an einer unzureichenden Risikobereitschaft des Einzelnen festgemacht werden kann; vgl. *Ocasio* (1995), S. 293 f.
[173] Vgl. *Staw et al.* (1981), S. 519; *Ocasio* (1995), S. 294; *Auer-Rizzi* (2002), S. 37 f.

siert.[174] Mit diesen Eingriffen will der Unternehmer sicherstellen, dass die Organisationsmitglieder die Maßnahmen zur Krisenabwehr umsetzen.

Nach der Bedrohungs-Rigiditäts-Theorie tendieren sowohl der Unternehmer als auch die Mitarbeiter und Führungskräfte dazu, auf Krisen mit jenen bekannten und **erlernten (Routine-)Maßnahmen** zu reagieren, die sich in der Vergangenheit bereits als hilfreich erwiesen haben.[175] Eine Anpassung des Unternehmens und seiner Strukturen an veränderte Rahmenbedingungen findet nicht statt und damit auch keine langfristige Rückkehr in den Gleichgewichtszustand zwischen Unternehmens- und Umweltsystem.[176]

Andererseits ist in Unternehmenskrisen ebenso zu beobachten, dass Unternehmer beharrlich an Verlustträgern (Forschungs- und Entwicklungsprojekten, Produkten, Standorten etc.) oder Strategien festhalten, vergangene Entscheidungen nicht revidieren (wollen) und sich nicht aus verlustreichen Engagements zurückziehen (wollen).[177] Dieser Effekt, *„that people and organizations may have a tendency to get stuck in losing courses of action“*[178], wird als „**Escalation of Commitment**" bezeichnet.[179] Der Eskalationseffekt ist umso größer, je stärker sich Unternehmer einer Sache verpflichtet fühlen.[180] Mit zusätzlichen Ressourcen versuchen sie, sowohl Zweifel an der Richtigkeit früherer Entscheidungen zu zerstreuen als auch einen Turnaround in naher Zukunft zu erreichen. Dabei machen sie allerdings einen entscheidenden Fehler: Die **Wahrscheinlichkeit positiver (negativer) Handlungskonsequenzen wird überschätzt (unterschätzt).**[181]

Die Bereitschaft, sich zusätzlich zu engagieren und nicht zurückzuziehen, wird außerdem durch die Höhe der bereits getätigten Investitionen (sunk costs) beeinflusst. Hinzu kommt, dass die Unternehmer die interne und externe Beschädigung ihrer Re-

---

[174] Vgl. *Staw et al.* (1981), S. 513 f.

[175] Vgl. zur ausführlichen Erörterung der Effekte auf individueller Ebene, Gruppenebene und Ebene der Organisation *Staw et al.* (1981), S. 503 ff.; *„Adversity leads to restrictions in organizational cognition, more stable, conservative behavior, and to a decreased likelihood of organizational change."* *Ocasio* (1995), S. 290 f.; *Auer-Rizzi* (2002), S. 38.

[176] Allerdings sprechen *Staw et al.* (1981), S. 519 von *„the dual nature of threat-rigidity effects"*, um zu betonen, dass rigides Verhalten als Reaktion auf Veränderungen nicht immer dysfunktional sein muss. Wird das Systemgleichgewicht lediglich durch inkrementale Veränderungen innerhalb des Unternehmens oder im Umfeld instabil, so die These, kann eine Krise auch durch rigide Maßnahmen bewältigt werden. Je höher allerdings die Instabilität des Gleichgewichts ist, desto eher verstärkt der „Bedrohungs-Rigiditäts-Effekt" das Ungleichgewicht, und das Gefahrenpotenzial für das Unternehmen nimmt zu.

[177] Hierbei ist festzuhalten, dass die Entscheidungen unter Unsicherheit getroffen werden und keine der zwei Handlungsoptionen offensichtlich der anderen überlegen ist, vgl. *Staw* (1997), S. 192; *Staw/Ross* (1987), S. 40.

[178] *Staw* (1997), S. 193.

[179] Vgl. außerdem *Staw* (1976), S. 27 ff.; *Staw* (1981), S. 577 ff.; *Whyte* (1986), S. 311 ff.; in dieser Situation besteht die Gefahr, dass gutes Geld schlechtem hinterher geworfen wird.

[180] Vgl. *Brockner/Rubin* (1985).

[181] Vgl. *Staw* (1997), S. 198 ff.; *Drummond* (1998), S. 922. Im Gegensatz hierzu wird die Persistenz im Rahmen des Entrapments als das Ergebnis der zeitlichen Verbundenheit verstanden; siehe *Drummond* (2001), S. 187.

putation und ihrer Fachkompetenz fürchten, wenn sie Fehlentscheidungen einräumen.[182] Somit bestimmen soziale, organisatorische, psychologische und kontextabhängige Faktoren, wie sich Unternehmer in Krisensituationen verhalten.[183]

Werden hingegen während einer Unternehmenskrise (risikoreiche) **Veränderungen der bisherigen Unternehmensausrichtung** beobachtet, werden diese i.d.R. mit der **„Prospect Theory“** bzw. dem **„Risk/Return-Paradoxon“** begründet.[184] Beide Erklärungsansätze sagen aus, dass Unternehmer prinzipiell gewillt sind, einen sicheren finanziellen Verlust zu vermeiden, indem sie eine sehr risikoreiche Alternative wählen. Sie werden dieses Risiko auch eingehen, wenn die Wahrscheinlichkeit hoch ist, dass die finanziellen Verluste noch viel größer ausfallen können.[185] Dabei spielt es nur eine untergeordnete Rolle, wie unsicher die gewählte Alternative ist, solange sie die (kleinste) Chance bietet, die Ausgangslage zu verbessern.[186] *Kahneman/Tversky* (1979) stellen hierzu fest: *„A Person who has not made peace with his losses is likely to accept gambles that would be unacceptable to him otherwise.“*[187]

Weil die **Risikobereitschaft in Krisensituationen** steigt, erhöht sich auch die Bereitschaft der Unternehmer, grundlegende Veränderungen im Unternehmen zu veranlassen, so dass im Endeffekt Krisen zu Innovation und Wandel führen können.[188] Zwei der bekanntesten empirischen Untersuchungen, welche die These von *Kahneman/Tversky* (1979) stützen, sind die Veröffentlichungen von *Bowman* (1980) und (1982). *Bowman* (1980) zeigt, dass Unternehmen mit guter Rentabilität eher risikoavers entscheiden als Unternehmen mit schlechter Rentabilität.[189] Letztere gehen höhere Risiken ein, um die bestehenden Rentabilitätsnachteile aufzuholen. Dieses Phänomen des Risikoverhaltens bezeichnet *Bowman* (1980) als **Risk/Return-Paradoxon.**[190] *Perlitz/Löbler* (1985) untersuchen 212 Unternehmen aus 10

[182] Vgl. *Staw* (1997), S. 198 ff.

[183] Zu einer ausführlichen Diskussion siehe u.a. *Ross/Staw* (1991), S. 16 ff.; *Staw* (1997), S. 206 ff.; *Staw/Ross* (1987), S. 44 ff.

[184] Zur Entwicklungsgeschichte der *„Prospect Theory“* siehe *Simon et al.* (2003), S. 422 f.; ausführlich *Wiswede* (2000), S. 73 ff.

[185] Vgl. *Wiswede* (2000), S. 75. Dieses Phänomen menschlichen Entscheidens, wenn Handlungsergebnisse, die mit Sicherheit erzielt werden können, im Vergleich zu unsicheren Handlungsergebnissen tendenziell überbewertet bzw. wenn unsichere Handlungsergebnisse gegenüber sicheren unterbewertet werden, wird als *„certainty effect“* beschrieben. *„In the positive domain, the certainty effect contributes to a risk averse preference for a sure gain over a larger gain that is merely probable. In the negative domain, the same effect leads to a risk seeking preference for a loss that is merely probable over a smaller loss that is certain.“* *Kahneman/Tversky* (1979), S. 268 f.

[186] Vgl. *Simon et al.* (2003), S. 422; *Auer-Rizzi* (2002), S. 49

[187] *Kahneman/Tversky* (1979), S. 287.

[188] Im Gegensatz hierzu argumentieren *Milliken/Lant* (1991), S. 142, dass die steigende Risikobereitschaft die Unternehmer eher motiviert, keine strategische Veränderung vorzunehmen.

[189] Vgl. *Bowman* (1980), S. 19 ff.

[190] Vgl. *Bowman* (1980), S. 17; weiterführend *Bowman* (1982), S. 33 ff.; *Pinkwart* (2002), S. 57 greift diesen Gedanken *Bowmans* (1980) im Rahmen der Risikosteuerung von Unternehmensgründungen auf.

Branchen über einen Zeitraum von 1960 bis 1982 und kommen zu dem Ergebnis: *„Innovationsbereitschaft setzt die Krise voraus."*[191]

Auch die aktuellen empirischen Ergebnisse von *Simon et al.* (2003) deuten daraufhin, dass Unternehmer, die mit der Unternehmenssituation unzufrieden sind, eher risikofreudige Entscheidungen treffen.[192] Allerdings konstatieren sie auch, dass Unternehmer in einen gefährlichen **Sog bzw. Kreislauf der Unzufriedenheit** geraten können, indem die Unzufriedenheit über die Unternehmensentwicklung zu immer risikoreicheren Maßnahmen anspornt, deren Zielverfehlung abermals Unzufriedenheit schürt.[193] Dieser Verlauf ist besonders bedrohlich für kleine und mittlere Unternehmen. Sie verfügen i.d.R. über einen geringen Ressourcenreichtum (organisational slack), der mögliche Verluste nur kurzfristig decken kann.[194]

Die Gefahr, dass Unternehmer ihre Entscheidungsprozesse in Unternehmenskrisen zu stark verkürzen und in **blinden Aktionismus** verfallen, steigt mit dem subjektiv empfundenen **Stressniveau**. Aus der Bedrohungs-Rigiditäts-Theorie ist bereits bekannt, dass Stress die kognitive Leistungsfähigkeit einschränkt, bereits bestehende Wahrnehmungsbarrieren verstärkt und somit die Wahrscheinlichkeit von Fehlentscheidungen und adversem Handeln begünstigt.[195] Dabei steigt das empfundene Stressniveau umso höher, je kürzer die Reaktionszeit auf eine konkrete Bedrohung ist, je höher das Bedrohungspotenzial ausfällt und je überraschender die Bedrohung für den Unternehmer auftritt.[196] Je später also die Unternehmenskrise wahrgenommen wird bzw. je fortgeschrittener der Krisenverlauf ist, desto größer ist der Stress, dem sich ein Unternehmer ausgesetzt fühlt.

Mit Hilfe von Abb. 6 soll dargestellt werden, in welcher Form **Stress** die kognitiven und motivationalen Prozesse des Unternehmers beeinflusst. Die Informationsaufnahme wird zunehmend subjektiv verzerrt und die Aufmerksamkeit wird verstärkt auf

---

[191] *Perlitz/Löbler* (1985), S. 445; sie haben im Anschluss nochmals 449 KMU untersucht und kommen zu dem Ergebnis, dass *„für die Krisenunternehmen eine Einstellung der Risikofreude angenommen werden kann."* *Perlitz/Löbler* (1989), S. 76. Ihrer Ansicht nach ist die Risikobereitschaft von Unternehmen in Krisensituationen höher als die von ertragsstarken Unternehmen. Diese sind eher risikoavers und vermeiden risikobehaftete Investitionen, während Krisenunternehmen nach Prozess- und Produktinnovationen streben und damit einen Strukturwandel des Unternehmens auslösen. Vgl. *Perlitz/Löbler* (1985), S. 443.

[192] Vgl. *Simon et al.* (2003), S. 432: *„The study provided evidence that small business managers with low initial levels of satisfaction pursued product introductions that were riskier with respect to market unfamiliarity and a higher percentage of resource requirements."* *Bowman* (1982), S. 38 ff.

[193] Vgl. *Simon et al.* (2003), S. 420.

[194] Vgl. *Simon et al.* (2003), S. 433. Organizational slack wird definiert als *„the difference between the resources available and the resources necessary to keep a firm in existence."* *Starbuck/Hedberg* (2001), S. 337 außerdem *Cyert/March* (1963), S. 36 ff.; *Hedberg* (1981), S. 16; *Bourgeois* (1981), S. 30.

[195] *„Caricatures of motivational structures may develop: the anxious become more anxious, the energetic become more energetic, the repressors become more repressive, and so on."* *Holsti* (1978), S. 45 i.V.m. *Milburn* (1972), S. 265. Zu einer ausführlichen Aufarbeitung des Themas Stress und dessen Wirkung auf die menschliche Leistungsfähigkeit siehe *Salas et al.* (1996), S. 1 ff; *Kirsch* (1977a), S. 89 ff.; *Sloane* (1997), S. 114.

[196] Vgl. *Holsti* (1978), S. 41.

die vermeintlich zentralen Informationen und Hinweise gelenkt, so dass periphäre, aber möglicherweise entscheidende Signale übersehen werden.[197] Der Unternehmer vertraut zunehmend auf eigene Erfahrungen und erlernte, in sich schlüssige Denkmodelle und –muster.[198] Auch werden die Unsicherheit und die Mehrdeutigkeit der Unternehmenssituation immer seltener akzeptiert, d.h. die Ambiguitätstoleranz, die insbesondere die Unternehmer in der Gründungsphase ausgezeichnet hat, verringert sich in Unternehmenskrisen mit zunehmendem Stress. Die mehrdeutige (Krisen-) Situation wird nicht mehr als wünschenswerte Herausforderung angesehen, sondern als bedrohlich empfunden.[199]

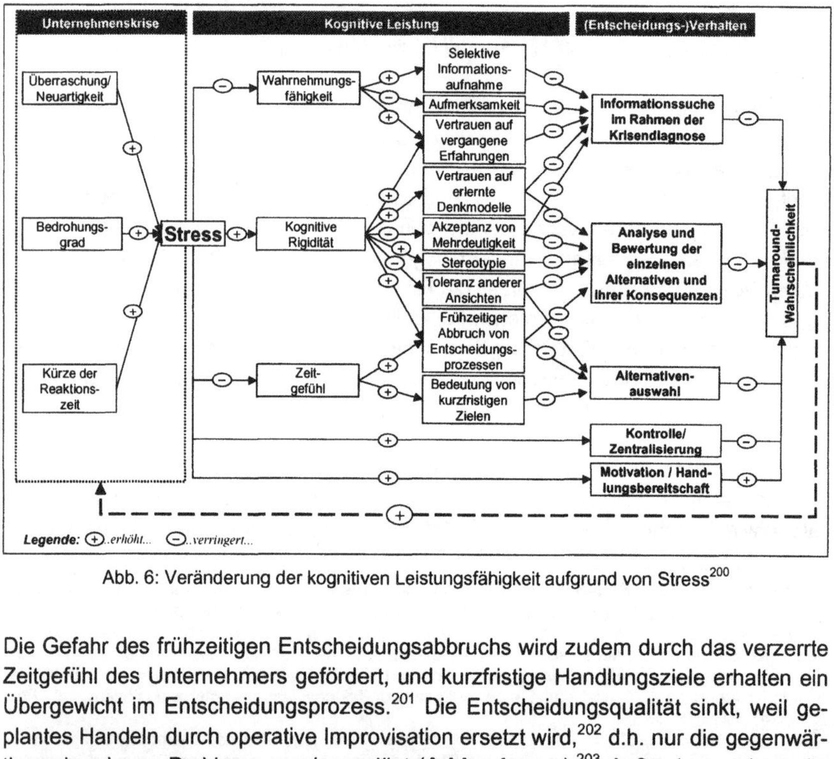

Abb. 6: Veränderung der kognitiven Leistungsfähigkeit aufgrund von Stress[200]

Die Gefahr des frühzeitigen Entscheidungsabbruchs wird zudem durch das verzerrte Zeitgefühl des Unternehmers gefördert, und kurzfristige Handlungsziele erhalten ein Übergewicht im Entscheidungsprozess.[201] Die Entscheidungsqualität sinkt, weil geplantes Handeln durch operative Improvisation ersetzt wird,[202] d.h. nur die gegenwärtig vorhandenen Probleme werden gelöst (**Ad-hocismus**).[203] Außerdem steigen die

---

[197] Vgl. *Holsti* (1978), S. 46; *Salas et al.* (1996), S. 13; *Auer-Rizzi* (2002), S. 38.
[198] Vgl. Kap. B.2.4.
[199] Siehe hierzu auch Kap. B.2.1.
[200] Quelle: In Anlehnung an *Holsti* (1978), S. 42.
[201] Das verzerrte Zeitgefühl des Unternehmers äußert sich auf zweierlei Weise: 1. Der Zeitdruck wird höher wahrgenommen, als er tatsächlich ist. 2. Der Unternehmer überschätzt die Geschwindigkeit, in der die Zeit vergeht; vgl. *Holsti* (1978), S. 44 ff.; *Auer-Rizzi* (2002), S. 39; siehe außerdem *Salas et al.* (1996), S. 32 ff.
[202] Vgl. *Clasen* (1992), S. 103.
[203] Vgl. *Dörner* (2003), S. 95.

Motivation und die Handlungsbereitschaft des Unternehmers sowie das unternehmerische Bedürfnis nach direkter Kontrolle der Krisenbewältigung.[204]

Spätestens wenn externe Stakeholder des Unternehmens das Turnaround-Erfordernis erkennen, kann der Stress Panik und Hektik bei den Unternehmern auslösen und dazu führen, dass die Unternehmer ihren Gesprächspartnern gegenüber aggressiv auftreten oder ihnen die Beurteilungsfähigkeit absprechen.[205]

Mit Hilfe der obigen Darstellung kann nun konkretisiert werden, worin die besondere Gefährlichkeit eines sog. **„circulus vitiosus“** in der Unternehmenskrise liegen kann.[206] Durch die besondere Stresssituation verringert sich nicht nur der Umfang der Informationssuche, sondern auch deren Qualität, so dass die Krisendiagnose des Unternehmers mit großen Mängeln behaftet ist. Auch die Qualität der Analyse und Bewertung alternativer Turnaround-Maßnahmen und –Strategien und ihrer mittel- bis langfristigen Konsequenzen für den Unternehmer und für das Unternehmen genügen den Ansprüchen eines nachhaltigen und fundierten Turnaround-Managements nicht. Darüber hinaus bleibt festzuhalten, dass die Auswahl ernsthafter Entscheidungsalternativen nur sehr gering ausfällt. Um durch einen Unternehmer-Turnaround diesen Teufelskreis zu durchbrechen, muss in erster Linie ein **mäßiges Stressniveau** erreicht werden.[207] Erst dann sind wieder sorgsame und rationale Entscheidungsprozesse des Unternehmers möglich.[208] Diese sind eine zentrale Voraussetzung dafür, dass sich das Verhalten des Unternehmers während des Turnaround-Prozesses verändert.

Demgegenüber kann allerdings auch empirisch beobachtet werden, dass Unternehmer während einer Unternehmenskrise in der Hoffnung verharren, dass sich die Unternehmenssituation wie von selbst verbessern wird. Diese **unternehmerische Passivität** in einer Unternehmensphase, in der Initiative notwendig ist, kann zum einen durch die **„Theorie der erlernten Hilflosigkeit“** und zum anderen durch den Ansatz des **„Entrapments“** erklärt werden.

Während die „Theorie der gelernten Sorglosigkeit“ die negativen Auswirkungen erfolgreichen Handelns auf die Wahrnehmung und das Reaktionsverhalten von Unternehmern begründet, erläutert die **„Theorie der erlernten Hilflosigkeit“**, wie sich andauernde Erfolglosigkeit verhaltensverändernd auswirken kann.[209] Kern der Theorie der erlernten Hilflosigkeit ist, dass *„ein Mensch mit einer Konsequenz konfrontiert wird, die unabhängig von seinen Reaktionen ist [...] [und dadurch lernt, Anm. d.*

---

[204] Vgl. *Ocasio* (1995), S. 293 f.; *Staw et al.* (1981), S. 513 f.; *Kahneman/Tversky* (1979), S. 287.
[205] Vgl. *TAC* (2005), S. 11.
[206] Zur Bedeutung des „circulus vitiosus“ vgl. Kap. B.2.2.
[207] Dies geschieht, indem bspw. erfahrene Krisenexperten hinzugezogen werden.
[208] Vgl. *Janis/Mann* (1977), S. 46 ff.
[209] Vgl. *Seligman* (1975/1999); einen ausführlichen Überblick über die Entwicklung der Theorie der erlernten Hilflosigkeit gibt *Petermann* (1999), S. 209 ff.

Verf.], dass die Konsequenz von seinen Reaktionen unabhängig ist" [210]. In Krisen- und Turnaround-Situationen kann dieses Gefühl der Hilflosigkeit dazu führen, dass Unternehmer trotz des steigenden Handlungsdrucks resignierend innehalten, weil sie das Bedrohungspotenzial der Unternehmenskrise systematisch überschätzen. Sie haben die Motivation verloren, auf Veränderungen in ihrem Umfeld zu reagieren, weil Fehlentscheidungen und Enttäuschungen in der Vergangenheit das Selbstvertrauen beeinträchtigt haben.[211] Aus ihrer Sicht sind weitere Reaktionen auf Krisenanzeichen lediglich eine nutzlose Kraftanstrengung, weil weder auf die Ursache noch auf die Wirkung des Problems Einfluss bzw. Kontrolle ausgeübt werden können.[212] Dieses **Gefühl der subjektiven Unfähigkeit** kann bewirken, dass objektiv bestehende Möglichkeiten der Krisenabwehr und damit zum Unternehmens-Turnaround ungenutzt bleiben.[213] Kurzfristig besteht allerdings durchaus die Möglichkeit, dass der Unternehmer auf die negativen Veränderungen reagiert.[214] Mittel- bis langfristig wird aber das Gefühl der mangelnden Kontrollierbarkeit der Situation den Unternehmer wieder resignieren lassen.[215]

Mit dem Ansatz des sog. „**Entrapments**"[216] wird ein **KMU-spezifischer Erklärungsansatz** präsentiert, warum Unternehmer den wirtschaftlichen Abstieg ihres Unternehmens nahezu reaktionslos hinnehmen. „Entrapment" beschreibt eine Situation, in der sich Unternehmer einer bestimmten Handlungsrichtung bzw. Handlungsweise im Zeitverlauf und mit laufender Ausübung zunehmend verpflichtet fühlen, obgleich die gegenwärtigen Folgen dieser Vorgehensweise bereits suboptimal sind und sich in Zukunft weiter verschlechtern werden.[217] Je länger und beharrlicher die Unternehmer den eingeschlagenen Entwicklungs- und Verhaltenspfad weiterverfolgen, desto schwieriger wird es, das Verhalten noch zu verändern. Rational und ökonomisch ge-

---

[210] *Seligman* (1975/1999), S. 42; nach *Mazur* (2005), S. 271 ist der Kern der Theorie der erlernten Hilflosigkeit, dass *„frühere Erfahrung mit nicht kontrollierbaren aversiven Ereignissen [..] ein Gefühl der Hilflosigkeit [erzeugt, Anm. d. Verf.], das sich auf andere Situationen überträgt und zu Lern- und Leistungsschwächen führt."*

[211] Vgl. *Seligman* (1975/1999), S. 45 ff.; *Seligman* (1975/1999), S. 50 ff. stellt fest, dass das anhaltende Gefühl der Hilflosigkeit Depressionen bei der betroffenen Person auslösen kann. Aus kognitiver Sicht zeigt sich zudem eine verminderte Fähigkeit der Individuen, aus eigenen Erfahrungen zu lernen; vgl. *Mazur* (2005), S. 271 ff.

[212] Glaubt ein Individuum, dass das Resultat eines Ereignisses von seinem Verhalten bzw. Fähigkeiten abhängt, so wird die Situation als kontrollierbar (interne Kontrolle) wahrgenommen. Das Handlungsziel wird nun sein, unerwünschte Ereignisse durch Kontrollausübung zu vermeiden bzw. gewünschte Ereignisse durch Kontrolle herbeizuführen; vgl. *Wiswede* (2000), S. 85. Wird hingegen der Ausgang eines Ereignisses als nicht beeinflussbar beurteilt, unterliegt das Ereignis einer externen Kontrolle und ist damit vom eigenen Einfluss (Verhalten bzw. Fähigkeiten) entkoppelt. Dies betrifft die verallgemeinerte Erwartung der subjektiven Kontrolle und nicht die reale Kontrollmöglichkeit; vgl. *Holzkamp* (1993), S. 96.

[213] Vgl. *Holzkamp* (1993), S. 98.

[214] Dieses aggresive Verhalten wird durch die Reaktanztheorie nach *Brehm* (1966) erklärt; vgl. auch *Wiswede* (2000), S. 87 ff.

[215] Vgl. *Petermann* (1999), S. 223 f.; *Staehle* (1994), S. 206 f.; *Güldenberg* (2003), S. 88 f.; *Weiner* (1994), S. 210 f.; *Wood/Bandura* (1989), S. 364 f.

[216] Entrapment kann frei übersetzt werden als „in einer Sache gefangen sein", „einer Sache verpflichtet sein" oder „sich in einer Sache verstricken".

[217] *„Entrapment refers to situations where individuals become bound to a suboptimal course of action through the passage of time."* *Drummond* (2004), S. 487; *Rubin/Brockner* (1975), S. 1054 f.

sehen wäre ein radikaler Wandel längst überfällig.[218] Dabei wird deutlich, dass der Ansatz des Entrapments eine besondere Form des „Escalation of Commitment" ist. Im Gegensatz hierzu wird allerdings der Faktor Zeit zur entscheidenden Erklärungsgröße persistenten Verhaltens.[219]

Insbesondere Unternehmer von KMU können in diese Situation geraten, weil sie nicht nur finanzielle Ziele mit ihren Unternehmen verbinden, sondern auch persönliche Ziele wie z.B. die unternehmerische Unabhängigkeit oder das gesellschaftliche Ansehen in das Zielsystem aufnehmen. Das Dilemma des Entrapments liegt in der **Überbetonung nicht-finanzieller resp. persönlicher Interessen** im Vergleich zu den überlebensnotwendigen finanziellen Unternehmenszielen.[220] Aufgrund dieses Übergewichts werden in den Krisenunternehmen Entscheidungen nicht mehr nach ökonomischer Vernunft gefällt, sondern werden durch die nicht-finanziellen Interessen geleitet. Hierdurch kann das Streben nach beruflicher Unabhängigkeit wichtiger werden als der laufende Wertverfall des Unternehmens. Denkbar ist auch, dass der Erhalt des gesellschaftlichen Ansehens als wertvoller eingestuft wird als die Verringerung des Unternehmerlohns bzw. der privaten Entnahmen zur Kompensation von Unternehmensverlusten. Der Einstieg und die sukzessive Verschlimmerung des Entrapment-Dilemmas ist eng assoziert mit ausgeprägter Kurzfristplanung, mangelnder kritischer Reflexion und geringer externer Weiterbildung des Unternehmers.[221]

Die möglichen negativen langfristigen Konsequenzen des unternehmerischen Handelns werden nicht realisiert. So entsteht ein „**lock-in**" Effekt, der sich im Zeitverlauf verstärkt, weil die Verhaltens- und Vorgehensweise unverändert beibehalten werden. Das Entrapment-Dilemma zu durchbrechen, wird zunehmend schwieriger und unwahrscheinlicher, weil die Opportunitätskosten für einen Systemwechsel im Zeitverlauf erheblich ansteigen.[222] Die Höhe der Opportunitätskosten ergibt sich aus den Kosten, die mit der Aufgabe langjähriger persönlicher Prinzipien und den psychischen Folgewirkungen einhergehen, sowie aus den Kosten, die mit dem Turnaround (Risiko und Radikalität) verbunden sind. *„The essence of entrapment lies in: The passage of time compounds the problem because the level of discontinuity required to turn the business round increases and therefore becomes progressively more risky and difficult."*[223] Letztlich führt Entrapment aus Sicht des Unternehmers zu einer paradoxen Situation: *„Because nothing has changed, everything has changed."*[224] Weil

[218] *„The longer a person presists with a specific line of activity, the more difficult it becomes to change direction even though it may be economically wise."* *Drummond* (2004), S. 487 ff.
[219] Vgl. *Drummond* (2001), S. 187
[220] Vgl. *Drummond* (2004), S. 493; um allerdings die Zukunft eines KMU langfristig zu sichern, sollte mit allen Entscheidungen des Unternehmens das Ziel verfolgt werden, den Shareholder-Value zu steigern; vgl. *Albach* (2002), S. 172 ausführlich zur Begründung, weshalb Familienunternehmen über mehrere Generationen am Markt bestehen bleiben; außerdem *Schachner et al.* (2006), S. 589 ff.
[221] Vgl. *Drummond* (1998), S. 922; *Drummond* (2004), S. 497; *Pawlowsky et al.* (1998), S. 228 ff. zur Bedeutung KMU-typischer Weiterbildungsbarrieren.
[222] *„Consistency reflects the costs of withdrawal versus the costs of persistence."* *Drummond* (2004), S. 489.
[223] *Drummond* (2004), S. 496.
[224] *Drummond* (2004), S. 493.

der Unternehmer sein Unternehmen nicht an die neuen Umweltbedingungen angepasst hat, ist eine Rückkehr ins Systemgleichgewicht nur über drastische organisatorische und personelle Einschnitte möglich. In erster Linie muss der Unternehmer umdenken und die Fehler der Vergangenheit einsehen.

Die Begründung von Unternehmenskrisen bzw. des Scheiterns von Turnaround-Projekten allein durch Managementfehler, unzureichende Managementkompetenz etc. greift, wie hier gezeigt wurde, häufig zu kurz. Sowohl für eine fundierte Krisenursachenforschung als auch für die Erforschung von Turnaround-Prozessen von KMU ist es erforderlich, das Entstehen von Fehlentscheidungen und Fehlverhalten der Unternehmer auch aus verhaltenswissenschaftlicher Perspektive zu analysieren.

Da eine Krise in KMU i.d.R. nur endgültig abgewendet werden kann, wenn der Unternehmer aktiv in den Krisenprozess eingreift und versucht, den Unternehmensverfall durch radikale Turnaround-Maßnahmen zu stoppen,[225] muss er zum **Unternehmer-Turnaround** fähig und bereit sein. Wenn der Unternehmer die Fähigkeiten und den Willen zur persönlichen Veränderung besitzt, kann er zu einem entscheidenden Träger des Turnaround-Managements werden. Allerdings ist *Böckenförde* (1996) zuzustimmen, dass Unternehmer und Führungskräfte mit nicht kompensierbaren Führungsdefiziten konsequent aus dem Management auszuschließen sind, um das Risiko der Krisenbewältigung nicht noch weiter zu erhöhen.[226]

Notwendige Voraussetzung für die Veränderung unternehmerischen Verhaltens im Turnaround sind **Lernprozesse des Unternehmers**. Dabei wird Lernen ganz allgemein als Prozess der kompetenzbildenden Aneignung von Kenntnissen, Fähigkeiten und Fertigkeiten definiert.[227] Lernen ist nicht direkt zu beobachten; beobachtbar ist vielmehr das Verhalten des Individuums und das situative Lernumfeld.[228] Eine ausschließliche Interpretation der Verhaltensveränderung als Ergebnis der Lernfähigkeit wäre jedoch zu weitreichend, weil die Beurteilung des Handelns ebenfalls die situative Motivation (Bereitschaft zum Lernen, Bereitschaft zur Umsetzung des Gelernten) des Individuums umfassen muss.[229] Lernen muss also nicht unmittelbar und zwingend zu Verhaltensänderungen des Lernenden führen, sondern kann das individuelle Verhaltensrepertoire zunächst auch nur erweitern.[230] Wegen der großen Bedeutung des Lernens der Unternehmer für den erfolgreichen Turnaround von KMU wird hierauf im anschließenden Kapitel vertiefend eingegangen.

---

[225] Vgl. *Clasen* (1992), S. 96.
[226] Vgl. *Böckenförde* (1996), S. 106.
[227] Vgl. *Arnold* (2004), Sp. 1096.
[228] Vgl. *Zimbardo* (1995), S. 263; *Scheff* (2001), S. 11; *Grant* (1996), S. 110 f.; *Albach* (1999b), S. 55; *Albach* (2006), S. 709; *Müller-Stewens/Pautzke* (1991), S. 194.
[229] Vgl. *Zimbardo* (1995), S. 263.
[230] Vgl. *Wengelowski* (2000), S. 14.

2.4 Individuelle Lerntheorie

Individuen sind immer als **Ausgangspunkt des Lernens von und in Unternehmen** zu verstehen,[231] dies ergibt sich bereits aus der Definition des Betriebs resp. Unternehmens als offene, dynamisch sozio-technische und ökonomische Systeme.[232] Aus lerntheoretischer Sicht sind nur Individuen in der Lage, neues Wissen hervorzubringen, in Handlungen umzusetzen und aus den Erfahrungen mit ihren Handlungen zu lernen,[233] d.h. Unternehmer und Mitarbeiter nehmen unternehmensinterne und -externe Signale bzw. Informationen wahr, interpretieren sie und passen ihr Handeln entsprechend an.[234] Damit die individuellen Lernprozesse in Krisen- und Turnaround-Situationen unternehmensweite Veränderungen im Sinne eines Unternehmens-Turnarounds bewirken können, müssen kollektive (organisationale) Lernprozesse in Arbeitsgruppen oder auf der Ebene der Organisation durch den Transfer individuellen Wissens angestoßen werden.[235] Im Folgenden konzentriert sich die Diskussion erst einmal auf die Vorstellung der **wichtigsten Theoriestränge des individuellen Lernens** und ihre Einbindung in den Untersuchungskontext dieser Arbeit.

Hierbei wird der Fokus auf das Lernverhalten des Unternehmers gelegt, denn die exponierte Position des Unternehmers im Unternehmen beeinflusst die Qualität des organisationalen Lernens maßgeblich.[236] *„In the smaller owner managed firm assisting the learning of the owner manager [...] equates to assisting the learning of the firm."*[237] Auf den Turnaround-Kontext übertragen, werden durch dieses Zitat zwei erfolgskritische Gesichtspunkte in den Vordergrund gerückt, die in der anschließenden Diskussion zu berücksichtigen sind. Zum einen wird der Lernprozess des Unternehmers (**Unternehmer-Turnaround**) zu einer **Prämisse** für das Gelingen unternehmensweiter Veränderungen (Unternehmens-Turnaround) und zum anderen wird der Lernprozess des Unternehmers durch die Zusammenarbeit mit möglicherweise eingebundenen Krisenexperten beeinflusst. Vor diesem Hintergrund werden unterschiedliche Lerntheorien erläutert.[238]

---

[231] Vgl. *Wiegand* (1996), S. 313. *„Individuelles und organisationales Lernen stellen sich dabei als die beiden korrespondierenden Seiten eines Wissensmanagements [in KMU, Anm. d. Verf.] dar."* *Arnold* (2004), Sp. 1099; *Friedman* (2001), S. 398 ff.

[232] Vgl. *Pinkwart* (2001), Sp. 182 ff.; *Albach/Albach* (1989), S. 1 ff und S. 7 ff.

[233] Vgl. *Müller-Stewens/Pautzke* (1991), S. 194.

[234] Vgl. *Kahle* (1995), S. 16 spricht davon, dass die organisatorische Wahrnehmung über die Wahrnehmung der einzelnen Mitarbeiter erfolgt, die ggf. durch den Einsatz von Informationstechnologie unterstützt wird.

[235] Eine ausführliche Diskussion des organisationalen Lernens findet sich in Kap. A.

[236] Zur Rolle des individuellen Lernens im organisationalen Lernverständnis siehe Kap. C.2.1.

[237] *Gibb/Scott* (1985), S. 622.

[238] Die Ausführungen zu den individuellen Lerntheorien werden sich auf die Kernaussagen beschränken. Zur ausführlichen Diskussion individueller Lerntheorien im Kontext des organisationalen Lernens sei außerdem verwiesen auf *Wiegand* (1996), S. 341 ff.; *Holzkamp* (1993), S. 41 ff.; *Nagl* (1997), S. 45 ff.; *Olbert-Bock* (2002), S. 37 ff.; *Neugebauer* (1997), S. 24 ff.; auf die subjektwissenschaftlichen Lerntheorien nach *Holzkamp* (1993), S. 177 ff. wird nicht eingegangen.

Als ältester Ansatz der Lerntheorie gilt die „**behavioristische Lerntheorie**". Charakteristisch für die Lerntheorien des klassischen Behaviorismus ist die Betrachtung des Lernsubjekts als „Black-Box" und die Abbildung des Lernprozesses als **Reiz-Reaktions-Modell**. Lernen wird interpretiert als gesetzmäßige Verknüpfung zwischen ausgesandtem Reiz und beobachtbarer Reaktion.[239] Von Interesse ist die Reaktion (Verhaltensänderung) des Lernsubjekts auf Reize aus der Umwelt. Diese Veränderung wird vom Beobachter als Lernen angenommen, wenn der Reiz isoliert wahrgenommen und beeinflussende Störgrößen ausgeschlossen werden können.[240] Diese Stimulus-Response- bzw. Stimulussubstitutionstheorien können in zwei Lager unterteilt werden, und zwar in das Lernen nach dem Kontiguitätsprinzip und das Lernen nach dem Verstärkungsprinzip.[241]

Ersteres ist als sog. „**klassische Konditionierung**" nach *Pawlow* (1927) bekannt. Kern ist die Verbindung eines neutralen Reizes mit einem angeborenen, unkonditionierten Reiz-Reaktions-Muster. Im Ergebnis bewirkt die wiederholte räumliche und zeitliche Kopplung der beiden Reize die konditionierte Reaktion des Lernsubjekts auf den ursprünglich neutralen Reiz.[242] Die Erkenntnisse der klassischen Konditionierung sind bspw. in den Prozess des organisationalen Verlernens von *Hedberg* (1981) eingeflossen,[243] der insbesondere im Rahmen von tiefgreifenden Veränderungen, wie sie bspw. im Unternehmens-Turnaround notwendig sind, zu einer zentralen Voraussetzung wird.[244] Darüber hinaus erleichtern gelernte Reiz-Reaktions-Modelle das Zurechtfinden von Individuen in wechselnden Umwelten (Prinzip der Reizgeneralisierung). Diesem positiven Effekt steht aber auch die Gefahr entgegen, dass ohne ausreichende Diskriminierung von Reizen vorhandene Reiz-Reaktions-Modelle zu vorschnellen und realitätsfernen Generalisierungen führen können (u.a. Halo-Effekt, Bildung von Stereotypen),[245] die Unternehmenskrisen auslösen bzw. zusätzlich verschärfen können, weil die routinierten Reaktionsmuster nicht mehr problemadäquat sind.

Die zweite Strömung des Behaviorismus hat die Entwicklung der Führungstheorie in der Managementliteratur seit Ende der 1970er Jahre prägend mitgestaltet.[246] Insbe-

---

239 Vgl. *Kroeber-Riel/Weinberg* (1999), S. 328.

240 Vgl. *Staehle* (1994), S. 193; *Wiegand (*1996), S. 342.

241 Vgl. u.a. auch *Diettrich* (2000), S. 223 ff.; *Holzkamp* (1993), S. 46 ff.; *Staehle* (1994), S. 193 ff.; *Ridder* (1999), S. 269 ff.

242 *Pawlow* experimentierte mit Hunden, indem er den neutralen Reiz eines Glockentons mit dem angeborenen Reiz-Reaktions-Muster der Speichelproduktion bei Anblick von Futter kombinierte. Nach mehrmaliger Wiederholung sonderte der Hund bereits Speichel ab, wenn er den neutralen, konditionierten Reiz wahrnahm; vgl. *Pawlow* (1972), *Kroeber-Riel/Weinberg* (1999), S. 329; *Staehle* (1994), S. 194; ausführlich *Holzkamp* (1993), S. 46 ff.; *Mazur* (2005), S. 94 ff.

243 Vgl. *Wiegand* (1996), S. 343.

244 Vgl. hierzu ausführlich Kap. C.2.2.

245 Vgl. *Staehle* (1994), S. 195; Beispiel für den Halo- oder Ausstrahlungseffekt ist, wenn ein sympathisch empfundener Mensch auch als intelligent beurteilt wird. Zur Anwendung in der Werbung siehe *Kroeber-Riel/Weinberg* (1999), S. 128 ff.; eine Kritik der klassischen Konditionierung findet sich u.a. in *Holzkamp* (1993), S. 48 ff.

246 Vgl. *Staehle* (1994), S. 357; zu weiteren Erklärungsansätzen siehe auch *Mazur* (2005), S. 186 ff.

sondere die Lerntheorie der **operanten Konditionierung** nach *Skinner* (1973) ist hier hervorzuheben, da sie als bekanntester und einflussreichster Theorieansatz gilt.[247] Im Gegensatz zur klassischen Konditionierung, in der sich das Lernsubjekt passiv verhält, muss es nun aktiv auf die Umwelt einwirken, um einen angenehmen (erfolgreichen) Zustand zu erreichen. Das Lernsubjekt verändert sein Verhalten entsprechend der Konsequenzen, die durch das Verhalten ausgelöst werden. Ein anfangs planloser trial-and-error Prozess kann durch verhaltensverstärkende (positive oder negative) Sanktionen strukturiert werden.[248]

Nach wie vor dominieren die behavioristischen Erklärungsansätze die Struktur und die Funktion **extrinsischer Anreiz- und Motivationsmodelle**, in denen Verhaltensmodifikationen von Mitarbeitern durch gezielte belohnende oder bestrafende Reaktionen des Vorgesetzten erreicht werden können.[249] Dies hat ebenfalls Konsequenzen für das Turnaround-Management von KMU. So sind die vorhandenen Anreizsysteme hinsichtlich ihrer Wirtschaftlichkeit und ihrer Erfolgswirksamkeit zu überprüfen,[250] d.h. sind Unternehmensstrategie und Zielsystem des Unternehmens fehlerfrei in Anreizmodelle überführt worden oder bestehen Zielkonflikte. Dabei ist festzuhalten, dass Anreize nicht nur handlungsleitend sind, sondern auch die Wahrnehmung der Mitarbeiter und Unternehmer manipulieren können.[251] In diesem Zusammenhang sind insbesondere die monetären und nicht monetären Anreize und Interessen der Unternehmer zu hinterfragen, da sie „irrationales" Entscheidungsverhalten in Krisen- und Turnaround-Situationen erklärbar machen können.[252] Außerdem können Anreiz- und Motivationssysteme während des Turnaround-Prozesses die disziplinierte Umsetzung von Konzepten und Maßnahmen unterstützen.

*„Die **kognitivistischen Lerntheorien** betonen das problemlösende, einsichtsvolle und schlussfolgernde Lernen und sind deshalb besonders geeignet, komplexere*

---

[247] Der Ursprung der Theorieströmung „Lernen nach dem Verstärkungsprinzip" geht auf das Effektgesetz („Law of Effect") von *Thorndike* (1898, 1911) zurück, wonach belohnte Aktivitäten verstärkt und bestrafte Handlungen geschwächt werden; vgl. *Kroeber-Riehl/Weinberg* (1999), S. 331; *Mazur* (2005), S. 185. Die Sanktionierung des Verhaltens erfolgt immer erst im Anschluss an die Reaktion des Lernsubjekts, so dass Lernprozesse durch gezielte Verstärkung der gewünschten Verhaltensweise gesteuert werden können; vgl. *Wiegand* (1996), S. 344; *Wiswede* (2000), S. 67 f. Allerdings besteht eine Asymmetrie insofern, als *„Bestrafungen [..] für die Verhaltenssteuerung wesentlich weniger wirksam und empfehlenswert [sind, Anm. d. Verf.] als Belohnungen"*. *Kroeber-Riehl/Weinberg* (1999), S. 330. Die instrumentelle Konditionierung wird an dieser Stelle ausgeblendet, siehe hierzu und zu weiteren Experimenten *Skinners* und seine Schüler u.a. *Mazur* (2005), S. 201 ff.

[248] Vgl. *Staehle* (1994), S. 196 ff.; *Kroeber-Riehl/Weinberg* (1999), S. 330 ff.; *Holzkamp* (1993), S. 54 ff.; *Ridder* (1999), S. 271. Allerdings wird inbesondere aus dem Lager der kognitiven Lerntheorie Kritik an der Verallgemeinbarkeit tierexperimenteller Erkenntnisse geäußert; vgl. z.B. *Holzkamp* (1993), S. 42 und S. 57 ff.

[249] Vgl. *Staehle* (1994), S. 770 ff.

[250] Vgl. *Pinkwart et al.* (2005a), S. 110; *Faulhaber/Landwehr* (2005), S. 174 ff.; *Müller-Ganz* (2004), S. 3 ff.

[251] Die Interpretation der wahrgenommenen Signale sollte optimalerweise auf der Grundlage des unternehmensspezifischen Regelwerks (Unternehmensstrategie und Zielsystem) erfolgen; vgl. *Kahle* (1995), S. 16.

[252] Unterschiedliche Erklärungsansätze für „irrationales" Entscheidungsverhalten wurden in Kap. B.2.2 erörtert.

Lernprozesse zu erklären,"[253] die während eines Turnaround-Prozesses zu einem veränderten Verhalten des Unternehmers führen können.[254] Kognitive Theorieansätze legen zur Erklärung des menschlichen Verhaltens das sog. S-O-R Paradigma (**Structure-Organism-Response**) zugrunde und erweitern damit die vorherigen Erklärungsansätze des Behaviorismus um die kognitiven Prozesse, die innerhalb des Organismus des Lernsubjekts ablaufen und für viele Formen des Lernens wichtig sind.[255] Dieser Lernansatz fokussiert die Aufmerksamkeit auf den Organismus (O) *„als ein selbständiges System, das über Wahrnehmung, Erkennen und Nachdenken (Kognition) zu Einsichten kommt"*[256]. Mit der Wahrnehmung und Interpretation von unternehmensinternen und -externen Veränderungen wird der Prozess der Informationsverarbeitung ausgelöst.[257] Dieser Verarbeitungsprozess von Informationen und Signalen ist der Erkenntnisgegenstand der kognitiven Ansätze der Lerntheorie.[258]

Charakteristisch für die **Informationsverarbeitung** ist die dreigliedrige Unterscheidung der kognitiven Verarbeitung und Speicherung von Reizen aus der Umwelt in den sensorischen Informationsspeichern (Ultrakurzzeitspeicher), Kurzzeitspeichern und Langzeitspeichern. Der sensorische Informationsspeicher zeichnet sich durch eine große Kapazität aber nur eine sehr kurze Speicherdauer aus.[259] Werden die Reize in den Kurzzeitspeicher aufgenommen, beginnt der kognitive Prozess der Entschlüsselung und Interpretation. Aus den Reizen werden *„gedanklich verarbeitbare Information[en, Anm. d. Verf.]"*[260]. Der Kurzzeitspeicher stellt für die Informationsverarbeitung des menschlichen Gedächtnisses eine zentrale Einheit dar, weil die Informationen sowohl verarbeitet als auch gespeichert werden. In einem informationellen Kombinationsprozess werden die gegenwärtigen mit den vergangenen Informationen aus dem Langzeitgedächtnis verbunden, wobei die Kapazität hinsichtlich der Menge der Informationen und der kognitiven Operationen begrenzt ist. Im Langzeitspeicher

---

253 *Arnold* (2004), Sp. 1098 im Original keine Hervorhebung.

254 Da der Unternehmer im Mittelpunkt der Betrachtung steht, werden die Ansätze des psychomotorischen Lernens ausgeblendet. Auf die sog. Handlungsregulationstheorien wie das TOTE-Modell (Test-Operate-Test-Exit) oder das VVR-Modell (Vergleichs-Veränderungs- Rückkoppelungs-Einheit), die das Lernen von Facharbeiten in der industriellen Produktion beschreiben, wird an dieser Stelle nicht näher eingangen, sondern auf einschlägige Literatur verwiesen; vgl. u.a. *Diettrich* (2000), S. 228 f.; *Holzkamp* (1993), S. 155 ff.; *Staehle* (1994), S. 200; *Güldenberg* (2003), S. 83; *Holzkamp* (1993), S. 155.

255 Vgl. *Zimbardo* (1995), S. 292; *Staehle* (1994), S. 149; *Nagl* (1997), S. 50 f.; auf die hirnphysiologische Kognitionsforschung soll nicht näher eingegangen werden, siehe hierzu *Kahle* (1995), S. 5 ff.; *Wiegand* (1996), S. 347 ff.; *Mazur* (2005), S. 49 ff.

256 *Staehle* (1994), S. 198.

257 Vgl. *Ocasio* (1995), S. 289.

258 In der kognitiven Lerntheorie stehen die kognitiven Prozesse des Menschen in enger Beziehung mit den Prozessen der elektronischen Datenverarbeitung. Ziel ist die *„theoretische Modellierung kognitiver Prozesse nach Analogie der Computer-Hardware und besonders -Software."* *Holzkamp* (1993), S 118. Aus Sicht der systemtheoretischen Informationsverarbeitungstheorie ist der Mensch ein offenes, kybernetisches Verhaltenssystem, welches kognitive Entscheidungs- und Problemlösungsprozesse ausführt; vgl. *Kirsch* (1977b), S. 77. Diese Prozesse umfassen die Informationsaufnahme, Informationsverarbeitung und –speicherung; vgl. *Kroeber-Riehl/Weinberg* (1999), S. 224.

259 Die Kapazität umfasst alle über die Sinnesorgane aufgenommenen Reize.

260 *Kroeber-Riehl/Weinberg* (1999), S. 226.

bzw. -gedächtnis werden die Informationen schließlich niedergelegt und langfristig gespeichert.[261]

Dieses im Langzeitgedächtnis enthaltene Wissen besteht aus kognitiven Schemata[262] des Menschen über die Umwelt. Dieses vorhandene Wissen wird als *„Referenzpunkt jedes Wissensgenerierungsprozesses“*[263] verstanden und nimmt Einfluss auf die wahrgenommenen Reize und Stimuli. Das Vorwissen beeinflusst die Aufnahme, Verarbeitung und Speicherung neuen Wissens, indem die Reize und Stimuli selektiert und interpretiert werden und spielt somit eine entscheidende Rolle für das individuelle Lernen. Der Lernprozess besteht darin, dass **neu erworbenes Wissen mit vorhandenem Wissen** verbunden wird und neue Vernetzungen bzw. Strukturen im menschlichen Gehirn entstehen.[264] Das neue Wissen wird entweder in die vorhandenen Wissensstrukturen eingeordnet, verändert die Wissensstrukturen oder erzeugt neue.[265] Lernprozesse bestehen also nicht nur aus dem Prozess der Assimilation (Aneignung von neuem Wissen und Fertigkeiten), sondern auch aus dem Prozess der Akkomodation (Anwendung, Restrukturierung und Weiterentwicklung der bereits vorhandenen kognitiven Wissensstrukturen).[266]

Grundlegend für die Wahrnehmung und Verarbeitung resp. Interpretation der Informationen sind somit die sog. **kognitiven Landkarten** (Cognitive Maps) bzw. mentalen Denkmodelle (Individual Mental Models) des Individuums.[267] *„These cognitive maps consist of concepts about aspects of decision environment and beliefs about cause-and-effect relationships between them.“*[268] Die mentalen Denkmodelle sind an die individuellen Fähigkeiten und Erfahrungen gebunden und dienen den Entscheidungsträgern als **Interpretations- und Verständnishilfe.**[269] Folglich setzen die Unternehmer ihre persönlichen und organisatorischen Erfolgsformeln zur strategischen Entscheidungsfindung ein. Diese Formeln sind als heuristischer und schematischer Rahmen zu verstehen, der kognitive Faustregeln und gesellschaftliche sowie geschäftliche Theorien des gesunden Menschenverstandes umfasst.[270]

---

261 Vgl. *Holzkamp* (1993), S. 121 ff.; *Kirsch* (1977b), S. 87 ff.; *Kroeber-Riehl/Weinberg* (1999), S. 225 ff.; *Lord/Maher* (1990), S. 11; *Wiswede* (2000), S. 89 ff.; die Speicherung erfolgt über reduktive (zur Komprimierung) und elaborative (zur Verankerung) Prozesse; vgl. *Diettrich* (2000), S. 226.

262 *„Die Schemata geben die wichtigsten Merkmale eines Gegenstandsbereichs wieder, sind mehr oder weniger abstrakt (konkret) und hierarchisch organisiert.“ Kroeber-Riehl/Weinberg* (1999), S. 232.

263 *Wiegand* (1996), S. 350.

264 Vgl. *Güldenberg* (2003), S. 97; *Diettrich* (2000), S. 226.

265 Vgl. *Kroeber-Riehl/Weinberg* (1999), S. 335 f. und S. 228 ff.

266 Vgl. *Arnold* (2004), Sp. 1098.

267 Vgl. *Schwenk* (1988), S. 45 f.; *Kim* (1993), S. 39 ff.

268 *Schwenk* (1988), S. 45. Der Begriff und die erstmalige Anwendung der kognitiven Landkarten bzw. mentalen Denkmodelle auf das (Lern-)Verhalten gehen auf *Tolman* (1932) zurück, dessen Arbeiten auch als Ausgangspunkt für kognitive Lern- und Verhaltensforschung gelten. Vgl. *Staehle* (1994), S. 198 f.; *Zimbardo* (1995), S. 297.

269 Vgl. *Schwenk* (1988), S. 45.

270 Vgl. *Atherton/Hannon* (1997), S. 245.

Von der Beurteilung der wahrgenommenen Signale durch die angewendeten Denkmodelle des Unternehmers hängt es letzlich ab, ob die identifizierten unternehmensinternen oder -externen Veränderungen als Bedrohung der dominanten Unternehmensziele interpretiert werden.[271] In Krisen- und Turnaround-Situationen von Unternehmen zeigt sich häufig, dass die **mentalen Denkmodelle der Unternehmer starr** sind, nicht an die neuen Bedingungen angepasst werden und somit hauptsächlich auf vergangenen Informationen und Erfahrungen beruhen.[272] Es besteht die Tendenz, dass sich die Unternehmer verstärkt auf jene Denkmuster und –modelle verlassen, die bereits vollständig entwickelt sind, in sich schlüssig sind und sich zudem in der Vergangenheit als richtig erwiesen haben.[273] Dabei sind diese Denkmodelle aufgrund der begrenzten menschlichen Rationalität immer nur ein simplifiziertes Abbild der Realität, d.h. die menschliche Kapazität zur Informationsverarbeitung unterliegt erheblichen Beschränkungen.[274]

Hinzu kommt, dass die Neuartigkeit einer Unternehmenskrise zu einer Überbeanspruchung der Informationsverarbeitungskapazität (**information overload**) der Unternehmer führen kann,[275] dessen Ergebnis „kognitiver Stress" ist. Aufgrund des kognitiven Stresses vereinfachen die Unternehmer ihr Entscheidungsproblem, indem sie die Wahrnehmung von Informationen beschränken, die Abwägung der Handlungskonsequenzen begrenzen und die Menge der Entscheidungsalternativen reduzieren. Keine oder nur inkrementale Veränderungen sind die Folge.[276] Die strategische Ausrichtung des Unternehmens wird beibehalten und der Unternehmer konzentriert sich ausschließlich auf die Lösung der dringendsten, in Unternehmenskrisen meist finanziellen Schwierigkeiten. Der zunehmende psychische Druck auf den Unternehmer verstärkt diese Tendenzen regelmäßig.[277]

Die **konstruktivistische Lerntheorie** schließlich ist eine Fortentwicklung der kognitiven Lerntheorie und unterscheidet sich von ihr durch die zentrale Annahme, dass

---

[271] Vgl. *Ocasio* (1995), S. 293.

[272] Vgl. *Lohrke et al.* (2004), S. 78; *Kiesler/Sproull* (1982); *Ocasio* (1995), S. 294 begründet diese Starrheit mit Restriktionen im Prozess der Informationsverarbeitung und unzureichenden kognitiven Fähigkeiten. In einer aktuellen Studie kommt das *ZIS* (2006), S. 9 f. zu dem Ergebnis, dass starres Festhalten an alten Konzepten zu den häufigen Insolvenzursachen zählt. *Pinkwart/Kolb* (1999), S. 70 f. sowie *Pinkwart/Kolb* (2003), S. 74 ff. stellen in ihrer Insolvenzstudie einen dominierenden Unternehmertyp fest, der mit dem traditionellen Familienunternehmer nach *Haake* (1987), S. 99 vergleichbar ist; siehe ausführlich Kap. B.2.2.

[273] Vgl. *Ocasio* (1995), S. 295.

[274] Vgl. *Kirsch* (1977a), S. 87 ff.; *Lord/Maher* (1990), S. 13; *Neugebauer* (1997), S. 83; *Zimbardo* (1995), S. 290 ff. *„Due to bounded rationality, managers may not have full information about future events, alternatives, and consequences."* *Adner/Helfat* (2003), S. 1021.

[275] Insbesondere Umweltveränderungen und Unsicherheit erschweren die Interpretation der zurückliegenden Unternehmensentwicklung und die Planung bzw. Einschätzung zukünftiger Effekte; vgl. *Lant et al.* (1992), S. 587; *Holsti* (1978), S. 46

[276] Vgl. *Kirsch* (1977a), S. 89 ff.; dieses Verhalten ist vergleichbar mit dem sog. „Durchwursteln" bzw. „muddling through"; das „Durchwursteln" kann auch als Tugend des evolutorischen Mittelstands angesehen werden, vgl. *Sloane* (1997), S. 114.

[277] *„Managers have a limited capacity to process information and they operate in organizational contexts that are often characterized by organizational and psychological pressures to persist with prior strategies."* *Lant et al.* (1992), S. 587; *Milliken/Lant* (1991), S. 131.

„kognitive Systeme in sich geschlossene autopoietische (selbstorganisierte) Systeme sind, die selbstreferentiell bezogen sind“[278]. Kern des Konstruktivismus ist die Feststellung, dass die **Realität bzw. Wirklichkeit als solche nicht als eine objektive Größe** zu verstehen ist, sondern vielmehr als ein „konstruiertes" Ergebnis individueller Informationsverarbeitungs- und Wahrnehmungsprozesse.[279] Diese Prozesse finden innerhalb eines geschlossenen, lebenden Systems statt. Insbesondere die behavioristische Annahme der Input-Output-Beziehung des Lernens (informationelle Offenheit eines Systems) wird abgelehnt und von einer informationellen Geschlossenheit ausgegangen.[280] Sie begründet sich in der geschlossenen Struktur des Systems, d.h. es besteht kein direkter Zugang des Systems zu seiner Umwelt.[281] Das System erzeugt bzw. konstruiert vielmehr seine eigene Umwelt, indem die Informationen selektiv wahrgenommen und verarbeitet werden. Wegen der strukturellen Geschlossenheit kann ein System nur jene Veränderungen des eigenen Zustands erfahren, die durch die eigenen strukturellen Voraussetzungen bestimmt werden.[282] Lernen wird somit zu *„einem Prozess der Restrukturierung innerhalb eines geschlossenen Systems“*[283] mit der Konsequenz, dass der Lernprozess von außen nicht erzeugt, sondern nur durch Anregungen ermöglicht werden kann.[284]

Sowohl durch das kognitive als auch durch das konstruktivistisches Wissenschaftsverständnis wird erklärbar, weshalb Unternehmer bei prinzipiell gleichen Alternativen unterschiedliche strategische und operative Entscheidungen treffen und dies insbesondere hinsichtlich des Verhaltens in Krisen- und Turnaround-Situationen.[285] Erklären lassen sich ebenso scheinbar zufällige bzw. spontane, aber auch objektiv irrational erscheinende sowie intuitive Handlungen als subjektive, handlungsrationale Reaktionen der Unternehmer auf die unterschiedlich wahrgenommenen Situationen.[286] Denn die von den Unternehmern konstruierte Wirklichkeit und logische Verkettung erfolgskritischer Ursache-Wirkungszusammenhänge führen in Krisen- und Turnaround-Situationen eher dazu, dass die bestehenden Wahrnehmungen und Normen bestätigt werden. Widersprechende Signale und Informationen werden solange nicht beachtet, bis der Gegenbeweis für radikale unternehmerische und organisationale Veränderungen vorhanden ist und diese dementsprechend rechtfertigen.[287]

---

278 *Arnold* (2004), Sp. 1098.

279 Vgl. *Glasersfeld* (2000), S. 20; *Welter* (2003a), S. 46. *„Wissen ist kein objektiver, transportierbarer Gegenstand, sondern das Ergebnis von Konstruktionsprozessen einzelner Individuen.“* *Reinmann-Rothmeier/Mandl* (1998), S. 457.

280 Vgl. *Luhmann* (1999), S. 57 ff.; *Güldenberg* (2003), S. 95.

281 Vgl. *Maturana/Varela* (1987), S. 179 ff.

282 Vgl. *Maturana/Varela* (1987), S. 185; *Güldenberg* (2003), S. 95.

283 *Luhmann* (1987), S. 60.

284 Vgl. *Arnold* (2004), Sp. 1098.

285 *„Differences in managerial cognition may lead to different strategic decisions and outcomes.“* *Adner/Helfat* (2003), S. 1022.

286 *Welter* (2003a), S. 47 f.; insbesondere das Thema der Intuition wird zur Zeit in der Entrepreneurship-Forschung intensiv diskutiert, vgl. u.a. *Mitchell et al.* (2005).

287 Vgl. *Probst/Büchel* (1998), S. 36 f. i.V.m. *Kelly* (1955).

Darüber hinaus liegt der besondere Nutzen einer kognitiv-konstruktivistischen Perspektive für die Betrachtung des Unternehmers und seiner Mitarbeiter im Turnaround darin, *„dass Unterstützung von individuellen Lernprozessen durch Lernberatung und kollektives Lernen nötig und möglich wird, dass die Lernenden Gestaltungs- und Entfaltungsmöglichkeiten haben und ihr eigenes Lernhandeln reflektieren“*[288]. In einem Turnaround-Prozess treffen die unterschiedlichen Wirklichkeiten des Unternehmers, der Mitarbeiter und der übrigen Turnaround-Gruppen aufeinander. Sie sind das Ergebnis der individuellen Interpretation und Wahrnehmung der Turnaround-Situation in Verbindung mit dem jeweiligen Erfahrungshintergrund und Vorwissen, so dass für keine der Sichtweisen ein Wahrheitsanspruch erhoben werden kann. Dies impliziert insbesondere zwischen den Unternehmern und den Krisenexperten einen hohen Abstimmungsbedarf im Sinne eines **Abgleichs der subjektiven Wirklichkeitskonstruktionen**, wenn die Zusammenarbeit konstruktiv und nachhaltig erfolgreich verlaufen soll.[289]

So verfügen die Krisenexperten über heuristische Expertenschemata, hoch entwickeltes Wissen und praktische Erfahrung zur effizienten Gestaltung des Turnaround-Managements, die es ihnen ermöglichen, die notwendigen Schritte des Turnaround-Prozesses zu definieren, die entscheidenden Daten im Zuge der Unternehmens- und Umweltanalyse zu selektieren und unwesentliche Informationen zu vernachlässigen.[290] Dieses eher **strukturelle Expertenwissen** der Krisenexperten muss um das **kontextuelle Expertenwissen** des Unternehmers bspw. über die Besonderheiten des Unternehmens, der Branche bzw. des Umfelds ergänzt werden, um turnaround-spezifische Lernprozesse sowohl auf Seiten des Unternehmers als auch des Krisenexperten auszulösen.[291] Nur diese interaktive Rolle des Unternehmers im Turnaround-Prozess von KMU kann nachhaltiges Lernen begünstigen, weil neben den Erfahrungen auch Fragestellungen und Einsichten des Unternehmers in den Problemlösungsprozess eingebracht werden können.[292]

Dies schliesst allerdings nicht aus, dass Unternehmer während des Turnarounds auch durch Beobachtung des Verhaltens der Krisenexperten lernen. Dieses sog. „**Beobachtungslernen**“ bzw. Lernen durch Nachahmung liegt vor, wenn das beobachtete Verhalten Dritter genutzt wird, um das eigene Verhalten anzupassen.[293]

---

[288] *Diettrich* (2000), S. 42; *Dubs* (2006), S. 307 f.
[289] Vgl. *Klimecki et al.* (1994), S. 22.
[290] In general *„an expert is defined as someone with a large knowledge base in a particular context“*; vgl. *Lord/Maher* (1990), S. 13.
[291] Expertenwissen wird in diesem Zusammenhang verstanden als Wissen über die Art und Weise, wie die Variablen eines Systems zusammenhängen und wie sie sich beeinflussen; vgl. *Dörner* (2003), S. 64.
[292] Vgl. *Arnold* (2004), Sp. 1099.
[293] Man spricht auch von sozial-kognitivem Lernen; vgl. *Holzkamp* (1993), S. 88 ff.; *Wiswede* (2000), S. 71 ff.; *Ridder* (1999), S. 272 ff. Nach *Musahl* (1999), S. 334 dient Modell- bzw. Beobachtungslernen *„der modellierenden Veränderung vorhandener und dem Zugewinn neuer sowie komplexer sozialer, affektiver, kognitiver und psychomotorischer Verhaltensmuster, dem allgemeinen und fachspezifischen Spracherwerb, von Einstellungen, affektiven Vorlieben oder auch Phobien, Denk-, Urteils- und Sprechmustern.“*

Diese Veränderung im Verhalten basiert **nicht auf eigenen Erfahrungen**, sondern auf den Erfahrungen bzw. Konsequenzen (Erfolg oder Misserfolg der Verhaltensweise) des Handelns Dritter.[294] Folglich kann von Beobachtungslernen gesprochen werden, wenn Unternehmer das taktische Verhalten von Krisenexperten in ähnlichen Situationen bspw. bei Einkaufsverhandlungen, Bankengesprächen oder der Mitarbeiterführung imitieren.[295] Dies zeigt, dass nicht nur Eigenerfahrungen des Unternehmers, sondern auch Fremderfahrungen des Krisenexperten zukünftiges Verhalten des Unternehmers leiten können und begründet zudem, weswegen das Commitment des Unternehmers im Turnaround wiederum eine Vorbild- und Motivationsfunktion für die Mitarbeiter hat.[296] Somit bietet das Beobachtungslernen auch die Möglichkeit, Lernprinizipien einzelner (z.B. des Unternehmers) auf einzelne Gruppen und letztlich die gesamte Organisation zu übertragen.[297]

Im Folgenden wird der **Unternehmer** aber eher als **aktiver Konstrukteur und weniger als passiver Rezipient** während des Turnaround-Prozesses begriffen und der Turnaround-Prozess in KMU als eine interaktive Lernkooperation zwischen den wichtigsten Entscheidungsträgern verstanden,[298] in der der Erwerb neuen Wissens durch die aktive Beteiligung der Lernenden gelingt.[299] Zu einem wichtigen Bestandteil dieser Lernkooperation werden die persönlichen Erfolgsformeln, das Wissen und die Erfahrungen des Unternehmers. Sie müssen offengelegt, verstanden und einer kritischen Reflexion unterzogen werden, damit sie sich an die veränderten geschäftlichen und gesellschaftlichen Bedingungen anpassen können.[300] *„Managerial learning involves managers' attempts to develop an understanding of the connections between their actions and an organization's outcome, as well as the role that an organization's environmental context plays in influencing these action-outcome linkages."*[301] Dieser Lernprozess fördert das strategische Bewusstsein des Unternehmers und somit die dynamische Fähigkeit, Veränderungen und ihre Auswirkungen auf das Unternehmen bewerten zu können und in Folge dessen die entsprechenden Anpassun-

[294] Je weitreichender und gefährlicher sich mögliche Handlungsfehler auswirken können, desto eher verlässt man sich auf das Beobachtungslernen; vgl. *Bandura* (1979), S. 22 f. Vgl. außerdem *Zimbardo* (1995), S. 295 und S. 498; *Staehle* (1994), S. 203.

[295] *„Daher ist der Erfolg durch den Einsatz von Interimsmanagern größer als nur der Einsatz von Unternehmensberatern. Der Unternehmer lernt durch Beobachtung, aber auch durch Gespräche mit dem Interimsmanager."* Wörtliches Zitat eines Interviewpartners vom 01.04.2005.

[296] Vgl. *Ridder* (1999), S. 274 f. und 520 ff.

[297] Vgl. *Nagl* (1997), S. 52.

[298] Vgl. *Arnold/Lermen* (2005), S. 55 ff. Dies schließt ebenfalls die Mitarbeiter des Unternehmens ein, die aktiv in die Gestaltung des Turnarounds eingebunden werden müssen.

[299] Motivation und Interesse des Unternehmers sind eine notwendige Voraussetzung hierzu; vgl. *Reinmann-Rothmeier/Mandl* (1998), S. 459 ff.

[300] Wird ein Turnaround-Team eingesetzt, ist es wichtig, dass die Teilnehmer offen in der Gruppe interagieren, sich gegenseitig unterstützen, die eigenen Gedanken für die anderen artikulieren und auch die Standpunkte anderer kennenlernen. Das Selbstwertgefühl des Unternehmers sollte nicht negativ beeinflusst werden; vgl. *Reinmann-Rothmeier/Mandl* (1998), S. 472 f.

[301] *Lant et al.* (1992), S. 587.

gen zu veranlassen.[302] Unternehmerisches Lernen wäre auf diese Weise das Ergebnis eines fortwährenden, zielgerichteten Problemlösungsverhaltens des Unternehmers.[303]

---

[302] *Atherton/Hannon* (1997), S. 238 f. führen den Begriff des strategischen Bewusstseins auf *Gibb/Scott* (1985) zurück, die „strategic awareness" definieren als: „*The ability to make an assessment of the total impact of any particular change. This means not only awareness of the immediate impact of any new development but also reflection on the longer term repercussions.*" *Gibb/Scott* (1985), S. 619.

[303] Grundlage dieses Verhaltens sind die Erwartungen über die Handlungskonsequenzen oder die Umweltzustände; vgl. *Staehle* (1994), S. 199; *Güldenberg* (2003), S. 82 f.

C. Organisationales Lernen im Turnaround von KMU

1. Bedeutung organisationalen Lernens im Turnaround

Mit dem Konzept des organisationalen Lernens wird die Hoffnung verbunden, ein Instrument zur Gestaltung resp. Aufrechterhaltung weitreichender und tiefgreifender Veränderungsprozesse von Organisationen entwickelt zu haben.[1] *Lumpkin /Lichten -stein* (2005) stellen in diesem Zusammenhang fest: *„Organizational learning has become an effective avenue for strategic renewal."*[2] Aufgrund der strategischen Defizite von kleinen und mittleren Krisenunternehmen wird diese strategische Erneuerung ein zentraler Ansatzpunkt des Turnaround-Managements.[3] Ein Unternehmen kann sich aus der Krise befreien, wenn die strategischen und implementierenden Fähigkeiten im Zuge des Turnaround-Prozesses verbessert werden.[4] Diese **Verbesserung unternehmensweiter Fähigkeiten** kann nur durch organisationale Lernprozesse bewirkt werden (siehe Abb. 7).

Das Strategie-Implementierungs-Portfolio verdeutlicht, dass der Fortbestand eines Krisenunternehmens erst durch diesen grundlegenden Wandel der Unternehmensstrategie und der betrieblichen Strukturen dauerhaft gesichert werden kann.[5] Ein **nachhaltiges Turnaround-Management** sollte folglich darin bestehen, die Voraussetzungen und Bedingungen organisationaler Lernprozesse in Krisenunternehmen zu verbessern. Durch diese Veränderungen erhöht sich nicht nur die aktuelle, sondern auch die zukünftige Anpassungsfähigkeit und -bereitschaft des gesamten Unternehmens.[6] Somit wird die **Lernfähigkeit einer Organisation** zu einem wesentlichen Garanten, das langfristige Überleben zu sichern.[7]

Unternehmenskrisen werden häufig als die wichtigsten **Auslöser von (erzwungenen) Lernprozessen** verstanden.[8] Allerdings wird die Krisenerkennung bspw. durch kognitive Dissonanzen oder verzerrte Wahrnehmungen des Unternehmers erschwert.[9] Mit anderen Worten es bestehen auch krisentypische Lernbarrieren, die einen aktiven Turnaround-Prozess behindern, weil einerseits die Bedrohlichkeit und andererseits der Verlauf der Unternehmenskrise falsch eingeschätzt werden. Wird

---

1 Vgl. *Krüger/Bach* (1997), S. 24; *Olbert-Bock* (2002), S. 5.
2 *Lumpkin/Lichtenstein* (2005), S. 451.
3 Vgl. *Pinkwart et al.* (2006), S. 81 ff.
4 Vgl. *Pinkwart et al.* (2006), S. 82. Im Strategie-Implementierungs-Portfolio ist dies mit der Bewegung in Richtung lernender Organisation gleichzusetzen.
5 Vgl. *Pinkwart* (2000a), S. 165.
6 Vgl. *Heinemann* (2006), S. 5. Denn in Zeiten des permanenten Wandels wird Lernen zu einer erfolgskritischen Bedingung, um krisenhafte Entwicklungen frühzeitig zu erkennen und entsprechende Gegenmaßnahmen einzuleiten.
7 Vgl. *Nagl* (1997), S. 43. Diese Fähigkeit ist grundlegend für das sog. „proaktive Krisenmanagement" *Kropfberger* (1999), S. 40 sowie das „proaktive Turnaround-Management" Kolb (2006), S. 48 ff.
8 Vgl. *Probst/Büchel* (1998), S. 49 f.; *Sitkin* (1996), S. 546 ff.; *Perlitz/Löbler* (1985), S. 424 ff. weisen empirisch nach, dass Unternehmen dazu neigen können, insbesondere in Krisen auf Innovationen zu setzen.
9 Siehe hierzu Kap. B.2.3.

diese Entwicklung nicht durchbrochen, kann sie für das Unternehmen akut existenzbedrohend werden.

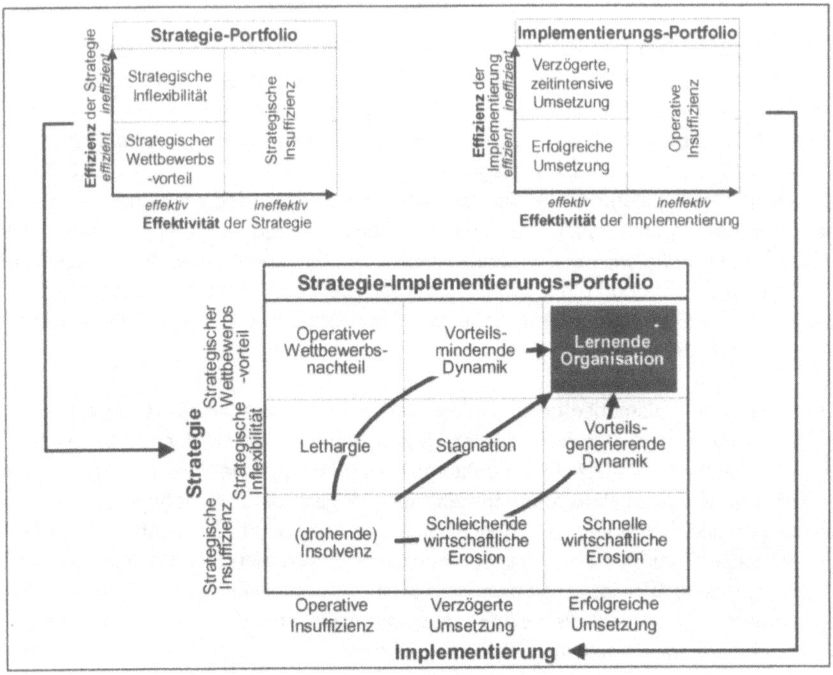

Abb. 7: Strategie-Implementierungs-Portfolio[10]

Modrow-Thiel (1999) betont, dass **Ressourcenreichtum (organizational slack)**[11] von Unternehmen eine zentrale Voraussetzung der organisationalen Lernfähigkeit ist und stark zur Bestandserhaltung und Unternehmensentwicklung beiträgt.[12] Ihrer Ansicht nach fehlen ressourcenarmen Unternehmen die Kraft und die Fähigkeit, auf den beständigen Wettbewerbsdruck von außen noch angemessen reagieren zu können.[13] *Berthoin Antal et al.* (1999) kommen ihrerseits zu dem Schluss, dass eine erfolgreiche Unternehmensentwicklung Lern- und Veränderungsprozesse blockieren

[10] Quelle: *Heinemann* (2006), S. 5; zum Strategie-Implementierungs-Portfolio vgl. außerdem *Kolb/Heinemann* (2004), S. 684; *Pinkwart et al.* (2005a), S. 78 ff.; *Pinkwart et al.* (2006), S. 81 ff.

[11] Organizational slack wird definiert als *„the difference between the resources available and the resources necessary to keep a firm in existence."* *Starbuck/Hedberg* (2001), S. 337; außerdem *Cyert/March* (1963), S. 36 ff.; *Hedberg* (1981), S. 16; *Bourgeois* (1981), S. 30.

[12] Vgl. *Modrow-Thiel* (1999), S. 316.

[13] Vgl. *Modrow-Thiel* (1999), S. 332.

kann.[14] In welcher Weise „organizational slack“ im direkten Zusammenhang mit organisationalen Lernprozessen steht, ist noch weitgehend ungeklärt.[15] Aus diesem Grund werden im Folgenden die Kernbereiche des organisationalen Lernens im Turnaround von KMU vorgestellt.

Zum besseren Verständnis wird zwischen institutionellen, hierarchischen, prozessualen und situativen Elementen des organisationalen Lernens unterschieden. Aus **institutioneller Sicht** muss geklärt werden, wer im Allgemeinen als Träger des organisationalen Lernens in KMU in Frage kommt und wer im Besonderen Träger des organisationalen Lernens während des Turnaround-Prozesses ist. Aus **hierarchischer Sicht** wird untersucht, welche Lernebenen für das Turnaround-Management von Relevanz sind. Es werden drei Ebenen organisationalen Lernens unterschieden, die im Rahmen des Turnarounds von Bedeutung sind. In diesem Kapitel wird auf theoretische Modelle des Turnaround-Managements zurückgegriffen und deren Aussagen werden integriert. Darüber hinaus befasst sich das **prozessuale Element** des organisationalen Lernens mit dem Wissenstransfer innerhalb eines lernenden Unternehmens, so dass Anforderungen und Bedingungen für die Ausgestaltung des Wissenstransfers im Turnaround formuliert werden können. Um die zentrale Funktion unternehmerischen Lernens in diesem Prozess zu verdeutlichen, wird ein integratives Modell organisationalen Lernens in KMU entwickelt. Bevor die Erkenntnisse zusammengeführt und ein Modell zur Überprüfung der Lernorientierung im Turnaround entwickelt wird, wird die **situative Perspektive** des organisationalen Lernens in KMU diskutiert. Ziel dieses Kapitels ist es, die KMU-spezifischen Besonderheiten im Kontext des organisationalen Lernens herauszuarbeiten.

2. Perspektiven des organisationalen Lernens in KMU

2.1 Institutionelle Perspektive

„The term organizational learning raises the issue about whether organizations as entities can do anything in their own rights. Is it meaningful to think about organizations as having objectives, learning abilities, and memories, or do organizations only learn and remember through their current members?“[16] In der Diskussion dieser Fragestellung haben sich drei prinzipielle Richtungen zur Betrachtung des organisationalen Lernens herauskristallisiert. Dies sind die Konzepte des methodologischen Individualismus, die Analogie-Konzepte und die Multi- oder Mehrebenen-Lernmodelle,

[14] Vgl. *Berthoin Antal* et al. (1999); *Milliken/Lant* (1991), S. 136 f.; *Levitt/March* (1988), S. 325 f.; *Sitkin* (1996), S. 544 ff. begründet dies durch die geschwächte Fähigkeit zur strategischen Reorganisation. Die strategische Frühaufklärung wird vernachlässigt und Erfolgsstrategien werden perfektioniert. Dies kann in die sog. Kompetenzfalle („competence trap“) führen, die mögliche negative Folge eines sehr starken Erfahrungslernens ist; vgl. *Levitt/March* (1988), S. 322.

[15] Vgl. *Probst/Büchel* (1998), S. 51.

[16] *Hedberg* (1981), S. 3.

welche die dogmatischen Gegensätze der beiden vorgenannten Richtungen überbrücken.[17]

Die Vertreter des **methodologischen Individualismus** verstehen das Lernen von und in Organisationen als einen Prozess, der einzig und allein auf den Prozessen des individuellen Lernens aufsetzt. Aspekte des gemeinsamen Wandels, des kollektiven Lernens sowie des organisatorischen Umfelds bleiben unberücksichtigt.[18] Die „**Analogie-Konzepte**" bilden hierzu den theoretischen Gegenpol, indem sie Organisationen die Fähigkeit zuerkennen, eigenständig Informationen aufzunehmen, zu verarbeiten, zu speichern und weitergeben zu können.[19] Beide Ansätze vernachlässigen mit ihren Extrempositionen das eigentliche Ziel des Managements unternehmensweiter Lernprozesse. Sie blenden den wechselseitigen Zusammenhang des organisationalen Lernens zwischen Individuum und Organisation aus und lassen somit nicht nur das Kernproblem des Wissenstransfers, sondern auch den eigentlichen Nutzen unberücksichtigt. Des weiteren wäre bei einer strikt individualistischen Auslegung der Lernprozesse ein eigenständiger Ansatz des organisationalen Lernens weder nötig noch möglich.[20]

Pragmatischer sind die **Multi- oder Mehrebenen-Modelle** des organisationalen Lernens.[21] Im hier verwendeten Mehrebenen-Modell werden die relevanten Lerneinheiten (Individuum (i), Gruppe (g), Organisation (org) und Netzwerk (n)) und darüber hinaus die wechselseitigen dynamischen Beziehungen betrachtet (siehe Abb. 8). Die Spitze des Trägermodells des organisationalen Lernens wird durch das Individuum und dessen individuelle Fähigkeit der Wahrnehmung und des Lernens gebildet.[22] Die organisatorische Wahrnehmung erfolgt über die Wahrnehmung der Mitarbeiter und wird ggf. durch den Einsatz von Computern und Maschinen unterstützt. Die Mitarbeiter eines Unternehmens nehmen die internen und externen Signale auf und interpretieren sie auf der Grundlage des unternehmensspezifischen Regelwerks, das bspw. aus der Strategie und dem Zielsystem besteht.[23] D.h. der Erfolg organisationalen Lernens wird von der Wahrnehmung und dem individuellen Lernen der Organisationsmitglieder bestimmt.[24]

Der entscheidende Vorteil dieser Herangehensweise ist die Möglichkeit einer zweigeteilten Analyse und Betrachtung des organisationalen Lernprozesses. Auf diese Wei-

---

[17] Vgl. *Reber* (1989), S. 962 f.; *Hennemann* (1997), S. 21 ff.; *Stotz* (1999), S. 9 ff. und *Scherf-Braune* (2000), S. 11 ff. und S. 26 ff. vergleichen bekannte Ansätze in dieser Frage.

[18] Vgl. *Probst/Büchel* (1998), S. 64.

[19] Vgl. *Hennemann* (1997), S. 22 ff.; Autoren wie *Cyert/March* (1963), S: 123; *Cyert/March* (1995), S. 164; *Streubel* (2000), S. 120 und *Wiegand* (1996), S. 2 kritisieren dies als unzulängliche Anthropomorphisierung der Unternehmung.

[20] Vgl. *Hennemann* (1997), S. 31.

[21] Z.B. *Müller-Stewens/Pautzke* (1991), S. 195; *Nonaka* (1994), S. 20; *Nonaka/Takeuchi* (1995), S. 57ff.; *Pawlowsky* (2001), S. 79.

[22] Aus lerntheoretischer Sicht sind nur Individuen in der Lage, neues Wissen hervorzubringen, in Handlungen umzusetzen und aus den Erfahrungen mit ihren Handlungen zu lernen; siehe Kap. B.2.4.

[23] Vgl. *Kahle* (1995), S. 16; *Cyert/March* (1995), S. 165.

[24] Vgl. *Nagl* (1997), S. 45.

se können die Lernebenen isoliert voneinander herausgegriffen und hinsichtlich ihrer Anforderungen untersucht werden, so dass organisatorische und personelle Handlungsempfehlungen für das Lernen ausgesprochen werden können.Von dieser Möglichkeit ist bereits Gebrauch gemacht worden, als in Abschnitt B.2 das (Lern-)Verhalten der Unternehmer in Krisen- und Turnaround-Situationen ausführlich analysiert wurde. Außerdem kann der unternehmensinterne Prozess der Wissensübertragung ausgehend vom Individuum konzeptionell erstellt und modellhaft veranschaulicht werden. Diese Betrachtungsweise ist eine Prämisse, um die Struktur operativer und strategischer Anpassungsprozesse im Turnaround zu veranschaulichen.

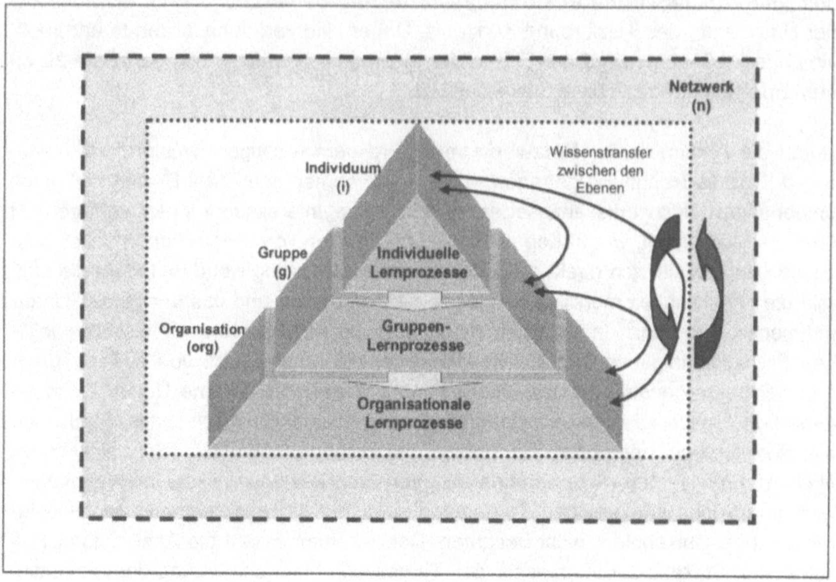

Abb. 8: Träger des organisationalen Lernens aus Theorie und Praxis[25]

Die Darstellung verdeutlicht, dass individuelle Lernprozesse des Unternehmers oder des einzelnen Mitarbeiters nur unternehmensweite Veränderungen im Sinne eines Unternehmens-Turnarounds bewirken können, wenn kollektive Lernprozesse in Arbeitsgruppen oder auf der Ebene der Organisation durch den Transfer individuellen Wissens angestoßen werden.[26] Somit wird der Turnaround von KMU zu einer Gemeinschaftsaufgabe, die nur gelingen kann, wenn die **Mitarbeiter** zum Wissenstransfer und zur Veränderung bereit sind.[27] Die Organisationsmitglieder stellen aus Sicht des organisationalen Lernens die **zu verändernde Wissensbasis** des Unter-

[25] Quelle: In Anlehnung an *Güldenberg* (1997), S. 230.
[26] Relevante interne Gruppen während des Turnarounds sind u.a. die einzelnen organisatorischen Einheiten, der Führungskreis, die Gesellschafterversammlung, die Aufsichtsorgane wie der Aufsichtsrat bei Aktiengesellschaften und der Beirat bei GmbHs und das Turnaround-Team.
[27] Vgl. *Clasen* (1992), S. 185. *Olbert-Bock* (2002), S.; *Argyris/Schön* (1978), S. 29.

nehmens und gleichzeitig die **erforderliche Wissensquelle** zur Generierung neuen Wissens dar.

Allerdings wirken sich in Krisen- und Turnaround-Situationen die allgemeine Verunsicherung und Angst um die eigene Existenz negativ auf die Lernfähigkeit und -bereitschaft der Mitarbeiter aus. Häufig herrschen Resignation und Demotivation vor.[28] Zusätzlich droht die organisationale Wissensbasis durch die Kündigung qualifizierter Mitarbeiter geschwächt zu werden.[29] Dabei spielen die Mitarbeiter sowohl in der Unternehmens- und Umweltanalyse eine wichtige Rolle, weil sie neben den Kunden ***„die ergiebigste Informationsquelle für die Sanierung"***[30] sind, als auch bei der Umsetzung des Turnaround-Konzepts. Daher sind vertrauensbildende und motivierende Maßnahmen auf der Ebene der Mitarbeiter unerlässlich,[31] damit sie zu einem Erfolgsfaktor des Turnarounds werden.

Durch die Aufnahme der **Netzwerkebene** wird dem wichtigen Umstand im Turnaround-Prozess Rechnung getragen, dass Unternehmen immer als Bestandteil eines umgebenden Netzwerks anzusehen sind. Externe Interessengruppen verfügen oft über die Möglichkeit, von außen auf das Lernverhalten von Unternehmen Druck auszuüben, indem sie sich direkt an die Unternehmensführung wenden, indem sie indirekt die Öffentlichkeit mobilisieren und so die Reputation und das Image des Unternehmens gefährden.[32] In Unternehmenskrisen von KMU sind es zumeist die wichtigen Fremdkapitalgeber wie die Kreditinstitute, die durch Druck von außen Turnaround-Prozesse anstoßen. Das unternehmensinterne und -externe Umfeld kann erheblichen Einfluss auf die erfolgreiche Übernahme des Lernfortschritts durch eine einzelne Gruppe und / oder die ganze Organisation nehmen.[33] So zeigt bspw. *Nothardt* (2001), dass Unternehmen mit intensiven Beziehungen zu ihren Stakeholdern eher einen erfolgreichen Turnaround schaffen als Unternehmen, die die Interessen ihrer Stakeholder nicht beachten. Dabei kommt es auf die Abstimmung zwischen den Stakeholder-Interessen, den Turnaround-Maßnahmen und dem Finanzierungsverhalten an.[34]

---

[28] Vgl. *Müller* (1986), S. 505; *Bergauer* (2001), S. 115; *Clasen* (1992), S. 223; *Burtscher* (1996), S. 327. Für die Mitarbeiter heißt Krisenbewältigung meist, finanzielle Einschnitte hinnehmen zu müssen. Der Abbau von Arbeitsplätzen, die Vereinbarung von Kurzarbeit sowie die Reduzierung freiwilliger sozialer Leistungen können für die Arbeitnehmer direkt spürbare Folgen der Unternehmenskrise sein; vgl. *Krystek* (1987), S. 73 f.

[29] Diese persönlichen Risiken können dazu führen, dass qualifizierte Mitarbeiter das Unternehmen verlassen. So werden dem ohnehin geschwächten Unternehmen Schlüsselpersonen und damit überlebenswichtige Ressourcen entzogen; vgl. *Pinkwart* (2000a), S. 169 f.; *Töpfer* (1986a), S. 77 bezeichnet diese Mitarbeiterfluktuation als *„innere Auszehrung"* des Humankapitals.

[30] *Müller* (1986), S. 471.

[31] Vgl. *Albach* (1999a), S. 418; *Pinkwart* (2000a), S. 175 f.; *Merkle* (1995), S. 122; *Albach* (2000), S. 87; *Bergauer* (2001), S. 115 ff.; *Burtscher* (1996), S. 328 ff.

[32] So hat bspw. der Konflikt um die Versenkung der Brent Spar innerhalb der Royal Dutch Shell Group organisationale Lernprozesse ausgelöst, die Umweltschutz und erneuerbare Energien als wichtige strategische Ziele im Unternehmen verankerten. Vgl. *Kädtler* (2001), S. 221 ff.; zum organisationalen Lernen der amerikanischen Tabakindustrie, vgl. *Miles/Cameron* (1982).

[33] Vgl. *Gebert/Boerner* (1997), S. 242.

[34] Vgl. *Nothardt* (2001), S. 272 ff.

Der Erfolg eines Turnarounds liegt in der konsequenten Orientierung des Turnaround-Prozesses an den **Erfordernissen der Kunden, der Lieferanten und der Öffentlichkeit** begründet.[35] Zwar spielen die Lieferanten und Kunden des Krisenunternehmens sowie die interessierte Öffentlichkeit i.d.R. eine weniger aktive Rolle, dennoch haben ihr Verhalten und ihre Reaktionen während des Turnarounds einen erheblichen Einfluss auf den Veränderungsfortschritt.[36] Insbesondere die Geschäftspartner werden die Geschäftsbeziehung prüfen und wirtschaftliche Risiken begrenzen. Für Lieferanten sind denkbare destruktive Wirkungen der Unternehmenskrise bspw. die nicht fristgerechte Begleichung der Forderungen bis hin zum Verlust der Ware inklusive des vollständigen Forderungsausfalls.[37] Abnehmer bewerten hingegen, inwiefern die Liefertreue für die Zukunft sichergestellt ist und leiten aus dieser Einschätzung ab, ob das Krisenunternehmen den Status als Zulieferer behält oder nicht.[38]

Die wichtigsten Lieferanten und Kunden sind im Turnaround möglichst schnell anzusprechen, um sie von den Erfolgsaussichten des Turnaround-Managements zu überzeugen. So kann die Abwanderung von Kunden zu Wettbewerbern abgewehrt und die zukünftige Versorgung durch die Lieferanten gesichert werden.[39] Darüber hinaus kann sich das Turnaround-Unternehmen aber auch Vorteile der Krise zu eigen machen, denn nicht selten befürchten Kunden im Falle einer Insolvenz den Verlust der Kulanz-, Wartungs- und Reparaturleistungen sowie eine Verteuerung des Ersatzteilbezugs. Durch eine Professionalisierung des Kundendienstes können häufig schon kurzfristig zusätzliche Umsätze generiert werden. Ein hohes Interesse am Fortbestand eines Turnaround-Unternehmens haben häufig auch Lieferanten, wenn sie in Erwartung einer dauerhaften Geschäftsbeziehung spezifische Investitionen getätigt haben, die mit dem Marktaustritt wertlos würden.[40]

Unter den externen Akteuren nehmen außerdem die Kreditinstitute in ihrer Funktion als **Kreditgeber** eine ausschlaggebende Rolle im Turnaround ein.[41] Zum einen wächst die finanzielle Abhängigkeit des Krisenunternehmens, weil rückläufigem Eigenkapital ein steigendes Fremdkapital gegenübersteht. Zum anderen unterhalten KMU meist langjährige Geschäftsbeziehungen zu einem einzigen Kreditinstitut (Hausbank). Somit besitzt die **Hausbank eine Schlüsselstellung** im Turnaround, der ohne ihr finanzielles und nicht finanzielles Engagement häufig zum Scheitern

35 Vgl. *Pinkwart* (2000a), S. 165 ff.
36 Vgl. Clasen (1992), S. 189 ff.
37 Vgl. *Krystek* (1987), S. 78; Eine aktuelle Studie des Zentrums für Insolvenz und Sanierung an der Universität Mannheim e.V. (ZIS) verdeutlicht, dass die schlechte Zahlungsmoral der Kunden eines der wichtigsten externen Hemmnisse während der Sanierung ist; vgl. *ZIS* (2006), S. 12.
38 Die negativen Auswirkungen einer verzögerten Lieferung – dies kann im Extremfall eine vollständige Einstellung der Produktion einschließen – müssen von den Abnehmern bedacht werden; vgl. *Pinkwart* (2000a), S. 176; *Krystek* (1987), S. 79.
39 Vgl. *Merkle* (1995), S. 122 f.
40 Vgl. *Pinkwart* (2000a), S. 177; *Fischer* (1999), S. 12.
41 Vgl. *Müller* (1986), S. 439 ff.; *Clasen* (1992), S. 192 f.

verurteilt ist.[42] Zeigen Kreditinstitute ein Interesse an der Weiterführung des Unternehmens, haben sie die Möglichkeit, Einfluss auf die Geschäftspolitik des Krisenunternehmens zu nehmen.[43] Kündigen sie dagegen die Kreditlinie, verschärft sich die Krise schlagartig und die Insolvenz ist kaum noch abzuwenden.[44] Während bspw. die Forderungen der Kreditinstitute nach strukturierten Planungs- und Kontrollsystemen zu unternehmensinternen Lernprozessen führen, können ebenso Kooperationen mit resp. Befragungen von Kunden und Lieferanten zu Lernimpulsen werden.

„Der Unternehmensführung obliegt [somit, Anm. d. Verf] [...] die Aufgabe, die mannigfachen Interessen zusammenzuführen und in der Strategie und dem Handeln des Unternehmens zumindest soweit zu berücksichtigen, dass die Unterstützung des Unternehmens durch die Anspruchsgruppen gesichert wird.“[45] Allerdings birgt der Versuch eines **weitgehenden Interessenausgleichs** nicht selten Konfliktpotenzial, weil die verfolgten Ziele der Anspruchsgruppen und Netzwerkmitglieder sehr unterschiedlich sein können. Sind den Entscheidungsträgern diese potenziellen Konfliktquellen bewusst, kann die Handlungsfähigkeit des Unternehmens bewahrt werden. Offene und verdeckte Obstruktion des Turnaround-Prozesses durch einzelne Akteure kann erheblich Verzögerungen auslösen und damit einen Turnaround scheitern lassen. Somit kommt dem situationsgerechten Austausch von Informationen im Turnaround eine hohe Bedeutung zu, um die Unterstützung der Anspruchsgruppen sicherzustellen.[46] *„The quality and effectiveness of an organization's communication is a critical element for success in a crisis.“*[47]

In der Praxis ist der **begleitete Turnaround** eine häufig angewandte Form des institutionalisierten Turnaround-Managements in KMU. Allerdings sind die Kosten für die externe Krisenberatung relativ hoch und schrecken die Unternehmer von KMU meist von der Verpflichtung von Unternehmensberatern ab.[48] Es sind dann die Kreditinstitute, die ihren Einfluss geltend machen und geeignete Krisenexperten vorschlagen.[49] Die zusätzlichen personellen Ressourcen stellen eine notwendige Erweiterung des begrenzten Ressourcenpools dar, die allerdings in jenem Moment kontraproduktiv

---

[42] Vgl. *Pinkwart et al.* (2005a), S. 147 ff. ausführlich zur Rolle der Kreditinstitute als Turnaround-Akteur; finanzielle Maßnahmen umfassen z.B. Stehenlassen der Kredite, Sicherheitenfreigabe, Stundung und Umschuldung, Zinsverzicht und nicht finanzielle Maßnahmen z.B. Koordination von Gläubigerinteressen, Vermittlung von externen Beratern; vgl. detailliert *David* (2001), S. 111 ff.; *Franceschetti* (1993), S. 213 ff.

[43] Vgl. *David* (2001), S. 71 ff. Dies kann allerdings durch gesellschafts- und banken- bzw. sparkassenrechtliche Vorschriften beschränkt werden. Vgl. *Pinkwart et al* (2005), S. 151 ff. zu möglichen Haftungsrisiken der Kreditinstitute.

[44] Vgl. *David* (2001), S. 108; *Lüthy* (1988), S. 244 f.; *Kolb* (2006), S. 123.

[45] *Achilles* (2000), S. 91.

[46] Vgl. *Achilles* (2000), S. 3; *Bergauer* (2001), S. 118 ff.; *Faulhaber/Landwehr* (2005), S. 242 ff.

[47] *Lindheim* (1994), S. 236. Unternehmen, die in eine Krise geraten, erschweren den Turnaround oftmals, indem die Unternehmensleitung das Vertrauen der Share- und Stakeholder verspielt; vgl. *Faulhaber/Landwehr* (2001), S. 33.

[48] Eine aktuelle, kostengünstige Alternative ist das Beratungsangebot des „Runden Tisches“.

[49] Die Krisenexperten werden von den Kreditinstituten häufig ausgewählt, weil die Kreditinstitute auf positive Erfahrungen in der Vergangenheit zurückblicken können oder weil die Krisenexperten eine gute Reputation genießen; vgl. *David* (2001), S. 422.

wirkt, in dem durch die Entwicklung des Turnaround-Konzepts die letzten finanziellen Mittel aufgebraucht werden und eine Realisierung daher nicht mehr möglich ist.[50]

In Anlehnung an *Böckenförde* (1996) können grundsätzlich fünf unterschiedliche **Formen eines institutionalisierten Turnaround-Managements** von inhabergeführten Unternehmen umgesetzt werden. Die Bandbreite möglicher Organisationsformen spannt sich von einem Turnaround-Management ausschließlich getragen durch den Unternehmer bis zu einem Turnaround-Management ohne Beteiligung des Unternehmers. Zur Institutionalisierung des Turnarounds in KMU bestehen die folgenden Gestaltungsformen:[51]

(1) Turnaround-Management ausschließlich durch den Unternehmer („autarker Turnaround")
(2) Turnaround-Management durch Unternehmer und externe Krisenberatung („begleiteter Turnaround")
(3) Turnaround-Management gemeinsam durch Unternehmer und Interimsmanager („kooperativer Turnaround")
(4) Turnaround-Management durch neue Unternehmensführung, Unternehmer bleibt formell in Geschäftsführung („inszenierter Turnaround")
(5) Turnaround-Management ohne Beteiligung des Unternehmers („beteiligungsloser Turnaround")

Der Unternehmer kann einen Turnaround nur autark vornehmen, wenn die Unternehmenskrise von ihm und damit unternehmensintern entdeckt worden ist, die Fähigkeiten und Kompetenzen zur Durchführung eines Turnarounds sowie die notwendigen finanziellen Mittel vorhanden sind. Ist die Unternehmenskrise bereits von einem Gläubiger wahrgenommen worden, ist ein **autarker Turnaround** i.d.R. nicht realistisch. Während der vom Autor durchgeführten Feldstudie formulierte ein Mitarbeiter einer Sanierungsabteilung in diesem Kontext: *„Wir [als Kreditinstitut, Anm. d. Verf.] können und dürfen dem Unternehmer nicht mehr allein vertrauen. Häufig ist er nicht mehr Herr des Geschehens."*[52] Um ihre Risikoposition abzusichern und um eine objektivierte Situationsaufnahme zu erhalten, machen Kreditinstitute ihr weiteres Engagement von der Einschaltung eines oder mehrerer externer Krisenexperten abhängig. Vorschläge des Unternehmers werden seitens der Kreditinstitute meist abgelehnt.[53] Nur in Ausnahmen werden die Kreditgeber einem autarken Turnaround zustimmen, wenn bspw. ein krisenerprobtes Management das Unternehmen führt, die Eigentümer genügend frisches Kapital zur Verfügung stellen oder das Unternehmen

---

[50] Ähnlich verhält es sich, wenn Turnaround-Konzepte entwickelt werden, deren Umsetzung mit nicht zu erfüllenden finanziellen Prämissen verbunden sind.

[51] Vgl. *Böckenförde* (1996), S. 133 ff.; ähnlich *Kolb* (2006), S. 135; *Müller* (1986), S. 517 ff. unterscheidet seinerseits das teamorientierte Projektgruppen-Modell, das Management-Assistenz-Modell, das Krisenkollegium-Modell und das Unipersonale-Modell; ebenso *Bergauer* (2001), S. 79 ff.; *David* (2001), S. 397 ff.

[52] Wörtliches Zitat eines Interviewpartners vom 01.04.2005.

[53] Meist schlagen die Unternehmer eigene Vertrauenspersonen wie Steuerberater/Wirtschaftsprüfer oder einen bereits bekannten Unternehmensberater vor.

Opfer unbeeinflussbarer externer Einflüsse, z.B. Unwetterkatastrophen, Feuer etc., geworden ist.[54]

Wegen der Neuartigkeit der Krisensituation, des hohen Stresses und der hohen Arbeitsbelastung für die Unternehmer ist die externe Unterstützung oft zwingend erforderlich, um den Turnaround mit einem guten Ergebnis beenden zu können.[55] Die fehlende interne Managementkapazität bei hohem Handlungsdruck macht den Einsatz spezialisierter Krisenberater wie Unternehmensberater, Krisen- bzw. Interimsmanager oder Insolvenzverwalter erforderlich (**begleiteter Turnaround**). Durch ihren praktischen Erfahrungsschatz und ihr methodisches Vorgehen (strukturelles Expertenwissen) sind sie befähigt, die Komplexität der Krisensituation zügig zu durchdringen. Außerdem reflektieren ihre Analyseergebnisse weitgehend objektiv die Substanz und das Potenzial des Krisenunternehmens.[56] Ihr Einsatz bietet die Chance, dass sich der große Druck und der enorme Stress, dem sich der Unternehmer ausgesetzt sieht,[57] soweit verringert, dass die kognitive Leistungsfähigkeit nicht mehr beeinträchtigt und der sog. „circulus vitiosus" beendet wird.

Unternehmensberater haben innerhalb der von ihnen beratenen Unternehmen nur eingeschränkte Weisungs- und Entscheidungsmacht (begleiteter Turnaround). Dies unterscheidet sie von den Interimsmanagern, die in die Leitung des Turnaround-Unternehmens aufrücken und für eine oder mehrere definierte Funktionen verantwortlich zeichnen (**kooperativer Turnaround**). Sie erhalten Entscheidungskompetenzen, können somit operative und strategische Maßnahmen direkt durchsetzen. Der Unternehmer bleibt erst einmal im Amt, muss aber seinen Führungsstil der neuen Situation anpassen, weil Führungsentscheidungen nur noch in Zusammenarbeit mit dem Interimsmanager getroffen werden können. Einerseits wird der Unternehmer durch diese Aufgaben- und Arbeitsteilung entlastet, andererseits ist er verpflichtet, Entscheidungen der Gegenwart und der Vergangenheit mit dem Interimsmanager zu diskutieren und zu begründen. Interimsmanager übernehmen in Turnaround-Unternehmen häufig die kaufmännische Leitung, weil viele Unternehmer eine technische oder handwerkliche Ausbildung besitzen. Der Vorteil für den Unternehmer ist die enge Kooperation mit dem Interimsmanager in der Entscheidungsvorbereitung, -findung und -umsetzung.[58]

Verliert der Unternehmer im Innenverhältnis die Entscheidungsbefugnis, repräsentiert das Unternehmen aber noch rein formell im Außenverhältnis, so ist nach *Böckenförde* (1996) ein sog. Schattenmanagement für den Turnaround installiert wor-

---

54 Vgl. *Böckenförde* (1996), S. 134 f.

55 *„[...] dass die Chance, die Krisenbewältigung erfolgreich abzuschließen, grundsätzlich mit externer Unterstützung höher ist."* *David* (2001), S. 438.

56 Vgl. *Pinkwart et al.* (2005a), S. 66.

57 Zur Wirkung von Stress auf die kognitive Leistungsfähigkeit des Unternehmers siehe Abb. 6.

58 *„Daher ist der Erfolg durch den Einsatz von Interims Managern größer als nur der Einsatz von Unternehmensberatern. Der Unternehmer lernt durch Beobachtung, aber auch durch Gespräche mit dem Interims Manager."* Wörtliches Zitat eines Interviewpartners vom 01.04.2005.

den.[59] Die neue Unternehmensleitung führt die Geschäfte auch im Anschluss an den Turnaround langfristig weiter, tritt aber zu keinem Zeitpunkt bewusst in Erscheinung, sondern agiert im Hintergrund. Ziel dieses „**inszenierten Turnarounds**" ist die Wahrung des unternehmerischen Ansehens in der Öffentlichkeit, faktisch ist der Unternehmer jedoch aus der Geschäftsführung ausgeschieden. Während eines „**beteiligungslosen Turnarounds**" wird der Unternehmer aus der operativen Geschäftsführung herausgenommen. Er übernimmt stattdessen eine Position im Aufsichtsrat oder Beirat. Durch diese Veränderung der Führungsstruktur kann der Unternehmer nicht mehr aktiv in die Geschäftsführung eingreifen. Die beiden letztgenannten Formen des Turnarounds finden sich allerdings nur relativ selten in der Praxis, wobei der beteiligungslose Turnaround als Variante zur familieninternen Nachfolgeregelung genutzt werden kann, wenn zusätzlich externe Krisenberater zur Unterstützung hinzugezogen werden.

2.2 Hierarchische Perspektive

Die Ausführungen von *Argyris/Schön* (1978) können als Grundlage für viele, später konzipierte Modelle des organisationalen Lernens angesehen werden.[60] Aus diesem Grunde werden im Folgenden die theoretischen Grundzüge ihres organisationalen Lernkonzepts vorgestellt und durch weiterführende konzeptionelle Überlegungen anderer Autoren ergänzt. Bekanntestes Merkmal des Ansatzes von *Argyris/Schön* (1978) ist die Differenzierung von unterschiedlichen **Lernniveaus bzw. -hierarchien**, indem Prozesse des Single-loop-learning, des Double-loop-learning und des Deutero-learning unterschieden werden (siehe Abb. 9).[61]

Zum **Single-loop-learning (Anpassungslernen)** gehören Lernprozesse, die Anpassungen innerhalb der festgelegten Rahmenbedingungen eines Unternehmens bewirken.[62] Fehler und Probleme in Routinen, Prozeduren und Leistungserstellungsprozessen werden entdeckt und mit dem Ziel korrigiert, die **Effizienz** des Unternehmens zu steigern.[63] *„Die Anpassung an gegebene Standards und Normen sowie die Perfektionierung ihrer Erreichung ist nur solange sinnvoll, wie diese Standards und Normen dazu beitragen, daß das Unternehmen seinen Zweck für seine Umwelt erfüllen*

---

59 Vgl. *Böckenförde* (1996), S. 136.

60 Ein offensichtliches Indiz ist die ähnliche Systematisierung von unterschiedlichen Lerntypen, vgl. die zusammenfassenden Darstellungen u.a. von *Probst/Büchel* (1998), S. 39; *Meyer* (1998), S. 39.

61 Vgl. u.a. *Nagl* (1997), S. 60 ff.; *Probst/Büchel* (1998), S. 35 ff.; *Wahren* (1996), S. 46 ff.; *Wiegand* (1996), S. 201 ff. Eine weitergehende Diskussion wie z.B. zu den individuellen und organisationalen Handlungstheorien (theories of action) soll an dieser Stelle nicht geführt werden. Siehe hierzu die Ausführungen der vorgenannten Autoren.

62 Die im Folgenden benutzten Bezeichnungen „Anpassungslernen", „Veränderungslernen" und „Prozesslernen" gehen auf *Probst/Büchel* (1998), S. 35 ff. zurück und beziehen sich direkt auf die Lernebenen von *Argyris/Schön* (1978).

63 Vgl. *Meyer* (1998), S. 41; *Nagl* (1997), S. 64 f.; *Reinhardt* (1995), S. 59 ff. bezeichnet single-loop-learning daher als *„Optimierung interner Anpassungsprozesse"*. *„When the error detected and corrected permits the organization to carry on its present policies or achieve its present objectives, then error-detection-and-correction process is single-loop-learning."* *Argyris/Schön* (1978), S. 3.

kann."[64] Aus diesem Grund verstehen *Probst/Büchel* (1998) das Anpassungslernen als eine effektive Adaption individuellen und organisationalen Handelns an die bestehende organisationale Gebrauchstheorie.[65] Die organisationale Gebrauchstheorie (organizational theory-in-use) ist meist *„verhaltensbestimmend für die Handlungen der Organisationsmitglieder"*[66]. Abweichungen von der organisationalen Gebrauchstheorie werden korrigiert, sie selbst bleibt aber unverändert,[67] so dass sich das Anpassungslernen auf die taktisch-operative Wissensebene eines Unternehmens beschränkt.

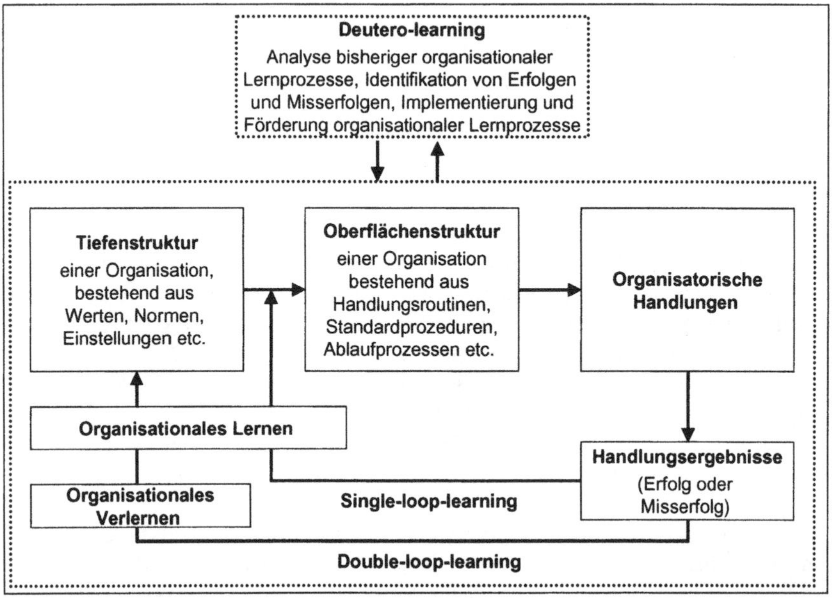

Abb. 9: Hierarchie organisationalen Lernens[68]

Taktisch-operatives Wissen hat einen zeitlich kurzfristigen Handlungshorizont und ist von Natur aus eher reaktiv. Es ist stark anwendungsbezogen und an der Umsetzung strategisch-normativer Maßgaben orientiert. Typischerweise findet sich **taktisch-operatives Wissen** im direkten Leistungserstellungsprozess eines Unternehmens in Form von handwerklichem und technischem Know-how, Arbeitsanweisun-

---

[64] *Reinhardt* (1995), S. 62.
[65] Vgl. *Probst/Büchel* (1998), S. 35.
[66] *Wahren* (1996), S. 47.
[67] Vgl. *Argyris/Schön* (1978), S. 18 f.; *Wahren* (1996), S. 52.
[68] In Anlehnung an *Thommen* (1996), S. 254 und *Reinhardt* (1995), S. 70.

gen, Stellenbeschreibungen, Produktionskalkulation und -planung.[69] Sobald Organisationsmitglieder erkennen, dass Veränderungen in der internen und/oder externen Umwelt zu Abweichungen von den Unternehmenszielen führen, werden die Handlungen angepasst, damit sich die Handlungsergebnisse wieder den Zielvorgaben annähern.[70]

Erfordern diskontinuierliche Veränderungen im Unternehmensumfeld größeren Korrekturbedarf, müssen häufig die normativen Strukturen und Bedingungen, Werte und Ziele der Organisation kritisch überprüft und neu formuliert werden.[71] Diese Form der Veränderung des **strategisch-normativen Wissens** wird als Double-loop-learning bzw. Veränderungslernen bezeichnet, das die Neugestaltung der Ziel- und Normstrukturen der Organisation zum Ziel hat.[72] Während das taktisch-operative Wissen den täglichen Ablaufprozess eines Unternehmens beeinflusst, nimmt das strategisch-normative Wissen eine verhaltensleitende und -steuernde Funktion ein.

Das strategisch-normative Wissen ist die Grundlage für die **langfristigen Unternehmensziele und -visionen**. Es ist zukunftsweisend und kann eher als abstrakt erscheinen, weil es auf formalisierten Denk- und Planungsschemata der Unternehmensführung beruht. Damit gestalten die strategisch-normativen Kenntnisse nicht nur die internen Rahmenbedingungen und -strukturen der Gegenwart, sondern auch zukünftiges Handeln, indem unternehmensexterner Wandel antizipiert wird.[73] Die Entwicklung und wirksame Implementierung von neuen Strategien, um einen zeitgemäßen Fit zwischen Unternehmen und Umwelt herzustellen, beschreibt einen erfolgreichen Prozess des Veränderungslernens.[74] Hierunter fallen insbesondere strategische Lernprozesse wegen eines sich bereits radikal veränderten bzw. noch verändernden Wettbewerbsumfelds.[75]

Veränderungsprozesse des Anpassungs- und Veränderungslernens unterscheiden sich des Weiteren durch die Höhe des immanenten Konfliktpotenzials sowie durch die betroffene Strukturebene der Organisation. Wie aus der Grafik (siehe Abb. 9) zu entnehmen ist, setzen die Veränderungsprozesse entweder an der Tiefenstruktur

[69] Die Erweiterung um die unterschiedlichen Wissensarten des Eigentümerunternehmers gemäß des Wissensportfolios nach *Atherton* (2003), S. 1388 ff. bietet sich an, da es sich beim Ansatz von *Argyris/Schön* (1978) um einen individuumsorientierte Ansatz des organisationalen Lernens handelt; vgl. *Wiegand* (1996), S. 201; *Scherf-Braune* (2000), S. 12.

[70] Vgl. *Probst/Büchel* (1998), S. 35; *Thommen* (1999), S. 72. Beispiel für Prozesse des Anpassungslernens sind kontinuierlich stattfindende Verbesserungen im Rahmen eines betrieblichen Vorschlagswesens; vgl. *Heinemann/Welter* (2007).

[71] D.h. die bestehenden „theories-in-use" werden kritisch hinterfragt; vgl. *Thommen* (1999), S. 72; *Wahren* (1996), S. 53 ff.

[72] Vgl. *Argyris/Schön* (1978), S. 21 ff.; *Probst/Büchel* (1998), S. 36 f.; *„Double-loop-learning occurs when error is detected and corrected in ways that involve the modification of an organization's underlying norms, policies, and objectives."* *Argyris/Schön* (1978), S. 3.

[73] Vgl. *Atherton* (2003), S. 1388 ff.

[74] Vgl. *Reinhardt* (1995), S. 62.

[75] Vgl. *Heinemann/Welter* (2007).

oder an der Oberflächenstruktur der Unternehmensorganisation bzw. -kultur an.[76] Hinsichtlich des Konfliktpotenzials ist festzustellen, dass die Unsicherheit, das Risiko und die organisatorischen Auswirkungen von Anpassungen (der Tiefenstruktur) durch das Veränderungslernen größer sind.[77] Darüber hinaus bedürfen wirkungsvolle **Prozesse des Veränderungslernens** der notwendigen Vorstufe des sog. organisationalen Verlernens.[78]

„Unlearning is a process through which learners discard knowledge. Unlearning makes way for new responses and mental maps."[79] Generell wird das organisationale Verlernen als eine Prämisse für tiefgreifende Veränderungs- und umfassende organisatorische Wandelprozesse angesehen.[80] Altes Wissen und der Glaube der Organisationsmitglieder an alte Ziele, Normen und Strategien des Unternehmens werden abgelegt.[81] *Brunsson* (1982) weist darauf hin, dass **organisationales Verlernen** ein Unternehmenskrisen inhärentes Phänomen ist.[82] Die Organisationsmitglieder (oftmals mit Ausnahme der Unternehmensführung) verlieren zunehmend das Vertrauen in die internen Rahmenbedingungen, die Verunsicherung und das Gefühl der Perspektivlosigkeit wachsen. Der Prozess des organisationalen Verlernens muss demnach in der Unternehmenskrise nicht mehr aktiv ausgelöst werden, sondern nur noch für den Turnaround instrumentalisiert werden,[83] indem das Turnaround-Management an der Lern- und Veränderungsbereitschaft der Organisationsmitglieder ansetzt. *„In this situation, there is a great willingness to learn, but great uncertainty about what to learn."*[84]

Das dritte Lernniveau ist schließlich das **organisationale Deutero-learning (Prozesslernen).**[85] Prozesslernen wird von *Probst/Büchel* (1998) in Anlehnung an *Argyris/Schön* (1978) definiert als *„die Einsicht über den Ablauf der Lernprozesse, in dem*

---

76 Vgl. *Schein* (1984), S. 4; *Reinhardt* (1995), S. 173.

77 Vgl. *Reinhardt* (1995), S. 65 f.

78 Vgl. *Thommen* (1996), S. 254; *Probst/Büchel* (1998), S. 36; *Meyer* (1998), S. 41.

79 *Hedberg* (1981), S. 18.

80 *„Cognitive reorientations spark corporate turnarounds." Nystrom/Starbuck* (1984), S. 58; ebenfalls *Hedberg* (1981), S. 9 ff.; *Thommen* (1996), S. 254; *Probst/Büchel* (1998), S. 36; ausführliche Beschreibungen und Stellungnahmen zum organisationalen Verlernen siehe u.a. *Hedberg* (1981), S. 18 ff.; *Nystrom/Starbuck* (1984), S. 53 ff.; *Wiegand* (1996), S. 285 ff.

81 Häufig wird mit dem Prozess des organisationalen Verlernens die Forderung nach dem Austausch des Top-Managements verbunden, vgl. *Nystrom/Starbuck* (1984), S. 57 f.; *Albach* (2000), S. 86 f.; *Virany et al.* (1992), S. 75 ff. *„Removing people is an important way in which organizations get rid of their past and unlearn. With the departing individuals' procedures and experiences disappear parts of an organization's memory." Hedberg* (1981), S. 18.

82 *„Belief in a dominant ideology is strong under normal conditions, and the dominant ideology is questioned only during crisis. When members lose faith in a dominant ideology, they replace it by another." Brunsson* (1982), S. 40. Ähnlich *Albach* (2000), S. 87.

83 Diese Aussage steht nicht im Gegensatz zu *Hedbergs* (1981), S. 9 ff. Aussage, dass *„unlearning is often difficult, and it takes time."* Vielmehr soll hervorgehoben werden, dass das zentrale Problem im Turnaround nicht die Aktivierung des organisationalen Verlernens ist, sondern dessen Steuerung und Nutzung. Tendenziell kann die Aussage getroffen werden: Je fortgeschrittener die Unternehmenskrise, desto fortgeschrittener ist auch der Prozess des organisationalen Verlernens.

84 *Albach* (2000), S. 87.

85 Vgl. *Schön* (1975), S. 8ff.; *Argyris/Schön* (1978), S. 26 ff.; *Probst/Büchel* (1998), S. 37 ff. Die Autoren rekurrieren hierbei auf *Batesons* Ausführungen von 1972.

Lernen zu lernen der zentrale Bezugspunkt wird"[86]. Mit Hilfe des Prozesslernens wird die Verbesserung der Lernfähigkeit der Organisation[87] und ihrer Träger verfolgt, um erstens Lernhindernisse sowie Barrieren des Verlernens zu lokalisieren und abzubauen und um zweitens Muster im Anpassungs- und Veränderungslernen zu erkennen, die anschließend gefördert werden.[88] Das Prozesslernen beschreibt die Fähigkeit der Organisation zur Selbstreflexion und aus den Erfahrungen der unternehmensinternen Lernprozesse zu lernen. Somit beeinflusst das Prozesslernen den effektiven und effizienten Verlauf des Anpassungs- und Veränderungslernens,[89] d.h. die beiden Lernprozesse sind in das Prozesslernen eingebettet und werden kontinuierlich überwacht (siehe Abb. 10).

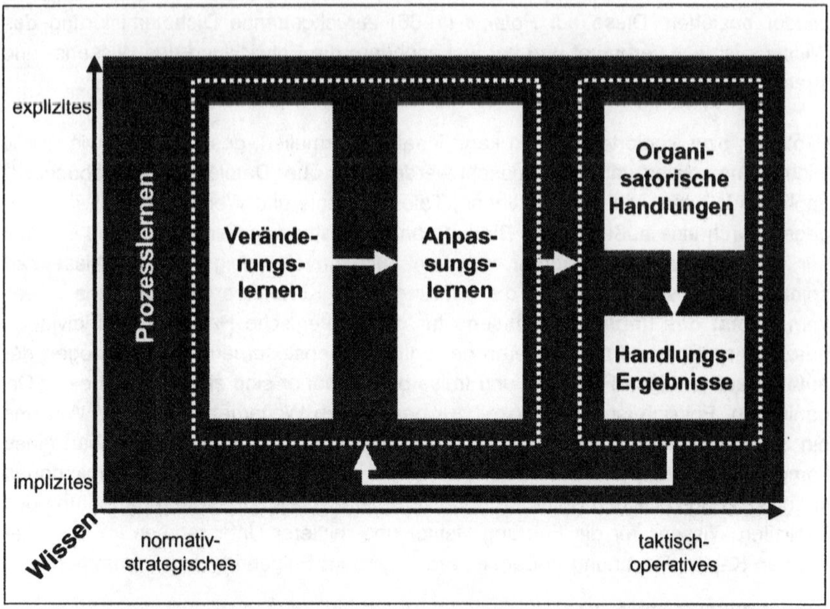

Abb. 10: Wissensarten und organisationale Lernniveaus

Argyris/Schön (1978) weisen allerdings darauf hin, dass sich Prozesslernen in der Praxis hauptsächlich auf die qualitative Steigerung von Prozessen des Anpassungslernens beziehen wird, weil sich das sog. „Deutero-double-loop-learning" nur sehr schwer in Unternehmen realisieren lässt.[90] Als Gründe nennt *Reinhardt* (1995) so-

---

[86] *Probst/Büchel* (1998), S. 39.

[87] *Reinhardt* (1995), S. 19 ff. beschreibt die organisationale Lernfähigkeit ausführlich.

[88] Vgl. *Probst/Büchel* (1998), S. 37 f.; *Heinemann/Welter* (2007).

[89] Die Reaktion auf wiederkehrende Lern- und Fehlermuster des Anpassungs- und Veränderungslernens steigert die Leistungsfähigkeit des organisationalen Lernens; vgl. *Probst/Büchel* (1998), S. 38; *Meyer* (1998), S. 42 f.; *Schreyögg/Noss* (1997), S. 73 f.

[90] Vgl. *Argyris/Schön* (1978), S. 28.

wohl fehlende Möglichkeiten als auch mangelnde Fähigkeiten von Unternehmen, sich mit strategischen Misserfolgen der Vergangenheit auseinanderzusetzen, weil die verantwortlichen Personen entweder nicht mehr im Unternehmen oder sich nicht mehr in der jeweiligen Position befinden. Darüber hinaus verhindert häufig die Unternehmenskultur eine kritische Reflexion vergangener strategischer Entscheidungen. Falls doch eine kritisch-reflexive Bestandsaufnahme der vergangenen bzw. zukünftigen Unternehmensstrategie angestrebt wird, wird diese Aufgabe häufig an Beratungsunternehmen „ausgelagert“.[91]

Der Ansatz von *Argyis/Schön* (1978) lässt aber weitgehend offen, ob sich die Aussagen des Lernmodells auf **explizites oder implizites Wissen** der Organisationsmitglieder beziehen. Diese auf *Polanyi* (1966) zurückgehende Dichotomisierung des Wissens ist weit verbreitet und hat insbesondere die Entwicklung des Wissens- und strategischen Managements grundlegend beeinflusst.[92]

Explizites bzw. kodiertes Wissen kann inhaltlich formuliert, gespeichert sowie relativ leicht kommuniziert und ausgetauscht werden, z.B. über Dateien und Handbücher.[93] Implizites Wissen, wie z.B. Intuitionen, Talente, Ideale und Werte, zeichnet sich hingegen durch eine äußerst enge Bindung an die besitzende Person aus und ist nicht nur sehr schwierig formulierbar, sondern auch unvollständig.[94] Diese Wissensart spielt jedoch insbesondere für die Führung eines KMU eine wichtige Rolle,[95] weil vom **Primat des impliziten Wissens** für das strategische Handeln der Individuen auszugehen ist[96] und die Barrieren der unternehmensexternen Diffusion wegen der äußerst aufwendigen Replizier- und Imitierbarkeit höher sind als innerhalb einer Organisation. Folglich ist die Fähigkeit zur personellen Weitergabe impliziten Wissens ein Schlüsselfaktor für das organisationale Lernen und damit für den Aufbau eines komparativen Wettbewerbsvorteils. Allerdings ist die Weitergabe i.d.R. mit hohen kognitiven und zeitlichen Anforderungen verbunden. Bevor der hohen Bedeutung des impliziten Wissens für die Führung kleiner und mittlerer Unternehmen im anschließenden Kapitel Rechnung getragen wird,[97] wird im Folgenden der Zusammenhang

---

[91] Vgl. *Reinhardt* (1995), S. 68 f. Er bezieht diese Aussagen allerdings auf Großunternehmen und weniger auf KMU.

[92] Vgl. *Polanyi* (1966), der auf die Besonderheiten impliziten Wissens beispielsweise mit dem Satz hinwies: *„We know more than we can tell.“ Polanyi* (1966), S. 4; für detaillierte Diskussion zum Verhältnis von Wissen und Management siehe *Nonaka/Takeuchi* (1995), S. 56 ff.

[93] Vgl. z.B. *Nonaka/Konno* (1998), S. 42; *Nonaka et al.* (2001), S. 494.

[94] Aus Sicht von *Nonaka* (1994), S. 16 und *Nonaka/Takeuchi* (1995), S. 59 ff. besteht das implizite Wissen sowohl aus kognitiven als auch aus technischen Elementen. Kognitive Elemente sind mentale Modelle der Individuen. Handwerkliche Fertigkeiten, Fähigkeiten etc. fallen in die Kategorie der technischen Elemente des impliziten Wissens.

[95] Vgl. *Schachner et al.* (2006), S. 596. Erstens ist der Stellenwert intuitiven Handelns in KMU höher als in Großunternehmen und zweitens ist die Weitergabe nicht kodifizierbaren Wissens aufgrund der besonderen familiären Beziehungen leichter.

[96] Vgl. *Lawson/Lorenz* (1999), S. 307, *Sitte* (2003), S. 18; *Schreyögg/Geiger* (2005), S. 435 erklären, dass der überwiegende Teil des organisationalen Wissens impliziter Natur ist.

[97] Der Transfer impliziten Wissens wird anhand des Prozessmodells der Wissensspirale von *Nonaka/Takeuchi* (1995), S. 56 ff. näher vorgestellt. Kern dieses Modells ist ein institutionalisierter und systematischer Transferprozess impliziten Wissens innerhalb einer organisatorischen Einheit.

zwischen den vorgestellten Ebenen des organisationalen Lernens und dem Turnaround-Management hergestellt. Hierzu wird insbesondere auf die Modelle des Turnaround-Managements von *Robbins/Pearce* (1992) und *Arogyaswamy et al.* (1995) rekurriert.

Der Turnaround von KMU ist ein **revolutionärer Anpassungsprozess**, in dem die bestehenden Werte, Normen, Strategien, Strukturen und Prozesse des Unternehmens grundlegend verändert werden müssen.[98] Der organisatorische Wandel ist zumeist fundamental und radikal und aufgrund des Zeitdrucks durch einen zügigen Umsetzungsprozess gekennzeichnet. Kleine und mittlere Unternehmen, die sich in einer Turnaround-Situation befinden, sind akut in ihrer Existenz gefährdet und müssen die Krise nachhaltig überwinden, um mittel- bis langfristig im Wettbwerb bestehen zu können. Nachhaltig wirkt sich eine Krisenbewältigung dann aus, wenn die Konzepte und Maßnahmen zur Krisenbewältigung ursachenorientiert und organisationsumfassend die einzelnen Funktionsbereiche des Unternehmens in den Veränderungsprozess einbeziehen.[99]

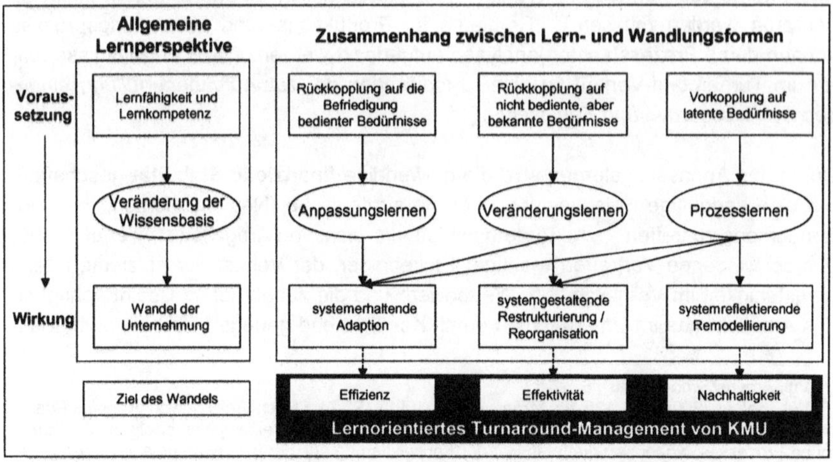

Abb. 11: Lernorientiertes Turnaround-Management in KMU[100]

Demnach ist eine Krisenbewältigung ein bewusst **angestoßener Veränderungsprozess**, so dass der Turnaround von KMU das Ergebnis eines intendierten organisationalen Lernprozesses ist.[101] Ziel eines lernorientierten Turnaround-Managements ist, die Leistungs- bzw. Wettbewerbsfähigkeit sowie die Steuerbarkeit der Organisation innerhalb eines begrenzten Zeitraums deutlich zu verbessern (siehe Abb. 11).[102]

[98] Vgl. *Thommen* (1996), S. 249; zusammenfassend *Kolb* (2006), S. 49.
[99] Vgl. *Barker/Duhaime* (1997), S. 14.
[100] Quelle: In Anlehnung an *Krüger/Bach* (1997), S. 29.
[101] Vgl. *Delbrouck* (1999), S. 20; *Baitsch/Delbrouck* (1999), S. 25.
[102] Vgl. *Thom* (1992), S. 1478.

Alle drei Lernebenen erfüllen spezifische Funktionen, die zur Bewältigung der Unternehmenskrise von Relevanz sind, weil sie sich entsprechend der Ausführungen von *Argyris/Schön* (1978) in ihren Wirkungen ergänzen.[103] Das Anpassungslernen steigert die Effizienz der operativen Prozesse und Handlungsroutinen und führt damit innerhalb des vorliegenden Systems aus Zielen, Werten und Normen zu organisationalen Adaptionen in der Oberflächenstruktur. Eines der wichtigen Ziele des Anpassungslernens im Rahmen des Turnarounds ist die **Konsolidierung des Krisenunternehmens** bspw. durch die Reduzierung von Kosten und die Veräußerung von Vermögensgegenständen, um die kurzfristige Überlebensfähigkeit zu sichern und drohende Illiquidität und Überschuldung abzuwenden.[104]

Aus marktorientierter Sicht ist das Ziel des Anpassungslernens, bereits bediente Kundenbedürfnisse noch effizienter und besser zu bedienen, d.h. die internen Ressourcen und Fähigkeiten gewinnmaximierend einzusetzen. Häufig können in Turnaround-Unternehmen bspw. deutliche Defizite in der ergebnisorientierten Kundenbetreuung festgestellt werden, so dass Absatzwege, Marketinginstrumente und Anreizsysteme des Vertriebs hinsichtlich ihrer Wirtschaftlichkeit und Erfolgswirksamkeit überprüft werden müssen.[105] Probleme im Produktions- und Herstellungsprozess können durch Prozess(kosten)analysen aufgedeckt werden. Diese Erkenntnisse führen im Turnaround-Verlauf zu einer *„Modifikation der zur Aufgabenerfüllung eingesetzten Ressourcen und Fähigkeiten“*[106].

Durch das Anpassungslernen wird die notwendige **finanzielle Stabilität** geschaffen, um eine endgültige Entscheidung über die strategische (Neu-)Ausrichtung des Unternehmens zu treffen.[107] Außerdem zählen aus Sicht von *Arogyaswamy et al.* (1995) das schwindende Vertrauen wichtiger Stakeholder, der Verlust der effizienten Leistungsfähigkeit im Vergleich zum Wettbewerb und die zunehmende Beeinträchtigung des Arbeitsklimas im Unternehmen durch Konflikte und geringe Mitarbeiterzufrieden-

[103] Vgl. *Argyris/Schön* (1978), S. 17 ff.

[104] Vgl. *Kelber* (2004), S. 125 ff.; *Virany et al.* (1992), S. 74 f.Nach Ansicht von *Robbins/Pearce* (1992), S. 287 ist die Phase der Konsolidierung integraler Bestandteil eines jeden erfolgreichen Turnaround-Prozesses, wobei sich die Intensität der Konsolidierung aus der wahrgenommenen Existenzbedrohung der Turnaround-Situation ergibt.

[105] Vgl. *Pinkwart et al.* (2005a), S. 110; *Faulhaber/Landwehr* (2001), S. 174 ff.; *Müller-Ganz* (2004), S. 43 ff.

[106] *Krüger/Bach* (1997), S. 27.

[107] Vgl. *Robbins/Pearce* (1992), S. 291 ff. Diese Strategieentscheidung kann ihrer Ansicht auch bedeuten, dass die ursprünglich kurzfristigen Konsolidierungsmaßnahmen in eine langfristige Effizienzstrategie übergehen und damit eine dominante Rolle im Turnaround-Prozess einnehmen. In ihrer empirischen Untersuchung ergibt sich, dass die finanziellen Maßnahmen der Konsolidierung einen starken positiven Einfluss auf den Turnaround-Erfolg haben, so dass konkludiert wird: *„The major implication for turnaround strategy is that firms, regardless of the cause of their turnaround situation, should activate the turnaround strategy by sharply reducing operational costs through an aggressive retrenchment response.“* *Robbins/Pearce* (1992), S. 304. Folglich sprechen sie sich mit ihren Handlungsempfehlungen sehr stark für finanzwirtschaftliche Maßnahmen aus und reduzieren damit das lernorientierte Turnaround-Management hauptsächlich auf die Ebene des Anpassungslernens. Während ihr Prozessmodell weitgehend anerkannt ist, sind ihre empirisch gestützten Schlussfolgerungen für ein erfolgreiches Turnaround-Management z.T. heftig umstritten, vgl. u.a. *Barker/Mone* (1994), S. 395 ff.; *Gless* (1996), S. 89; *Pearce/Robbins* (1994), S. 407 ff.

heit zu den drängendsten Problemen der Krisenentwicklung. Zudem müssen Maßnahmen ergriffen werden, welche die mangelnde Qualität der Entscheidungsprozesse (reduzierte interne Kommunikation und zunehmende zentralisierte Entscheidungen) wieder steigern.[108]

Mit dem Veränderungslernen rückt die **systemgestaltende Funktion** in den Fokus des Turnaround-Managements, da Fragen der strategischen (Neu-)Ausrichtung im Mittelpunkt stehen. Durch das Veränderungslernen wird die strategische Ausrichtung des Unternehmens der Situation entsprechend angepasst, um die Unternehmensleistung wieder auf ein langfristig akzeptables Niveau zu heben. Damit der Turnaround sowohl markt- als auch ressourcenbezogen erfolgt, erfordert der Prozess des Veränderungslernens eine fundierte Analyse der Krisenursachen und eine aussagekräftige Unternehmens- und Umfeldanalyse.[109] Diese Analyseschritte sind besonders wichtig, da Krisenunternehmen in der Vergangenheit i.d.R. keine konsequente strategische Ausrichtung verfolgt haben.[110] Aufgrund der neuen Informationen können strategische Entscheidungen getroffen werden, neue und zukunftsträchtige Geschäftsfelder zu erschließen.[111]

Darüber hinaus umfassen die Veränderungen in der Tiefenstruktur des Unternehmens auch Anpassungen in den gelebten Werten, Normen und Einstellungen.[112] Ziel des organisationalen Veränderungslernens ist die Herstellung einer effektiven Übereinstimmung zwischen den Marktbedürfnissen und dem Leistungsangebot eines KMU.[113] Für das lernorientierte Turnaround-Managment bedeutet die systemgestaltende Funktion, dass beurteilt wird, ob bestehende, aktuell aber nicht bediente Kundenbedürfnisse befriedigt werden sollen. Da Unternehmenskrisen einen revolutionären Anpassungsprozess erfordern, muss organisationales Lernen ebenfalls in Form des Veränderungslernens an den Tiefenstrukturen des Unternehmens ansetzen.[114]

Erst durch das Prozesslernen wird die Voraussetzung für einen nachhaltigen Turnaround und damit für einen grundlegenden Wandel hin zu einer lernenden Organisation geschaffen.[115] Das Prozesslernen ermöglicht, dass Unternehmen proaktiv han-

---

[108] Vgl. *Arogyaswamy et al.* (1995), S. 499 ff.

[109] Die Effektivität der neuen Unternehmensstrategie hängt stark von der Berücksichtigung der komparativen Wettbewerbsposition und der Krisenursachen ab; vgl. *Arogyaswamy et al.* (1995), S. 508 ff.; in Abhängigkeit von diesen zwei Kriterien entwickeln die Autoren eine Matrix möglicher effektiver Erholungsstrategien; vgl. *Arogyaswamy et al.* (1995), S. 509. Zu den Anforderungen an die Marketingforschung vgl. *Pinkwart/Heinemann* (2004a), S. 375 ff.

[110] Vgl. *Pinkwart et al.* (2006), S. 83 f.

[111] Vgl. *Krüger/Bach* (1997), S. 28.

[112] Vgl. *Thommen* (1999), S. 73.

[113] Im Rahmen der empirischen Analyse werden verschiedene Elemente des organisationalen Anpassungs- und Veränderungslernens im Turnaround-Kontext untersucht; siehe Kap. C.2.2.

[114] Vgl. *Thommen* (1996), S. 253; *Milliken/Lant* (1991), S. 132 f.; *Virany et al.* (1992), S. 74 ff.; *Pinkwart* (2000a), S. 170 ff.; zur Bestimmung der strategischen Veränderungstiefe von Turnaround-Maßnahmen siehe Kap. D.2 sowie *Barker/Duhaime* (1997), S. 13 ff. und *Barker/Mone* (1998), S. 227 ff.

[115] Vgl. *Meyer* (1998), S. 44.

deln, indem sie ihre Forschung und Entwicklung an latenten Kundenbedürfnissen orientieren und kontinuierlich nach Produkt- und Prozessinnovationen streben.[116] Die unternehmensinterne Dynamik eines Unternehmens beruht auf **systemreflektierenden Normen und Strukturen**, die kontinuierliche Anpassungs- und Veränderungsprozesse begünstigen. Hierzu ist es im Sinne des organisationalen Verlernens notwendig, dass Wissen in der bestehenden Form sowie Denk- und Handlungsmuster in Frage gestellt werden können.[117] Durch die lernorientierte Ausrichtung des Turnaround-Managements in KMU werden in den Unternehmen hervorragende Bedingungen geschaffen, Krisen in Zukunft vermeiden bzw. frühzeitig antizipieren zu können.[118]

Ein lernorientiertes Turnaround-Management beeinflusst das Denken und Handeln des Unternehmers sowie der übrigen Organisationsmitglieder in der Art, dass aktives Gestalten und kritisches Hinterfragen von Prozessen, Handlungen und Zielen eine zentrale Voraussetzung für die Veränderungsfähigkeit des Unternehmens ist.[119] *„Employees must learn that they will be rewarded for providing prompt and accurate data, even if the data itself does not support the position of those in power."*[120] Durch diese Offenheit wird ebenfalls die Wahrscheinlichkeit verringert, dass systematisches Fehlverhalten des Unternehmers auftritt und das Unternehmen in eine Krise führt. Außerdem muss das Entstehen einer **offenen Fehlerkultur** im Unternehmen unterstützt werden. Durch eine offene Fehlerkultur decken nicht nur die Unternehmer die Fehler (und dies mit großer zeitlicher Verzögerung) auf, sondern jeder einzelne Mitarbeiter ist ermutigt, Fehler einzugestehen und damit eine rasche Ursachenanalyse zu ermöglichen. So kann vermieden werden, dass Probleme und Schwierigkeiten möglichst lange vertuscht werden.

2.3 Prozessuale Perspektive

Der Prozess des organisationalen Lernens wird im Folgenden am Beispiel des **Konzepts der Wissensspirale** von *Nonaka/Takeuchi* (1995) erläutert, das aktuell eines der prominentesten und international meist zitierten Modelle des organisationalen Lernens ist.[121] Im Anschluss wird anhand des Modells von *Kim* (1993) gezeigt, wie

---

[116] Vgl. *Krüger/Bach* (1997), S. 28 f.; *Albach* (2001), S. 83 definiert Produkte dann als innovativ, wenn sie (1) auf Forschung und Entwicklung beruhen, (2) bereits am Markt eingeführt worden sind, (3) mindestens aus Sicht einer bestimmten Gruppe von Käufern als neu wahrgenommen wird und (4) die Bedürfnisse dieser Käufergruppe besser befriedigen (5) als die bisher bekannten Problemlösungen.

[117] Vgl. *Thommen* (1996), S. 254; *Probst/Büchel* (1998), S. 73; *Meyer* (1998), S. 44. Auf diese Weise wird der Prozess der *„schöpferischen Zerstörung"* von Wissen ermöglicht; *Schumpeter* (1946) S. 138.

[118] Vgl. *Milliken/Lant* (1991), S. 147; *Kropfberger* (1999), S. 40 bezeichnet diese Form der Krisenvermeidung als „proaktives Krisenmanagement", Pinkwart (2000a), S. 166 und Kolb (2006), S. 48 ff. sprechen ihrerseits von „proaktivem Turnaround-Management".

[119] *„The capability of the company to manage change will determine its survival and/or growth." Gibb/Scott* (1985), S. 600.

[120] *Ross/Staw* (1991), S. 18.

[121] *„Die Wissensspirale gilt als der Haupt-Repräsentant der neuen Generation des Wissensmanagements." Schreyögg/Geiger* (2005), S. 434; *Nagl* (1997), S. 77 ff.

das individuelle Lernen in den Prozess des organisationalen Lernens aufgenommen werden kann.[122]

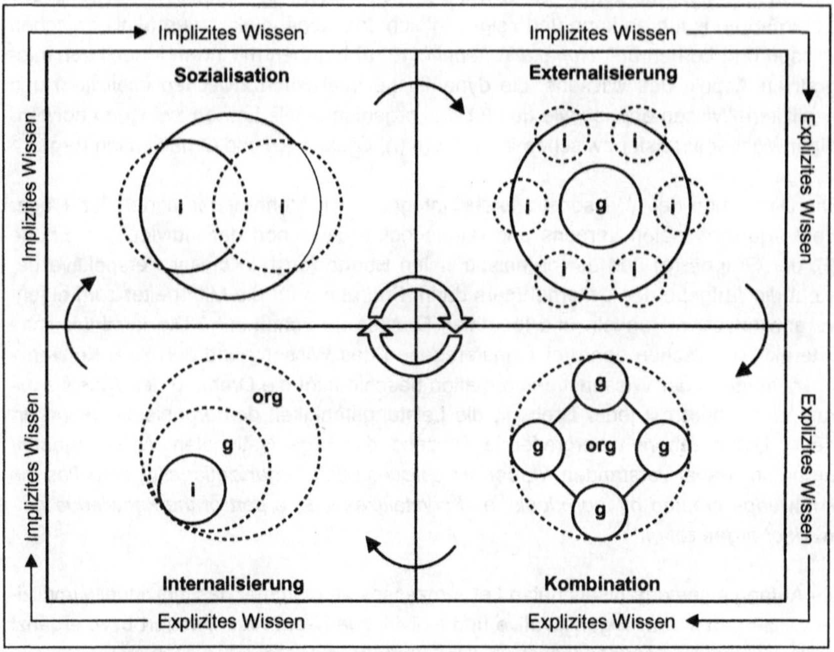

Abb. 12: Das SECI-Modell der Wissensgenerierung[123]

Die Wissensspirale beschreibt den **Prozess der Wissenskonversion**, d.h. wie das Wissen eines Einzelnen für die Gemeinschaft einer gesamten Organisation Nutzen stiften kann. Der Verlauf dieses Prozesses wird schematisch in Abb. 12 dargestellt. Die Abbildung zeigt, dass der Prozess innerhalb der Dimensionen „Transformation des Wissens" - zwischen implizitem und explizitem Wissen[124] - und „Transfer des Wissens" – zwischen den Trägern des organisationalen Lernens – stattfindet. Der Konversionsprozess des Wissens kann in vier Phasen unterteilt werden, wobei alle Phasen durchlaufen sein müssen, damit der Prozess vollständig beendet ist. Ein kompletter „Bogen der Wissensspirale" besteht demnach aus den **Phasen der Sozi-**

---

[122] Neben den vorgestellten Modellen des organisationalen Lernens finden sich alternative Modellansätze u.a. bei *March/Olsen* (1975); *Duncan/Weiss* (1979); *Hedberg* (1981); *Müller-Stewens/Pautzke* (1991); *Pautzke* (1989); *Senge* (1990).

[123] In Anlehnung an *Nonaka/Konno* (1998), S. 43; SECI steht als Abkürzung für die Konversionsphasen in englischer Sprache: **S**ocialisation, **E**xternalisation, **C**ombination, **I**nternalisation.

[124] Vgl. Kap. C.2.2; *Wiegand* (1996), S. 254 und *Schreyögg/Geiger* (2005), S. 438 ff. kritisieren insbesondere jene Prozesse, bei denen implizites Wissen in explizites überführt werden soll und umgekehrt. Sie orientieren sich eng an den Schriften *Polanyis* und den dort enthaltenen Grundaussagen zur Differenzierung der beiden Wissensarten und postulieren, dass beide Wissensarten strikt zu trennen seien, eine Konversion mithin unmöglich sei.

alisation, Externalisierung, Kombination und Internalisierung.[125] Das Spiralmodell veranschaulicht den kontinuierlichen und zusammenhängenden Prozess, wie unternehmensweites Lernen zur Erweiterung der organisationalen Wissensbasis des Unternehmens führen kann und zeigt zugleich das Abhängigkeitsverhältnis zwischen Wissen und Lernen auf. *Nonaka/Takeuchi* (1995) betonen mit ihrem Modell den integrativen Aspekt des Wissens, die dynamische Interaktion zwischen implizitem und explizitem Wissen ebenso wie den für das organisationale Lernen zwingend notwendigen Wissenstransfer zwischen Individuum (i), Gruppe (g) und Organisation (org).[126]

Die Dimension des „Wissenstransfers" integriert das Mehrebenenmodell der Träger des organisationalen Lernens und unterscheidet zwischen der individuellen Ebene (i), der Gruppe (g) und der organisationalen Ebene (org). In dieser Perspektive besteht die Aufgabe des Unternehmers darin, Freiräume für die Mitarbeiter zum eigenverantwortlichen Handeln und kreativen Denken zu schaffen.[127] Die kontinuierliche Interaktion zwischen den drei Transferebenen des Wissens und den zwei Konversionsrichtungen der Wissenstransformation beschleunigt die Drehung der Wissensspirale und erhöht mit jeder Drehung die Leistungsfähigkeit des organisationalen Lernens. Dieser ebenenübergreifende Prozess der organisationalen Wissensgenerierung soll daher verstanden werden als *„process that 'organizationally', amplifies the knowledge created by individuals, and crystallizes it as a part of the knowledge network of organization"*[128].

Zu Anfang eines organisationalen Lernprozesses steht immer das individuelle implizite Wissen, das über Eigeninitiative und individuelle Kreativität erweitert bzw. ergänzt wird. Im ersten Konversionsschritt der „**Sozialisation**" muss dieses neue Wissen mindestens auf einen zweiten Wissensträger übertragen werden. Dadurch wird die Exklusivität des individuellen Wissens und die Gefahr eines ausschließlich *„inkubativen Organisationslernens"*[129] aufgehoben. Einzelne Mitarbeiter halten das Gelernte, die Ideen und Verbesserungsvorschläge zurück und enthalten damit der Organisation innovative Impulse vor. Die Sozialisation beschreibt also den Transferprozess impliziten Wissens durch Beobachtung, Imitation und Interaktion zwischen Individuen, wobei allerdings der implizite Charakter des Wissens erhalten bleibt.[130] Der Erfolg der Sozialisation hängt davon ab, ob zwischen den Beteiligten Vertrauen herrscht und ein gemeinsamer Erfahrungshintergrund vorhanden ist.[131] In Krisen- und Turna-

---

[125] Vgl. insbesondere *Nonaka* (1994), S. 16 ff.; *Nonaka* (1995), S. 74 ff.; *Nonaka/Takeuchi* (1995), S. 70 ff.; *Nonaka et al.* (1996), S. 834 ff.; *Nonaka/Konno* (1998), S. 42 ff.; *Nonaka et al.* (2001), S. 494 ff.

[126] Vgl. *Nonaka/Takeuchi* (1995), S. 56 ff. zusammenfassend siehe u.a. *Heinemann/Welter* (2007); *Welter et al.* (2005), S. 39 ff.; *Schreyögg/Noss* (1997), S. 71 ff.; *Schreyögg/Geiger* (2005), S. 436 ff.; *Wiegand* (1996), S. 254 ff.

[127] Vgl. *Müller-Stewens/Pautzke* (1991), S. 194; *Modrow-Thiel* (1999), S. 70.

[128] *Nonaka* (1994), S. 17.

[129] *Geißler* (1998), S. 55 f. An das inkubative Organisationslernen sollte sich immer das Stadium des systemisch entfalteten Organisationslernens anschließen. Dies kann durch den hier vorgestellten Transferprozess sichergestellt werden.

[130] Vgl. *Nonaka/Konno* (1998), S. 42 f.; *Wiegand* (1996), S. 254 f.

[131] Vgl. *Nonaka et al.* (2001), S. 495.

round-Situation ist die Beziehung zwischen Unternehmer und Mitarbeitern sowie zwischen den Mitarbeitern jedoch meist nicht mehr intakt, so dass diese erste Phase eines impliziten Wissenstransfers blockiert wird.

Der Sozialisation folgt die **Externalisierung**. Implizites Wissen wird durch passende Metaphern und Erklärungsmodelle beschrieben, wobei die Beteiligten jedoch über ein Mindestniveau an gemeinsamem Wissen und Werten verfügen müssen (z.B. in Form gemeinsamer Traditionen).[132] Allerdings weisen *Schreyögg/Geiger* (2005) darauf hin, dass der Transformationsprozess in explizites Wissen nicht mit der metaphorischen Illustration abgeschlossen sei, sondern eines zweiten Schrittes bedürfe. In diesem Schritt werden Analogien zu bereits bekanntem Wissen und Erfahrungen der Wissensträger gebildet.[133]

Da aus Gründen der Ressourcenknappheit in KMU nicht bei jeder neuen Idee oder bei jedem Verbesserungsvorschlag eines Organisationsmitglieds ein gruppendynamischer Prozess der Externalisierung ausgelöst werden kann, sind Kriterien zur Beurteilung des neuen Wissens aufzustellen und unternehmensweit transparent zu machen. Im Turnaround können Maßnahmen bspw. anhand eines Scoring-Systems beurteilt werden, indem die Notwendigkeit der Veränderung und die Relevanz für das Unternehmens- bzw. Turnaround-Ziel bewertet werden.[134] Inwiefern zusätzlich Anreizsysteme gestaltet werden müssen, um die Lern- bzw. Veränderungsbereitschaft der Mitarbeiter zu aktivieren, hängt dabei stark von der vorherrschenden Unternehmenskultur und Philosophie der Unternehmensleitung ab.

In der **Kombinationsphase** wird neu gewonnenes explizites Wissen mit vorhandenem in Beziehung gesetzt, woraus neues und durchaus noch komplexeres Wissen entstehen kann. *„Combination is the process of connecting discrete elements of explicit knowledge into a set of explicit knowledge that is more complex and systematic than any of its parts."*[135] Mit der **Internalisierung** wird schließlich wieder allgemein zugängliches explizites Wissen in implizites Wissen konvertiert und somit schließt sich ein vollständiger Bogen der Wissensspirale. Die Organisationsmitglieder übernehmen das explizite Wissen in den täglichen Arbeitsalltag, in die Routinen und Handlungsabläufe und internalisieren es auf einem höheren Niveau.[136]

Damit führt dieser vierstufige SECI-Zyklus zu einer steigenden Qualität der im Unternehmen vorhandenen Wissenspotenziale und Problemlösungskompetenz. Allerdings verbessert sich nicht nur das Niveau aus implizitem und explizitem Wissen, sondern auch die Effizienz des Ver- und Entschlüsselungsprozesses von impliziten Informati-

[132] Vgl. *Nonaka/Konno* (1998), S. 43 f.; *Nonaka et al.* (2001), S. 495 f.
[133] Vgl. *Schreyögg/Geiger* (2005), S. 440 f. i.V.m. *Cornellisen* (2004), S. 707 ff. Dieser Akt sei ein kreativer Akt, Gemeinsamkeiten zwischen zwei Dingen herzustellen und nicht etwa das Heben bislang unentdeckten Wissens.
[134] Vgl. *Pinkwart et al.* (2005a), S. 103 ff.
[135] *Nonaka et al.* (2001), S. 497.
[136] Vgl. *Nonaka/Konno* (1998), S. 44 f.; *Nonaka et al.* (2001), S. 497.

onen erhöht sich, oder wie *Nonaka et al.* (2001) formulieren: *„Organizational knowledge creation is a never-ending process that upgrades itself continously."*[137] Hieraus leitet sich die Forderung an die Unternehmer in KMU ab, die Prozesse der Wissenskonversion unternehmensweit und damit in großem Umfang anzustreben.[138]

Die vorgestellte SECI-Spirale ist eine von drei Schichten des **ganzheitlichen Modells des organisationalen Lernens** (siehe Abb. 13). Zu ergänzen sind der lernförderliche Kontext des organisationalen Lernens (*ba*) und die organisationale Wissensbasis bzw. das Wissenspotenzial als gleichzeitiger In- und Output des SECI-Prozesses.

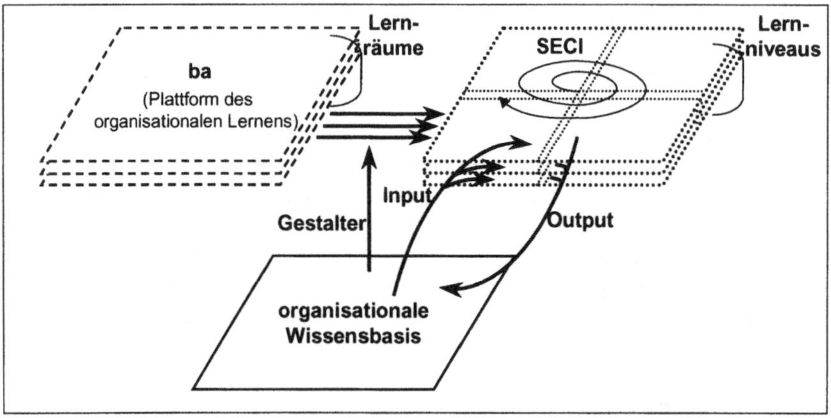

Abb. 13: Schichtenmodell des ganzheitlichen organisationalen Lernens[139]

Die unterschiedlichen Plattformen des organisationalen Lernens werden von *Nonaka/Takeuchi* (1998) als *ba* bezeichnet, wobei diese nicht notwendigerweise ein physischer Raum sein muss, sondern auch als unternehmens- und gruppenkulturelle Klammer verstanden werden kann.[140] Das zentrale Ziel dieses Lernkontextes ist, die geeigneten Voraussetzungen und Freiräume für Interaktionen zwischen den jeweiligen Organisationsmitgliedern zu schaffen, in denen Erfahrungen, Emotionen und individuelle Denkmodelle ausgetauscht werden können, und damit den Prozess der Wissensgenerierung zu verbessern.[141] In Krisen- und Turnaround-Situationen muss das **Umfeld** aller Mitarbeiter und von Projektgruppen (z.B. Turnaround-Team) **lerngerecht gestaltet** sein, um ihr Lernpotenzial nutzen zu können. Aus diesem Grund empfehlen *Nonaka/Takeuchi* (1998) die Gestaltung alternativer Lernräume entspre-

[137] *Nonaka* et al. (2001), S. 498.
[138] Vgl. *Schreyögg/Geiger* (2005), S. 437.
[139] In Anlehnung an *Nonaka* et al. (2001), S. 493.
[140] Ausführlich *Nonaka/Konno* (1998), S. 40 ff.
[141] Vgl. *Sloane* (1997), S. 126. *„Knowledge held by a particular individual can be shared, recreated, and amplified when that person participates in ba." Nonaka et al.* (2001), S. 499; *Schreyögg/Geiger* (2005), S. 437.

chend der jeweiligen Konversionsstufe des organisationalen Lernens,[142] d.h. je nachdem ob implizites oder explizites Wissen übertragen werden soll, verändern sich die Anforderungen an den Interaktionsraum. *„Awareness of the different characteristics of ba can facilitate successful support of knowledge creation."*[143]

Als zweite Bedingungsgröße für den SECI-Prozess muss die vorhandene organisationale Wissensbasis in das ganzheitliche Modell aufgenommen werden. Denn damit der Prozess der Wissensspirale überhaupt in Gang gesetzt werden kann, muss das Unternehmen über eine **hinreichende organisationale Wissensbasis** verfügen. Sie ist gleichzeitig Prämisse für die Initiierung und Gestaltung organisationalen Lernens und Ergebnisgröße des Lernprozesses, d.h. *„ein Rekurs auf die [organisationale, Anm. d. Verf.] Wissensbasis ist jeder Systemaktivität inhärent."*[144] Die Wissensbasis verändert bzw. erweitert sich in Folge erfolgreicher organisationaler Lernprozesse (Durchlaufen des SECI-Prozesses), so dass sich die Ausgangsituation für späteres Lernen verbessert.[145] Somit kann organisationales Lernen im Unternehmens-Turnaround konstatiert werden, wenn sich die organisationale Wissensbasis verändert hat.[146]

Miles/Cameron (1982) stoßen in ihrer Untersuchung von organisationalen Lern- und Veränderungsprozessen auch auf interne Einflussfaktoren, die aus ihrer Sicht die Anpassungsfähigkeit an veränderte Rahmenbedingungen verringern. Sie fassen diese Einflussfaktoren unter dem Begriff der **organisatorischen Trägheit** zusammen,[147] um zu betonen, dass in Unternehmen Bedingungen und Einflüsse wirken können, die grundlegende Systemveränderungen erschweren. So ist zu beobachten, dass Organisationsmitglieder, die ihre Position bzw. ihre Interessen gefährdet sehen, offen oder verdeckt opponieren. Indem sie die Turnaround-Maßnahmen nur unzureichend umsetzen, sinken die Chancen eines erfolgreichen Turnarounds und dies, obwohl die Unternehmensleitung die Krisensituation richtig analysiert und richtig reagiert haben kann.[148] Die Intensität des Widerstands hängt vom Ausmaß der geplanten Veränderungen ab. Je radikaler und umwälzender die Initiative empfunden wird, desto höher werden die Barrieren für die Umsetzung sein.

---

142 Zur Übertragung des *ba*-Konzepts auf nationale Ebene siehe *Nonaka/Reinmöller* (1999), S. 401 ff.
143 *Nonaka/Konno* (1998), S. 47.
144 *Schreyögg/Noss* (1995), S. 177.
145 Vgl. *Nonaka et al.* (2001), S. 503 ff.
146 Ausführlich zur Veränderung der organisatorischen Wissensbasis u.a. *Stotz* (1999), S. 90 ff.; *Schreyögg/Noss* (1995), S. 69 ff.
147 Hierzu zählen bspw. die dominierenden Werte, Einstellungen und Überzeugungen der verantwortlichen Entscheidungsträger und die Kernkompetenzen der Unternehmen; vgl. *Miles/Cameron* (1982), S. 236 ff.; *Lawson/Lorenz* (1999), S. 307 f.
148 *Arogyaswamy et al.* (1995), S. 510 f. machen sog. „inertial forces" für individuelle und organisatorische Probleme bei der Turnaround-Analyse und der Umsetzung der Maßnahmen verantwortlich. *„Ineffective recovery strategies stem from inertial forces that cause managers either to misdiagnose the causes of their firm's problems or to block change when managers correctly diagnose that their firm needs large-scale strategic change."* *Arogyaswamy et al.* (1995), S. 511 f.

Häufig ist es nicht nur die Angst vor neuen Strukturen, sondern auch die Angst, während des Veränderungsprozesses Fehler zu machen und sich vor den Kollegen und Untergebenen zu blamieren.[149] Um sich vor derartigen Situationen zu schützen, entwickeln Menschen einen Schutzmechanismus, den *Argyris* (1990) als **„erlernte/geschickte Unfähigkeit“** (skilled incompetence) beschreibt.[150] Die obersten Ziele dieses persönlichen Schutzmechanismus sind, nicht die Kontrolle über die Situation und nicht das Gesicht zu verlieren.[151] Um dies sicherzustellen, reicht das menschliche Verhaltensrepertoire von Auslassungen und Ungenauigkeiten bis hin zu bewussten Verzerrungen der Wahrheit.[152]

In vielen Unternehmen überträgt sich dieser persönliche Schutzmechanismus auf das kollektive Verhalten ganzer Abteilungen oder Projektgruppen. Kontinuierliches negatives Feedback schlägt sich dann in **„defensiven Routinen“** (organizational defensive routines) nieder, die sich nur schwer aufbrechen lassen.[153] Innerhalb von Projektgruppen und Abteilungen sind es häufig Emotionen, Macht oder Konflikte, die defensive Routinen fördern und damit den Prozess des Lernens zum Erliegen bringen. Fühlen sich die Mitarbeiter bspw. vernachlässigt oder ihr Engagement nicht genügend gewürdigt, stellen sie das aktive Lernen ein und beteiligen sich nicht mehr konstruktiv an der Unternehmensentwicklung.[154] Oftmals ist aber auch das Bestreben leitender Mitarbeiter festzustellen, den eigenen Macht- und Wissensvorsprung nicht einzubüßen,[155] indem Informationen gezielt zurückgehalten werden. Die Kommunikation und der Informationsaustausch in der Gruppe verschlechtern sich und das gegenseitige Vertrauen geht verloren, so dass ein essentieller Bestandteil des notwendigen Wissenstransfers beeinträchtigt wird.

Auf Ebene der Organisation können **rigide Bürokratie** und der strukturelle Aufbau der Organisation den Wissenstransfer bremsen und damit zu unternehmensweiten Lernhindernissen werden. Der organisatorische Aufbau eines Unternehmens zieht zwangsläufig Informations- und Wissensgrenzen nach sich, die im Extremfall einer

---

[149] Dies muss nicht unweigerlich eine Wirkung des aktuellen Arbeitsumfelds sein, in dem die Zusammenarbeit mit unsympathischen Vorgesetzten und Kollegen das Lern- und Kommunikationsverhalten auf ein Minimum sinken lassen, sondern kann auch auf lange zurückliegenden negativen Lernerfahrungen bspw. aus der Schul- und Ausbildungszeit beruhen; vgl. *Güldenberg* (1997), S. 231. Siehe *Geißler* (2005), S. 127 ff. ausführlich zum Thema Angst im organisationalen Lernen.

[150] *Argyris* (1990), S. 12 ff.

[151] *„Whenever human beings are faced with any issue that contains significant embarrassement or threat, they act in ways that bypass, as best they can, the embarrassement or threat. In order for the bypass to work, it must be covered.“* *Argyris* (1990), S. 25.

[152] Vgl. *Probst/Büchel* (1998), S. 75.

[153] Vgl. *Argyris* (1990), S. 25 ff.; *Güldenberg* (1997), S. 231.

[154] *Argyris* (1990), S. 43 beschreibt das Ablaufmuster von defensiven Routinen wie folgt: *„(1) bypass the errors and act as if they were not being done, (2) make the bypass undiscussable, and (3) make its undiscussability undiscussable.“* *Güldenberg* (1997), S. 231 übersetzt wie folgt: *„1. Übergehe Fehler und verhalte dich so, als sei nichts geschehen; 2. Stelle sicher, dass die Übergehung undiskutierbar ist; 3. Stelle sicher, dass die Undiskutierbarkeit undiskutierbar bleibt.“*

[155] Im Sinne einer Absicherung der eigenen Position und damit verbundener exklusiver Privilegien werden Informationen und Wissen verzerrt, selektiv oder gar nicht weitergegeben; vgl. *Starbuck* (1983), S. 91 ff.; *Starbuck/Hedberg* (2001), S. 329.

funktionalen Isolierung gleichkommen.[156] Ferner können zwischen den einzelnen Hierarchiestufen einer Organisation Wissensunterschiede entstehen, weil aufgrund von Arbeitsteilung und Leitungsspanne Informationen nur gefiltert weitergeleitet werden.[157]

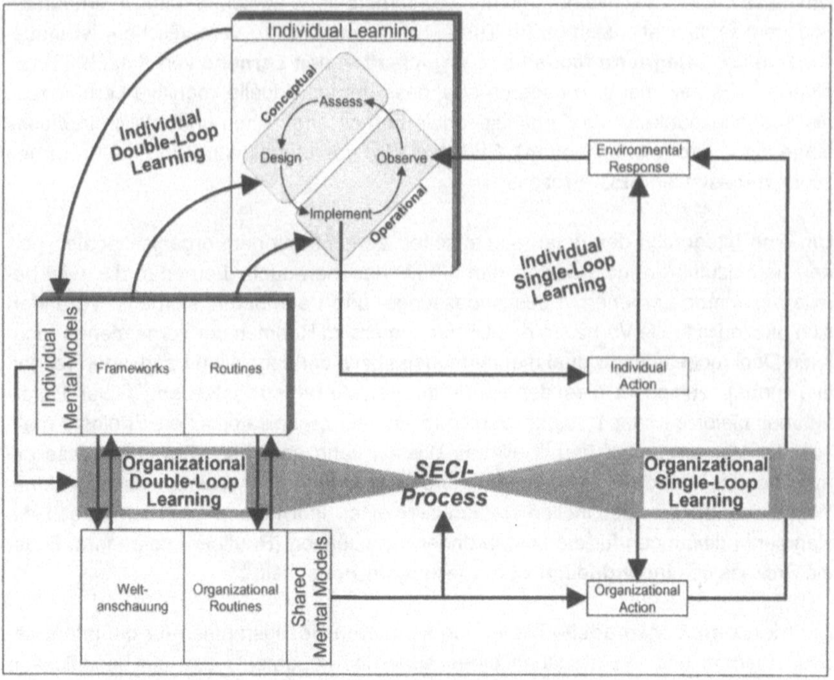

Abb. 14: Integriertes Modell des organisationalen und individuellen Lernens[158]

Mit Hilfe des SECI-Prozesses kann dargestellt werden, wie der Wissenstransfer während des organisationalen Lernens in KMU verläuft. Offen bleibt allerdings, wie das individuelle Lernen bspw. des Unternehmers mit dem organisationalen Lernen auf unterschiedlichen Lernniveaus in Verbindung gebracht werden kann bzw. welche kognitiven Lernprozesse des Unternehmers als Voraussetzung für das Anpassungs- und Veränderungslernen in KMU gelten. Zwar betonen *Argyris/Schön* (1978) die Funktion der Organisationsmitglieder als Agenten des organisationalen Lernens,[159] eine klare Verknüpfung erfolgt jedoch nicht. Dabei ist die Wechselbeziehung zwischen individuellem und organisationalem Lernen insbesondere für KMU relevant,

[156] *„Die Abteilungsgrenze ist für viele Mitarbeiter der Horizont, der die Sicht für das Interesse des Unternehmens insgesamt blockiert."* Vgl. *Hörrmann/Tiby* (1990), S. 76.
[157] Vgl. *Probst/Büchel* (1998), S. 79.
[158] In Anlehnung an *Kim* (1993), S. 44.
[159] Vgl. *Argyris/Schön* (1978), S. 29; *Nagl* (1997), S. 45 bezeichnet z.B. das *„Individuum als Motor der lernenden Organisation"*.

zum einen weil organisationales Lernen vorrangig auf individueller Ebene stattfindet[160] und zum anderen aufgrund der besonderen Bedeutung des Unternehmers als Teil des organisationalen Lernens.

Um diese Lücke zu schließen und die Zusammenhänge zwischen dem Unternehmer- und dem Organisationslernen im Turnaround von KMU zu verdeutlichen, ist insbesondere das **integrierte Modell des organisationalen Lernens** von *Kim* (1993) geeignet.[161] Es zeichnet sich dadurch aus, dass der individuelle kognitive Lernprozess als Ausgangspunkt für das organisationale Lernen angesehen und folglich in dieses eingebettet wird (siehe Abb. 14). Erweitert wird das Modell von *Kim* (1993) um den zuvor vorgestellten SECI-Prozess.

Um eine Integration des unternehmerischen Lernens mit dem organisationalen Lernen herbeizuführen, differenziert *Kim* (1993) das individuelle Lernen in die zwei bereits bekannten Lernebenen des Anpassungs- und Veränderungslernens. Verändert sich das individuelle Verhalten des Unternehmers im Rahmen der vorhandenen mentalen Denkmodelle (individual mental models) bzw. der kognitiven Landkarten (cognitive maps), entspricht dies dem **individuellen Anpassungslernen**.[162] Der Unternehmer bleibt demnach seinen persönlichen und organisatorischen Erfolgsformeln aus der Vergangenheit treu.[163] Neues Wissen kann aber auch bewirken, dass die mentalen Denkmodelle des Unternehmers restrukturiert und weiterentwickelt werden. Wenn sich die konzeptionellen Denkmuster eines Individuums und damit auch die Rahmenbedingungen für die ausführenden Handlungen (Routinen) verändern, findet ein Prozess des **individuellen Veränderungslernens** statt.[164]

Die **mentalen Denkmodelle** bilden den kognitiven Bezugsrahmen für die Informationsaufnahme und –verarbeitung eines jeden Individuums,[165] d.h. sie beeinflussen sehr stark, welche Informationen wahrgenommen und wie sie verarbeitet werden. Darüber hinaus beeinflussen sie auch die organisationalen Lernprozesse, wenn davon auszugehen ist, dass die Organisationsmitglieder die **Agenten des organisationalen Lernens** sind und ihre mentalen Denkmodelle den überwiegenden Teil der

---

[160] Vgl. *Scheff* (2001), S. 23.

[161] Vgl. *Kim* (1993), S. 37 ff. Er bezeichnet sein Modell als OADI-SMM-Modell. Dieses Akronym steht für: Oberserve-Assess-Design-Implement – Shared Mental Model; siehe zusammenfassend auch *Nagl* (1997), S. 80 ff.; *Wahren* (1996), S. 85 ff.

[162] Vgl. *Schwenk* (1988), S. 45 f.; *Kim* (1993), S. 39 ff.; *Atherton/Hannon* (1997), S. 245; eine ausführliche Diskussion des kognitiven Lernens findet sich in Kap. B.2.4.

[163] Wie in Abschnitt B.2.4 festgestellt wurde, ist in Krisen- und Turnaround-Situationen die Tendenz zu beobachten, dass die Unternehmer ihre Erfolgsformeln nicht in Frage stellen, d.h. eine Modifikation der mentalen Modelle und somit eine gewisse mentale Flexibilität ist häufig auszuschließen.

[164] Vgl. *Kim* (1993), S. 44.

[165] Die individuellen mentalen Modelle können in zwei sich ergänzende Ebenen untergliedert werden, wobei mit den sog. „Frameworks" die Fähigkeit des konzeptionellen Denkens (know-why) und mit den sog. „Routines" die Fähigkeit des Umsetzens bzw. Anwendens (know-how) abgebildet wird; vgl. *Kim* (1993), S. 38 ff.

organisationalen Wissensbasis ausmachen.[166] Für die Betrachtung des Turnarounds von KMU aus der Perspektive des organisationalen Lernens bietet das vorliegende Modell eine plausible und anschauliche Argumentationsgrundlage, weshalb die Unternehmer und Mitarbeiter aktiv mit in den Turnaround-Prozess einbezogen werden sollten. Die langfristige Leistungs- und Wettbewerbsfähigkeit eines Turnaround-Unternehmens kann nur wieder erreicht werden, wenn die wichtigsten internen Turnaround-Akteure persönlich aus der Krisenentwicklung lernen, indem die individuellen Denk- und Verhaltensmuster der neuen Situation angepasst werden. Außerdem müssen die **Denk- und Verhaltensmuster** im Rahmen des SECI-Prozesses expliziert und die Rahmenbedingungen für den SECI-Prozess verbessert werden.[167]

Das integrierte Modell verdeutlich außerdem, dass das **unternehmerische Lernen (Unternehmer-Turnaround) ein entscheidender Erfolgsfaktor des Turnarounds von KMU** ist: *„The strength of the link between individual mental models and shared mental models is a function of the amount of influence exerted by a particular individual or group of individuals."*[168] Die Stärke des Einflusses auf die organisationale Gebrauchstheorie bestimmt sich aus der hierarchischen und der sozialen Position des Individuums im Unternehmen sowie aus der Stärke der unterstützenden Personengruppe. Damit wird das integrierte Modell der dominanten Rolle des Unternehmers vor allem in Bezug auf die inhaltliche und strukturelle Gestaltung des organisationalen Lernens gerecht.[169] Dies bedeutet aber auch, dass der Unternehmer nach dem Prinzip des *„Learning and Leading"*[170] die Vision, die Strategie und die internen Rahmenbedingungen kritisch reflektieren und der Situation entsprechend anpassen muss. Die Mitarbeiter müssen in diesen Prozess eingebunden und über die neuen Erkenntnisse und Absichten ausführlich informiert werden.

2.4 Situative Perspektive

Die **größen- und führungsbedingten Besonderheiten von KMU** beeinflussen das organisationale Lernen und das Lernumfeld (siehe Abb. 15) .[171] Primäres Merkmal von KMU ist die besonders enge Verbindung zwischen Unternehmer und Unterneh-

---

166 *„...the mental models in individuals heads are where a vast majority of an organization's knowledge (both know-how and know-why) lies."* *Kim* (1993), S. 44. Es wird auch vom Primat des impliziten Wissens in Unternehmen gesprochen; vgl. *Lawson/Lorenz* (1999), S. 307, *Sitte* (2003), S. 18; *Schreyögg/Geiger* (2005), S. 435.

167 Diese Funktion entspricht nach Ansicht von *Schön* (1975) einer effektiv arbeitenden Führungsperson. Sie ist jemand, welche die Fähigkeiten und die Bereitschaft entwickelt hat, den organisationalen Lernprozess eines Unternehmens aktiv zu fördern; vgl. *Schön* (1975), S. 5. Hierzu gehört insbesondere die Fähigkeit zum permanenten Wandel, die erfolgreiche Unternehmer oftmals auszeichnet; vgl. *Zuberbühler* (1989), S. 31 ff.; *Röpke* (2002), S. 45.

168 *Kim* (1993), S. 45.

169 Vgl. zur dominanten Stellung des Unternehmers in KMU Kap. A.1 und Kap. B.1.

170 Vgl. *Sadler* (2001), S. 423.

171 Vgl. u.a. *Delbrouck* (2000), S. 17 ff.; *Theile* (1996), S. 35 ff.; *Mugler* (1998), S. 18 ff.; *Gruber* (2000), S. 21 ff.; *Pfohl* (2006), S. 18 ff.; *Welter* (2003a), S. 28 ff.; *Ilskensmeier* (2001), S. 37 ff.

men, die sich zumeist in der Einheit von Eigentum und Haftung niederschlägt.[172] Durch ihre Rolle als Macht- und Koordinationspromotor besitzen die Unternehmer die Fähigkeit, ihre persönlichen Gestaltungskonzepte hinsichtlich der Aufbau- und Ablauforganisation sowie der Unternehmens- und Führungskultur durchzusetzen.[173] Sie legen den Handlungsrahmen und die Handlungskompetenzen ihrer Mitarbeiter fest, ordnen die internen und externen Kommunikationsstrukturen und wirken somit direkt auf den Informations- und Wissensfluss im Unternehmen ein. Mit diesen Entscheidungen nehmen die Unternehmer wesentlichen Einfluss auf das kollektive Handeln der Organisationsmitglieder und damit auf die Basis des organisationalen Lernens ihres Unternehmens.[174]

Darüber hinaus ist die **Ressourcenausstattung** von KMU sowohl in finanzieller als auch in personeller Hinsicht (qua definitione max. 499 Mitarbeiter) im Vergleich zu großen Unternehmen begrenzt.[175] Führungskräfte in KMU sind wie der Unternehmer stark ins operative Tagesgeschäft eingebunden, wodurch personelle und strategische Führungsaufgaben zu kurz kommen können.[176] Zudem ist das Spektrum an Tagesproblemen für Führungskräfte in KMU weitaus breiter gefächert als in Großunternehmen.[177] Außerdem verdeutlichen niedrige Eigenkapitalquoten und ein beschränkter Zugang zu den organisierten Kapitalmärkten, dass KMU in Deutschland hinsichtlich der Verfügbarkeit finanzieller Ressourcen beschränkt sind.[178] Die Eigenkapitaleinlagen werden von dem/den Gesellschafter(n) zur Verfügung gestellt, eine Verstärkung der Eigenkapitalbasis z.B. durch Emission von Anteilen am Kapitalmarkt oder durch den Eintritt institutioneller Investoren wie z.B. Venture Capital-Gesellschaften (VCG) ergibt sich nur in Ausnahmefällen.[179] Aufgrund der begrenzten Ressourcen können die hohen personellen und finanziellen Aufwendungen für innovative Lernprozesse häufig nicht aufgebracht werden und erschweren damit innovative Entwicklungen in KMU.[180]

Zu den KMU-spezifischen Problemen können auch eine **mangelnde Planungs- und Systematisierungskompetenz** der Unternehmer und der Führungskräfte gezählt werden,[181] weil betriebswirtschaftliche Analyse- und Planungstechniken oftmals nicht

---

[172] Vgl. *Welter* (2003a), S. 28; siehe hierzu Kap. A.2 und Kap. B.1.
[173] Ausführlich zur Bedeutung der Unternehmenskultur im organisationalen Lernen vgl. *Reinhardt* (1995), S. 169 ff.
[174] Vgl. *Modrow-Thiel* (1999), S. 33 ff.
[175] Vgl. *Bussiek* (1996), S. 19 f.
[176] Vgl. *Bussiek* (1996), S. 20; *Küpper/Bronner* (1992), S. 74 ff.
[177] Vgl. *Bussiek* (1996), S. 49.
[178] Vgl. *DSGV* (2006), S. 32 ff.; relativierend *Behringer* (2004), S. 22 f.
[179] VCG investieren i.d.R. nur in hoch innovative Geschäftsideen z.B. aus dem Bereichen der Bio-, Nano- und Informationstechnologie. Zur Unterstützung von akademischen Spin-offs durch VCGs vgl. u.a. *Pinkwart/Heinemann* (2004b), S. 281.
[180] Vgl. *Küpper/Bronner* (1992), S. 78. Individuelle und organisationale Lernprozesse im Rahmen der Forschung und Entwicklung sind trial-and-error Prozesse und daher mit finanziellen Risiken verbunden.
[181] Vgl. *Ilskensmeier* (2001), S. 37; *Pawlowsky et al.* (1998), S. 233.

bekannt sind.[182] So stellen bspw. *Schachner et al.* (2006) empirisch fest, dass eigentümergeführte KMU deutlich seltener formalisierte Steuerungsinstrumente zur Unternehmensführung einsetzen und häufiger durch kurzfristige, intuitive und inkrementale Planung gesteuert werden.[183] Eine systematische Planung, Durchführung und Kontrolle wird vernachlässigt und auf die Explizierung der unternehmerischen Vision und der Unternehmensstrategie wird verzichtet.[184] Um allerdings zielgerichtete organisationale Lernprozesse im Unternehmen zu ermöglichen, muss den Mitarbeitern das unternehmensspezifische Regelwerk aus Unternehmensvision, -strategie und Zielsystem bekannt sein.[185] Daneben kann die **geringe Marktmacht** von KMU Lern- und Veränderungsprozesse verlangsamen. Erwartungen und Forderungen von wichtigen Kunden können Veränderungen im Produktsortiment verhindern,[186] und größere Konkurrenten können durch strategische Preis-, Sortiments- und Kundenbindungspolitik Markteintrittsbarrieren errichten.[187] Außerdem kann durch die **Nutzung moderner Informations- und Kommunikationstechnologien** die Dokumentation, Bekanntmachung und Verbreitung expliziten Wissens weiter verstärkt werden, so dass den Mitarbeitern alle relevanten Informationen zugänglich sind.[188]

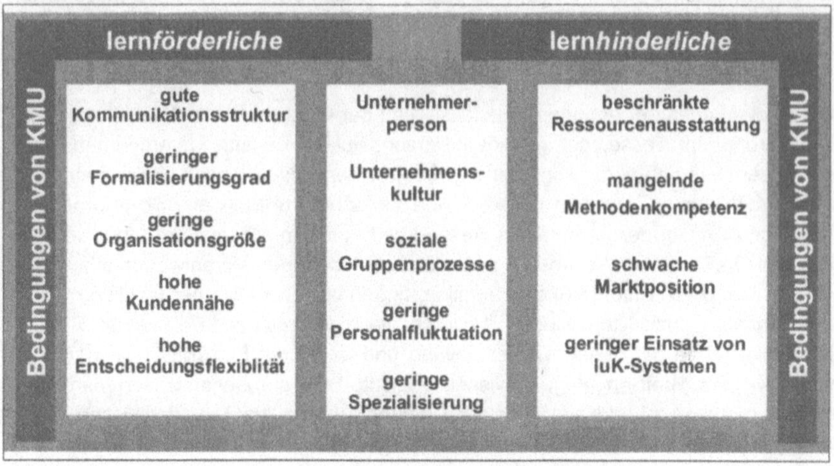

Abb. 15: Bedingungen für organisationales Lernen in KMU[189]

[182] Vgl. u.a. *Treuz/Creutzburg* (2002), S. 399 ff.; *Ossadnik et al.* (2004), S. 621 ff.; *Wieselhuber & Partner* (2002).
[183] Vgl. *Schachner et al.* (2006), S. 605 ff. und außerdem *Bussiek* (1996), S. 43; *Behringer* (2004), S. 18; *Welter* (2003b), S. 29 ff.
[184] Vgl. *Ilskensmeier* (2001), S. 41 f. Sie sind meist in den Köpfen der Unternehmer vorhanden.
[185] Vgl. *Kahle* (1995), S. 16.
[186] Vgl. *Mone et al.* (1998), S. 121; *Daschmann* (1994), S. 65 weist darauf hin, dass sich die geringe Marktmacht auch nachteilig auf die Stellung der Unternehmen auf den Beschaffungsmärkten und damit auf die Kostensituation auswirken kann.
[187] Dies kann allerdings auch dazu führen, dass KMU lukrative Marktnischen aufspüren und ausnutzen; vgl. *Küpper/Bronner* (1992), S. 77.
[188] Vgl. *Kolb* (2006), S. 218.
[189] Quelle: In Anlehnung an *Heinemann/Welter* (2007).

Allerdings sind KMU aufgrund ihrer organisatorischen Voraussetzungen nicht nur benachteiligt, sondern weisen auch **spezifische Stärken** im Vergleich zu Großunternehmen auf. Durch ihre relativ geringe **Unternehmensgröße** verringert sich einerseits der Steuerungs- und Koordinationsbedarf der Unternehmensabläufe, andererseits steigt das Interaktionsniveau zwischen den Mitarbeitern und damit die Fähigkeit der kooperativen Zusammenarbeit.[190] Dies kann den Wissenstransfer (SECI-Prozess) von neuem oder vorhandenem Wissen intensivieren.

Die flache Hierarchie der Organisation und geringe Organisationsgröße bieten zudem die Chance schneller, nicht formalisierter **Entscheidungswege** und unbürokratischer **Dezentralisierung** von Kompetenzen und Verantwortung.[191] Zudem werden Anweisungen und ihre Umsetzung im persönlichen Kontakt mit den Vorgesetzten gegeben und kontrolliert, d.h. die Informations- und Kontrollwege in KMU sind kurz und direkt.[192] Diese KMU-typische **Kommunikationsstruktur** unterstützt insbesondere die organisationalen Lernphasen der Sozialisierung und Externalisierung neuen Wissens.[193] Prinzipiell sind die personellen und organisatorischen Voraussetzungen für ein flexibles Handeln von KMU gegeben.[194] Dies sowie die **Nähe zu Lieferanten und Kunden** kann ein kostengünstiges und zeitnahes Eingehen auf Kundenwünsche vereinfachen.[195]

Die Bedingungen der geringen Spezialisierung der Organisationsmitglieder, der sozialen Gruppenprozesse, der geringen Personalfluktuation, der Unternehmenskultur sowie der Unternehmerperson können weder als lernfördernd noch als lernhemmend identifiziert werden, sondern nehmen eine **Zwischenstellung** ein. So erfordert die begrenzte Anzahl der personellen Ressourcen von den Mitarbeitern umfassendere Fähigkeiten, umfangreicheres Wissen und ein höheres Verantwortungsbewusstsein.[196] Um diese Anforderung zu erfüllen, finden sich in KMU eher fachliche **Generalisten** als Spezialisten wieder.[197] Durch diese weitreichende Einsetzbarkeit der Mitarbeiter kann die geringe Arbeitsteilung und damit die Flexibilität von KMU gewahrt werden. Breit angelegtes Wissen erleichtert es, die Gesamtzusammenhänge im Unternehmen zu erfassen, erschwert es aber gleichzeitig, Expertenwissen aufzubauen, das zur Innovationsführerschaft benötigt wird.

---

[190] Vgl. *Ilskensmeier* (2001), S. 62.

[191] Vgl. *Bussiek* (1996), S. 152; *Behringer* (2004), S. 18; *Daschmann* (1994), S. 63; *Hamer* (1987), S. 131 ff.

[192] Kurze Kommunikationswege und die personelle Überschaubarkeit bedeuten, dass Führungsstil, Führungsverhalten und Entscheidungsfähigkeit des Unternehmers die Verhaltensweisen und Arbeitsergebnisse aller Betriebsangehörigen in besonderem Maße beeinflussen; vgl. *Kahle* (1992), Sp. 1413.

[193] Explizites Wissen kann durch moderne Informations- und Kommunikationstechnologien des Wissensmanagements bereitgestellt werden.

[194] Vgl. *Pfohl* (2006), S. 19; *Behringer* (2004), S. 18 f.

[195] Vgl. *Fröhlich et al.* (2000), S. 25; *Daschmann* (1994), S. 64 f.

[196] Dieses Anforderungsprofil begründet die Notwendigkeit der internen Ausbildung bspw. von Facharbeitern; vgl. *Bussiek* (1996), S. 50 f.; *Kahle* (1992), Sp. 1413.

[197] Vgl. *Bussiek* (1996), S. 19. In großen Unternehmen überwiegen demgegenüber Mitarbeiter und Führungskräfte mit spezialisierten Fähigkeiten und Wissen, die in stark arbeitsteiligen Prozessabläufen fest definierte Teilaufgaben erfüllen; vgl. *Fröhlich et al.* (2000), S. 22.

Soziale **Gruppenprozesse** beeinflussen das Verhalten der Mitglieder, weisen ihren Mitgliedern Rollen zu, bestimmen Normen und Erwartungen, deren Nichtbeachtung in der Regel negativ sanktioniert wird, und üben insofern einen Konformitätsdruck aus.[198] Unternehmenskrisen können sich direkt auf das kollektive Entscheidungsverhalten von Personengruppen auswirken. Das von *Janis* (1982) entwickelte „**Groupthink-Modell**" beschreibt, dass Personengruppen unter hohem Stress enger zusammenrücken und nach interner Harmonie streben. Groupthink wird demnach als übermäßiges Streben nach Einmütigkeit einer Gruppe definiert, das gegenüber einer realistischen Bewertung der Ausgangs- bzw. Sachlage die Überhand gewinnt. Das Verhalten der Gruppe ist in solchen Krisensituationen durch Selbstüberschätzung, Engstirnigkeit und Konformitätsdruck geprägt und kann Fehler im Entscheidungsprozess begünstigen.[199]

Der bedeutendste Einflussfaktor des Groupthink-Effekts ist die sog. **Gruppenkohäsion**. Gruppen mit einer hohen Kohäsion rücken enger zusammen, weil für keines der Gruppenmitglieder ein attraktiver Ausweg besteht und sie überdies die Hoffnung teilen, durch kooperatives Verhalten die Krise abwehren zu können. In diesen Gruppen besteht eine starke Tendenz zur Konformität, indem Andersdenkende unter Druck gesetzt werden, um einen Konsens über die Ziele, die Maßnahmen des Unternehmens und die Meinungen der Mitglieder zu erreichen. Weichen Mitglieder von dieser dominanten Denkrichtung ab, können sie im Extremfall aus der Gruppe ausgeschlossen werden.[200] Durch das Groupthink-Phänomen werden Defekte im Entscheidungsprozess wahrscheinlich (u.a. mangelnde Beachtung und Betrachtung von Alternativen, selektive Informationssuche) und es droht die **kollektive Reflexions- und Kritiklosigkeit**.[201]

Von der **Unternehmenskultur** hängt es letztlich ab, ob in Krisensituationen von Unternehmen gruppenkonformes Verhalten der Organisationsmitglieder begünstigt wird, wodurch die Unternehmenskultur eher lernfeindliche Züge annimmt.[202] Lernfreundlich gestaltet sich eine Unternehmenskultur, wenn Strukturen vorhanden sind, welche die Organisationsmitglieder anregen, ihre persönlichen Denkmodelle aufzudecken, in den SECI-Prozess einzubringen und damit die Veränderung bestehender, unterneh-

---

[198] Vgl. *Zimbardo* (1995), S. 723 ff. Dieser wird durch die geringe Unternehmensgröße, die enge berufliche Zusammenarbeit sowie private Freund- und Bekanntschaften außerhalb des Unternehmens noch verstärkt.

[199] Vgl. *Janis* (1982), S. 7 ff.; *Schulz-Hardt* (1997), S. 23 ff.; *Auer-Rizzi* (2002), S. 44 ff. *Salas et al.* (1996), S. 19 ff. weisen auf weitere gruppendynamische Effekte in Stresssituationen hin.

[200] Vgl. *Auer-Rizzi* (2002), S. 44 ff.

[201] Vgl. *Schulz-Hardt* (1997), S. 27 f.; zur Kritik am theoretischen Modell des Groupthink siehe *Schulz-Hardt* (1997), S. 28 ff.

[202] *"Unternehmenskultur kann allgemein als erlerntes System von Wertvorstellungen, Annahmen, Überzeugungen, Verhaltensnormen, Denk- und Handlungsweisen aufgefasst werden, das von den Mitgliedern eines Unternehmens erworben und akzeptiert worden ist, und als differentieller Faktor im Vergleich von Unternehmen aufgefasst werden kann."* *Reinhardt* (1995), S. 172, (im Original teilweise hervorgehoben). Zur Bedeutung der Unternehmenskultur im organisationalen Lernen vgl. *Reinhardt* (1995), S. 169 ff.

mensumfassender Gebrauchstheorien voranzutreiben.[203] Die Stärke des Einflusses auf die Gebrauchstheorie bestimmt sich aus der hierarchischen und der sozialen Position des Individuums im Unternehmen sowie aus der Stärke der unterstützenden Personengruppe.[204] Zudem wird in einem Großteil der KMU hoher Wert auf langfristige Beschäftigungsverhältnisse der Mitarbeiter gelegt. Eine **geringe Fluktuation** im Personalbestand steigert einerseits das Zugehörigkeitsgefühl und das unternehmensspezifische Erfahrungswissen, andererseits kann die organisationale Wissensbasis nicht durch die Fähigkeiten und Kompetenzen neu eingestellter Mitarbeiter „aufgefrischt" werden.

[203] Gebrauchstheorien („organizational theories-in-use") können auch als „shared mental models" bezeichnet werden und bestimmen das Verhalten und die Handlungen der Organisationsmitglieder.
[204] *„The strength of the link between individual mental models and shared mental models is a function of the amount of influence exerted by a particular individual or group of individuals."* *Kim* (1993), S. 45.

D. Modell der Lernorientierung im Turnaround von KMU

1. Merkmale und Voraussetzungen unternehmerischen Lernens im Turnaround (unternehmerische Lernorientierung)

In den vorangegangenen Abschnitten B und C ist der lernorientierte Turnaround-Prozess von KMU als weitgehend „dichotomer" Prozess betrachtet worden. Die Trennung zwischen dem unternehmerischen und dem organisationalen Lernen diente dazu, die besondere Stellung und die hohe Relevanz des Unternehmers für den Turnaround von KMU hervorzuheben. Diese Unterscheidung wird zum Ende dieses Abschnitts aufgehoben, indem die nun folgenden Kriterien der unternehmerischen und der organisationalen Lernorientierung in ein umfassendes Forschungsmodell eingebunden werden. Damit wird einer wichtigen Anforderung des Bezugsrahmens Folge geleistet, dass komplementäre Verhältnis unternehmerischen und organisationalen Lernens im Turnaround zu beachten.

Bevor im kommenden Kapitel näher auf die organisationale Lernorientierung von kleinen und mittleren Unternehmen im Turnaround einzugehen sein wird, werden im Vorgriff jene Merkmale und Voraussetzungen vorgestellt, die sich auf das unternehmerische (Lern-)Verhalten im Turnaround beziehen. Sie operationalisieren wichtige Kriterien zur Beschreibung und Bewertung des „Unternehmer-Turnarounds" als tragende Säule eines erfolgreichen Turnarounds von KMU und bilden somit das empirisch **zu testende Anforderungsprofil der Unternehmer.**[1] Im Unterschied zu allen bisher durchgeführten (insbesondere amerikanischen) Untersuchungen liegt der Schwerpunkt damit nicht nur auf der Analyse der Veränderungen auf Unternehmensebene, sondern auch auf der empirischen Analyse des individuellen (Lern-)Verhaltens im Turnaround von KMU. Dabei soll letztlich getestet werden, ob die allgemein anerkannte theoretische Annahme - ***„Entrepreneurs use failure as a learning experience"***[2] - empirisch nachweisbar ist. Grundsätzlich wird angenommen, dass mit zunehmender unternehmerischer Lernorientierung der Turnaround-Erfolg von KMU steigt.

Die Entscheidung für oder gegen einen Wechsel an der Unternehmensspitze wird insbesondere von der Bereitschaft des Unternehmers beeinflusst, den Unternehmens-Turnaround mitzutragen, d.h. der Unternehmer muss sich seiner Verantwortung für die Unternehmenskrise bewusst sein und sich konstruktiv in den Turnaround-Prozess einbringen. Letztlich entscheiden der Wille und die Fähigkeiten des Unternehmers sowie die Akzeptanz bzw. die Unterstützung des Unternehmers durch die übrigen aktiven und nicht aktiven Gesellschafter und der wichtigsten Anspruchsgruppen wie der Gläubiger und der Arbeitnehmer,[3] ob der Unternehmer wirkungsvoll

---

[1] Die im Folgenden vorgestellten Kriterien sind in den Frageblöcke 7, 8, 9 und 18 des verwendeten Fragebogens zusammengeführt worden, siehe Anhang.

[2] *Kuratko/Hodgetts* (1998), S. 103.

[3] Vgl. *Hesselmann/Stefan* (1990), S. 59; zur Bedeutung der nicht aktiven Gesellschafter in Familienunternehmen vgl. *Jaskiewicz et al.* (2006), S. 175 ff.

als Träger des Turnaround-Managements fungieren kann. Bleibt die Unterstützung verwehrt, fehlt sowohl die finanzielle Unterstützung als auch der psychische Rückhalt, und folglich muss die Zulässigkeit des Unternehmers als Promotor der Krisenbewältigung stark angezweifelt werden.[4]

Besitzt der Unternehmer den Willen und die Fähigkeit, *„einen ‚Turnaround' seiner eigenen Person“*[5] vorzunehmen, erfüllt er die wesentlichen Voraussetzungen, um persönlich aus der Unternehmenskrise zu lernen und sich zu verändern,[6] wodurch auch die Krisenbewältigung seines Unternehmens positive Impulse erhält. Da Krisen von kleinen und mittleren Unternehmen auch als Unternehmerkrisen zu verstehen sind,[7] soll dieser **Lern- und Veränderungsprozess des Unternehmers** als „Unternehmer-Turnaround“ bezeichnet werden. In Folge dessen wird der **Unternehmer-Turnaround** definiert als Prozess des unternehmerischen Wandels hin zum Besseren, der auf kognitiven Lernprozessen des Unternehmers beruht, die durch eine Unternehmenskrise resp. Unternehmerkrise ausgelöst werden.[8] Nur Unternehmer, die aus ihren Fehlern der Vergangenheit und aus der Krisenentwicklung ihres Unternehmens lernen, korrigieren ihr Verhalten während des Unternehmens-Turnarounds. Dabei äußert sich der Wille und die Lern- und Veränderungsfähigkeit des Unternehmers nicht nur in der Akzeptanz außerordentlicher Turnaround-Maßnahmen, *„sondern grundsätzlich im für das in einer Krisenbewältigung unumgängliche Erlernen von neuen Verhaltensmustern und Verfahrensweisen sowie im gleichzeitigen Entlernen gegenwärtig nicht mehr erfolgreicher Handlungsweisen des Unternehmers für eine Wiederausübung der vollen unternehmerischen Verantwortung nach Abschluss des Turnarounds.“*[9] Der Unternehmer muss diese Wandelfähigkeit beweisen, an-

---

4 Vgl. *Clasen* (1992), S. 180 ff. Von Seiten der Kreditinstitute wird die Einstellung gegenüber dem Unternehmer stark durch sein Verhalten im Krisenverlauf („Entdecker“ oder „Vertuscher der Krise“) sowie von der Fähigkeit zur kritischen Selbstreflexion und dem „Commitment“ während der ersten Wochen und Monate des Turnaround-Prozesses beeinflusst. Kommen die Kreditinstitute, die Anteilseigner oder die Familie zu dem Schluss, dass die Turnaround-Fähigkeit und -Würdigkeit des Krisenunternehmens ohne den Unternehmer höher ist, muss der Unternehmer an der Spitze des Unternehmens im Rahmen einer familieninternen oder –externen Nachfolgeregelung ersetzt werden.

5 *Clasen* (1992), S. 182. Im Folgenden werden einige Faktoren aufgezählt, die den Willen und die Einstellung des Unternehmers beeinflussen können. Hierzu zählen die physische und psychische Konstitution des Unternehmers, das Alter und damit die potenzielle Dauer der zukünftigen Berufsausübung, die finanzielle und wirtschaftliche Abhängigkeit vom Turnaround-Unternehmen, die mittel- bis langfristige Regelung der Unternehmensnachfolge, die Möglichkeit des Unternehmensverkaufs sowie die Frage, ob es sich bei dem betroffenen Unternehmer gleichzeitig auch um den Gründer handelt; vgl. *Clasen* (1992), S. 181. Hinzu kommen das Verhältnis zwischen den Gesellschaftern, die familiäre Situation, die Zukunftsaussichten der Unternehmensbranche, die historische Entwicklung der Unternehmensleistung und die Stressresistenz sowie die Intelligenz des Unternehmers.

6 Der Unternehmer muss gewillt bzw. motiviert sein, das Gelernte auch umzusetzen. Vgl. hierzu ausführlich Kap. B.2.4.

7 In Anlehnung an *Müller* (1986), S. 511.

8 *Pinkwart* (2000a), S. 165 beschreibt den Unternehmens-Turnaround als *„Prozess einer Wendung aus der Krise hin zum Besseren“*; zum Unternehmens-Turnaround siehe auch Kap. A.3.

9 *Clasen* (1992), S. 183.

sonsten besteht die Gefahr eines vorzeitig erzwungenen Endes des Turnaround-Versuchs.[10]

So wird der Unternehmer bereit sein müssen, den Prozess der Willensbildung, seine Eigenschaften und Fähigkeiten und sein Führungsverhalten so zu verändern, dass das Unternehmen den Weg aus der Krise finden kann. Außerdem muss er die Verantwortung für die Krisenentwicklung übernehmen und sich im Turnaround-Prozess engagieren.[11] Im Folgenden werden die einzelnen Bereiche eines Unternehmer-Turnarounds im Detail vorgestellt und Kriterien zur empirischen Erfassung der unternehmerischen Lernorientierung aufgezeigt. Hierzu werden Merkmale und Verhaltensweisen des Unternehmers herangezogen, die als geeignet angesehen werden, zwischen erfolgreichen und erfolglosen Turnaround-Versuchen zu diskriminieren.

So muss sich der Unternehmer eingestehen, *„dass er erstens in einer schwierigen Situation steckt und zweitens, dass er für diesen Krisenverlauf mitverantwortlich ist."*[12] Ohne diese **Einsicht des Unternehmers** ist eine vertrauensvolle Zusammenarbeit mit den finanzierenden Hausbanken meist nicht möglich, da sie ansonsten in der Person des Unternehmers eine potenzielle Gefahrenquelle sehen, die das Turnaround-Konzept nicht nachhaltig umsetzen und in alte, krisenauslösende Verhaltensmuster zurückfallen könnte. Hierunter subsumieren Hausbanken auch die Verlässlichkeit des Unternehmers, getroffene Vereinbarungen und Fristen bspw. für die Einreichung von betriebswirtschaftlichen Auswertungen einzuhalten.

Neben der Übernahme der unternehmerischen Mitverantwortung ist es essentiell, dass der Unternehmer wahrnimmt, dass er mit **seinem Wissen und seinen Fähigkeiten** großen Anteil an der Bewältigung der Unternehmenskrise hat. Denn entsprechend der Attributionstheorie und der Theorie der erlernten Hilfslosigkeit werden Unternehmer auf die Bedrohung der Unternehmenskrise nur aktiv reagieren und sich intensiv um einen Unternehmens-Turnaround bemühen, wenn sie überzeugt sind, den Verlauf und die Ursachen der Krisenentwicklung und der Krisenbewältigung kontrollieren bzw. beeinflussen zu können.[13]

Diese Überzeugung ist außerdem ein Indiz für das gestiegene Selbstvertrauen des Unternehmers und für den Glauben an die eigene Fähigkeiten, das Unternehmen

[10] Die Gläubiger können entscheiden, dem Unternehmen die finanzielle Unterstützung zu entziehen oder die Prolongation der Kredite mit der Forderung nach dem Ausscheiden des Unternehmers aus der Geschäftsführung verbinden.

[11] Vgl. *Heinemann* (2006).

[12] Wörtliches Zitat eines Interviewpartners vom 01.04.2005.

[13] Vgl. *Wood/Bandura* (1989), S. 366; *Mueller et al.* (2001), S. 31 gehen noch einen Schritt weiter und sehen die Akzeptanz der Mitverantwortung als eine Art Vorbedingung dafür, dass die Krisenursachen als kontrollier- bzw. beeinflussbar bewertet werden können.

aus der Krise zu führen.[14] Hierzu zählt auch, dass der Unternehmer nicht mehr externe Ursachen wie die Konjunktur oder den Wettbewerb als Hauptursachen für die Unternehmenskrise vorschiebt und damit das Ausmaß externer Einflussfaktoren überbewertet. Außerdem leitet sich aus der **Attributionstheorie** eine weitere Anforderung an die **Einsichtsfähigkeit des Unternehmers** ab. Damit der Unternehmer auf negative Einflüsse bspw. aus dem Wettbewerbsumfeld reagiert, muss er die Meinung vertreten, dass sie auch in Zukunft anhalten und so die Unternehmensentwicklung langfristig beeinträchtigen werden. Somit stellen die divergenten Einschätzungen der unternehmerischen Mitverantwortung, der persönlichen Beeinflussbarkeit der Unternehmensentwicklung und der zeitlichen Wirkung der Krisenursachen Erklärungsgrößen sowohl für das Fehlverhalten in der Unternehmenskrise als auch für das positive Verhalten im Unternehmens-Turnaround dar. Können in diesen Punkten positive Änderungen in den Ansichten des Unternehmers festgestellt werden, so ist dies als ein Zeichen von Einsicht zu werten.

Da in KMU die wirtschaftliche Fehlentwicklung des Unternehmens direkt mit der Person des Unternehmers verknüpft werden kann, scheint es besonders wichtig, dass der betroffene Unternehmer während des Turnaround-Prozesses diese Einsicht zeigt. Durch **mangelnde Selbstreflexion und Einsicht** wird insbesondere die Nachhaltigkeit eines begleiteten Turnaround-Prozesses gefährdet,[15] weil sich der Unternehmer dem Einfluss des hinzugezogenen Krisenexperten entzieht und damit alte Verhaltensmuster nicht entlernt werden.[16] Verlässt der Krisenexperte nach Erstellung des Turnaround-Konzepts bzw. nach Realisierung des Konzepts das Unternehmen, drohen die persistenten Ansichten und Verhaltensweisen des Unternehmers die geplanten bzw. durchgeführten Erneuerung im Unternehmens zu neutralisieren. Somit muss festgehalten werden, dass eine Unternehmenskrise mittel- bis langfristig *„nur durch Einsicht und mit Einverständnis des Unternehmers selbst bewältigt werden“*[17] kann.

Mit den Ansätzen des Entrapments, des Bedrohungs-Rigiditäts-Modells, des Entscheidungsautismus und des Escalating Commitments konnte verdeutlicht werden, dass sich der Unternehmer in Bezug auf die Entscheidungsfindung während der Krisenentwicklung zunehmend isoliert, wodurch die Objektivität der Entscheidungen und ihre Nähe zur Realität verloren gehen. Erkennt der Unternehmer die negativen Konsequenzen derartig irrationalen Verhaltens, wird er bereit sein, den Prozess der

---

[14] Vgl. *Wood/Bandura* (1989), S. 361 ff. *„Selbstwirksamkeit (self-efficacy) ist die Überzeugung, dass man in einer bestimmten Situation die angemessene Leistung erbringen kann. Dieses Gefühl einer Person bezüglich ihrer Fähigkeit beeinflusst ihre Wahrnehmung, ihre Motivation und ihre Leistung auf vielerlei Weise.“ Zimbardo* (1995), S. 498. Dabei umfassen die Selbstwirksamkeits-Erwartungen von Individuen die Überzeugung, die Fähigkeiten zu besitzen, eine bestimmte Situation zu bewältigen, über jenes Wissen zu verfügen, welches in der Situation von Relevanz ist, und mit den zu erwartenden Widerständen und Beeinträchtigungen umgehen zu können; vgl. *Holzkamp* (1993), S. 99 ff.

[15] Begleiteter Turnaround-Prozess heißt, dass dem Unternehmer während des Turnarounds ein externer Krisenexperte zur Seite gestellt wird.

[16] Vgl. *Paffenholz* (1998), S. 74.

[17] *Bussiek* (1996), S. 41.

Willensbildung während des Turnarounds so zu verändern, dass zukünftige Fehlentscheidungen und Fehlverhalten vermieden werden.[18] Dies kann bspw. geschehen, indem bestimmte Rahmenbedingungen für den Prozess der Entscheidungsfindung gesetzt werden, welche die Eintrittswahrscheinlichkeit der zuvor beschriebenen Verhaltensanomalien verringern.

Der Prozess der **Willensbildung des Unternehmers** kann in reflexive und intuitive Formen der Entscheidungsfindung differenziert werden. *„Reflexivität meint die bewusste, kritische und verantwortliche Einschätzung und Bewertung von Handlungen auf der Basis von Erfahrungen und Wissen."*[19] Der **reflexive Einfluss** auf den Entscheidungsprozess besteht demnach darin, dass die Unsicherheit von Entscheidungen durch die gezielte Suche nach Informationen verringert wird.[20] **Intuitive Entscheidungen** werden hingegen getroffen, weil aus Sicht des Unternehmers zusätzliche Informationen, Analysen und Alternativen nicht benötigt werden, da sie die Qualität der Entscheidung nicht mehr verbessern können.[21] In Krisensituationen werden aufgrund der Tendenz zur Entscheidungszentrierung und des vorhandenen emotionalen und kognitiven Stresses zunehmend intuitive Entscheidungen getroffen.

Hieraus ergibt sich eine zentrale Anforderung an den Unternehmer: Der Prozess der Willensbildung des Unternehmers muss verstärkt reflexiv bzw. diskursiv geprägt sein. So sollte der Unternehmer bereit sein, insbesondere bei wichtigen Unternehmensentscheidungen bestehende, auf ihn konzentrierte Entscheidungsstrukturen durch **diskursive Entscheidungsstrukturen** abzulösen. Der Unternehmer entscheidet nicht mehr allein, sondern im bzw. nach kritischem Diskurs mit seinen Führungskräften.[22] Im Rahmen dieser Diskussionen kann der Unternehmer mit seinen Führungskräften Alternativen erarbeiten und die eigenen Entscheidungspräferenzen reflektieren lassen. Reflexivität kann gewährleistet werden, wenn wichtige Entscheidungen über ausreichende Analysen und Informationen begründet werden müssen. Indem der Unternehmer einen mehrköpfigen Führungskreis einrichtet, kann ein gewisses Maß an Reflexivität institutionalisiert werden.[23]

In enger Anlehnung an die mangelnde Objektivität und Nähe zur Realität kann ebenfalls festgehalten werden, dass die Unternehmer zu Beginn des Turnarounds dazu neigen, ihr Unternehmen aus ressourcenorientierter Sicht nicht richtig bewerten. Die-

---

[18] Dieser Lern- und Erkenntnisprozess sollte durch den Krisenexperten moderiert werden, denn zu Beginn des Turnarounds wird der Unternehmer wahrscheinlich die Meinung vertreten, die Entscheidungen in der Vergangenheit rational und zielorientiert getroffen zu haben; vgl. *Kettunen/Palojärvi* (1996), S. 185.

[19] *Dehnbostel* (2005), S. 119.

[20] Mit steigendem Grad der Wissensbeschränkung bzw. abnehmendem Informationsstand steigt die Unsicherheit in der Entscheidungsfindung und damit auch das Bedürfnis, zusätzliche Informationen über die relevanten Parameter der Entscheidung zu gewinnen; vgl. *Reitmeyer* (2000), S. 73.

[21] Die Intuition überwiegt in Entscheidungssituationen, die durch extrem niedrige Wissensbeschränkungen (Routinehandlungen) sowie durch sehr hohe Wissensbeschränkungen (Langfristplanung) gekennzeichnet sind; vgl. *Reitmeyer* (2000), S. 73.

[22] Vgl. *Schulz-Hardt* (1997), S. 219 f.; *Schulz-Hardt/Frey* (1999), S. 315.

[23] Vgl. *Ross/Staw* (1991), S. 21; *Staw/Ross* (1987), S. 72 ff.

ses Defizit äußert sich letztlich darin, dass sie über die **Stärken und Schwächen** ihres Unternehmens nicht vollends im Bilde sind. Somit können die Unternehmer weder ihr Unternehmen ressourcenorientiert verstärken noch entsprechend des Stärken-Schwächen-Profils am Markt positionieren. Dies betrifft in ähnlicher Weise auch das Wissen um und die Akzeptanz der eigenen Stärken und Schwächen bspw. hinsichtlich der Führungsfähigkeit oder des kaufmännischen bzw. technischen Fachwissens. Aufgrund seiner Omnipräsenz im Unternehmen ist es wichtig, dass der Unternehmer sich seiner Kernkompetenzen bewusst ist, um sie effektiv einsetzen zu können. Diese **Eigenschaften und Fähigkeiten des Unternehmers** werden sich ebenfalls während eines Turnarounds verändern müssen. Darüber hinaus muss der Unternehmer während des Turnaround-Prozesses beweisen, dass er fachlich kompetent ist und konstruktiv mit alternativen Vorschlägen und Kritik aus den Reihen der Mitarbeiter, der Familie und der Krisenexperten umgehen kann.

Zudem muss der Unternehmer die „**Abschottung nach außen**" aufheben, d.h. er muss Anregungen, Vorschläge und insbesondere Kritik konstruktiv annehmen. Im Turnaround sind es insbesondere die Krisenexperten, die durch ihr Fachwissen und ihre Erfahrung die bestehende Betriebsblindheit des Unternehmers abbauen.[24] Die Fähigkeit des Unternehmers zum Turnaround schließt mit ein, dass er den Nutzen der Krisenexperten für sich und sein Unternehmen erkennt. Verhält sich der Unternehmer beratungsresistent oder zweifelt die Notwendigkeit an, durch einen Krisenexperten in dieser schwierigen Phase unterstützt werden zu müssen, erfüllt er eine wichtige turnaround-spezifische Anforderung nicht.

Skepsis des Unternehmers **am generellen Turnaround-Erfordernis** und folglich an der Notwendigkeit der Krisenbewältigung können eine fundierte Unternehmens- und Umweltanalyse und die wirkungsvolle Umsetzung von Turnaround-Maßnahmen verhindern,[25] d.h. *„der Unternehmer muss den absoluten Willen zur Krisenbewältigung haben, er darf keine Zweifel hegen"*[26]. Zweifel des Unternehmers werden die Mitarbeiter zusätzlich verunsichern und in einer Unternehmensphase für Unruhe und Verwirrung sorgen, in der die Konzentration auf das Wesentliche zwingend erforderlich ist. Indem der Unternehmer von der Notwendigkeit der Turnaround-Maßnahmen überzeugt ist und ihre Umsetzung intensiv vorantreibt, zerstreut er die Zweifel an seiner persönlichen Turnaround-Fähigkeit und verringert die Verunsicherung unter den eigenen Mitarbeitern. Ein Zeichen hierfür ist auch ein professionelleres **Führungsverhalten des Unternehmers**, d.h. die Arbeitsleistung der Führungskräfte und Mitarbeiter werden konsequent kontrolliert und beurteilt. Dies beinhaltet auch, dass die Humanressourcen des Unternehmens entsprechend ihrer Fähigkeiten eingesetzt werden. **Schlüsselpositionen** werden neu besetzt, weil qualifizierte Führungskräfte

---

24 Vgl. *Pinkwart et al.* (2005a), S. 66; *Schulz-Hardt* (1997), S. 219.

25 Außerdem werden die Zweifel des Unternehmers die Beschäftigten zusätzlich verunsichern und in einer Unternehmensphase für Unruhe und Verwirrung sorgen, in der die Konzentration auf das Wesentliche zwingend erforderlich ist.

26 Wörtliches Zitat eines Interviewpartners vom 04.04.2005.

das Unternehmen in Folge der Krise verlassen haben oder weil die Unternehmensanalyse auf Schwachstellen hindeutet.[27]

Die alleinige Betrachtung der individuellen Lern- und Veränderungsprozesse des Unternehmers genügt nicht, um eindeutige Rückschlüsse auf das Ausmaß des organisatorischen Wandels ziehen zu können.[28] Bisher ist der Unternehmer als weitgehend isoliertes Lernsystem und nicht als Teil eines sozialen Geflechts aufgefasst worden. Der individuelle Prozess der Informationsverarbeitung ist eingebettet in verschiedene Gruppen- und institutionelle Prozesse, die das Reaktionsverhalten während der Krise und des Turnarounds mitgestalten. Einen Unternehmens-Turnaround lediglich als Folge von Verhaltensveränderungen des Unternehmers zu werten, genügt insbesondere bei steigender Mitarbeiterzahl des Krisenunternehmens nicht mehr. Dementsprechend muss das Umfeld des Unternehmers ebenfalls in die Betrachtung aufgenommen werden, denn ohne dass alle relevanten Organisationsmitglieder ihr Verhalten an die neue Situation anpassen und somit entscheidend zur Realisierung der Turnaround-Maßnahmen beitragen, wird ein Turnaround nicht erfolgreich durchzuführen sein.[29] Dies erfordert, dass der individuelle Lern- und Veränderungsprozess des Unternehmers als wichtiger Bestandteil eines **übergeordneten organisationalen Lernprozesses** aufzufassen ist.[30]

2. Merkmale und Voraussetzungen organisationalen Lernens im Turnaround (organisationale Lernorientierung)

Aufbauend auf die Diskussion des organisationalen Lernens im Turnaround von KMU werden im Folgenden ebenfalls die Voraussetzungen und Merkmale abgeleitet, die organisationales Lernen von kleinen und mittleren Untenrehmen begünstigen (organisationale Lernorientierung). Dabei werden zwei Dimensionen von Merkmalen unterschieden, um die Besonderheit eines lernorientierten Turnarounds erfassen zu können (siehe Abb. 16). Zuerst werden allgemeine Merkmale des organisationalen Lernens bestimmt (**Lernorientierung der Unternehmen**), die lernende Unternehmen auszeichnen und zudem in früheren empirischen Untersuchungen genutzt wurden. Inhaltlich werden zur Beschreibung der Lernorientierung der Unternehmen hauptsächlich Merkmale der prozessualen und hierarchischen Perspektive des organisationalen Lernens von KMU herangezogen.

Die allgemeinen Merkmale aus dem organisationalen Lernkontext werden um die spezifischen Eigenheiten eines Turnarounds von KMU ergänzt. Hierbei handelt es

---

[27] Vgl. *Töpfer* (1986a), S. 77; *Pinkwart* (2000a), S. 169 f.; *Kolb* (2006), S. 121.
[28] Vgl. *Ocasio* (1995), S. 321.
[29] Vgl. u.a. *Albach* (2000), S. 86 ff.; *Clasen* (1992), S. 185, *Argyris/Schön* (1978), S. 29; *„Von ihrer Umsetzungsleistung hängt ein nicht unerheblicher Teil des Turnaround-Erfolgs ab." Pinkwart et al.* (2005a), S. 65, (im Original teilweise hervorgehoben).
[30] Vgl. hierzu ausführlich Abschnitt A.

sich um Merkmalsgruppen, die zum einen das Engagement der wichtigsten Turnaround-Akteure und zum anderen die strategische Veränderungstiefe der Turnaround-Maßnahmen veranschaulichen. Die Merkmale des Turnaround-Kontext beziehen sich somit auf Elemente der institutionellen, hierarchischen und situativen Perspektive des organisationalen Lernens im Turnaround.

So wurde als Grundthese für die Untersuchung des organisationalen Lernens im Turnaround von KMU formuliert, dass der erfolgreiche Turnaround von KMU als ein umfassender organisationaler Lernprozess des gesamten Unternehmens zu verstehen ist. Ausschlaggebend über den Erfolg oder Misserfolg der Turnaround-Bemühungen von KMU wird neben dem Lernverhalten der betroffenen Unternehmer insbesondere das organisationale Lernverhalten der Unternehmen sein. Generell soll untersucht werden, ob die theoretische Annahme, dass organisationalem Lernen im Turnaround-Prozess eine große Bedeutung zukommt,[31] empirisch gestützt werden kann, wenn kleine und mittlere Turnaround-Unternehmen untersucht werden. Dabei wird angenommen, dass mit einer zunehmenden Lernorientierung der KMU auch der Turnaround-Erfolg steigt und dass erfolgreiche von nicht erfolgreichen Turnaround-Unternehmen anhand der organisationalen Lernorientierung differenziert werden können.[32]

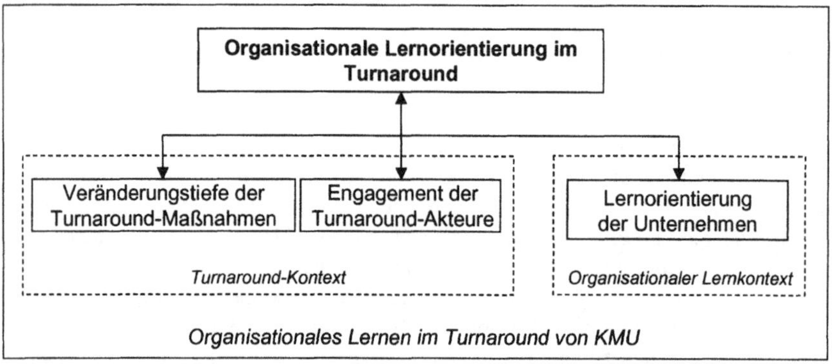

Abb. 16: Organisationale Lernorientierung im Turnaround von KMU

„Learning in an organization can occur in two ways: from the firm's own experience and from the experience of other firms."[33] Dementsprechend werden die im Folgenden diskutierten **Merkmale des organisationalen Lernkontexts** in Merkmalsgruppen des internen und des externen Lernens zusammengefasst. Als ein wichtiges in-

[31] Vgl. *Albach* (2000), S. 87 ff.; *Pinkwart (2000a)*, S. 172; *Thommen* (1996), S. 247 ff.; *Thommen* (1999), S. 67 ff.; *Clasen* (1992), S. 358; *Shepherd/Wiklund* (2005), S. 187 ff. und *Shepherd/Wiklund* (2006), S. 1 ff.

[32] Die vorgestellten Kriterien sind in den Frageblöcken 10, 11 und 12 des verwendeten Fragebogens zusammengeführt worden, siehe Anhang.

[33] *Bapuji/Crossan* (2004), S. 403.

ternes Merkmal lernender Organisationen werden die **Offenheit der Kommunikationsstruktur** und der freie Informationsfluss innerhalb der Unternehmen angesehen.[34] Lernende Unternehmen haben **Unternehmensziele und -strategien**, die darüber hinaus allen Mitarbeitern bekannt sind. Sie stellen den Bezugsrahmen für alle Handlungen und Entscheidungen im Unternehmen dar. Um die Ziele und die Strategie der Zielerreichung im ganzen Unternehmen kommunizieren und transparent machen zu können, müssen sie eindeutig formuliert sein.[35] Ohne ihr Vorhanden- oder Bekanntsein ist eine Verbesserung des Problemlösungs- und Handlungspotenzials des Unternehmens in Form von effizienzsteigernden organisationalen Lernprozessen (Anpassungslernen) weitgehend ausgeschlossen.[36]

In kleinen und mittleren Turnaround-Unternehmen ist meist festzustellen, dass keine konsequente strategische Ausrichtung existiert und/oder die Unternehmensziele zumeist nur in den Köpfen der Unternehmer vorhanden sind.[37] Grundsätzlich könnten diese strategischen Defizite durch die Flexibilität und Reaktionsgeschwindigkeit der Unternehmen und die Erfahrung und Intuition der Unternehmer kompensiert werden. In Krisensituationen zeichnet sich jedoch ab, dass die Unternehmer Informationen nicht nur verzögert, sondern auch verzerrt wahrnehmen und daher auch nicht mehr frühzeitig bei Prozessschwierigkeiten und Produktmängeln eingreifen können. Die Unternehmer schotten sich zunehmend von ihrer Umwelt ab, so dass sich die vormals gute persönliche Kommunikation zwischen Unternehmern und Mitarbeitern in Krisenzeiten verschlechtert.[38]

Darüber hinaus werden in lernenden Unternehmen unterschiedliche **Methoden und Instrumente** angewendet, welche die Veränderung bzw. Verbesserung der organisationalen Wissensbasis unterstützen, indem sie den Transfer individuellen Wissens auf andere Organisationsmitglieder fördern.[39] Hierzu zählen u.a. der regelmäßige Erfahrungsaustausch der Mitarbeiter, das betriebliche Vorschlagswesen, die Weitergabe von Verantwortung (Empowerment), die Möglichkeit, interne Fehler und Probleme aufzudecken und zu beheben, Informationen über Reklamationen und Beschwerden der Kunden sowie die Motivation der Mitarbeiter, die Lern- und Veränderungsprozesse zu tragen.[40] *„Ziel einer lernenden Organisation ist es, latentes und verborgenes individuelles Wissen zur potenziellen Nutzung, Erhöhung und Erweiterung der Lernmöglichkeiten einer Organisation freizusetzen“*[41] oder einfacher formuliert, von den Erfahrungen und dem Wissen anderer zu profitieren.[42]

---

34 Vgl. *Pedler et al.* (1994), S. 35 f.
35 Vgl. *Scheff* (2001), S. 32 f.
36 Vgl. *Nagl* (1997), S. 63 f. und S. 83 ff.
37 Vgl. *Pinkwart* (2005), S. 102; *Ilskensmeier* (2001), S. 41 f.; *Behringer* (2004), S. 18; *Kolb* (2006), S. 32.
38 Zum Verhalten des Unternehmers in Krisen- und Turnaround-Situationen siehe Kap. B.2.3.
39 Die unterschiedlichen Methoden und Instrumente verdeutlichen die *„organisationale Lernbereitschaft“*; vgl. *Scheff* (2001), S. 34.
40 Vgl. *Scheff* (2001), S. 63 ff.; *Nagl* (1997), S. 122; *Meyer* (1998), S. 163 f. und S. 173 ff.
41 *Nagl* (1997), S. 96.
42 Vgl. *Ross/Staw* (1991), S. 20.

Damit die Organisationsmitglieder ihr Wissen und ihre Erfahrungen weitergeben, müssen sie zum einen motiviert sein und zum anderen die Möglichkeit des Know-how-Transfers besitzen. So kann der Wissenstransfer bspw. durch einen **regelmäßigen Erfahrungsaustausch** der Mitarbeiter unterstützt werden. Auf diese Weise entsteht ein neues, gemeinsames Wissen,[43] weil die teilnehmenden Akteure ihr individuelles Wissen und ihre Erfahrungen bekannt machen und im Rahmen des offenen Dialogs miteinander verknüpfen.[44] Wie das Lernkonzept von *Kim* (1993) zeigt,[45] werden auf diese Weise individuelles Wissen resp. individuelle mentale Modelle in den Prozess des organisationalen Lernens integriert und können folglich die von allen Organisationsmitgliedern geteilten mentalen Modelle fortentwickeln.

Die Organisationsmitglieder müssen also motiviert sein, ihr Wissen weiterzugeben, neue und relevante Informationen wahrzunehmen, sie in die eigenen Denkschemata zu integrieren und schließlich das Gelernte auch umzusetzen, indem sie ihre Handlungsweisen entsprechend anpassen. D.h. der individuelle Lernprozess führt erst dann zu Verhaltensveränderungen, wenn auch die Bereitschaft zur Umsetzung des Gelernten besteht.[46] Ohne die **Lern- und Veränderungsbereitschaft** der Mitarbeiter und Führungskräfte während des Turnaround-Prozesses können weder die notwendige Qualität des Turnaround-Konzepts und seiner Maßnahmen noch der Realisierung gewährleistet werden. Ihre Motivation wird so zu einer wichtigen Prämisse des Turnaround-Erfolgs.[47]

Lernende Unternehmen zeichnen sich durch eine ausgeprägte **Fehlerkultur** aus, d.h. unternehmensinterne Fehler werden als Chance gesehen, präventiv zu lernen,[48] oder umgekehrt formuliert: *„In Unternehmen, die nicht lernen, ist es einfach nicht möglich, über Fehler zu reden.“*[49] Erst wenn die Mitarbeiter Störungen oder Fehler in den Prozessen des Unternehmens anzeigen, können auch die notwendigen organisationalen Lernprozesse ausgelöst werden.[50] Dies setzt allerdings voraus, dass der Überbringer der „schlechten“ Nachricht nicht bestraft wird, auch wenn die Informatio-

---

43 Es entwickelt sich nicht nur eine gemeinsame unternehmensinterne Sprache, sondern auch eine gemeinsam konstruierte Wirklichkeit.

44 Vgl. *Wahren* (1996), S. 205.

45 Siehe Kap. C.2.3.

46 Vgl. *Zimbardo* (1995), S. 263; *Holzkamp* (1993), S. 71 und Kap. B.2.4. Das individuelle Lernen ist eine notwendige, aber noch keine hinreichende Bedingung für den Erfolg organisationalen Lernens; vgl. *Nagl* (1997), S. 88.

47 So wird die Motivation der Mitarbeiter bspw. in den empirischen Arbeiten von *Schmidt/Freund* (1989), S. 66 ff. und *Küpper/Bronner* (1992), S. 85 als fundamentaler strategischer Erfolgsfaktor von KMU eingeschätzt. Weil die Erhaltung bzw. Steigerung der Mitarbeitermotivation ein wichtiges Ziel des Turnaround-Managements ist (siehe *Pinkwart* (2000a), S. 169 ff.), nimmt *Kolb* (2006), S. 182 ff. und 210 ff. die Motivation der Mitarbeiter als explizites Ziel bzw. Funktion in das Integrierte Turnaround-Management (ITM) auf. *Bibeault* (1982), S. 181 ff. kommt zu dem empirischen Ergebnis, dass die Steigerung der Mitarbeitermotivation einen Erfolgsfaktor des Turnarounds darstellt.

48 Vgl. *Wahren* (1996), S. 147; *Pedler et al.* (1994), S. 40 f.

49 *Pedler et al.* (1994), S. 99.

50 Vgl. *Scheff* (2001), S. 61; *Milliken/Lant* (1991), S. 149.

nen der Meinung bzw. Entscheidungen der Vorgesetzten widersprechen.[51] Außerdem werden Informationen über **Reklamationen und Beschwerden** der Kunden erfasst und sind allen Organisationsmitgliedern zugänglich. Mit einem strukturierten Beschwerdemanagement verfügen die Unternehmen über einen Ansatz, systematisch auf die Unzufriedenheit der Kunden zu reagieren, um sicherzustellen, dass unzufriedene Kunden nicht zum Wettbewerb wechseln. Umgekehrt fördern aber auch positive Impulse bspw. in Form von kreativen Ideen und Verbesserungsvorschlägen den kontinuierlichen Veränderungsprozess eines Unternehmens. Indem ein **betriebliches Vorschlagswesen** eingerichtet wird, haben alle Organisationsmitglieder die Möglichkeit, den Prozess des organisationalen Lernens zu beeinflussen.

Bisher sind die Aspekte einer informationsgestützten Unternehmenssteuerung weitgehend vernachlässigt worden. Dabei unterstützen gerade jene Informationen das organisationale Lernen, die durch eine systematische und aufeinander abgestimmte Nutzung der einzelnen **Controllinginstrumente** gewonnen werden. Die Kontroll- und Steuerungssysteme wie die Jahres- und Liquiditätsplanung, das Rechnungswesen, die Kostenrechnung sowie die Vor- und Nachkalkulation liefern die notwendigen Daten, damit der Strategiebildungs- und Umsetzungsprozess zu einem fortlaufenden Lernprozess werden kann.[52] Durch formale Controllingsysteme wird der Prozess der Unternehmensführung zunehmend rationalisiert und auftretende Zielabweichungen können kritisch geprüft werden.[53] Sie bilden auch eine zentrale Voraussetzung dafür, dass Verantwortung für Projekte und Entscheidungsfelder delegiert werden kann. Außerdem kommt der Qualität des Unternehmenscontrollings in der Krisen– und Turnaround-Situation eine besondere Bedeutung zu. Zum einen zählen Mängel im Controllingsystem zu den regelmäßig vorgebrachten Krisenursachen,[54] zum anderen zählt es zu den dringlichen Turnaround-Aufgaben, ein aussagekräftiges und fundiertes Controlling zu etablieren, um den Verlauf des Turnaround-Prozesses aktiv steuern zu können.[55]

„Learning from one's own experience may not always be productive because it tends to pay too much attention to short-term and local conditions."[56] Damit ist das **externe organisationale Lernen** eine besondere Form des Beobachtungslernens, die der Erschließung externen Wissens bzw. externer Erfahrungen dient. Durch unterschiedliche Maßnahmen des organisationalen Lernens wird versucht, die Erfahrungen und das Wissen Dritter für das eigene Unternehmen nutzbar zu machen und eventuelle

---

[51] *"A climate of candor must be established in the organization. Employees must learn that they will be rewarded for providing prompt and accurate data, even if the data itself does not support the position of those in power." Ross/Staw* (1991), S. 18.

[52] *Pedler et al.* (1994), S. 36 f. sprechen in diesem Zusammenhang von einem formativen Rechnungs- und Kontrollwesen.

[53] *„Almost all managers will respond appropriately to clear, consistent, and unambigous signals to stop." Ross/Staw* (1991), S. 18.

[54] Vgl. Kap. B.2.2 und Kap. A.3.

[55] Vgl. u.a. *Pinkwart et al.* (2005a), S. 69 ff.; *Kolb* (2006), S. 182 ff. und 219 ff. identifiziert im Turnaround ein höheres Controllingbedürfnis als in „normalen" Unternehmenssituationen.

[56] *Bapuji/Crossan* (2004), S. 404.

Defizite in der Marktorientierung zu verringern.[57] So begünstigen bspw. langfristige **Kooperationen** mit Kunden, Lieferanten und Wettbewerbern den Wissenstransfer und die zwischenbetriebliche Wissensentwicklung.[58] In diesem Zusammenhang ist insbesondere die Kundennähe von kleinen und mittleren Unternehmen hervorzuheben, die, durch empirische Untersuchungen gestützt, als ein signifikanter Erfolgsfaktor der Unternehmensentwicklung identifiziert wird.[59] Dabei ist davon auszugehen, dass durch einen engen **Kundenkontakt**, der z.B. durch regelmäßige Kundengespräche und schriftliche Kundenbefragungen gepflegt wird, die Kundennähe der Unternehmen steigt, weil mehr Anstöße für organisationale Lernprozesse von den Kunden stammen.[60]

Das **Branchenumfeld** kann durch regelmäßige Besuche von **Fachmessen, Hersteller- und Kundenschulungen** beobachtet werden, um frühzeitig über aktuelle Trends und Innovationen informiert zu sein. Außerdem erhöht die Teilnahme der Unternehmer und der Führungskräfte an **externen Seminaren und Weiterbildungsangeboten** die organisationale Wissensbasis und fördert organisationale Lernprozesse, wenn durch die neuen Erkenntnisse traditionelle Gewohnheiten in den Unternehmen hinterfragt, analysiert und ggf. verändert werden.[61] Mit diesen zwei Merkmalen lernender Organisationen wird die Operationalisierung der Lernorientierung der Unternehmen abgeschlossen und in den Turnaround-Kontext des organisationalen Lernens übergeleitet, der sich mit dem Engagement der Turnaround-Akteure sowie der Veränderungstiefe der Turnaround-Maßnahmen beschäftigt.

Von allen relevanten **Turnaround-Akteuren** werden im Folgenden drei Personengruppen herausgegriffen,[62] die einen erheblichen Einfluss auf den operativen Verlauf eines Turnarounds ausüben. Hierbei handelt es sich um die Gruppen der Unternehmer, der Mitarbeiter und Führungskräfte sowie der beteiligten Krisenexperten. Dass das unternehmerische Verhalten eine bedeutende Funktion für den Turnaround-Erfolg hat, ist bereits in Kap. D.1 unter dem Gesichtspunkt der Lernbereitschaft und -fähigkeit erörtert worden. Daher wird im Folgenden das Augenmerk auf Merkmale des unternehmerischen Verhaltens gelegt, die eng mit dem **Turnaround-Prozess als solchem assoziiert** und ausschließlich während des Turnarounds zu beobachten sind.[63]

---

[57] Vgl. *Milliken/Lant* (1991), S. 149.

[58] Vgl. *Scheff* (2001), S. 67; *Meyer* (1998), S. 130 ff. und S. 214 ff.

[59] Vgl. u.a. *Göttgens* (1996), S. 476 ff.; *Daschmann* (1994), S. 166 ff. und S. 202 ff.; *Reitmeyer* (2000), S. 168 f. zur Erfolgsfaktorenforschung in mittelständischen Unternehmen; zu den Ergebnissen der Erfolgsfaktorenforschung in Gründungsunternehmen siehe *Pinkwart/Heinemann* (2004a), S. 379 ff.; *Hesselmann* (1995), S. 55 ff. zeigt die besondere Bedeutung der Kundennähe im Rahmen der Insolvenzprognose auf.

[60] Vgl. *Reitmeyer* (2000), S. 68.

[61] Vgl. *Scheff* (2001), S. 67; *Pedler et al.* (1994), S. 41 ff.

[62] Das Verhalten anderer wichtiger Turnaround-Akteure, z.B. der Gläubiger sowie der Unternehmerfamilien, wird im Rahmen der allgemeinen Einflussfaktoren untersucht.

[63] Die im Folgenden vorgestellten Kriterien sind in den Frageblöcken 14 und 15 des verwendeten Fragebogens zusammengeführt worden, siehe Anhang.

Eine hohe Aussagekraft über das unternehmerische Verhalten während des Turnarounds besitzt das **Commitment der Unternehmer** für die inhaltliche Gestaltung des Turnarounds. Dabei wird unterstellt, dass ein steigendes Commitment der Unternehmer die Wahrscheinlichkeit einer vollständigen und nachhaltigen Umsetzung der Turnaround-Maßnahmen steigen lässt.[64] Die Unternehmer werden demnach die **Realisierung der Turnaround-Maßnahmen vorantreiben**, wenn sie von ihrer Notwendigkeit überzeugt sind. Diese Erkenntnis setzt häufig einen „schmerzhaften" Lernprozess voraus. Das Commitment der Unternehmer wird außerdem durch das Arbeitsklima beeinflusst, das zwischen dem Unternehmer und begleitenden Krisenexperten herrscht. Entwickelt sich ein **konstruktives Vertrauensverhältnis**, ist das ein Zeichen für eine professionelle und positive Arbeitsatmosphäre, welche dann auch eine Mitarbeit des Unternehmers an der Entwicklung des Turnaround-Konzepts ermöglicht. Durch diese Kooperation werden das kontextuelle Wissen der Unternehmer und das strukturelle Know-how der Krisenexperten auf ideale Weise zusammengeführt.[65]

Der Unternehmens-Turnaround stellt eine große Chance für den Unternehmer zur umfassenden Rehabilitation dar. In dieser schwierigen Unternehmenssituation ist der Unternehmer in der Führungsverantwortung und muss sich dieser Verantwortung stellen, indem er sich aktiv in den Turnaround-Prozess einbringt. Für die Mitarbeiter ist das Auftreten und das Engagement des Unternehmers ein Fixpunkt für ihre eigene Reaktion. *„Der Unternehmer ist die wichtigste Person im Unternehmen und muss die Rolle als Organisator und Motivator übernehmen. Die Mitarbeiter verlassen sich auf den Unternehmer."*[66] Die Sorge um die eigene Existenz sowie die Angst vor der beruflichen Perspektivlosigkeit können bei den Mitarbeitern fatalistische oder apathische Reaktionen hervorrufen. Um den Turnaround erfolgreich zu beenden, sind aber motivierte und handlungsbereite Mitarbeiter gefragt, so dass es Aufgabe des Unternehmers ist, positive Signale zu setzen. Eine ernsthafte Verbesserung des Lernumfelds bedarf der Überzeugungsarbeit und des glaubwürdigen Auftretens des Unternehmers.[67]

Die bedeutende Rolle der **Führungskräfte und Mitarbeiter** im Turnaround-Kontext ist bereits in der institutionellen Perspektive des organisationalen Lernens betont worden.[68] Sie sind einerseits eine ergiebige Informationsquelle in der Turnaround-Analyse und andererseits die letztlich entscheidenden Träger des Turnarounds, so dass die **aktive Einbindung** in den Turnaround-Prozess zwingend erforderlich ist. Eng mit der Entscheidung, wie intensiv die Mitarbeiter und Führungskräfte in den

---

[64] *„The stronger the expectation, motivation and commitment expressed in a decision, the more power that decision exerts as a basis for action." Brunsson* (1982), S. 33.

[65] Siehe Kap. B.2.4.

[66] Wörtliches Zitat eines Interviewpartners vom 22.03.2005.

[67] Vgl. *Schein* (1993), S. 87; *Argyris* (1990), S. 91 ff.; *Berthoin Antal et al.* (2001), S. 867; *Krüger/Bach* (1997), S. 24 sprechen davon, dass die Unternehmungsspitze im Lernprozess eine Vorbildfunktion übernehmen sollte.

[68] Vgl. Kap. C.2.1.

Turnaround involviert werden, ist die Wahl eines geeigneten Führungsstils verknüpft, so dass sich im Rahmen eines lernorientierten Turnarounds ein hybrider bzw. situativer Führungsstil empfiehlt.[69] Situativ heißt, dass in der Analyse- und Konzeptionsphase eher ein **partizipativer Führungsstil** verfolgt wird, um die Mitarbeiter und Führungskräfte zu motivieren, ihr Wissen und ihre Erfahrungen in die Entwicklung eines zukunftsfähigen Turnaround-Konzepts zu integrieren.[70] Werden hingegen Entscheidungen getroffen oder die Umsetzung von Turnaround-Maßnahmen kontrolliert, muss ein verstärkt **autoritärer Führungsstil** gewählt werden, um einschneidende Maßnahmen möglichst zügig durchzusetzen.[71]

Außerdem sollten die Entscheidungsträger in Turnaround-Unternehmen eine offensive interne **Kommunikationspolitik** propagieren und die Mitarbeiter über die Zukunftsaussichten des Unternehmens informieren. Dies schließt die Kommunikation sowohl von positiven Turnaround-Fortschritten als auch von Misserfolgen ein.[72] Allerdings sollten bei der Art und Weise der Kommunikation immer die Gesichtspunkte der kollektiven Motivation und des kollektiven Selbstvertrauens beachtet werden.

Darüber hinaus werden geeignete Führungskräfte in ein Turnaround-Team berufen.[73] Das **Turnaround-Team** ist eine Projektgruppe, die während des Turnarounds die operativen und strategischen Maßnahmen erarbeitet und deren Realisierung verantwortet. Somit übernimmt das Turnaround-Team die Funktion eines Katalysators des Turnaround-Prozesses.[74] Es setzt sich aus unternehmensinternen und ggf. -externen Turnaround-Akteuren zusammen und sollte möglichst interdisziplinär besetzt sein.[75] Die Gruppenmitglieder stellen der Gruppe ihr Wissen zur Verfügung und durch den Austausch wird neues Wissen generiert, welches organisationale Lernprozesse initialisieren kann, wenn es als neuer strategischer Rahmen, operative Maßnahmen oder Handlungsanweisungen dem gesamten Unternehmen zugänglich gemacht wird.[76] In dieser Form ist ein Turnaround-Team eine Lerngruppe, dient der **kollektiven Lernförderung** und kann im Falle eines erfolgreichen Turnarounds den *„Kristallisationspunkt für ein Lernendes [sic!] Unternehmen bilden"*[77].

---

[69] *„A decision process that switches between decentralized and centralized requires greater levels of managerial skill, which will need to be fostered in executives." Mueller et al.* (2001), S. 32; für einen situativen Führungsstil im Turnaround sprechen sich u.a. *Pinkwart et al.* (2005a), S. 133; *Kolb* (2006), S. 214 f.; *Bergauer* (2000), S. 308; *Clasen* (1992), S. 339 ff.; *Krystek* (1989), S. 35 aus.

[70] Vgl. *Kolb* (2006), S. 144 f.; *Mueller et al.* (2001), S. 32 f.; *Bergauer* (2001), S. 277 ff.

[71] Die z.T. radikalen Entscheidungen können zügiger getroffen und durchgesetzt werden, weil langwierige Diskussionen, die Suche nach Kompromissen sowie die Versuche des reaktionären Macht- und Statuserhalts von Einzelpersonen und Interessengruppen vermieden werden.

[72] Vgl. *Kolb* (2006), S. 218. Anhand der Turnaround-Balanced Scorecard (T-BSC) ist exemplarisch gezeigt worden, wie eine offene Informations- und Kommunikationspolitik in Turnaround-Unternehmen organisiert werden kann; vgl. *Pinkwart et al.* (2005a), S. 134 ff.; *Pinkwart et al.* (2005b), S. 435 ff.; *Pinkwart et al.* (2005c), S. 15 ff.

[73] Vgl. *Pinkwart et al.* (2005a), S. 67.

[74] Vgl. *Krüger* (1995), Sp. 1781.

[75] Vgl. *Kolb* (2006), S. 189 f.

[76] Vgl. *Probst/Büchel* (1998), S. 64 f.

[77] *Meyer* (1998), S. 201 i.V.m. *Krüger* (1995), Sp. 1781.

Durch die gezielte Einbindung der Mitarbeiter und Führungskräfte wird die kollektive Selbstwirksamkeit (collective efficacy) resp. das kollektive Selbstvertrauen des Unternehmens gestärkt.[78] Der gemeinschaftliche Glaube einer Personengruppe an ihre kollektiven Fähigkeiten und Fertigkeiten beeinflusst ihre Bereitschaft, bestimmte Aufgaben zu übernehmen. In Abb. 17 ist in einem zweistufigen Prozess dargestellt, wie sich **kollektives Selbstvertrauen** auf das Verhalten einer Unternehmensführung in einer Krise auswirken kann.

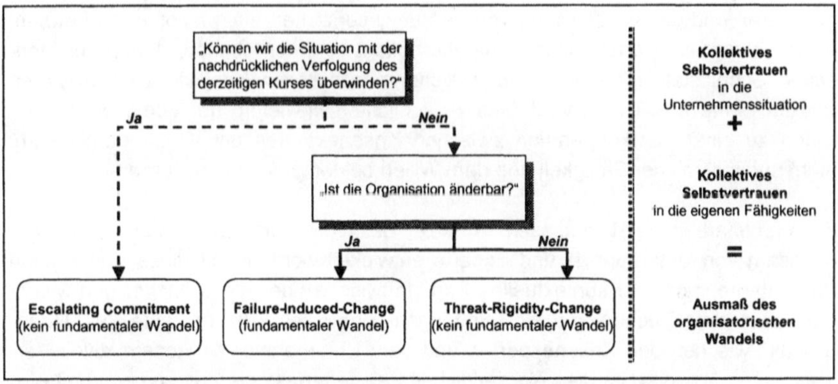

Abb. 17: Kollektives Selbstvertrauen und organisatorischer Wandel[79]

Eine entscheidende Annahme dieses Modells von *Whyte/Auer-Rizzi* (2000) ist,[80] dass ein niedriges kollektives Selbstvertrauen des Führungsteams in die aktuelle strategische Ausrichtung des Unternehmens auch den gemeinschaftlichen Glauben verringern wird, den aktuellen Kurs unverändert beibehalten zu müssen. In diesem Falle sind die Entscheidungsträger nicht bereit, die aktuellen strategischen und operativen Aktivitäten voranzutreiben bzw. vor Kritik zu schützen. Die Bereitschaft zu einem fundamentalen Wandel des Unternehmens wird sich jedoch erst dann einstellen, wenn das kollektive Selbstvertrauen des Führungsteams in die eigenen und die Fähigkeiten aller Organisationsmitglieder hoch genug ist. Die Entscheidungsträger müssen sich und den übrigen Organisationsmitglieder zutrauen, die Veränderungen in der Organisation bewältigen zu können.[81] Die aktive Einbindung der Mitarbeiter und Führungskräfte und die **Bildung eines kompetenten Turnaround-Teams** wird das kollektive Selbstvertrauen in die organisationalen Fähigkeiten stärken.

---

[78] Collective efficacy wird definiert als *„a group's belief in their conjoint capabilities to organize and execute the courses of action required to produce given levels of attainments."* *Bandura* (1997), S. 477.

[79] Quelle: In Anlehnung an *Auer-Rizzi* (2002), S. 50 ff.

[80] Vgl. *Whyte/Auer-Rizzi* (2000) und im Folgenden zitiert nach *Auer-Rizzi* (2002), S. 33 ff.

[81] Vgl. *Auer-Rizzi* (2002), S. 51 f. *„Mit anderen Worten, eine adverse Sitution sollte nur dann zu einem organisatorischen Wandel führen, wenn die Entscheidungseinheit ein geringes Selbstvertrauen in Bezug auf eine direkte Meisterung der Situation mit den bestehenden Mitteln und ein hohes Selbstvertrauen in Bezug auf die Erreichung eines organisationalen Wandels hat."* *Auer-Rizzi* (2002), S. 52.

Werden im Turnaround **externe Krisenexperten** zur Unterstützung der Unternehmer hinzugezogen (begleiteter Turnaround), eröffnet sich den Krisenunternehmen für eine begrenzte Zeit eine spezialisierte Wissensquelle. Dies verdeutlicht, dass Krisenexperten den Turnaround-Prozess von KMU häufig begleiten und einen großen Anteil am Erfolg oder Misserfolg des Turnaround-Managements haben. Dabei beeinflussen insbesondere die praktische Erfahrung, das turnaround-spezifische Know-how und die emotionale Intelligenz des Krisenexperten den Turnaround-Verlauf. Sie besitzen i.d.R. die Fähigkeit, die Unternehmens- und Umweltanalyse effizient zu organisieren und die wesentlichen von den unwesentlichen Informationen zu trennen. Neben dieser eher analytischen Aufgabe obliegt es ihnen ebenso, die organisatorischen Schnittstellenprobleme und zwischenmenschlichen Konflikte zu lokalisieren und im Sinne des Turnaround-Ziels zu schlichten. Inwiefern der begleitete Turnaround zu einer Lernkooperation zwischen Krisenexperten und Unternehmer wird, steht und fällt mit der Fähigkeit und dem Willen beider, zusammenzuarbeiten.

Zusammenarbeit heißt in diesem Kontext, dass die Turnaround-Maßnahmen gemeinsam von Unternehmer und Experte entwickelt werden. Auf diese Weise kann der Unternehmer sein kontextuelles Expertenwissen über die Branche, den Markt, die verwendete Technologie etc. einbringen. Entwickelt sich im Laufe des Turnarounds zwischen den Krisenexperten und dem Unternehmer ein konstruktives Vertrauensverhältnis, so ist dies ein deutliches Zeichen, dass die Zusammenarbeit professionell ist und sich die beiden Parteien aufeinander eingestellt haben.

Im Rahmen des lernorientierten Turnaround-Managements von KMU sind drei **Ebenen des organisationalen Lernens** vorgestellt worden, denen unterschiedliche Funktionen während des Turnarounds zukommen.[82] Die anschließenden Ausführungen werden sich hauptsächlich auf die Unterscheidung des Anpassungslernens (taktisch-operative Ebene) und des Veränderungslernens (strategisch-normative Ebene) im Turnaround konzentrieren.[83] Hierbei wird auf Erkenntnisse der wissenschaftlichen Diskussion zurückgegriffen, die sich seit Mitte der 1980er Jahre damit beschäftigt, die strategische Veränderungstiefe von Turnaround- resp. Restrukturierungsprozessen messbar zu machen.[84] Hieraus werden Merkmale abgeleitet, von denen angenommen wird, dass sie ebenfalls die **interne strategische Dynamik** von kleinen und mittleren Turnaround-Unternehmen erfassen können. Dabei wird die strategische Dynamik von Turnaround-Unternehmen definiert als *„change in business strategy coupled with change in other key organizational dimensions. A change in business strategy is a necessary but not sufficient condition for strategic reorientation“*[85]. In diesem Sinne wird die **Veränderungstiefe von Turnaround-Maßnahmen** im Fol-

82 Vgl. Abb. 11 auf S. 85.

83 Siehe hierzu Kap. C.2.2. Die zu Beginn dieses Kapitels beschriebenen Merkmale lernender Unternehmen stellen bei ausreichender Erfüllung die Nachhaltigkeit des organisationalen Lernens in KMU sicher.

84 Vgl. hierzu *Tushman/Romanelli* (1985), S. 171 ff.; *Barker/Duhaime* (1997), S. 13 ff.; *Barker/Mone* (1998), S. 1227 ff.; *Lant et al.* (1992), S. 585 ff.; *Virany et al.* (1992), S. 79 ff.

85 *Lant et al.* (1992), S. 593.

genden anhand von verschiedenen Merkmalen charakterisiert, die das Ausmaß der durchgeführten Veränderungen während des Turnaround-Prozesses von KMU beschreiben.

Es wird unterstellt, dass sich mit stärker werdenden Veränderungen in den Bereichen der marktorientierten Unternehmensführung, der Aufbau- und Ablauforganisation sowie des Personalmanagements die strategische Neuausrichtung der Turnaround-Unternehmen intensiviert.[86] Zu möglichen **marktorientierten Turnaround-Maßnahmen** zählen die Verstärkung der Marketingaktivitäten, die Erweiterung des Dienstleistungsangebots sowie die Verbesserung von Produkten und Problemlösungen.[87] Kennzeichnend für **strukturelle Korrekturen** sind bspw. Veränderungen in den Fertigungsabläufen und Maßnahmen zur technischen Modernisierung, während durch ein aktives **Personalmanagement** das Leistungsniveau der organisationalen Wissensbasis durch die Vergrößerung des Führungskreises und durch personellen Austausch gesteigert werden kann. Eine stark kostensenkende Ausrichtung des Turnaround-Managements spricht hingegen für eine Konsolidierungsstrategie mit dem Ziel, die Effizienz des Unternehmens zu erhöhen. **Maßnahmen zur Konsolidierung** umfassen meist die Reduzierung von Personalkosten und ein verstärktes Outsourcing. Nach Ansicht von *Robbins/Pearce* (1992) ist die Phase der Konsolidierung integraler Bestandteil eines jeden erfolgreichen Turnaround-Prozesses, wobei sich die Intensität der Konsolidierung aus der wahrgenommenen Existenzbedrohung der Turnaround-Situation ergibt.[88] Im lernorientierten Turnaround von KMU nimmt die finanzwirtschaftliche Stabilisierung der Krisenunternehmen die Funktion eines *„Hygiene-Faktors“*[89] ein, der den notwendigen finanziellen und zeitlichen Freiraum schafft, um die strategische (Neu-)Ausrichtung des gesamten Unternehmens einleiten zu können.[90]

3. Hypothesen und Forschungsmodell

Die Ausgangsthese der vorliegenden Arbeit lautet, dass der Turnaround von KMU als umfassender organisationaler Lernprozess aufgefasst werden kann, der dann erfolgreich verläuft, wenn während des Turnaround-Prozesses grundlegende Veränderungen im **(Lern-)Verhalten des Unternehmens und des Unternehmers** reali-

---

[86] Vgl. *Barker/Duhaime* (1997), S. 25; *Barker/Mone* (1998), S. 1242.

[87] Vgl. *Pinkwart* (2000a), S. 175 ff. Damit diese Einzelmaßnahmen im Sinne eines ganzheitlichen, marktorientierten Turnaround-Managements aufeinander abgestimmt sind, sind sie aus den strategischen Zielen des Unternehmens abzuleiten; vgl. *Pinkwart* (2000a), S. 173.

[88] Vgl. *Robbins/Pearce* (1992), S. 287; *Kelber* (2004), S. 125 ff.

[89] *Gless* (1996), S. 108.

[90] Die vorgestellten Kriterien sind im Frageblock 17 des verwendeten Fragebogens zusammengeführt worden, siehe Anhang.

siert werden.[91] Zur Verbindung des organisationalen Lernens und des Turnaround-Prozesses ist insbesondere das Modell des Turnaround-Prozesses von *Chowdhury* (2002) geeignet.[92] Anhand eines erweiterten Prozessmodells wird verdeutlicht, dass der Turnaround-Prozess in KMU durch das organisationale Lernen des gesamten Unternehmens getragen wird (siehe Abb. 18).

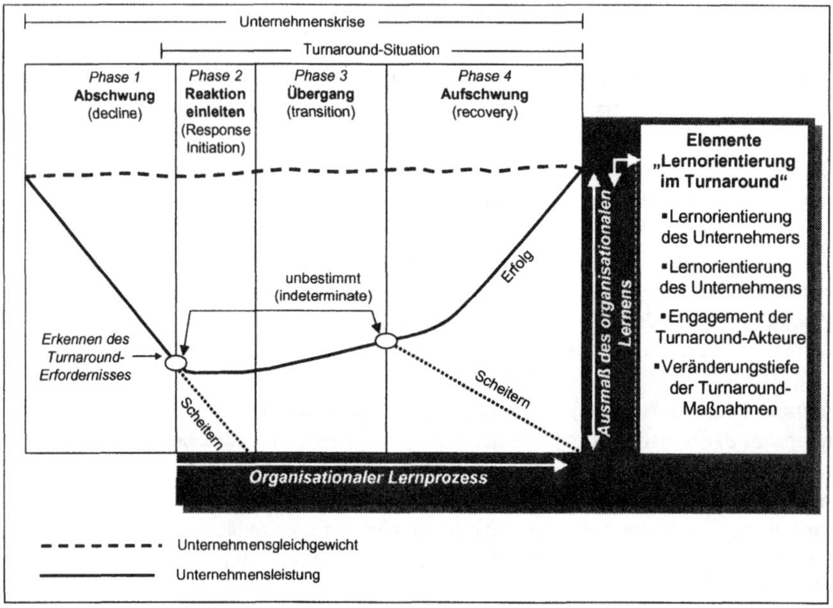

Abb. 18: Organisationales Lernen im Turnaround[93]

Das **Erkennen des Turnaround-Erfordernisses** ist der erste Schritt einer erfolgreichen Krisenbewältigung. Hieran schließen sich insbesondere analytische Aufgaben an, die häufig von der Unternehmensführung allein nicht erfüllt werden können, so dass Krisenexperten zur Unterstützung hinzugezogen werden. Aus der Lernperspektive ist dies die Phase, in der der Unternehmer Verantwortung für die Unternehmenkrise übernehmen muss. *„Wirtschaftliche Fehlentwicklungen, die direkt mit der Person des Unternehmers verknüpft sind, entziehen sich weitestgehend der Einflussmöglichkeit des Beraters; ohne Einsicht des Unternehmers sind dem Unternehmensberater die Hände gebunden.“*[94] Erfüllt der Unternehmer diese zentrale Bedin-

[91] Die Krisenursachenforschung zeigt, dass Unternehmen häufig aufgrund mangelnder Lern- und Veränderungsfähigkeit (interne Krisenursachen) in eine Krise geraten; siehe Kap.B.2.2 und Kap.E.2.2. Sollten allerdings lernwillige und lernfähige KMU aus anderen Gründen in eine Krise geraten, müssen sie ihr Lernverhalten nicht grundlegend ändern, sondern sich lediglich der neuen Situation angemessen stellen.

[92] Vgl. *Chowdhury* (2002), S. 249 ff.

[93] In Anlehnung an *Chowdhury* (2002), S. 253.

[94] *Paffenholz* (1998), S. 74.

gung eines lernorientierten Turnarounds nicht, wird der ebenfalls erforderliche Prozess des organisationalen Verlernens nicht die gewünschte Wirkung haben. Auf diese Weise wird die Nachhaltigkeit des Turnaround-Prozesses stark gefährdet.

Die Ergebnisse der Unternehmens- und Umweltanalyse sowie das unternehmerische und organisationale Lernverhalten sind die Grundlage für ein auf das Unternehmen **zugeschnittenes lernorientiertes Turnaround-Konzept**. Allerdings setzt die volle Wirkung der Turnaround-Maßnahmen nicht unmittelbar, sondern erst verzögert nach ihrer Umsetzung ein.[95] Der nachhaltige Turnaround-Erfolg hängt also nicht allein von der Qualität des Konzepts, sondern sehr stark von der Implementierung ab.[96] Dies unterstreicht abermals, dass der Akzent eines Turnaround-Managements von KMU auf der intensiven Integration der Unternehmer, Führungskräfte und Mitarbeiter liegen muss. In dieser Phase sind weniger die analytischen Fähigkeiten der Unternehmensführung und Krisenexperten von Belang als deren Soft Skills wie emotionale Intelligenz und Führungsqualität sowie Branchenerfahrung. Wechselwirkungen zwischen Kultur, Technologie, Struktur, Strategie und dem Verhalten aller Beteiligten machen die Phase des Übergangs zur kompliziertesten Phase des Turnaround-Prozesses.[97] In der anschließenden Aufschwungphase müssen sich die operativen und strategischen Veränderungen in einer steigenden Unternehmensleistung niederschlagen, sonst droht der Marktaustritt.[98]

Demnach wird angenommen, dass der Turnaround-Erfolg eines KMU durch das Ausmaß des organisationalen Lernens erklärt werden kann. Allerdings ist in den lerntheoretischen Ausführungen festgestellt worden, dass weder individuelles noch organisationales Lernen unmittelbar zu beobachten ist.[99] Auch wenn die organisationalen Lernprozesse als solche nicht direkt erfasst werden können, so sind doch der Erfolg oder Misserfolg eines Lernprozesses zu beobachten,[100] oder wie *Albach* (1999b) formuliert: *„Beobachtbar ist [..] das Verhalten eines Unternehmens am Markt vor einem bewusst eingeleiteten oder von außen aufgezwungenen Lernprozess. Beobachtbar ist desgleichen das Verhalten dieses Unternehmens nach dem Lernprozess.“*[101] Dieses Zitat zeigt, dass der Unternehmens-Turnaround als zeitlich begrenzter Wandlungsprozess ein gutes Beispiel für die empirische Untersuchung organisationalen Lernens darstellen müsste, weil Anfang und Ende der bewusst gesteuerten Veränderungen vergleichsweise gut zu bestimmen sind.

---

95 Vgl. *Chowdhury* (2002), S. 255.

96 Vgl. *Chowdhury* (2002), S. 256; *Kraus/Gless* (1998), S. 105; *Hoffmann* (1989), *O'Neill* (1986) und *Schendel/Patton* (1976); siehe auch das Strategie-Implementierungs-Portfolio von *Kolb/Heinemann* (2004), S. 685; *Pinkwart et al.* (2006), S. 82.

97 Vgl. *Chowdhury* (2002), S. 253; aufgrund der Wechselwirkungen ist die Unternehmensleitung in dieser Phase insbesondere mit Motivations-, Koordinations- und Kontrollaufgaben betraut; vgl. *Bergauer* (2001), S. 70.

98 Vgl. *Chowdhury* (2002), S. 256.

99 Vgl. *Zimbardo* (1995), S. 263; *Scheff* (2001), S. 11; *Grant* (1996), S. 110 f.; *Albach* (1999b), S. 55.

100 Vgl. *Albach* (2006), S. 709.

101 *Albach* (1999b), S. 55.

Folglich kann in Anlehnung an *Albach* (1999b) formuliert werden: Organisationales Lernen hat dann stattgefunden, wenn sich das Verhalten eines Unternehmens am Markt und das Verhalten der Organisationsmitglieder durch den Lernstimulus einer Unternehmenskrise im Turnaround-Prozess verändert und das neue Verhalten zu einer höheren Unternehmensleistung führt, was den Fortbestand des Unternehmens sichert.[102] Somit ist **Lernen die zentrale Voraussetzung** für individuelle und organisationale Verhaltensänderungen.[103] In Vorbereitung auf die empirische Untersuchungen werden im Folgenden die zu überprüfenden Hypothesen aufgestellt und in einem Forschungsmodell zusammengefasst (siehe Abb. 19).

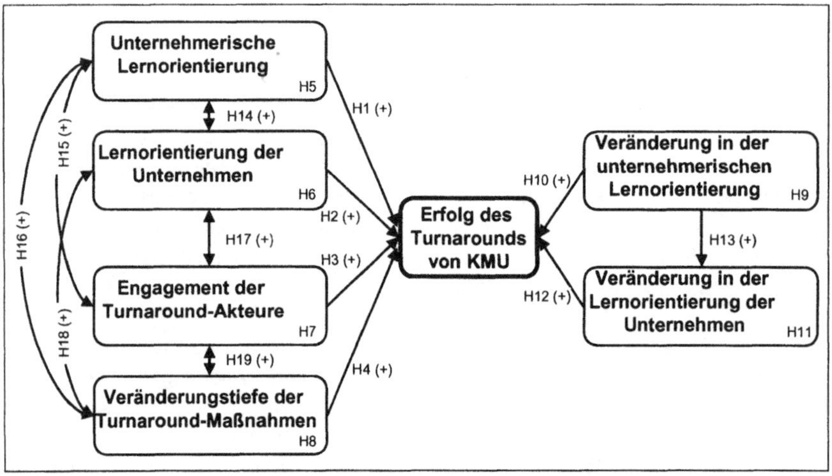

Abb. 19: Forschungsmodell „Lernorientierung im Turnaround"

Grundannahme 1:

Mit der einleitenden Hypothesenprüfung soll überprüft werden, ob zwischen den Elementen der Lernorientierung im Turnaround von KMU und dem Turnaround-Ergebnis ein **positiver Zusammenhang** besteht. Dieser Prüfung liegt die Annahme zugrunde, dass sich das Lernverhalten der Unternehmer und der Unternehmen positiv auf den Turnaround-Prozess auswirken. Je positiver sich das Lernverhalten zum Ende des begleiteten Turnarounds entwickelt hat, desto wahrscheinlicher ist auch der **Turnaround-Erfolg**.

---

[102] Im Original schreibt *Albach* (1999b), S. 56: *„Für den Ökonomen sind nicht die kognitiven Prozesse an sich, die beim Lernen ablaufen, von Interesse. Wichtig ist der Erfolg, der mit dem veränderten Verhalten am Markt erzielt wird. Organisationslernen hat also dann stattgefunden, wenn sich das Verhalten eines Unternehmens am Markt durch einen Lernstimulus (Input) verändert und das neue Verhalten zu einem höheren wirtschaftlichen Erfolg führt."* Aus ökonomischer Sicht sollte sich das Lernen der Menschen in einem Unternehmen auch im wirtschaftlichen Erfolg des Unternehmens niederschlagen, vgl. *Sloane* (1997), S. 108.

[103] Vgl. *Scheff* (2001), S. 11.

- (H1) Je größer die **unternehmerische Lernorientierung** zum Ende des begleiteten Turnaround-Prozesses, desto größer ist der Turnaround-Erfolg.
- (H2) Je größer die **Lernorientierung der Unternehmen** zum Ende des begleiteten Turnaround-Prozesses, desto größer ist der Turnaround-Erfolg.
- (H3) Je größer das **Engagement der Turnaround-Akteure** zum Ende des begleiteten Turnaround-Prozesses, desto größer ist der Turnaround-Erfolg.
- (H4) Je größer die **Veränderungstiefe der Turnaround-Maßnahmen** zum Ende des begleiteten Turnaround-Prozesses, desto größer ist der Turnaround -Erfolg.

Grundannahme 2:
Ob der Turnaround eines KMU erfolgreich oder erfolglos abgeschlossen wird, beruht nicht ausschließlich auf Glück, Zufall oder einer positiven Entwicklung der externen Rahmenbedingungen. Vielmehr liegen die Ursachen für einen erfolgreichen Turnaround in unternehmensinternen Maßnahmen. In Folge dessen können unterschiedliche **Turnaround-Ergebnisse (erfolgreiche, partielle oder erfolglose Turnarounds)** anhand interner Merkmale voneinander unterschieden werden, so dass ebenfalls hinsichtlich des Lernverhaltens im Turnaround von KMU **Unterschiede** kenntlich gemacht werden können. Können keinerlei Unterschiede zwischen den jeweiligen Lernprofilen festgestellt werden, wäre dies ein deutliches Indiz dafür, dass lernorientierten Maßnahmen im Turnaround in Zukunft keine besondere Bedeutung zugemessen werden muss. Die zu überprüfenden Hypothesen lauten demnach:

- (H5) Bei unterschiedlichen Turnaround-Ergebnissen von KMU bestehen signifikante Unterschiede in der **unternehmerischen Lernorientierung**.
- (H6) Bei unterschiedlichen Turnaround-Ergebnissen von KMU bestehen signifikante Unterschiede in der **Lernorientierung der Unternehmen**.
- (H7) Bei unterschiedlichen Turnaround-Ergebnissen von KMU bestehen signifikante Unterschiede im **Engagement der Turnaround-Akteure**.
- (H8) Bei unterschiedlichen Turnaround-Ergebnissen von KMU bestehen signifikante Unterschiede in der **Veränderungstiefe der Turnaround-Maßnahmen**.

Grundannahme 3:
Der erfolgreiche Turnaround von kleinen und mittleren Unternehmen ist das Ergebnis eines bewusst und aktiv gestalteten Veränderungsprozesses. Nicht nur hinsichtlich der statischen Momentaufnahme am Ende des begleiteten Turnaround-Prozesses, sondern auch hinsichtlich einer **dynamischen Betrachtung** können Unterschiede zwischen den möglichen Turnaround-Ausgängen (erfolgreiche, partielle oder erfolglose Turnarounds) aufgezeigt werden. Es wird daher angenommen, dass die Intensität bzw. Stärke der internen Veränderungen den Turnaround-Verlauf beeinflussen, so dass die **Veränderungen** bei erfolgreichen Turnarounds höher sein müssten als bei partiellen oder erfolglosen Turnarounds. Es sind weniger die Ausgangssituationen der KMU zu Beginn des Turnarounds als vielmehr die Lernbereitschaft und -fähigkeit von Unternehmer und Unternehmen während des Turnaround-Prozesses, die

letztlich über den Turnaround-Erfolg entscheiden: Je stärker die Lernbereitschaft und -fähigkeit während des Turnarounds ist, desto positiver fällt das Turnaround-Ergebnis aus.

- (H9) Der Turnaround-Prozess bewirkt positive Veränderungen in der **unternehmerischen Lernorientierung**.
- (H10) Je stärker die Veränderungen in der **unternehmerischen Lernorientierung (Unternehmer-Turnaround)**, desto größer ist der Turnaround-Erfolg.
- (H11) Der Turnaround-Prozess bewirkt positive Veränderungen in der **Lernorientierung der Unternehmen**.
- (H12) Je stärker die Veränderungen in der **Lernorientierung der Unternehmen**, desto größer ist der Turnaround-Erfolg.
- (H13) Je stärker die Veränderungen in der **unternehmerischen Lernorientierung (Unternehmer-Turnaround)**, desto größer sind die Veränderungen in der **Lernorientierung der Unternehmen**.

Grundannahme 4:
Wie in der theoretischen Modellbildung herausgearbeitet, können die Elemente der Lernorientierung in der Praxis nicht isoliert voneinander betrachtet werden. Die unterstellte Interdependenz der Elemente der Lernorientierung wird daher ebenfalls untersucht, um bestehende **Zusammenhänge** zu entdecken. Ziel dieses Untersuchungsschrittes ist es, in der Komplexität der Turnaround-Prozesse nach Strukturen und Beziehungen zu suchen, die für ein lernorientiertes Turnaround-Management von Relevanz sind.

- (H14) Zwischen der **unternehmerischen Lernorientierung** und der **Lernorientierung der Unternehmen** besteht ein positiver Zusammenhang.
- (H15) Zwischen der **unternehmerischen Lernorientierung** und dem **Engagement der Turnaround-Akteure** besteht ein positiver Zusammenhang.
- (H16) Zwischen der **unternehmerischen Lernorientierung** und der **Veränderungstiefe der Turnaround-Maßnahmen** besteht ein positiver Zusammenhang.
- (H17) Zwischen der **Lernorientierung der Unternehmen** und dem **Engagement der Turnaround-Akteure** besteht ein positiver Zusammenhang.
- (H18) Zwischen der **Lernorientierung der Unternehmen** und der **Veränderungstiefe der Turnaround-Maßnahmen** bestehen positive Zusammenhänge.
- (H19) Zwischen der **Veränderungstiefe der Turnaround-Maßnahmen** und dem **Engagement der Turnaround-Akteure** besteht ein positiver Zusammenhang.

E. Empirische Überprüfung

1. Methodisches Vorgehen in der empirischen Untersuchung

1.1 Forschungsansatz und Stichprobendesign

Die Ergebnisse der Literaturrecherche bestätigen die gegenwärtig unbefriedigende empirische Fundierung des individuellen und organisationalen Lernens im Turnaround von KMU. Um das Lernverhalten im Turnaround-Prozess von KMU empirisch erforschen zu können, wird im Folgenden ein Forschungsansatz gewählt, der als **Querschnittsanalyse mit Längsschnittscharakter** konzipiert ist. Während Querschnittsanalysen mehrere Unternehmen gleichzeitig untersuchen, werden die Untersuchungen im Rahmen von Längsschnittsanalysen zu unterschiedlichen Zeitpunkten vorgenommen. Längsschnittscharakter bedeutet nun, dass die Querschnittsanalyse im vorliegenden Forschungsansatz um eine **unechte multiple Längsschnittsuntersuchung** erweitert wird.[1] Nach *Kubicek* (1975) handelt es sich hierbei um empirische Untersuchungen, *„in denen zwar nur eine Erhebung durchgeführt wird, sich die Befragung jedoch nicht nur auf den gegenwärtigen Zustand, sondern auch auf einen vergangenen Zustand erstreckt, der aus dem Gedächtnis der Befragten erfaßt wird"*[2].

Dementsprechend enthält der entwickelte Fragebogen **intertemporale Fragenabschnitte.**[3] Die Krisenexperten mussten bei der Beantwortung einiger Fragen zwischen dem Beginn und dem Ende der Krisenbewältigung unterscheiden, wobei der Beginn als Zeitpunkt der ersten Gespräche mit der Geschäftsführung des Krisenunternehmens und das Ende als Zeitpunkt der Einstellung der aktiven Beteiligung an der Krisenbewältigung definiert war.

Als Erhebungsmethode für die vorliegende Untersuchung ist die **standardisierte Befragung** gewählt worden.[4] Insbesondere wenn eine größere Anzahl an Personen angesprochen werden soll, die zudem geographisch stark verstreut ist, ist die standardisierte Befragung meist die einzig umsetzbare Lösung.[5] Weitere Vorteile sind der Ausschluss der Einflussnahme des Interviewers sowie die Möglichkeit, dass die Befragten die Fragen stärker und länger durchdenken können, ohne Zeitdruck ausgesetzt zu sein. Es sollte allerdings beachtet werden, dass eine hinsichtlich des Themas möglichst homogene Gruppe bestimmt und angesprochen wird.[6]

---

1 Ein vergleichbares Vorgehen wählt bspw. *Bergauer* (2001), S. 23, die allerdings strukturierte Interviews führt.

2 *Kubicek* (1975), S. 62, (im Original teilweise hervorgehoben).

3 Siehe Kap. E.1.2 und den Fragebogen im Anhang.

4 Befragungen zählen zur häufigsten in der empirischen Forschung angewandten Datensammlungstechnik; vgl. u.a. *Müller-Böling* (1992), Sp. 1497; *Kromrey* (1998), S. 335.

5 Dies betrifft insbesondere Kosten- und Zeitaspekte; vgl. *Friedrichs* (1990), S. 236; *Meyer* (1998), S. 149.

6 Vgl. *Friedrichs* (1990), S. 236 f.

Hauptproblem der schriftlichen Befragung ist die meist geringe Rücklaufquote, so dass sichergestellt sein muss, dass die Zielgruppe möglichst gut und damit ohne große Streuverluste angesprochen werden kann. Zusätzlich kann sich nachteilig auswirken, dass die Erhebungssituation unkontrollierbar ist und keine Gelegenheit besteht, aufkommende Verständnisfragen klären zu können.[7] Letzteres erfordert eine hohe Verständlichkeit und Klarheit der formulierten Fragen, der vorgegebenen Antworten und des Fragebogenaufbaus. Dies muss im Rahmen von Pretests kritisch überprüft werden. Eine weitere Schwäche der standardisierten Befragung ist, dass die Datensammlung durch die Erhebung selbst, d.h. durch die Struktur und den Inhalt des Fragebogens, beeinflusst wird.[8]

Für die empirische Untersuchung dieser Arbeit ist entsprechend den Anforderungen der empirischen Sozialforschung ein standardisierter Fragebogen entwickelt und gestaltet worden,[9] mit dem Einzelpersonen befragt wurden. Die Befragung erfolgte in schriftlicher Form. Die Fragebögen wurden entweder in Papier- oder Dateiform an die ausgewählte Zielgruppe verschickt.[10]

Im Fokus dieser Untersuchung stehen **kleine und mittlere Krisenunternehmen** aus Deutschland,[11] die als Reaktion auf die Krise einen Turnaround-Versuch unternommen haben. Während dieses Turnaround-Vorhabens sind die Unternehmen von einem oder mehreren Krisenexperten über einen längeren Zeitraum begleitet worden. Diese Abgrenzung der Untersuchungseinheit ist notwendig, um die letztlich angestrebte Grundgesamtheit zu bestimmen, auf die sich die Untersuchungsergebnisse in generalisierender Form beziehen sollen.[12]

Da im Rahmen des Unternehmer-Turnarounds die Verhaltensveränderungen in der Person des Unternehmers analysiert werden, grenzt sich die Grundgesamtheit weiter ein. Damit das Untersuchungsziel erreicht wird, muss sichergestellt sein, dass nur KMU in der Stichprobe enthalten sind, deren verantwortliche Unternehmer während der Krisenbewältigung nicht von ihren Funktionen entbunden und von neutralen Dritten in der Geschäftsführung ersetzt wurden. Um dies zu gewährleisten, ist die Kontinuität in der Geschäftsführung als obligatorische Anforderung in das Anschreiben und in die Instruktionen des Fragebogens aufgenommen und zudem besonders hervorgehoben worden. Darüber hinaus ist in telefonischen Vorbesprechungen auf dieses Auswahlkriterium explizit hingewiesen worden.

---

7 Vgl. *Friedrichs* (1990), S. 237.

8 Vgl. *Müller-Böling* (1992), Sp. 1498 f.

9 Zu den Anforderungen an die Entwicklung eines Fragebogens vgl. *Kromrey* (1998), S. 346 ff.; *Friedrichs* (1990), S. 237 ff.

10 Die Fragebögen, die in Dateiform verschickt wurden, sind von den Empfängern ausgedruckt, ausgefüllt und per Post oder Fax zurückgeschickt worden.

11 Zur Abgrenzung von KMU siehe Kap. A.2.

12 Vgl. *Kromrey* (1998), S. 249 ff.; *Friedrichs* (1990), S. 123.

Zusammenfassend kann demnach festgehalten werden, dass der **Untersuchungsgegenstand** und damit die Unternehmen der Stichprobe die folgenden Kriterien erfüllen:

- Die Unternehmen beschäftigen weniger als 500 Mitarbeiter.
- Die Unternehmen befanden sich in einer Unternehmenskrise, die einen Turnaround-Versuch ausgelöst hat.
- Die verantwortlichen Unternehmer sind im Turnaround-Prozess nicht ersetzt worden.
- Der Turnaround-Prozess ist durch einen Krisenexperten begleitet worden (begleiteter Turnaround).

Als Zielgruppe für die Befragung wurden **Krisen- und Turnaround-Experten** ausgewählt, die sich auf Beratung und Betreuung von kleinen und mittleren Krisenunternehmen spezialisiert haben.[13] Die Krisen- und Turnaround-Experten verfügen über langjährige Erfahrung und spezialisiertes Know-how, begleiten KMU eng im Turnaround-Prozess und erhalten somit detaillierten Einblick in die Veränderungen, die im Folgenden untersucht werden sollen. Sie sind bewusst ausgewählt und angesprochen worden, da eine Befragung betroffener Unternehmer mit gravierenden Nachteilen behaftet ist.

Erstens ist es außerordentlich schwierig, eine ausreichend große Gruppe von kleinen und mittleren Unternehmen ausfindig zu machen, die sich jemals in einer Unternehmenskrise befunden und daraufhin einen Turnaround vollzogen haben. So sind **finanzwirtschaftliche Informationen i.d.R. nicht öffentlich zugänglich**, wodurch Primär- und Sekundäruntersuchungen der Unternehmensentwicklung erheblich erschwert werden. Zweitens müssen die identifizierten Unternehmen zur Teilnahme an der Untersuchung bewegt werden. Hierzu müssen die Unternehmer persönlich angesprochen und von der Vertrauenswürdigkeit der Anfrage überzeugt werden. Besteht keinerlei persönliche Beziehung, sind die Erfolgsaussichten schwindend gering.[14] Auch die Alternative, dass befragte Krisenexperten einen gesonderten und damit anonymen Fragebogen an beratene Unternehmer weiterreichen, scheiterte meist aus Datenschutzgründen. Letztlich ausschlaggebend ist jedoch der dritte Nachteil. Es besteht die begründete Vermutung, dass die **Aussagen der betroffenen Unternehmer sehr subjektiv geprägt** und daher verzerrt sein werden.[15] Somit

---

[13] *„Researchers should also fully think through what type of knowledge the outsiders should have and select those whose training and experience are the most suitable."* *Chen et al.* (1993), S. 1628.

[14] *Nagl* (1997), S. 140 f. erzielte bei ihrer Direct-Mail-Befragung zur lernenden Organisation eine Rücklaufquote von 2,6% und stufte dies als zufriedenstellend ein. Befragungen zum Krisen- und Turnaround-Management haben zusätzlich eine negative Konnotation, so dass mit einer noch geringeren Rücklaufquote zu rechnen ist.

[15] Vgl. u.a. *Krystek* (1987), S. 45; *Krehl* (1985), S. 79 f.; *Lafrenz* (2004), S. 59; *Shepherd/Wiklund* (2006), S. 2; *Reske et al.* (1978), S. 22 f. führen zu diesem Problem aus: *„Sofern es dennoch gelang [Unternehmer zu Mitwirkung zu gewinnen, Anm. d. Verf.] erwiesen sich die zu dem Insolvenzfall getroffenen Aussagen als zu subjektiv, um im Rahmen einer wissenschaftlichen Untersuchung zu objektiven Aussagen zu gelangen."* Siehe außerdem die Diskussion um den Einfluss der kognitiven Dissonanz auf die Wahrnehmung der Krisenursachen in *Kropfberger* (1999), S. 34 und *Tchouvakhina* (2003).

ist mit einer starken Neigung der betroffenen Unternehmer zu rechnen, *„sich selbst bei der Beantwortung von Fragen solche Eigenschaften zuzuschreiben, die in der sozialen Umwelt als ‚erwünscht' gelten"*[16].

Zur Qualität und Quantität der vorliegenden Stichprobe haben unterschiedliche Personengruppen aus dem Umfeld der Krisenberatung und –begleitung beigetragen. Insgesamt sind **1.435 Krisenexperten** aus ganz Deutschland schriftlich befragt worden.[17] 602 der befragten Krisenexperten sind Spezialisten aus Sanierungsabteilungen bzw. Workout Groups deutscher Kreditinstitute, 583 der befragten Personen zählen zum erweiterten Kreis der betriebswirtschaftlichen Berater der Industrie- und Handelskammern (IHK), der Handwerkskammern (HWK) sowie des Runden Tisches, und 250 der Krisenexperten sind Vertreter der Unternehmens- und Rechtsberatung mit dem Schwerpunkt der Krisenbetreuung.

1.2 Aufbau des Fragebogens und Verlauf der Datenerhebung

Ausgehend vom Bezugsrahmen der „Lernorientierung im Turnaround" gliedert sich der **Fragebogen in sechs Untersuchungsteile**.[18] Die enthaltenen 24 hauptsächlich geschlossenen Frageblöcke konnten laut Pretest in ca. 20-25 Minuten ausgefüllt werden.

Über den ersten Teil des Fragebogens werden allgemeine Informationen über das Unternehmen (Mitarbeiterzahl, Jahresumsatz, Geschäftsführung) sowie über die Krisen- und Turnaround-Situation (Krisenursachen, Krisenentdecker, Krisenart, Turnaround-Erfolg, Turnaround-Dauer, Krisenexperte) des untersuchten Unternehmens erhoben.[19] Diese Daten sind wichtig, um das Unternehmen als KMU identifizieren zu können, Einblick in die Unternehmensführung zu erhalten und die Unternehmenskrise sowie den Turnaround-Prozess evaluieren zu können.

Der zweite Teil stellt das Verhalten des Unternehmers und damit seine Lernorientierung in den Fokus der Betrachtung,[20] während der dritte Teil die Informationen über die organisationale Lernorientierung enthält.[21] Die Fragen dieser beiden Untersuchungsbereiche sind dadurch gekennzeichnet, dass die jeweilige Lernorientierung sowohl zu Beginn als auch zum Ende des begleiteten Turnarounds bewertet werden sollte.

---

[16] *Kromrey* (1998), S. 381. Dies entspricht der Tendenz der Orientierung an der sozialen Erwünschtheit (social desirability response set).

[17] Diese hohe Zahl an Kontakten konnte nur erreicht werden, weil dem Autor der Zugang zu zwei großen Netzwerken von Krisenexperten ermöglicht wurde.

[18] Der komplette Fragebogen befindet sich im Anhang.

[19] Dies entspricht den Fragen 1, 2, 4 für die allgemeinen Informationen und den Fragen 3, 5, 6 sowie 19-23 für die Informationen zur Krisen- und Turnaround-Situation, siehe Anhang.

[20] Dies entspricht den Frageblöcke 7, 8, 9 und 18, siehe Anhang.

[21] Dies entspricht den Frageblöcke 10, 11 und 12, siehe Anhang.

Im vierten Teil des Fragebogens wird das Engagement der Turnaround-Akteure[22] und im fünften Teil wird die Veränderungstiefe der Turnaround-Maßnahmen erfasst.[23] Der sechste Teil des Fragebogens beinhaltet allgemeine Faktoren, die das Turnaround-Ergebnis möglicherweise ebenfalls beeinflusst haben können. Hierzu zählen das Finanzierungsverhalten der Gläubiger, die externen Rahmenbedingungen, das Verhalten der Familie bzw. der Gesellschafter, die Qualität des Turnaround-Konzepts, der Zeitpunkt der Krisenentdeckung und die Einleitung der Unternehmensnachfolge.[24]

Bei den Bewertungsfragen wurde immer eine 5er Likert-Skala gewählt,[25] da sie Faktorenanalysen bei Frageblöcken und aussagekräftige Korrelationsuntersuchungen ermöglicht.[26]

Die erste Phase der Untersuchung bestand darin, durch **intensive Literaturrecherche** einen möglichst umfassenden Überblick über den aktuellen Stand der wissenschaftlichen Diskussion sowohl im Forschungsfeld des Turnaround-Managements als auch im Forschungsfeld des organisationalen Lernens zu erhalten. Die gesammelten und ausgewerteten Informationen dienten als Grundlage für **mehrere schwach vorstrukturierte Interviews** mit Krisenexperten aus unterschiedlichen Tätigkeitsbereichen und Regionen. Insgesamt wurden im März und April 2005 9 Interviews in den Regionen Südwestfalen und Bonn geführt. Die befragten Krisenexperten verfolgten Tätigkeiten als Unternehmensberater, Insolvenzverwalter, Berater des Runden Tisches, Wirtschaftsprüfer oder als Bankbetreuer von Problemkrediten.

Ziel dieser Vorgehensweise war es, ein praxisnahes Verständnis der besonderen Problematik des Turnarounds von KMU zu erlangen. Während dieser ca. zweistündigen Interviews wurden offene Fragen gestellt und die Antworten protokolliert. Im Anschluss an die Interviews wurden die Notizen jedem einzelnen Interviewpartner zu Korrekturzwecken zur Verfügung gestellt, um eine subjektive Verzerrung in der Wiedergabe zu vermeiden. Alle Interviewpartner stimmten den schriftlichen Formulierungen und Aussagen des Autors mit geringfügigen Änderungswünschen zu. Diese Informationen sowie die Erkenntnisse aus der Literaturrecherche wurden zum Ausgangspunkt für die theoretische Modellbildung sowie für die Entwicklung des Fragebogens.

Im Anschluss an die Fertigstellung des standardisierten Fragebogens wurden mehrere **Pretests mit Krisenexperten** durchgeführt.[27] Ihnen wurde der standardisierte Fragebogen schriftlich oder per e-mail mit der Bitte übersandt, den Fragebogen be-

---

22 Dies entspricht den Frageblöcke 14 und 15, siehe Anhang.
23 Dies entspricht dem Frageblock 17, siehe Anhang.
24 Dies entspricht dem Frageblock 16, siehe Anhang.
25 Zur Bewertung der Likert-Skala und alternativer Skalen vgl. *Friedrichs* (1990), S. 172 ff.; *Kromrey* (1998), S. 237 ff.
26 Vgl. *Friedrichs* (1990), S. 98 ff. und 172 ff. sowie *Scheff* (2001), S. 59.
27 Insgesamt wurde der Fragebogen in 11 Pretests auf Verständlichkeit und Logik geprüft.

züglich der inhaltlichen Verständlichkeit, des Aufbaus und der Länge zu überprüfen. In anschließenden Einzel- und Gruppengesprächen wurden die Fragebögen in Anwesenheit des Autors beantwortet und die Antworten kommentiert. Unklarheiten oder Schwierigkeiten wurden offen thematisiert und die aufgetretenen Verständnisprobleme durch sprachliche Modifikationen bzw. Ergänzungen behoben. Parallel zu den Pretests wurden durch aufwendige Internet-Recherche und persönliche Beziehungen die Kontaktdaten von Krisenexperten ausfindig gemacht, die sich insbesondere durch die Krisen- und Turnaround-Beratung von KMU auszeichnen.

Da in diesem Forschungsbereich die Resonanz auf Befragungen traditionell niedrig ist, wurden die **identifizierten Personen persönlich kontaktiert**. In diesen Gesprächen wurde das Ziel der Befragung erläutert und die vertrauliche Verwendung der Fragebögen sowie die anonyme Veröffentlichung der Ergebnisse zugesichert. Sagten die angesprochenen Krisenexperten ihre Unterstützung zu, erhielten sie in Papier- oder Dateiform den Fragebogen. Außerdem konnten zwei Kooperationen mit wichtigen **Multiplikatoren** geschlossen werden, die den Fragebogen innerhalb der eigenen Netzwerke weiterleiteten. Auf diese Weise konnte eine verhältnismäßig große Zahl an Krisenexperten aus Handwerkskammern und Kreditinstituten gezielt angesprochen werden. Mit Abschluss der Pretest-Phase wurden die Fragebögen im Oktober 2005 verschickt.

1.3 Indikatoren zur Beurteilung des Turnaround-Erfolgs

In der empirischen Turnaround-Forschung werden i.d.R. quantitative Indikatoren zur Identifikation von Unternehmenskrisen und zur Beurteilung der anschließenden Turnaround-Vorhaben herangezogen. So werden z.B. die Entwicklung des Vermögens, der Mitarbeiterzahl, des Marktanteils und/oder des Aktienkurses als Signale für den Eintritt einer Unternehmenskrise sowie für den erfolgreichen bzw. den erfolglosen Turnaround verwendet. Darüber hinaus finden sich in Studien aber auch alternative Bewertungsmöglichkeiten wie beispielsweise die Einschätzung von Stakeholdern und Experten (Berater, Analysten), die Nähe zur Insolvenz sowie der Ressourcenreichtum (slack resources).[28] Am häufigsten wird jedoch mit geringer oder negativer Unternehmensprofitabilität argumentiert. Anhand der Veränderung der Profitabilität in den folgenden Monaten und Jahren wird dann begründet, ob der Turnaround erreicht wurde oder nicht. *„Thus, from a measurement perspective, as presently conceptualized, substantial variance exists within the 'turnaround' construct domain."*[29]

Quantitative Indikatoren zur Beschreibung des Turnaround-Erfolgs spielen deshalb eine **große Rolle für die Turnaround-Forschung**, weil die überwiegende Mehrheit

[28] Vgl. *Lohrke/Bedeian* (1998), S. 8 f.; *Winn* (2002), S. 6068 f. sowie *Lohrke et al.* (2004), S. 80, die einen Überblick über die in der empirischen Turnaround-Forschung genutzten Bemessungsgrundlagen geben.
[29] *Lohrke et al.* (2004), S. 79.

der empirischen Untersuchungen auf der Auswertung öffentlich zugänglicher Quellen wie Datenbanken und Geschäftsberichten beruht.[30] Der weitaus geringste Teil der Forschungsvorhaben gewinnt seine Erkenntnisse aus persönlichen Befragungen wie z.B. über Interviews oder Fragebögen.[31] Hierfür scheinen zwei Gründe maßgeblich zu sein: Erstens dominieren bislang amerikanische Veröffentlichungen, die überwiegend auf öffentliche und kommerzielle Datenbanken zurückgreifen. Zweitens ist es besonders schwierig, Unternehmer, Manager und Krisenexperten zum Thema Krisen- und Turnaround-Management zu befragen.

Zwar werden oftmals mit Hilfe von bilanziellen Kenngrößen Unternehmenskrisen und Turnarounds abgegrenzt, dennoch muss darauf hingewiesen werden, dass die Anwendung von **quantitativen Bewertungsschemata problembehaftet** ist. Zum einen handelt es sich bei Bilanzkennzahlen um zeitlich nachlaufende Informationen, die wegen ihres Vergangenheitsbezugs nur äußerst bedingt zur Bewertung des augenblicklichen Status quo eines KMU herangezogen werden können.[32] Daher muss zur zeitnahen und gezielten Steuerung und Kontrolle des Turnaround-Prozesses ein unternehmensspezifisches Turnaround-Controlling aufgebaut werden.[33] Zum anderen verfügt die Unternehmensleitung über gesetzliche Spielräume bei der bilanziellen Bewertung (bspw. hinsichtlich der Höhe des Lagerbestands), die insbesondere in Unternehmenskrisen vollständig ausgeschöpft werden (window-dressing).[34] Dies führt dazu, dass *"eine gute Bilanz [..] in Wirklichkeit noch besser [ist, Anm. d. Verf.], als sie aussieht, und [...] eine schlechte Bilanz ist in Wirklichkeit noch schlechter, als sie aussieht."*[35] Die vorstehende Diskussion verdeutlicht eines: weder für die empirische Charakterisierung der Unternehmenskrise noch für die empirische Beurteilung des Turnarounds existieren zur Zeit allgemeingültige und objektive Kriterien. Außerdem kommt hinzu, dass sich die Wirkung der gewählten Turnaround-Strategie und der ergriffenen –Maßnahmen erst mit einer erheblichen Zeitverzögerung voll entfaltet.[36]

---

30 Vgl. *Barker/Mone* (1994); *Barker et al.* (1998); *Chowdhury/Lang* (1994); *Chowdhury/Lang* (1996a); *Hambrick/Schecter* (1982); *Lafrenz* (2004); *Meyer* (1993); *Müller/Barker* (1997); *Nothardt* (2001); *O'Neill* (1986); *Pant* (1987); *Pant* (1991); *Robbins/Pearce* (1992); *Schendel/Patton* (1976); *Schendel et al.* (1976); *Sudasanam/Lai* (2001); *Thiétart* (1988). Die folgenden Autoren nutzen sowohl öffentliche Informationsmedien als auch persönliche Befragungen: *Barker/Barr* (2002); *Barker/Duhaime* (1997); *Barker et al.* (2001); *Bergauer* (2001); *Bibeault* (1982); *Slatter* (1984). Zu einer tabellarischen Zusammenfassung der genannten Studien siehe *Kolb* (2006), S. 61 ff.

31 Ausschließlich auf mündliche und schriftliche Befragungen setzen *Bertold* (1999); *Gopinath* (1995); *Parker/Keon* (1994).

32 So kann eine Unternehmenskrise auf Basis von bilanziellen Relationen zumeist nur verspätet festgestellt werden.

33 Vgl. *Kolb* (2006), S. 219 ff.

34 Vgl. *Kraus/Gless* (2004), S. 128; *Kolb* (2006), S. 38. Außerdem kann die Beurteilung und der Vergleich von Turnarounds zu Fehlinterpretationen führen, wenn ausschließlich Finanzkennzahlen berücksichtigt werden, vgl. *Nothardt* (2001), S. 76; *Pandit* (2000), S. 34 f.

35 *Becker* (1978), S. 674.

36 *„A substantial amount of time has to pass before the results of turnaround strategies show."* *Chowdhury* (2002), S. 255.

In der vorliegenden Studie wurde daher ein **qualitativer Weg zur Abgrenzung** unterschiedlich erfolgreicher Turnaround-Unternehmen gewählt. Die Krisenexperten wurden gebeten, das Ergebnis der Krisenbewältigung auf einer 5er-Skala zwischen „positiv" und „negativ" zu beurteilen.[37] Zusätzlich wurde noch abgefragt, ob das Unternehmen aktuell noch existiert oder nicht. Weitere Angaben zum Turnaround-Verlauf wurden nicht erfragt, da die Krisenexperten i.d.R. nur einen begrenzten Zeitraum in Unternehmen beratend tätig sind. In dieser Zeit werden unterschiedliche Maßnahmen auf operativer und strategischer Ebene ergriffen, die den Bestand des Unternehmens kurz- und langfristig sichern sollen. Die Gesamtheit der Veränderungen und ihre Wirkungen können aber nur unzureichend in der kurzfristigen Verbesserung (bspw. am ROI) abgelesen werden.[38] Um nicht eine Vielzahl von Merkmalen und Kriterien erheben zu müssen, die der Komplexität des Turnarounds Rechnung tragen würden,[39] wird stattdessen auf die **subjektive Einschätzung der befragten Krisenexperten** zur Unterscheidung von erfolgreichen und erfolglosen Turnarounds vertraut. Denn sie besitzen die Erfahrung und das Know-how aus einer Vielzahl von ähnlichen Projekten, um die Qualität, die Wirksamkeit und die Wirkungen der durchgeführten Maßnahmen fundiert beurteilen zu können.

Die vorliegende Stichprobe wird für die weiteren detaillierten statistischen Analysen in **drei Gruppen von Unternehmens-Turnarounds** (erfolgreiche Turnarounds (T), nicht erfolgreiche bzw. erfolglose Turnarounds (NT) und partielle Turnarounds (PT)) unterteilt (siehe Abb. 20).[40] Von vorrangigem wissenschaftlichen Interesse für die folgende Untersuchung sind vor allem jene Unternehmen, die einen erfolgreichen resp. erfolglosen Turnaround durchlaufen haben. Ohne die Betrachtung beider konträrer Turnaround-Ergebnisse können kritische Erfolgsfaktoren nicht herausgearbeitet werden.[41]

Im Fall von **erfolgreichen Turnarounds** haben die Krisenexperten die vergangenen Turnaround-Bemühungen und ihre Ergebniswirkung als durchweg „positiv" bewertet. Als erfolglos wurden hingegen Turnaround-Versuche klassifiziert, wenn das Ergebnis der Krisenbewältigung von den Krisenexperten als negativ, eher negativ oder

---

[37] Die Befragten hatten die Möglichkeit zwischen positiven, eher positiven, teils/teils, eher negativen und negativen Verläufen zu unterscheiden.

[38] *Meyer* (1993), S. 59 ff. konnte empirisch zeigen, dass kurzfristig verbesserte ROIs nicht als verlässlicher Indikator für einen erfolgreichen Turnaround angesehen werden können.

[39] Dies trifft insbesondere auch auf empirische Untersuchungen zum organisationalen Lernen zu: *„Organisationslernen ist folglich ein Prozess, an dessen Anfang ein Input (Stimulus, Anreiz, Geldausgabe) und an dessen Ende ein Output steht, nämlich: mehr Umsatz, mehr Kunden, besser angepasstes Verhalten, weniger Konflikte, mehr Gewinn, gleicher Gewinn trotz stärkeren Wettbewerbs, niedrigerer Gewinn als vorher wegen schlechterer Konjunktur, aber besserer Gewinn bezogen auf die Konkurrenz."* *Albach* (1999b), S. 57; *Scheff* (2001), S. 191 erklärt z.B., dass die organisationale Lernorientierung mit dem Innovationsverhalten, der Wettbewerbsposition und der gesamten Unternehmensentwicklung korreliert ohne dies zu quantifizieren; *Meyer* (1998), S. 153 spricht in seiner Arbeit von lernenden Unternehmen, ohne die Auswahl der Stichprobe dahingehend zu begründen.

[40] *Berktold* (1999), S. 175 differenziert bspw. nur zwischen erfolgreichen und nicht erfolgreichen Turnarounds.

[41] Vgl. z.B. *Gless* (1996), S. 108; *Lafrenz* (2004), S. 58.

teils/teils beurteilt wurde.[42] Ein Krisenexperte, der das Ergebnis eines begleiteten Turnarounds derart bewertet, weist deutlich darauf hin, dass der Turnaround-Versuch aus seiner Sicht mit z.T. erheblichen Mängeln behaftet ist und daher nicht befriedigend sein kann. Von einer Wende der Unternehmensentwicklung hin zum Besseren kann dementsprechend nicht die Rede sein. Die **partiellen Turnaround-Unternehmen** befinden sich mit ihren Bemühungen zur Krisenabwehr in einem „Graubereich". Der negative Trend ist zwar gestoppt, die Wende hin zum Besseren, so wie der Unternehmens-Turnaround in dieser Arbeit definiert wird, haben sie zum Zeitpunkt der Bewertung jedoch (noch) nicht geschafft. Diese Unternehmen können auf eine „eher positive" Krisenbewältigung zurückblicken, Zweifel an der Nachhaltigkeit der Turnaround-Maßnahmen bleiben aber bestehen.[43]

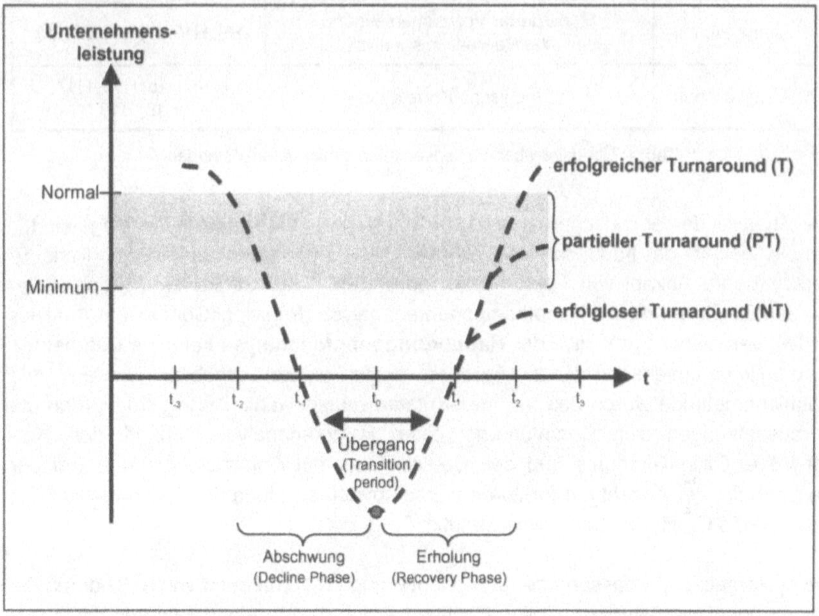

Abb. 20: Differenzierung des Turnaround-Ergebnisses[44]

1.4 Statistische Auswertung – Methoden und Vorgehensweise

In diesem Kapitel werden die in der Untersuchung genutzten statistischen Methoden vorgestellt und ihre Wahl begründet. Einführend werden die notwendigen **statistischen Analyseschritte** zur Überprüfung der Hypothesen anhand eines Prüfrasters

[42] 16 Fälle wurden als negativ, 11 als eher negativ und 27 als teils/teils bewertet.
[43] Zur empirischen Verteilung innerhalb der Stichprobe siehe Kap. E.2.3.
[44] Quelle: In Anlehnung an *Nothardt* (2001), S. 7; ähnliche Darstellungen bei *Kolb* (2006), S. 37; *Gless* (1996), S. 103.

dargestellt (siehe Tab. 4). In entsprechender Reihenfolge werden die Ziele der einzelnen Analyseschritte veranschaulicht, um zu verdeutlichen, was statistisch getestet werden soll und wie dies letztlich geschieht.

	Statistische Methode	Getestete Hypothesen
1. Analyseschritt	Faktorenanalyse	-
2. Analyseschritt	Multiple Regressionsanalyse	H1, H2, H3, H4
3. Analyseschritt	Kruskal-Wallis-Test und einfaktorielle Varianzanalyse (ANOVA)	H5, H6, H7, H8
4. Analyseschritt	Modifizierter Vorzeichentest und einfache Regressionsanalyse	H9, H10, H11, H12, H13
5. Analyseschritt	Kanonische Korrelation	H14, H15, H16, H17, H18, H19

Tab. 4: Überblick über die verwendeten statistischen Methoden

Die Analyse der empirischen Daten wird über eine **Faktorenanalyse** eingeleitet,[45] um die Vielzahl der beobachteten Variablen des Fragebogens auf eine möglichst überschaubare Anzahl von Faktoren zu reduzieren.[46] Zur Strukturierung der vorliegenden Studie wurde die Hauptkomponentenanalyse (Prinicipal Component Analysis (PCA)) verwendet.[47] Mit Hilfe der **Hauptkomponentenanalyse** kann die Datenstruktur möglichst umfassend durch möglichst wenige Faktoren abgebildet werden.[48] Als Rotationsmethode wurde das Varimax-Kriterium ausgewählt. Außerdem wurden die Voraussetzungen zur Durchführung einer Faktorenanalyse anhand des Kaiser-Meyer-Olkin-Kriteriums und des Bartlett-Tests auf Sphärizität geprüft. Bei der Bestimmung der Anzahl der Faktoren wurde sowohl die Höhe des Eigenwertes (> 1) als auch die Grafik des Screeplots genutzt.[49]

Die systematische Erfassung der Lernorientierung im Turnaround von KMU durch die Faktorenanalyse dient zwei Zielen: Erstens werden die einzelnen Faktoren die inhaltliche Struktur der nachfolgenden Kapitel festlegen. Zweitens werden die Faktoren in den multiplen Regressionsmodellen und in den kanonischen Korrelationen Anwendung finden. Für diese statistischen Verfahren muss die **interne Konsistenz** der Faktoren sichergestellt sein. Hierunter ist zu verstehen, dass negativ formulierte Variablen umkodiert werden, damit die Variablen eines Faktors eine einheitliche Mess-

---

[45] Zum Ablauf einer Faktorenanalyse vgl. *Bühl/Zöfel* (2005), S. 465 ff.; *Backhaus et al.* (2003), S. 290 ff.; *Bortz* (2005), S. 511 ff.; *Hippmann* (2003), S. 220 ff.; *Pallant* (2003), S. 151 ff.

[46] Vgl. *Hippmann* (2003), S. 220. Die Anzahl der Faktoren und ihre Zusammensetzung sind das Ergebnis einer ordnenden Struktur, mit der der Variablensatz unterlegt wird; vgl. *Bortz* (2005), S. 511.

[47] Sie gilt als wichtigste Methode für die Faktorenextraktion; vgl. *Hippmann* (2003), S. 221; *Pallant* (2003), S. 153.

[48] Vgl. *Backhaus et al.* (2003), S. 292.

[49] Vgl. *Bortz* (2005), S. 520 f., *Backhaus et al.* (2003), S 295 ff.

richtung aufweisen und gegenläufige Effekte vermieden werden.[50] Im Anschluss an die Umkodierung wird die **interne Reliabilität** mit Hilfe des Cronbachschen Alphas überprüft, denn das *„Cronbachsche Alpha ist ein Maß für die interne Konsistenz der Indikatoren eines Faktors."*[51]

Im zweiten Analyseschritt wird die **multiple Regressionsanalyse** genutzt, um zu überprüfen, ob **lineare Beziehungen** zwischen dem Turnaround-Erfolg und den einzelnen Faktoren der Lernorientierung im Turnaround bestehen. In diesem Prüfungsschritt werden die Hypothesen H1-H4 getestet. Im Vorgriff zu jeder Regressionsanalyse werden die relevanten Prämissen linearer Regressionsmodelle getestet.[52] Darüber hinaus ist anzumerken, dass die allgemeine Irrtumswahrscheinlichkeit (Signifikanzniveau) zur Modellbeurteilung auf 5% festgelegt wird.[53]

Mit dem dritten Prüfschritt wird geprüft, ob zwischen den **erfolgreichen (T), partiellen (PT) und nicht erfolgreichen Turnarounds (NT) signifikante Unterschiede** zu erkennen sind. Zur Prüfung der Hypothesen H5-H8 werden statistische Verfahren angewendet, die zu einem Vergleich von drei unabhängigen Stichproben geeignet sind. Ob parametrische oder nicht-parametrische Testmethoden eingesetzt werden, bestimmt grundsätzlich die Verteilungsform der beobachteten Werte.[54]

Die Normalverteilung wird in dieser Studie durch den Lilliefors-Test (einer Modifikation des Kolmogorov-Smirnov-Tests) geprüft.[55] Das Ergebnis des Tests auf Normalverteilung entscheidet, ob der Test auf Unterschiedlichkeit mit Hilfe der **einfaktoriellen Varianzanalyse (ANOVA)** oder mit Hilfe des **Kruskal-Wallis-Tests** durchgeführt wird.[56] Allerdings stellt *Bortz* (2005) bei der Prüfung der Voraussetzungen der einfaktoriellen Varianzanalyse fest: *„Abweichungen von der Normalität sind zu vernachläs-*

---

50 Vgl. *Pallant* (2001), S. 74 ff. und S. 151; *Scheff* (2001), S. 143 ff.; *Bühl/Zöfel* (2005), S. 457.

51 *Homburg/Giering* (1996), S. 8.

52 Vgl. ausführlich *Pallant* (2003), S. 134 ff.; *Bortz* (2005), S. 443 ff.; *Zöfel* (2003), S. 213 ff.; *Bühl/Zöfel* (2005), S. 342 ff.; *Bleymüller et al.* (1998), S. 147 ff. Bei den Prämissen für die folgenden Regressionsmodelle handelt es sich um die Lineariät in den Parametern, die Homoskedastizität, die Unabhängigkeit und die Normalverteilung der Residuen sowie das Fehlen von Ausreißern, vgl. hierzu *Backhaus et al.* (2003), S. 33 ff.; *Pallant* (2003), S. 143 ff.

53 Zur Erläuterung: Irrtumswahrscheinlichkeit: $p > 0{,}05$ → nicht signifikantes Ergebnis (ns); Irrtumswahrscheinlichkeit: $p < 0{,}05$ → signifikantes Ergebnis (*); Irrtumswahrscheinlichkeit: $p < 0{,}01$ → sehr signifikantes Ergebnis (**); Irrtumswahrscheinlichkeit: $p < 0{,}001$ → höchst signifikantes Ergebnis (***).

54 Kann auf eine Normalverteilung geschlossen werden, kommen andere Testmethoden zum Einsatz, als wenn die Annahme der Normalverteilung verworfen werden muss; vgl. *Bleymüller et al.* (1998), S. 60 ff.; *Zöfel* (2003), S. 111 ff.; *Bühl/Zöfel* (2005), S. 110 f.; *Hippmann* (2003), S. 252 ff.

55 Ist die errechnete Irrtumswahrscheinlichkeit ($p \leq 0{,}05$), so weicht die beobachtete Verteilung signifikant von einer Normalverteilung ab. Umgekehrt wird bei einer Irrtumswahrscheinlichkeit von $p > 0{,}05$ eine Normalverteilung der Stichprobe angenommen. Sind die Ergebnisse dieser beiden Tests nicht eindeutig, empfiehlt sich die Betrachtung des Q-Q-Diagramms (Normalverteilungsdiagramm), um zu einer abschließenden Bewertung zu kommen. In diesem Diagramm wird der beobachtete Wert der Stichprobe dem erwarteten Wert der Normalverteilung gegenübergestellt. Bei Ansicht der Trendgerade kann abgeleitet werden, ob die Variablen annähernd normalverteilt sind; vgl. *Pallant* (2003), S. 57 ff.; *Bühl/Zöfel* (2002), S. 229 f.

56 Für beide Testverfahren gilt, dass, wenn eine Irrtumswahrscheinlichkeit bzw. ein Signifikanzniveau von ($p \leq 0{,}05$) erzielt wird, dies auf einen signifikanten Unterschied zwischen den beiden getesteten Gruppen hinweist; vgl. *Bühl/Zöfel* (2005), S. 294 ff.; *Pallant* (2003), S. 260 f.; *Zöfel* (2003), S. 142 f.

sigen, wenn die Populationsverteilungen schief sind."[57] In der vorliegenden Studie ist jedoch davon auszugehen, dass die Verteilung zu Beginn des begleiteten Turnarounds eher linkssteil und zum Ende des begleiteten Turnarounds eher rechtssteil sein wird. Um zu verlässlichen statistischen Aussagen zu gelangen, werden daher sowohl der Kruskal-Wallis-Test als auch die einfaktorielle Varianzanalyse angewendet. Darüber hinaus werden beide Tests durch die sog. Einzelvergleiche (Post-Hoc-Tests) erweitert, denn im Ergebnis stellen sie nur in aggregierter Form fest, ob sich die drei Turnaround-Gruppen signifikant unterscheiden. Durch die Einzelvergleiche werden die Unterschiede zwischen den drei Turnaround-Gruppen verdeutlicht. Für die Durchführung der Einzelvergleiche wird der **Test nach *Scheffé*** als geeignet angesehen, weil sich der *„Scheffé-Test gegenüber Verletzungen von Voraussetzungen als relativ robust erwiesen hat und zudem tendenziell konservativ entscheidet"*[58].

Mit dem vierten Analyseschritt müssen die verwendeten Testmethoden abermals gewechselt werden, weil ein neues Untersuchungsziel verfolgt wird. Es soll nun geprüft werden, ob sich die Lernorientierung der Unternehmer sowie der Unternehmen während des Turnaround-Prozesses verändert hat (H9+H11). Falls zwischen den Merkmalen des unternehmerischen bzw. organisationalen Lernens zu Beginn und zum Ende des Turnaround-Prozesses signifikante Unterschiede festgestellt werden können, kann geschlossen werden, dass während des Turnarounds Lernprozesse stattgefunden haben.[59] Um verlässliche Aussagen über die **Veränderungsdynamik einer Variablen zu zwei Zeitpunkten** treffen zu können, muss auf Testmethoden des paarweisen Vergleichs zurückgegriffen werden. Der Fokus dieses Untersuchungsschritts liegt somit auf intrapersonellen bzw. intraorganisatorischen Veränderungen der Lernorientierung und wird aus statistischer Perspektive als abhängige Stichprobe bezeichnet.

Als abhängig gelten Stichproben dann, wenn *„gerade jeder Beobachtung der einen Meßreihe genau eine Beobachtung der anderen Meßreihe zugeordnet werden kann"*[60]. Zeichen für die **Abhängigkeit von Stichproben** ist demnach, dass eine paarweise Zuordnung der beobachteten Elemente möglich ist.[61] Diese paarweise Zuordnung ist für eine inhaltlich richtige Interpretation der Vergleichswerte zwingend erforderlich,[62] da sich die Messreihen beeinflussen. *„Von abhängigen Stichproben sprechen wir jedoch auch, wenn an einer Stichprobe zwei Messungen durchgeführt werden (Messwiederholung)"*[63], so dass im Rahmen der vorliegenden Studie die statistische Analyse durch entsprechende Testverfahren unterstützt werden kann. Auf

57 *Bortz* (2005), S. 287
58 *Bortz* (2005), S. 274.
59 *„Beobachtbar ist [..] das Verhalten eines Unternehmens am Markt vor einem bewusst eingeleiteten oder von außen aufgezwungenen Lernprozess. Beobachtbar ist desgleichen das Verhalten dieses Unternehmens nach dem Lernprozess."* *Albach* (1999b), S. 55.
60 *Hartung* (2002), S. 533.
61 Vgl. z.B. *Bleymüller et al.* (1998), S. 115; *Bortz* (2005), S 143; *Bühl/Zöfel* (2005), S. 111; *Pallant* (2003), S. 177.
62 Siehe hierzu insbesondere das Zitat von *Albach* (1999b) in Kap. D.3.
63 *Bortz* (2005), S. 143, (im Original teilweise hervorgehoben).

die vorliegende Untersuchung bezogen heißt das, dass die Bewertungen eines Krisenexperten zu den beiden relevanten Zeitpunkten direkt miteinander verglichen werden.

Zur statistischen Überprüfung, ob zwischen den Merkmalen der einzelnen Faktoren positive Veränderungen in der Bewertung zwischen den Zeitpunkten zu Beginn und zum Ende des begleiteten Turnarounds bestehen, wird ein **modifizierter Vorzeichentest** durchgeführt.[64] Die zu überprüfende H_0-Hypothese lautet: *„Die beiden Meßwertreihen stammen aus Populationen, die keine Unterschiede hinsichtlich der zentralen Tendenz aufweisen."*[65] Diese H_0-Hypothese kann für Paarvergleiche dann verworfen werden, wenn die Irrtumswahrscheinlichkeit (p) gleich oder geringer als 0,05 ($p \leq 0{,}05$) ist.[66] In diesen Fällen gilt, dass die Messwertreihen zu den zwei Zeitpunkten signifikant unterschiedlich sind.

Durch den Vergleich werden sog. negative Ränge (nR) und positive Ränge (pR) errechnet, die anzeigen, ob die Zustimmung zu der jeweiligen Aussage zum Ende des Turnarounds geringer als zu Beginn (negative Ränge) oder ob die Zustimmung zu der jeweiligen Aussage zum Ende des Turnarounds höher ist als zu Beginn (positive Ränge). Wertepaare, bei denen die Paardifferenz Null ist, werden als Bindungen (Bi) bezeichnet. In den gängigen Vorzeichentests von SPSS (Version 12.0) bleiben die festgestellten Bindungen in der Berechnung des relevanten z-Wertes unberücksichtigt.[67] Dies würde in der vorliegenden Studie zu erheblichen Verzerrungen führen, so dass auf die Ergebnisse des Vorzeichentests aufbauend ein Binomialtest durchgeführt wurde.[68] In diesem Test wurde so verfahren, dass die Bindungen in der Weise mit einem Vorzeichen versehen wurden, dass die Ablehnung der H_0-Hypothese erschwert wird, d.h. die Bindungen haben das seltenere Vorzeichen erhalten.[69]

In den Hypothesen H10 und H12 wird die Stärke der Veränderung, welche die Lernorientierung der Unternehmer und der Unternehmen während des Turnaround-Prozesses erfahren, in den Mittelpunkt des Interesses gerückt. Es wird geprüft, ob zwischen der Intensität der Lernprozesse und dem Turnaround-Ergebnis ein positiver Zusammenhang besteht.

Die Veränderungsstärke wird über einen sog. **Veränderungsindex** errechnet, der aus der absoluten Differenz der Variablenbewertungen zu Beginn und zum Ende des

---

64 Ausführlich zu Tests für Unterschiedlichkeitshypothesen bei abhängigen und verteilungsfreien Stichproben siehe *Bortz et al.* (2000), S. 255 ff.

65 *Bortz* (2005), S. 153.

66 Vgl. *Bortz* (2005), S. 154; *Pallant* (2003), S. 263.

67 Wird aber bei der Ansicht der Ränge festgestellt, dass die Anzahl der Null-Differenz groß ist, so weist dieser Tatbestand auf die Richtigkeit der H_0-Hypothese hin. Vgl. *Bortz* (2005), S. 153; *Bortz et al.* (2000), S. 262 ff. gehen ausführlich auf die Behandlung der Nulldifferenzen ein.

68 Vgl. *Bortz* (2005), S. 65 ff.

69 Vgl. *Bortz* (2000), S. 257.

begleiteten Turnarounds besteht.[70] Wurden einzelne Veränderungsindizes zusammengefasst, so wurde darauf geachtet, dass bei ihrer Addition keine Verzerrungen aufgrund eines logischen Vorzeichenwechsels auftraten. Um dies zu verhindern, sind die Differenzen zwischen den einzelnen abhängigen Variablenpaaren derart berechnet worden, dass ein positiver Unterschied immer als positiver Veränderungsfortschritt interpretiert werden kann und vice versa. Mit Hilfe dieses Veränderungsindexes werden nun zwei Untersuchungen durchgeführt: Erstens wird untersucht, ob zwischen den Veränderungsindizes erfolgreicher Turnarounds (T), partieller Turnarounds (PT) und nicht erfolgreicher Turnarounds (NT) signifikante Unterschiede vorliegen.[71] Zweitens wird über eine einfache Regressionsanalyse der Zusammenhang zwischen der Höhe des Veränderungsindexes und dem Turnaround-Erfolg analysiert.

Während bei der multiplen Regressionsanalyse eine mögliche Beziehung zwischen mehreren unabhängigen Variablen und einer abhängigen Variable angezeigt wird, wird im Falle einer **kanonischen Korrelationsanalyse** der Zusammenhang zwischen mehreren unabhängigen Variablen und mehreren abhängigen Variablen getestet. Die kanonische Korrelation untersucht im vorliegenden Fall, wie die multivariat erfasste organisationale Lernorientierung mit der ebenfalls multivariat erfassten unternehmerischen Lernorientierung im Turnaround von KMU zusammenhängt. Mit Hilfe der kanonischen Korrelationsanalyse können **systemartige Zusammenhänge** zwischen zwei Variablensätzen, so wie in den Hypothesen H14-H19 angenommen, durch wenige Koeffizienten vollständig beschrieben werden.[72]

Als Ausgangspunkt einer kanonischen Korrelationsanalyse wird die Durchführung einer Hauptkomponentenanalyse (Prinicipal Component Analysis (PCA)) empfohlen, so dass die Faktoren des ersten Analyseschritts verwendet werden können.[73] Im Folgenden werden sukzessive sog. „kanonische Faktoren" aus den beiden gegenübergestellten Variablensätzen extrahiert, die maximal miteinander korrelieren. Zur Interpretation des jeweiligen kanonischen Faktors werden die berechneten Faktorladungen (FL) und die **Strukturkoeffizienten** (SK) herangezogen. Auskunft über die Struktur der Zusammenhänge geben letztlich die berechneten Strukturkoeffizienten, die als Korrelationen zwischen den Prädikatorvariablen und den vorhergesagten Kriteriumsvariablen definiert sind.[74] Mit der kanonischen Korrelationsanalyse endet auch die statistische Untersuchung, die mit dem Statistikprogramm SPSS (Version

---

[70] Um die Wertepaardifferenzen ermitteln zu können, werden die Beurteilungsskalen des Fragebogens metrisch interpretiert, d.h. zwischen den Bewertungen zu Beginn und zum Ende des begleiteten Turnarounds wird eine Differenz gebildet. Der absolute Unterschied je Variable wird in den Index übernommen.

[71] Dies erfolgt wiederum über den Kruskal-Wallis-Test und die einfaktorielle Varianzanalyse.

[72] Ausführlich zur kanonischen Korrelationsanalyse siehe *Bortz* (2005), S. 627.

[73] Die Faktorisierung im Vorfeld der eigentlichen kanonischen Korrelation führt zu deutlich stabileren Ergebnissen der Analyse; vgl. *Bortz* (2005), S. 631.

[74] Vgl. *Bortz* (2005), S. 631.

12.0) erfolgte. Bis auf die kanonische Korrelation handelt es sich bei allen genutzten Untersuchungsmethoden um Standardanwendungen des Programms.[75]

2. Beschreibung der Stichprobe

2.1 Rücklaufquote und Struktur der Stichprobe

Von den 1.435 befragten Krisenexperten antworteten 241 mit einem ausgefüllten Fragebogen, so dass sich insgesamt eine **Rücklaufquote von 16,6%** ergibt. Aufgrund mangelnder inhaltlicher und formaler Qualität (Fremdgeschäftsführung, fehlende Einzelseiten, zu viele Freilassungen) sind 23 Fragebögen aussortiert worden. Folglich sind 218 Fragebögen statistisch ausgewertet worden, so dass sich die **bereinigte Rücklaufquote auf 15,2%** beläuft. Sowohl die Anzahl der verarbeiteten Fragebögen als auch die Höhe der Rücklaufquote können für wissenschaftliche Veröffentlichungen des Krisen- und Turnaround-Managements als gut eingestuft werden.[76]

Von den 218 analysierten Praxisfällen stammen 50,5% von Unternehmensberatern mit dem Schwerpunkt der Krisenberatung von KMU. Spezialisten aus Sanierungsabteilungen bzw. Workout Groups deutscher Kreditinstitute haben den Einblick in 59 reale Krisenfälle gewährt und stellen damit die zweitgrößte Expertengruppe dieser Stichprobe dar.[77] 31 betriebswirtschaftliche Berater von IHK oder HWK haben den Fragebogen anhand ihnen bekannter und betreuter Krisenfälle ausgefüllt. Außerdem haben sich 10 Interimsmanager an der Untersuchung beteiligt. Die übrigen Expertengruppen wie Steuerberater, Wirtschaftsprüfer, Rechtsanwälte und Insolvenzverwalter haben gemeinsam 8 Krisenfälle beigesteuert und werden zu einer Gruppe zusammengefasst.

---

[75] Zur Installation der kanonischen Korrelation in SPSS siehe *Bortz* (2005), S. 777.

[76] Zum Vergleich: *Hesselmann et al.* (1990), S. 43 ff. befragten 200 Krisenexperten; *Berktold* (1999), S. 171 ff. befragte 21 Krisenexperten schriftlich und erhob 40 Praxisfälle; *Bergauer* (2001), S. 26 ff. untersuchte 30 Großunternehmen, indem sie mit 43 Gesprächspartner halbstandardisierte Interviews führte; *Nothardt* (2001), S. 120 ff. untersucht eine Stichprobe von 95 börsennotierten Unternehmen; *Lafrenz* (2004), S. 205 ff. fokussiert 40 börsennotierte Unternehmen; *Grape* (2006), S. 69 ff. analysiert 19 Insolvenzplanverfahren; die Stichprobe von *Gless* (1996), S. 223 ff. besteht aus 86 Treuhand-Unternehmen; *Gunzenhauser* (1995), S. 137 ff. analysiert 24 Unternehmen des ostdeutschen Werkzeugmaschinenbaus; *Chowdhury/Lang* (1993), (1994), (1996a) prüfen ihre Hypothesen an 153 börsennotierten Unternehmen mit weniger als 500 Mitarbeitern; *Barker/Patterson* (1996), *Barker/Mone* (1998), Barker/Barr (2002) und *Barker et al.* (2001), werten die Daten von 29 börsennotierten Turnaround-Unternehmen aus; siehe zusammenfassend auch *Kolb* (2006), S. 61 ff.

[77] Alle Institutsgruppen (Privatbanken, Raiffeisen- und Genossenschaftsbanken und Sparkassen) sind angesprochen worden.

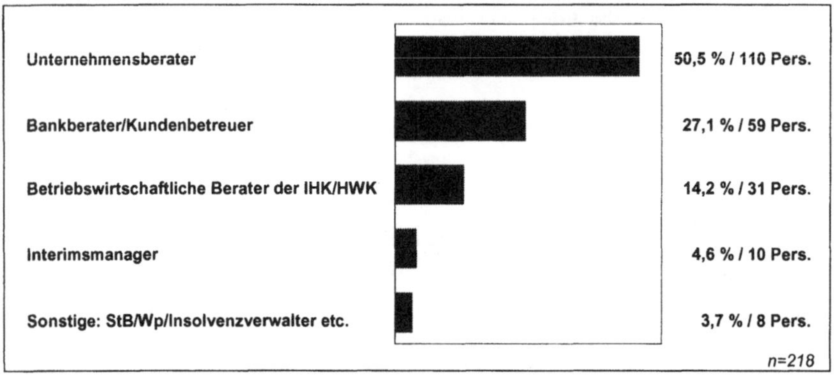

Abb. 21: Struktur der befragten Krisenexperten

Die scheinbare Heterogenität in der Gruppe der befragten Krisenexperten könnte zu Inkonsistenzen im Antwortverhalten und damit zu Problemen bezüglich der Verallgemeinerung des Ergebnisses führen. *„If researchers do not carefully select informants and faithfully report the information they give, the generalizability of the research findings derived from their input may be called into question.“*[78] Um eventuelles gruppentypisches Antwortverhalten transparent zu machen, sind die fünf Expertengruppen über die einfaktorielle Varianzanalyse sowie den Kruskal-Wallis-Test miteinander verglichen worden.[79] Mit Hilfe von beiden statistischen Verfahren sind die einzelnen Turnaround-Gruppen dahingehend untersucht worden,[80] ob signifikante Unterschiede im Antwortverhalten der Krisenexperten bestehen. Beide statistischen Verfahren ergeben übereinstimmend, dass zwischen den Gruppen der Krisenexperten lediglich bei 14 von 165 verglichenen Variablen signifikante Unterschiede festzustellen sind.[81] Zumeist sind es die zahlenmäßig kleinen Gruppen der befragten Krisenexperten wie Interimsmanager oder die Gruppe der „Sonstigen“, deren Bewertungen für die signifikante Abweichung verantwortlich zeichnen.[82] Bei der ho-

78 *Chen et al.* (1993), S. 1616 i.V.m. *Chen/Smith* (1987), S. 7 ff.

79 Vgl. *Bühl/Zöfel* (2005), S. 304 ff. und S. 397 ff.; *Pallant* (2003), S. 186 ff. und S. 263 ff.

80 Zur Bestimmung der relevanten Turnaround-Gruppen siehe Kap. E.1.3.

81 Insgesamt sind 6 Variablen bei den erfolgreichen Turnarounds, 4 Variablen bei den erfolglosen Turnarounds und 4 Variablen bei den partiellen Turnarounds betroffen.

82 Im Rahmen des erfolgreichen Turnarounds sind es die Variablen „Betriebliches Vorschlagswesen“, „Informationen über Zukunftsaussichten“, „Unternehmensziele und –strategie“, „Marketingaktivitäten“, „Unternehmer treibt Umsetzung voran“, weil entweder die Interimsmanager, die Steuerberater/Wirtschaftsprüfer oder die betriebswirtschaftlichen Berater der IHK/HWK für negative Ausreißer sorgen. Bei der Variable „Persönliche Schwächen“ sorgen die Steuerberater/Wirtschaftsprüfer für einen positiven Ausreißer. Im Rahmen des partiellen Turnarounds sind die Variablen „Alleinige Entscheidung“, „Unternehmenstradition“ „Verantwortungsdelegation“, „Unternehmer treibt Umsetzung voran“ betroffen, weil entweder die Rechtsanwälte/Insolvenzverwalter oder die Interimsmanager für negative Ausreißer sorgen. Im Rahmen des erfolglosen Turnarounds sind es die Variablen „Konstruktives Vertrauensverhältnis“, „Qualität der Krisenursachenanalyse“, „Abstimmungsprobleme und Konflikt“, die durch die Bewertung der Rechtsanwälte/Insolvenzverwalter negative Ausreißer enthalten. Die Variable „Informationen über Zukunftsaussichten“ ist hingegen ein positiver Ausreißer der Rechtsanwälte/Insolvenzverwalter.

hen Anzahl an unterschiedlichen Gruppen ist dies ein gutes Ergebnis und spricht für die **inhaltliche Konsistenz** der Aussagen. Durch den Auswahlprozess der Krisenexperten und die hohe Übereinstimmung im Antwortverhalten wird eine **gute Generalisierbarkeit** der Forschungsergebnisse gewährleistet.

Mit der Untersuchung der Strukturmerkmale der vorliegenden Unternehmen wird außerdem sichergestellt, dass es sich bei den analysierten Unternehmen um KMU handelt. Zu dieser Auswertung werden die quantitativen Merkmal „Anzahl der Beschäftigten" und die „Höhe des Umsatzes" herangezogen. Von diesen zwei Kriterien erhält die „**Anzahl der Beschäftigten**" den Status eines **Primärmerkmals** zur Bestimmung der Größenklassen.[83] Die Turnaround-Unternehmen der Stichprobe werden entsprechend in vier Größenklassen differenziert und zwar Unternehmen mit 1-9 Mitarbeiter (MA), 10-49 MA, 50-249 MA und 250-499 MA.

Mit 86 Unternehmen und damit knapp 40% aller Fälle stellen die Unternehmen mit 10-49 MA die zahlenmäßig am stärksten vertretene Klasse dar. In 69 der Turnaround-Unternehmen werden 50-249 MA beschäftigt; diese repräsentieren folglich knapp ein Drittel der gesamten Untersuchungsgruppe. 36 Unternehmen oder etwa 17% aller KMU der Studie zählen mit 1-9 MA zur Gruppe der kleinsten Unternehmen dieser Untersuchung, und 27 Turnaround-Unternehmen bzw. 12% haben eine Betriebsgröße von 250-499 Mitarbeiter (siehe Tab. 5).[84]

Primärmerkmal „Anzahl der Beschäftigten"				
Beschäftigte	1-9	10-49	50-249	250-499
Nennungen	36	86	69	27
Angabe in Prozent	16,5%	39,4%	31,7%	12,4%
Sekundärmerkmal „Höhe des Umsatzes"				
Umsatz	< 1 Mio. €	1-10 Mio. €	10-50 Mio. €	> 50 Mio. €
Nennungen	39	101	54	24
Angabe in Prozent	17,9%	46,3%	24,8%	11%

Tab. 5: Größenspezifische Einteilung der Turnaround-Unternehmen

Die Verteilung der Stichprobe entspricht nicht der **Größenstruktur des deutschen Mittelstands**, wie Vergleiche mit den Daten der MIND-Studie 02 und MIND-Studie 04 zeigen. Hiernach zählen mehr als 60% aller KMU weniger als 9 Mitarbeiter und

[83] Aus diesem Grunde ist die Frage nach der Mitarbeiterzahl an den Anfang des Fragebogens platziert worden.

[84] Diese quantitative Einteilung ist eine hybride Klassifikation, die sich aus den KMU-Definitionen des IfM Bonn und der EU ergibt. Sie ist bewusst gewählt, um zusätzliche Möglichkeiten zur größenspezifischen Auswertung zur erhalten.

lediglich ca. 5% der Unternehmen mehr als 50 Beschäftigte.[85] Die Abweichungen der Stichprobenverteilung vom Bundesdurchschnitt resultieren aus dem Umstand, dass Kleinstbetriebe vergleichsweise selten einen begleiteten Turnaround versuchen.[86] Entweder übersteigen die Kosten einer Krisenberatung die finanziellen Möglichkeiten dieser Unternehmen oder das zusätzliche Finanzrisiko steht nicht in Relation zum unsicheren Nutzen der erfolgreichen Krisenbewältigung.

Betrachtet man nun mit dem Jahresumsatz eine weitere Richtgröße zur quantitativen Einordnung von KMU, so ist festzustellen, dass 24 Unternehmen (11%) mehr als 50 Mio. € Umsatz erwirtschaften und demnach streng genommen aus der weiteren Untersuchung auszuschließen sind. Allerdings liegt die Anzahl der Beschäftigten aller Unternehmen unter der für diese Untersuchung maßgeblichen quantitativen Größenbedingung von 499 Mitarbeitern, so dass im Folgenden alle Unternehmen mit einem Umsatz größer 50 Mio. € als KMU bezeichnet werden. Außerdem ergeben tiefergehende Analysen, dass diese wie die kleineren Unternehmen auch entweder inhabergeführt sind oder sich die Geschäftsführungen aus mehreren Personen zusammensetzen, zu denen Gesellschafter, Familienmitglieder der Gesellschafter und Fremdmanager zählen.[87] Dies bedeutet, dass bei **allen untersuchten Turnaround-Unternehmen ein enger Bezug zu den Gesellschaftern direkt ersichtlich** wird, weil der Gesellschafter selbst oder einer seiner Familienangehörigen die Unternehmen in verantwortlicher Position leiten. Zudem erfüllen sie ebenfalls die geforderte Prämisse, dass ein Austausch des Unternehmers bzw. der verantwortlichen Geschäftsführung während des Turnarounds nicht stattfand.

2.2 Unternehmenskrise und ihre Ursachen

Zum Zeitpunkt der Krisenentdeckung befanden sich 161 der untersuchten KMU in einer Liquiditätskrise und damit in einer höchst existenzbedrohenden Situation,[88] die ein zeitnahes und konsequentes Handeln erforderte (siehe Abb. 22). In 32 KMU der Stichprobe wurde frühzeitiger reagiert und der Turnaround bereits in einer Erfolgskrise eingeleitet. In weiteren 17 KMU wurde bereits der Verlust strategischer Erfolgspotenziale festgestellt und in der strategischen Krise die Notwendigkeit eines Turnarounds erkannt. In 8 Fällen wurde die Krisenart des Unternehmens nicht angege-

[85] Vgl. *MIND 02*, S. 12; in *MIND 04*, S. 14 fällt der Anteil der Kleinstbetriebe noch höher aus.

[86] Vgl. auch *Grape* (2006), S. 67.

[87] Darüber hinaus zeigt sich, dass sich die Geschäftsführung mit steigender Unternehmensgröße aus mehreren Personen zusammensetzt.

[88] Liquiditätsprobleme in KMU können u.a. auf ein mangelndes Debitorenmanagement zurückgeführt werden. Neben zu hohen Außenständen und zu langen Zahlungsfristen der Kunden verknappt ein zunehmender Vorfinanzierungsbedarf die liquiden Mittel. Nach *Bergauer* (2001), S. 53 führen 73,3% der befragten Unternehmen Liquiditätsprobleme auf ein unzureichendes Forderungsmanagement zurück. Möglichkeiten, die Liquiditätssituation zu verbessern, sind die Einrichtung eines Mahnwesens oder der Verkauf von Forderungen im Rahmen des Factorings oder der Forfaitierung; vgl. *Gunzenhauser* (1995), S. 45.

ben.[89] Mit diesem Ergebnis ist sichergestellt, dass es sich bei den untersuchten Unternehmenssituationen tatsächlich um Turnaround-Situationen handelt.

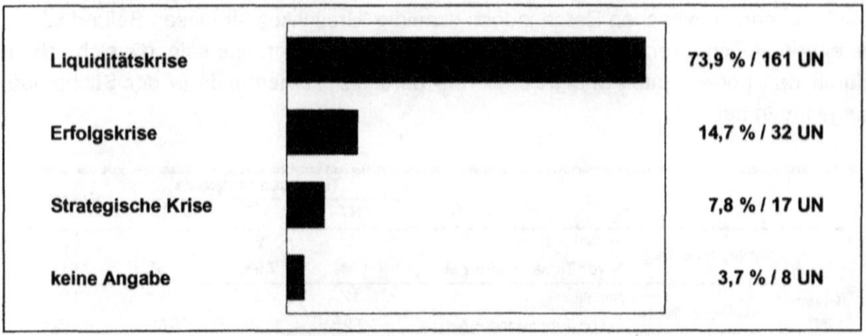

Abb. 22: Stadium der Unternehmenskrise

Die Krisen- und Turnaround-Forschung postuliert die Annahme, dass sich eine **frühzeitige Krisenerkennung positiv** auf die Krisenbewältigung auswirkt, d.h. der strategische Turnaround habe eine größere Erfolgswahrscheinlichkeit als der operative oder der erzwungene Turnaround. Trifft diese Annahme auch im vorhandenen Sample zu, müsste eine Ungleichverteilung der Krisenarten zu beobachten sein, indem bspw. die Unternehmen aus der strategischen Krise verstärkt einen erfolgreichen Turnaround verzeichnen und die KMU, die sich bereits in einer Liquiditätskrise befinden, eher erfolglos agieren. Diese Annahme wird anhand der empirischen Daten überprüft. Die Zusammenhänge werden in Tab. 6 tabellarisch veranschaulicht, indem die Krisenart dem Turnaround-Ergebnis gegenübergestellt wird.

Die empirische Verteilung der KMU mit einer strategischen Krise entspricht der aufgestellten Annahme. Mit mehr als 56% der Unternehmen kann der Großteil auf einen erfolgreichen Turnaround zurückblicken, während nur knapp 6% der Unternehmen mit ihren Turnaround-Bemühungen scheitern.[90] Diffuser wird das Bild, wenn die Zuordnung der Erfolgs- und Liquiditätskrise betrachtet wird. Die KMU in der Liquiditätskrise zählen zwar mit 41 Unternehmen zur absolut größten Gruppe der erfolglosen Turnarounds, aber relativ gesehen stellen diese Unternehmen nur knapp 76% der erfolglosen Unternehmen und damit 0,8 Prozentpunkte weniger als durchschnittlich zu erwarten war.[91] Des Weiteren schließen 59 Unternehmen den Turnaround erfolg-

---

[89] Sechs Unternehmensberater, ein Steuerberater/Wirtschaftsprüfer und ein Mitarbeiter einer IHK oder HWK haben keinerlei Eingruppierung vorgenommen. Da in fünf der acht Fälle mindestens ein Unternehmensexterner (Kreditinstitut, Steuerberater/Wirtschaftsprüfer) den Turnaround angestoßen hat, ist davon auszugehen, dass die Krisensymptome für Außenstehende bereits deutlich erkennbar waren. Daher sollen auch alle Fälle ohne Festlegung der Krisenart weiter betrachtet werden.

[90] Mit einem Anteil von 11,3% an den erfolgreichen Turnarounds sind die Unternehmen überdurchschnittlich und mit 1,9% unterdurchschnittlich an den erfolglosen Turnarounds vertreten.

[91] Die Unternehmen der Liquiditätskrise stellen 76,7% der untersuchten Stichprobe. Dieser Wert weicht von den Werten in Abb. 22 ab, weil die Fälle, zu denen keine Angaben gemacht wurden, ausgeblendet worden sind.

reich ab. Die Zuordnung der Unternehmen mit einer Erfolgskrise weist ein ähnlich mehrdeutiges Bild auf. Somit kann konstatiert werden, dass zwar **Anzeichen** bestehen, welche die formulierte These stützen, eine statistische Bestätigung bleiben die vorliegenden empirischen Daten jedoch schuldig. Ursächlich für diesen Befund könnte eine natürliche Verzerrung aufgrund der befragten Zielgruppe sein, die sich schon durch den hohen Anteil erfolgreicher und partieller Turnarounds in der Stichprobe angedeutet hat.[92]

			Turnaround-Ergebnis			Gesamt
			NT	PT	T	
Krisenart	Strategische Krise	Anzahl	1	6	9	16
		% von Turnaround-Ergebnis	1,9%	7,9%	11,3%	7,6%
	Erfolgskrise	Anzahl	12	9	12	33
		% von Turnaround-Ergebnis	22,2%	11,8%	15,0%	15,7%
	Liquiditätskrise	Anzahl	41	61	59	161
		% von Turnaround-Ergebnis	75,9%	80,3%	73,8%	76,7%
	Gesamt	Anzahl	54	76	80	210
		% von Turnaround-Ergebnis	100,0%	100,0%	100,0%	100,0%

Tab. 6: Krisenart und Turnaround-Ergebnis

Ebenfalls können empirisch gestützte Aussagen über diejenigen Personenkreise getroffen werden, die auf die Unternehmenskrise aufmerksam gemacht und damit den begleiteten Turnaround maßgeblich initiiert haben. Frühere empirische Untersuchungen kommen zu dem Schluss, dass Erfolgs- und Liquiditätskrisen vor allem von Personengruppen außerhalb der Geschäftsführung aufgedeckt werden. Hierzu zählen insbesondere die Mitarbeiter von Kreditinstituten. Nach Auswertung der verfügbaren Daten nehmen die **Kreditinstitute** mit 154 Nennungen auch in dieser Studie die Rolle des **wichtigsten Turnaround-Initiators** ein (siehe Abb. 23). So zeigt sich, dass die Kreditinstitute in etwa 70% der erhobenen Krisenfälle maßgeblich in die Identifikation der Unternehmenskrise und die anschließende Krisenbewältigung involviert sind. Sie nehmen damit immer noch eine deutlich stärkere Rolle ein als alle übrigen Personenkreise im Umfeld des Krisenunternehmens.

Deutlich seltener wird die **Unternehmensführung als Krisenentdecker** genannt. Sie nehmen zwar die zweite Position hinter den Mitarbeitern der Kreditinstitute ein, folgen aber mit relativ großem Abstand, da sie nur in ca. 41% der Fälle (mit-)verantwortlich für die Aufdeckung der Krise waren. In knapp 14% aller Fälle werden Steuerberater/Wirtschaftsprüfer als (Mit-)Initiatoren des Turnarounds aufge-

[92] Die Chi-Quadrat-Tests ergeben nach Pearson 6,177^{ns} und Likelihood-Quotient 6,940^{ns}. Außerdem könnten Verständnisschwierigkeiten der Krisenexperten angeführt werden, die eine differenzierte Unterscheidung insbesondere zwischen Erfolgs- und Liquiditätskrise erschwert haben könnte. Während der Pretests waren keinerlei Probleme festgestellt worden.

führt.[93] Dieses Ergebnis weist auf ein Dilemma hin, in dem sich diese Berufsgruppe befindet. Einerseits zählen Steuerberater und Wirtschaftsprüfer zu den wichtigsten Beratern von KMU und üben starken Einfluss auf die Entscheidungen der Verantwortlichen aus. Andererseits scheint ihr Einfluss bei der Identifikation einer Unternehmenskrise aufgrund ihres Einblicks in die Unternehmensdaten weniger stark zu sein, als er eigentlich sein müsste.

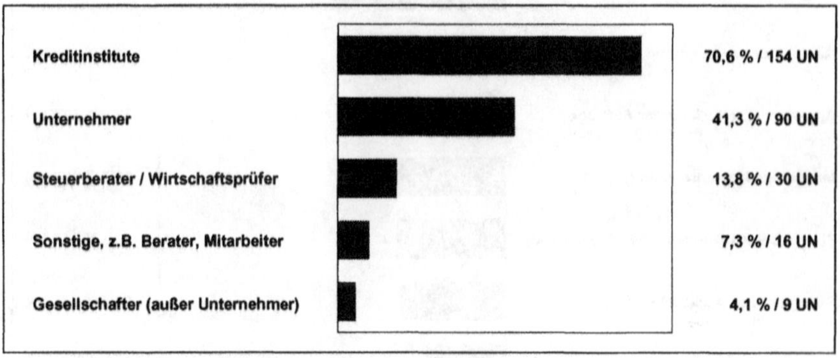

Abb. 23: Entdecker der Unternehmenskrise

Gesellschafter außerhalb der Unternehmensführungen sind in 4% der Fälle an der Krisendiagnose beteiligt und die Gruppe der sonstigen Beteiligten wie z.B. der Betriebsrat, die Mitarbeiter oder externe Berater haben ca. 7% der Fälle (mit-)identifiziert.

Die befragten Krisenexperten wurden ebenfalls gebeten, die drei **wichtigsten Ursachen für die Krise des KMU** zu benennen. Im Ergebnis zeigt sich ein eindeutiges Bild (siehe Abb. 24).[94] In mehr als ¾ aller Fälle werden „**Managementfehler**" zu den ausschlaggebenden Auslösern der Unternehmenskrise gezählt. Hiernach muss der wichtigste Auslöser von Unternehmenskrisen in KMU an Entscheidungsschwächen der Geschäftsführung festgemacht werden. Eine aktuelle Studie des Zentrums für Insolvenz und Sanierung an der Universität Mannheim e.V. (ZIS) zum Insolvenzgeschehen in Deutschland kommt zu einem ähnlichen Ergebnis: Die Geschäftsführung wird in 71% der Insolvenzen als wichtigste Ursache identifiziert.[95] Das vorliegende Ergebnis der Krisenursachenanalyse beweist somit zum wiederholten Mal, *„dass aus der zentralen Stellung der Führung im mittelständischen Betrieb im allgemeinen auch die größten Gefahren für die Existenz des Betriebes erwachsen."*[96] Allerdings muss festgehalten werden, dass *„die einseitigen Schuldzuweisungen gegenüber der Un-*

[93] In 10 Fällen zeichnen sie alleine verantwortlich für das Erkennen der Krise, in den übrigen 20 Fällen sind sie als Mitinitiatoren involviert.

[94] Siehe außerdem Kap. B.2.2, wo alternative empirische Arbeiten vorgestellt werden.

[95] Vgl. *ZIS* (2006), S. 8; bspw. *Bergauer* (2001), S. 51 kommt zu einem ähnlich hohen Ergebnis: in 86,7% der Fälle wurde die Krise mit Fehlern des Top-Managements assoziert.

[96] *Reske et al.* (1978), S. 176.

ternehmungsführung"[97] nicht ganz unproblematisch ist, da rückblickend fast immer Fehler des Managements identifiziert werden können.[98]

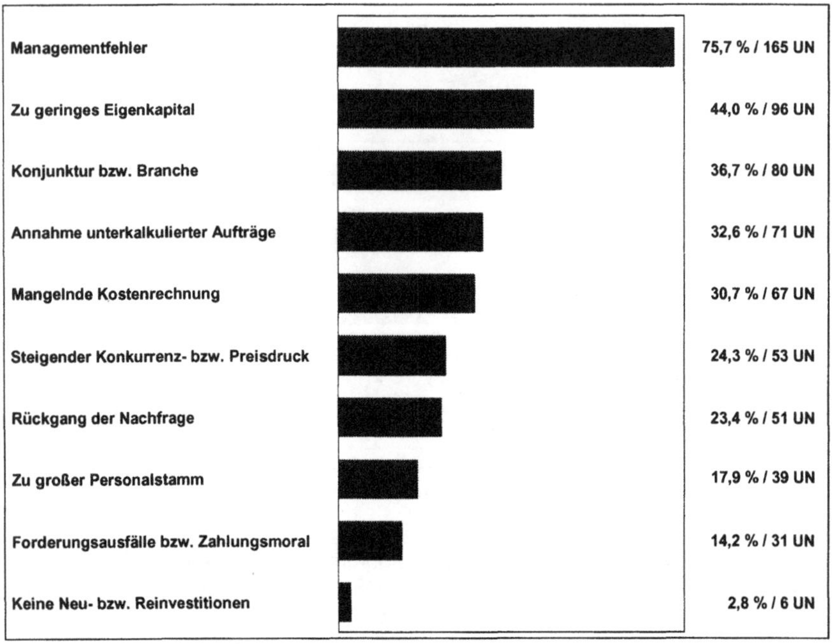

Abb. 24: Ursachen der Unternehmenskrise

In 44% aller Fälle sehen die Befragten einen maßgeblichen Grund für die Unternehmenskrise in der **mangelnden Ausstattung mit Eigenkapital**. Zwar wird die finanzielle Situation (wie in vielen anderen empirischen Untersuchungen) als wichtige Krisenursache eingestuft, dennoch wird hier die Ansicht vertreten, dass es sich mehr um ein **Symptom** als um eine Ursache der Krisenentwicklung handelt.[99] Sehr anschaulich zeigt dies auch die mehrstufige Ursache-Wirkungskette nach *Töpfer* (1986b) und *Pinkwart et al.* (2005a).[100] Finanzielle Probleme stellen hierin die Spätindikatoren einer Unternehmenkrise dar. Umsatzeinbruch, Verknappung des Eigenkapitals und drohende Zahlungsunfähigkeit sind klare Signale einer Krise. An ihnen können auch außenstehende Interessengruppen die krisenhafte Unternehmensent-

[97] *Krystek* (1987), S. 72.

[98] Vgl. *Günther/Scheipers* (1993), S. 452; Krystek (1987), S. 68; *Pinkwart/Kolb* (2003), S. 59; *Achilles* (2000), S. 62.

[99] Von dieser Aussage sind allerdings jene Unternehmenskrisen ausgenommen, in denen beispielsweise zu hohe Entnahmen der Gesellschafter über einen längeren Zeitraum die Finanzkraft eines ansonsten gesunden Unternehmens existenziell gefährden.

[100] Vgl. *Töpfer* (1986b), S. 159 ff.; *Pinkwart et al.* (2005a), S. 116.

wicklung ablesen. Insbesondere Kreditinstitute orientieren ihre Firmenkundenbetreuung an diesen finanziellen Kennzahlen.

Die „Annahme unterkalkulierter Aufträge“ bei knapp einem Drittel aller Turnaround-Unternehmen und die „mangelnde Kostenrechnung“ bei mehr als 30% der untersuchten Unternehmen weisen daraufhin, dass **Defizite in den Controllingsystemen** der KMU den Krisenverlauf begünstigen. Aufgrund dieser Informationsnachteile besteht die Gefahr, dass die Unternehmensführung ihre Entscheidungen auf Basis falscher bzw. ungenauer Informationen trifft. Werden beide Krisenursachen zusammengefasst, zeigt sich, dass in 126 der Fälle und damit in mehr als der Hälfte der untersuchten KMU Mängel im Unternehmenscontrolling bestehen.[101]

Die „Annahme unterkalkulierter Aufträge“ ist aber auch ein Zeichen für eine schlechte Marktpositionierung des Unternehmens. Die Ergebnisse der empirischen Studie von *Pinkwart/Kolb* (1999) sowie die Bemühungen einer expliziten Integration von Marketing-Strategien in den Unternehmens-Turnaround verdeutlichen den Stellenwert **marktorientierter Kriseneinflüsse.**[102] Diesen wichtigen Stellenwert unterstreichen auch die vorliegenden empirischen Erkenntnisse. So schreiben die befragten Krisenexperten in knapp 38% der Fälle der „Konjunktur/Branchensituation“, in mehr als 24% der Fälle einem „steigenden Konkurrenz- bzw. Preisdruck“ und in knapp 24% der Fälle dem „Rückgang der Nachfrage“ die Verantwortung für den Eintritt der Unternehmenskrise zu. Werden auch hier die gleichzeitigen Nennungen zwischen den marktorientierten Krisenursachen berücksichtigt, werden bei 216 von 218 untersuchten Krisenunternehmen wettbewerbs- und marktbedingte Probleme angeführt.[103] Sie sind demnach nicht (mehr) in der Lage, adäquat auf Markt- und Branchenveränderung zu reagieren.[104]

In weniger als 20% aller Fälle werden ein zu hoher Personalstamm (18%) und damit zu hohe Personalkosten sowie unerwartete Forderungsausfälle/schlechte Zahlungsmoral (14%) der Kunden als Krisenursachen genannt.[105] Eine ungenügende Investitionspolitik der Unternehmen scheint lediglich bei etwa 3% der KMU maßgeblich zur Krisenentwicklung beigetragen zu haben.

---

[101] Damit die 24 Unternehmen, in denen sowohl die Annahme unterkalkulierter Aufträge als auch eine mangelnde Kostenrechnung als Krisenursachen angegeben wurden, nicht zweimal gezählt werden, werden Doppelnennungen abgezogen. Erläuterung des Rechenwegs: (Annahme unterkalkulierter Aufträge (71 Nennungen) + mangelnde Kostenrechnung (67 Nennungen) – 12 gleichzeitige Nennungen) * 100/218.

[102] Vgl. *Pinkwart/Kolb* (1999), S. 68 f.; *Pinkwart* (2000a), S. 165 ff.; *Köppel* (1994), S. 157 ff.

[103] Erläuterung des Rechenwegs: (Steigender Konkurrenz- bzw. Preisdruck (53 Nennungen) + Rückgang der Nachfrage (51 Nennungen) + Konjunktur/Branchensituation (80 Nennungen) + Annahme unterkalkulierter Aufträge (71 Nennungen) – 39 gleichzeitige Nennung) * 100/218.

[104] Zu einem ähnlichen Schluss kommen auch *Wieselhuber & Partner* (2004), S. 35.

[105] Das ZIS (2006), S. 12 kommt zu dem empirischen Ergebnis, dass die Zahlungsmoral der Kunden z.T. extrem schlecht ist und damit zu einem der wichtigsten externen Einflussfaktoren auf Insolvenz und Sanierung wird. Dies zeigt, dass sich die Bedeutung der schlechten Zahlungsmoral in der Insolvenz deutlich erhöht.

2.3 Verlauf und Dauer des Turnaround-Prozesses

Innerhalb der Stichprobe sind die erfolgreichen Turnarounds (T) die am stärksten vertretene Gruppe (siehe Abb. 25). 86 der Turnaround-Unternehmen beenden den Turnaround-Prozess erfolgreich und stellen damit knapp 40% der Stichprobe dar. Mit 78 Fällen oder einem Anteil von ca. 36% an der Stichprobe werden Turnaround-Prozesse beschrieben, die einen partiellen Turnaround (PT) zu verzeichnen haben. Die erfolglosen Turnarounds (NT) stellen die kleinste Gruppe der Untersuchung dar. Sie setzt sich aus 54 Fällen der Stichprobe zusammen und repräsentiert ein Viertel aller betrachteten Unternehmen. 28 der erfolglosen Turnaround-Unternehmen bzw. 52% der NT waren zum Zeitpunkt der Befragung bereits aus dem Markt ausgeschieden. Umgekehrt formuliert: Von den insgesamt 32 nicht mehr bestehenden Unternehmen der Stichprobe können mehr als 87% der Klasse der erfolglosen Turnarounds zugeordnet werden.

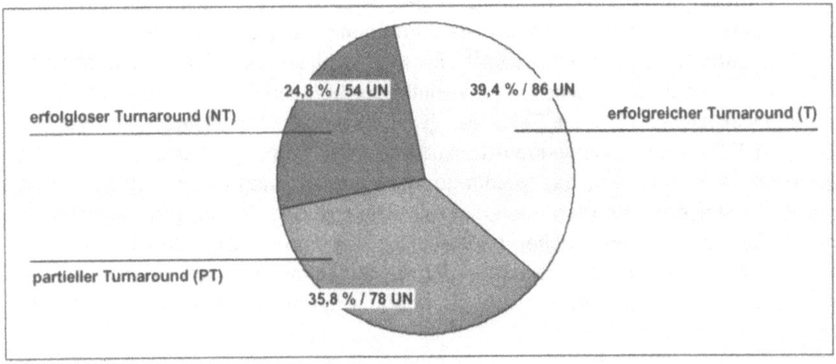

Abb. 25: Beurteilung des Turnaround-Ergebnisses

Bei den KMU, die den Gruppen der erfolglosen und der partiellen Turnarounds zugeordnet werden, muss folglich konstatiert werden, dass sie die sog. Wende hin zum Besseren nicht vollzogen haben.[106] Dies betrifft immerhin mehr als 60% der untersuchten Krisenunternehmen, so dass die vorliegende Verteilung der Turnaround-Unternehmen weitgehend im Einklang mit den Beobachtungen früherer empirischer Untersuchungen steht, die ebenfalls zu dem Ergebnis kommen, dass *„of those firms suffering significant and/or sustained declining performance, a greater number proceed to fail rather than recover“*[107]. Allerdings muss auch festgestellt werden, dass der Anteil der erfolgreichen Turnaround-Unternehmen mit knapp 40% vergleichswei-

[106] Siehe Kap. E.1.3 zur Begründung der drei Turnaround-Gruppen.
[107] *Pandit* (2000), S. 33.

se hoch ausfällt.[108] Die Wahl der Erhebungsmethode und der befragten Personengruppe hat diese Tendenz begünstigt.

Im Folgenden wird das **Ergebnis des Turnarounds in Beziehung zur Unternehmensgröße** gestellt, um zu untersuchen, ob es größenspezifische Verzerrungen in der Stichprobe hinsichtlich des Turnaround-Erfolgs gibt. Mit dieser Überprüfung wird die Annahme getestet, dass zwischen der Unternehmensgröße und dem Turnaround-Erfolg ein positiver Zusammenhang besteht. Denn *Nothardt* (2001) stellte empirisch fest, dass große Unternehmen eher einen Turnaround vollziehen als kleine.[109]

Tab. 7 stellt das Resultat dieser Verknüpfung in Form einer Kreuztabelle dar. Zu erkennen ist, dass nur jedes zehnte Unternehmen mit 1-9 Mitarbeitern einen erfolgreichen Turnaround vollziehen konnte. Bei mehr als 60% der Unternehmen dieser Größenordnung verlief der Turnaround nur partiell erfolgreich, und in 25% der Fälle war der Turnaround erfolglos. Demgegenüber sind die KMU mit mehr als 10 Beschäftigten sehr stark in der Gruppe der erfolgreichen Turnarounds (T) vertreten. Während 37% der KMU mit 250-499 MA einen erfolgreichen Turnaround schaffen konnten, beträgt der Anteil der KMU mit 10-249 MA jeweils mehr als 46%. Mit Hilfe von Chi-Quadrat-Tests kann festgestellt werden, dass die kleinen KMU in der Gruppe der T signifikant unter- und in der Gruppe der PT signifikant überrepräsentiert sind.[110] Dies zeigt, dass kleine KMU mit 1-9 MA deutlich seltener den Turnaround-Prozess erfolgreich gestalten können als größere KMU.

			Mitarbeiterzahl				
			1 - 9	10 - 49	50 - 249	250 - 499	Gesamt
Turnaround-Ergebnis	NT	Anzahl	9	19	17	9	54
		% von Mitarbeiterzahl	25,0%	22,1%	24,6%	33,3%	24,8%
	PT	Anzahl	23	27	20	8	78
		% von Mitarbeiterzahl	63,9%	31,4%	29,0%	29,6%	35,8%
	T	Anzahl	4	40	32	10	86
		% von Mitarbeiterzahl	11,1%	46,5%	46,4%	37,0%	39,4%
Gesamt		Anzahl	36	86	69	27	218
		% von Mitarbeiterzahl	100,0%	100,0%	100,0%	100,0%	100,0%

Tab. 7: Turnaround-Ergebnis und Mitarbeiterzahl

[108] Empirische Studien, die sich mit Krisen- und Turnaround-Unternehmen beschäftigen, kommen zu unterschiedlichen Erfolgseinschätzungen. Je nach Studie schwankt der Anteil erfolgreicher Turnarounds zwischen einem Zehntel und einem Drittel der untersuchten Turnaround-Versuche; vgl. u.a. *Schendel et al.* (1976), S. 4; *Hambrick/Schecter* (1983), S. 238; *Chowdhurry/Lang* (1993), S. 12; *Chowdhurry/Lang* (1994), S. 208; *Chowdhurry/Lang* (1996a), S. 172 f., *Berktold* (1999), S. 175, *Nothardt* (2001), S. 266.

[109] *Nothardt* (2001), S. 257 ff. Aus Sicht von *Nothardt* (2001), S. 271 sind diese Unternehmen „*too big to fail*"; ähnlich *Albach* (1983), S. 872; *Clasen* (1992), S. 5 f.

[110] Sie kommen zu dem Ergebnis, dass zwischen den alternativen Unternehmensgrößen signifikante Unterschiede bestehen. Die Chi-Quadrat-Tests ergeben nach Pearson 19,932** und Likelihood-Quotient 21,278**. Die standardisierten Residuen der Unternehmen mit 1-9 MA belaufen sich auf 2,8 in PT und –2,7 bei den NT.

Hieraus lässt sich aber nicht die Aussage ableiten, dass mit steigender Unternehmensgröße die Turnaround-Wahrscheinlichkeit steigt. Obwohl ein entsprechender Trend insbesondere bei den KMU zwischen 10-249 MA abzulesen ist, ergibt die durchgeführte Korrelationsanalyse nur eine sehr geringe Korrelation zwischen der Unternehmensgröße und dem Turnaround-Erfolg, die überdies nicht signifikant ist.[111] Die Annahme ist somit abzulehnen: **Zwischen der Unternehmensgröße und dem Turnaround-Erfolg sind keine systematischen Zusammenhänge feststellbar.**

Innerhalb der Stichprobe können deutliche Diskrepanzen in der **Dauer der Krisen- und Turnaround-Beratung** beobachtet werden. Während der kürzeste Beratungszeitraum in drei Fällen gerade einmal zwei Monate betrug, wurden die drei am längsten betreuten Unternehmen zwischen 84 und 87 Monate begleitet.[112] Im Durchschnitt dauerte der begleitete Turnaround-Prozess der untersuchten Unternehmen knapp 18 Monate.[113] Aufgrund der extremen Unterschiedlichkeit in der Betreuungsdauer erscheinen der Median und der Modus (die Klasse mit den meisten Nennungen) als bessere Indikatoren zur Beschreibung des durchschnittlichen Beratungszeitraums. Der Median beschreibt, dass eine Hälfte der Unternehmen aus der Stichprobe bis zu 14 Monaten und die andere länger als 14 Monate von den Krisenexperten unterstützt wurde. Anhand des Modus kann abgelesen werden, dass die meisten Beratungsprojekte ein ¾ Jahr beansprucht haben.[114] Um einen besseren Überblick über die Dauer der Krisen- und Turnaround-Beratung zu erhalten, werden die zeitlichen Betrachtungseinheiten aggregiert, d.h. von einer monatlichen wird in eine 6-monatige Darstellungsform gewechselt. Wie sich die Beratungsfälle der Stichprobe auf dieser Basis verteilen, ist in Abb. 26 dargestellt.

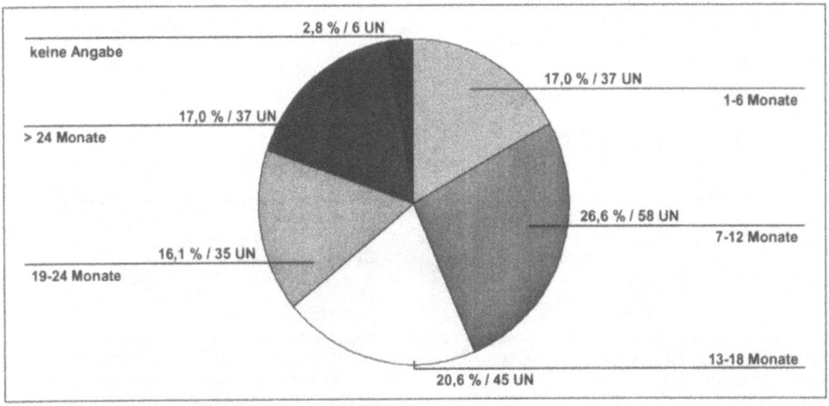

Abb. 26: Dauer der Krisen- und Turnaround-Beratung

[111] Pearson-R:0,021^{ns}; Korrelation nach Spearman: 0,073^{ns}

[112] Bei den sehr langen Betreuungszeiten überwiegt die Begleitung durch Sanierungsberater der Kreditinstitute.

[113] Der Mittelwert liegt bei 17,67 Monate.

[114] Mit 15 Nennungen ergibt sich ein Modus von 9 Monaten.

Diese recht allgemeine Analyse des Zeitraums der Krisen- und Turnaround-Beratung kann zwei interessante Fragen noch nicht beantworten: 1. Gibt es Unterschiede in der Dauer der Krisen- und Turnaround-Beratung, wenn die beobachteten Unternehmen hinsichtlich des Turnaround-Ergebnisses gruppiert werden? 2. Gibt es Unterschiede in der Dauer der Krisen- und Turnaround-Beratung, wenn die Unternehmen der Stichprobe größenspezifisch untersucht werden?

Der ersten Fragestellung entsprechend zeigt Tab. 8 die Kreuztabelle, in der die **Beratungsdauer mit dem Turnaround-Ergebnis in Beziehung gesetzt** wird. Es wird vermutet, dass die Dauer der Beratung in erfolgreichen Turnarounds kürzer ist als in erfolglosen, weil in erfolgreichen Turnarounds die Bereitschaft und Fähigkeit zur Situationsanalyse und zur Umsetzung höher sind und damit schneller realisiert werden können. Unternehmensberater verlassen demnach die Unternehmen zügiger und auch Sanierungsberater der Kreditinstitute geben die Fälle schneller wieder in die normale Kundenbetreuung.

			Turnaround-Ergebnis			
			NT	PT	T	Gesamt
Dauer der Krisen- und Turnaround-Beratung	> 6 Monate	Anzahl	6	15	16	37
		% von Turnaround-Ergebnis	12,0%	19,7%	18,6%	17,5%
	7 - 12 Monate	Anzahl	11	27	20	58
		% von Turnaround-Ergebnis	22,0%	35,5%	23,3%	27,4%
	13 - 18 Monate	Anzahl	13	13	19	45
		% von Turnaround-Ergebnis	26,0%	17,1%	22,1%	21,2%
	19 - 24 Monate	Anzahl	8	11	16	35
		% von Turnaround-Ergebnis	16,0%	14,5%	18,6%	16,5%
	< 25 Monate	Anzahl	12	10	15	37
		% von Turnaround-Ergebnis	24,0%	13,2%	17,4%	17,5%
Gesamt		Anzahl	50	76	86	212
		% von Turnaround-Ergebnis	100,0%	100,0%	100,0%	100,0%

Tab. 8: Dauer der Beratung und Turnaround-Ergebnis

Die nähere Analyse der Kreuztabelle kann diese Annahme nur z.T. stützen. Für die Richtigkeit der Annahme spricht, dass erfolglose Turnarounds in der Stichprobe tendenziell langfristiger begleitet werden. Dies kann an zwei Messwerten festgemacht werden: Erstens liegt der Modus der erfolglosen Turnarounds im Zeitfenster zwischen 13 und 18 Monaten, während sich der Modus der beiden übrigen Turnaround-Ergebnisse bereits im Zeitfenster zwischen 7 und 12 Monaten befindet. Der Eindruck verstärkt sich zudem, weil mit 24% der erfolglosen Turnarounds die zweitgrößte Gruppe länger als 25 Monate betreut werden. Zusammengefasst werden 66% der nicht erfolgreichen Turnarounds länger als 13 Monate begleitet und damit vergleichsweise länger als erfolgreiche Turnarounds und partielle Turnarounds, wo die Anteile nur bei 58% resp. 45% liegen. Dies spricht für die Vermutung, dass erfolglose Turnaround-Versuche relativ mehr Zeit und Ressourcen beanspruchen. Gegen die

Vermutung spricht, dass partielle Turnarounds im Vergleich zu erfolgreichen Turnarounds tendenziell kürzer begleitet werden.[115] Somit kann **kein signifikanter Unterschied in der zeitlichen Verteilung** ermittelt werden.[116]

Hieran schließt sich die zweite Frage an, ob es Unterschiede in der Dauer der Krisen- und Turnaround-Beratung gibt, wenn die Unternehmen der Stichprobe größenspezifisch untersucht werden. Dieser Frage liegt die Vermutung zugrunde, dass **mit steigender Unternehmensgröße die Komplexität des Turnaround-Managements steigt** und sich damit auch der Zeitraum der Betreuung ausdehnt. Tab. 9 zeigt das Ergebnis dieser Gegenüberstellung. Anhand des Modus einer jeden Spalte lässt sich bereits ein vorläufiges Muster erkennen, denn der Modus verschiebt sich mit zunehmender Mitarbeiterzahl in ein späteres Zeitfenster. So werden 12 bzw. ca. 38% der KMU mit 1-9 Mitarbeitern bis maximal 6 Monate begleitet, die größte Gruppe der KMU mit 10-49 Beschäftigten fällt in den Zeitraum von 7-12 Monaten und mit 20 resp. ca. 30% werden die meisten KMU mit 50-249 Mitarbeitern zwischen 13 und 18 Monaten betreut. Der Modus der Unternehmen mit 250-499 Mitarbeitern zeigt schließlich an, dass die meisten KMU dieser Größenklasse länger als 25 Monate beraten werden.

			Mitarbeiterzahl				
			1 - 9	10 - 49	50 - 249	250 - 499	Gesamt
Dauer der Krisen-Turnaround-Beratung	> 6 Monate	Anzahl	12	16	8	1	37
		% von Mitarbeiterzahl	37,5%	18,6%	11,8%	3,8%	17,5%
	7 - 12 Monate	Anzahl	10	27	15	6	58
		% von Mitarbeiterzahl	31,3%	31,4%	22,1%	23,1%	27,4%
	13 - 18 Monate	Anzahl	6	12	20	7	45
		% von Mitarbeiterzahl	18,8%	14,0%	29,4%	26,9%	21,2%
	19 - 24 Monate	Anzahl	2	19	11	3	35
		% von Mitarbeiterzahl	6,3%	22,1%	16,2%	11,5%	16,5%
	< 25 Monate	Anzahl	2	12	14	9	37
		% von Mitarbeiterzahl	6,3%	14,0%	20,6%	34,6%	17,5%
Gesamt		Anzahl	32	86	68	26	212
		% von Mitarbeiterzahl	100,0%	100,0%	100,0%	100,0%	100,0%

Tab. 9: Dauer der Beratung und Mitarbeiterzahl

Diese Beobachtung wird statistisch bestätigt. KMU unterscheiden sich hinsichtlich der Dauer der Beratung signifikant.[117] Darüber hinaus kann festgestellt werden, dass zwischen der Dauer der Turnaround-Beratung und der Größe der begleiteten KMU ein schwacher positiver Zusammenhang besteht.[118] Dieses Ergebnis bestätigt die

[115] Mehr als die Hälfte (55%) der partiellen Turnarounds werden 12 Monate oder kürzer begleitet. Von den erfolgreichen Turnarounds sind es 42%.

[116] Die Chi-Quadrat-Tests ergeben nach Pearson $7{,}685^{ns}$ und Likelihood-Quotient $7{,}638^{ns}$.

[117] Die Chi-Quadrat-Tests ergeben nach Pearson 29,527** und Likelihood-Quotient 29,535**. Darüber hinaus weisen nur drei Zellen (15%) eine erwartete Häufigkeit kleiner als 5 auf, so dass eine zentrale Voraussetzung für den Chi-Quadrat-Test erfüllt ist.

[118] Der Spearman'sche Korrelationskoeffizient beläuft sich auf 0,282***. Auch die Korrelation nach Pearsons-R zeigt einen höchst signifikanten Korrelationskoeffizienten von 0,281***.

Annahme, dass sich **mit steigender Unternehmensgröße die Dauer der Turnaround-Beratung durch externe Krisenexperten verlängert**.[119]

3. Lernorientierung im Turnaround von KMU

3.1 Systematische Erfassung der Lernorientierung im Turnaround

Wie in Kap. E.1.4 beschrieben, besteht der erste Schritte in der empirischen Analyse der Lernorientierung darin, die vier Kernbereiche des aufgestellten Bezugsrahmens systematisch zu untersuchen.[120] Die systematische Erfassung erfolgt durch die Hauptkomponentenanalyse (PCA) mit dem Ziel, die Variablen der einzelnen Bereiche zu unabhängigen Faktoren zusammenzufassen. Im Folgenden werden daher die Ergebnisse der Hauptkomponentenanalyse für die unternehmerische Lernorientierung, die Lernorientierung der Unternehmen, das Engagement der Turnaround-Akteure und die Veränderungstiefe der Turnaround-Maßnahmen vorgestellt und erläutert.

Die faktorenanalytische Untersuchung der **unternehmerischen Lernorientierung** kommt zu dem Ergebnis, dass dieser Bereich durch vier Faktoren gut zusammengefasst werden kann.[121] Dass die vier Faktoren gut geeignet und von hoher Qualität sind, zeigt sich daran, dass sie bis zu 54,8% der Gesamtvarianz der unternehmerischen Lernorientierung erklären können.[122] Während der erste Faktor inhaltlich alle Variablen zusammenfasst, welche die relevanten „**Eigenschaften und Fähigkeiten der Unternehmer**" im Turnaround beschreiben, bildet der zweite Faktor die intuitiven bzw. reflexiven Variablen ab, die zur Wiedergabe der „**Willensbildung der Unternehmer**" dienen. Der dritte Faktor bezieht alle Variablen ein, die zur Beurteilung der „**Einsicht der Unternehmer**" benötigt werden, und der letzte extrahierte Faktor stellt inhaltlich das „**Führungsverhalten der Unternehmer**" im Turnaround dar.[123] Im Folgenden werden die einzelnen Faktoren der unternehmerischen Lernorientierung kurz erläutert (siehe Tab. 10).

---

[119] Dies entspricht auch einer Tendenzaussage von *Berktold* (1999), S. 222.

[120] Siehe hierzu den entwickelten Bezugsrahmen der „Lernorientierung im Turnaround" in Abb. 2.

[121] Das Kaiser-Meyer-Olkin-Kriterium nimmt einen Wert von 0,811 an und der Bartlett-Test (717,276***) auf Sphärizität ist statistisch höchst signifikant, so dass die grundlegenden Voraussetzungen zur Durchführung der Faktorenanalyse erfüllt sind; vgl. *Backhaus et al.* (2003), S. 274 ff.; *Pallant* (2003), S. 152 f. Bei der Bestimmung der Anzahl der Faktoren wurden sowohl die Höhe des Eigenwertes (> 1) als auch die Grafik des Screeplots genutzt; vgl. *Bortz* (2005), S. 520 f., *Backhaus et al.* (2003), S 295 ff. Um die Interpretation der Faktoren zu erleichtern, ist die Varimax Rotation durchgeführt worden.

[122] Der erste Faktor erklärt 15,79%, der zweite Faktor 15,78%, der dritte Faktor 12,63% und der vierte Faktor 10,57% der Gesamtvarianz.

[123] Für die einzelnen Faktoren der Lernorientierung der Unternehmer werden die folgenden Cronbachschen Alphas von 0,719 (Eigenschaften und Fähigkeiten), 0,701 (Willensbildung), 0,557 (Einsicht), 0,549 (Führungsverhalten) berechnet. Die interne Konsistenz der Faktoren wird als gut beurteilt.

Über den **Faktor „Eigenschaften und Fähigkeiten der Unternehmer"** werden jene fünf Kriterien des Fragebogens zusammengeführt, die sich auf die Kritikfähigkeit und auf die fachliche Kompetenz des Unternehmers beziehen. Zu diesen Kriterien zählen das „**Wissen um Stärken und Schwächen des Unternehmens**", „**mangelnde Kritikfähigkeit**", das „**Wissen um persönliche Schwächen**", „**beratungsresistentes Verhalten**" und die „**Akzeptanz des externen Krisenexperten**" als Unterstützung während des Turnarounds.[124] Die ersten drei Variablen können aufgrund ihrer hohen Faktorladung zweifelsfrei dem ersten Faktor zugeordnet werden. Weniger eindeutig ist die Zuordnung der beiden übrigen Kriterien, weil die Beratungsresistenz des Unternehmers ebenfalls auf den zweiten Faktor und die Akzeptanz des Krisenexperten vergleichsweise stark auf den dritten Faktor lädt. Die hohe Faktorladung der unternehmerischen Beratungsresistenz auf den Faktor „Willensbildung der Unternehmer" kann dadurch erklärt werden, dass die Ablehnung externen Expertenwissens ein Indiz für mangelnde Reflexion in der Entscheidungsfindung der Unternehmer ist.[125] Beratungsresistente Unternehmer versprechen sich im Turnaround keinen zusätzlichen Nutzen durch das strukturelle Expertenwissen der Krisenberater. Im zweiten Fall besteht ein positiver Zusammenhang zwischen der Ansicht der Unternehmer, dass die Unterstützung eines Krisenexperten notwendig war, um das Unternehmen aus der Krise zu führen und dem dritten Faktor zur Erfassung der Einsicht der Unternehmer. I.d.R. werden die externen Krisenexperten auf Druck der finanzierenden Kreditinstitute engagiert und weniger aus freiem Entschluss der Unternehmer, so dass die Akzeptanz der Krisenexperten zum Ende des Turnarounds auch als ein Zeichen für die Einsichtsfähigkeit der Unternehmer gewertet werden kann.

Zu den Kriterien, die über den **zweiten Faktor** die „**Willensbildung der Unternehmer**" wiedergeben, zählen sowohl intuitiv als auch reflexiv ausgerichtete Variablen. Während die Variablen „**Bauchgefühl bei wichtigen Entscheidungen**", „**alleiniges Treffen von wichtigen Entscheidungen**" und der „**Einfluss der Unternehmenstradition**" auf wichtige Entscheidungen eher intuitiv geprägte Formulierungen sind, stellen die „**ausführliche und fundierte Begründung**" sowie die „**Erarbeitung und Diskussion von Alternativen mit den Führungskräften**" im Zuge von wichtigen Entscheidungen eher diskursive Eigenheiten des unternehmerischen Entscheidungsprozesses in den Vordergrund.[126] Durch die Zusammenfassung dieser Variab-

[124] Die mangelnde Kritikfähigkeit und das beratungsresistente Verhalten sind umkodiert worden, weil sie im Gegensatz zu den übrigen Variablen negativ formuliert sind, so dass die Variablen des Faktors keine einheitliche Messrichtung aufweisen. Vgl. *Pallant* (2001), S. 74 ff. und S. 151; *Scheff* (2001), S. 143 ff.; *Bühl/Zöfel* (2005), S. 457.

[125] Diese Einschätzung lässt sich über die Faktorladung des beratungsresistenten Verhaltens begründen: Beratungsresistentes Verhalten lädt positiv auf die Willensbildung der Unternehmer, ebenso wie die Variablen zur Beschreibung eines intuitiven Entscheidungsverhaltens.

[126] Die Variablen zur Messung des reflexiven Entscheidungsverhaltens „Begründung von wichtigen Entscheidungen" und „Alternativen bei wichtigen Entscheidungen" sind umkodiert worden, weil sie im Gegensatz zu den übrigen Variablen reflexiv formuliert sind, so dass die Variablen des Faktors keine einheitliche Messrichtung aufweisen. Vgl. *Pallant* (2001), S. 74 ff. und S. 151; *Scheff* (2001), S. 143 ff.; *Bühl/Zöfel* (2005), S. 457.

len zu einem Faktor kann das Ausmaß von Intuition und Reflexion in der Willensbildung der Unternehmer bewertet werden.[127]

Rotierte Komponentenmatrix[a]

Faktor		Komponente 1	Komponente 2	Komponente 3	Komponente 4
1	Wissen um Stärken und Schwächen des Unternehmens	**,739**	-,111	,004	,158
	Mangelnde Kritikfähigkeit	**,665**	,160	-,014	,093
	Wissen um persönliche Schwächen	**,647**	-,137	,229	,067
	Beratungsresistentes Verhalten	**,562**	,344	-,212	,016
	Akzeptanz des externen Krisenexperten	**,557**	-,091	,478	,067
2	Bauchgefühl bei wichtigen Entscheidungen	-,178	**,727**	-,007	,003
	Alleiniges Treffen von wichtigen Entscheidungen	-,086	**,716**	,007	-,018
	Begründung von wichtigen Entscheidungen	,354	**,627**	,225	,157
	Alternativen bei wichtigen Entscheidungen	,131	**,610**	,245	,361
	Unternehmenstradition bei wichtigen Entscheidungen	-,224	**,492**	,005	,469
3	Verzögerte Krisenbewältigung	,008	,053	**,813**	-,047
	Mitverantwortung für Krise	,282	-,041	**,725**	,081
	Externe Allokation der Krisenursachen	-,087	,275	**,506**	-,103
4	Strengere Leistungskontrollen	,126	,012	,119	**,762**
	Neubesetzung von Schlüsselpositionen	,030	-,233	-,028	**,752**

Extraktionsmethode: Hauptkomponentenanalyse.
Rotationsmethode: Varimax mit Kaiser-Normalisierung.
a. Die Rotation ist in 5 Iterationen konvergiert.

Tab. 10: Faktorenanalyse der unternehmerischen Lernorientierung

Während die ersten zwei Variablen eindeutig diesem Faktor angehören, finden sich bei den restlichen drei Variablen hohe Faktorladungen auf den ersten oder den vierten Faktor. Die Variable „Begründung von wichtigen Entscheidungen" lädt vergleichsweise stark auf die Eigenschaften und Fähigkeiten der Unternehmer, weil das Streben der Unternehmer nach einer guten Entscheidungsgrundlage auch die Fähigkeit der ressourcenorientierten Einschätzung des Unternehmens sowie die Fähigkeit, auf Informationen bzw. Kritik Dritter konstruktiv zu reagieren, tangiert. Die Variablen „Alternativen bei wichtigen Entscheidungen" und „Unternehmenstradition" laden ihrerseits ebenfalls auf den Faktor „Führungsverhalten der Unternehmer". Der Zusammenhang ist darin zu sehen, dass die beiden Variablen beschreiben, wie die Führungskräfte in den Entscheidungsprozess involviert bzw. wie Entscheidungen gegenüber den Führungskräften begründet werden. Dabei kann die Berufung auf die Unternehmenstradition bei der Entscheidungsfindung bedeuten, dass innovative Vorstöße der Führungskräfte mit einem „das haben wir doch immer so gemacht" im Keim erstickt werden.

[127] Vgl. *Reitmeyer* (2000), S. 73.

Der **dritte Faktor** der unternehmerischen Lernorientierung beschreibt die „**Einsicht der Unternehmer**", durch eigenes Fehlverhalten Mitverantwortung an der Krise des Unternehmens zu tragen. Dieser Faktor zeigt den Zusammenhang zwischen den Variablen der „**verzögerten Krisenbewältigung**", der „**Mitverantwortung für die Krise**" und der „**externen Allokation der Krisenursachen**" auf.[128] Die Einsicht der Unternehmer ist eine zentrale Prämisse des Lern- und Veränderungsprozesses und damit für den erfolgreichen Turnaround sowohl im Sinne des Unternehmer- als auch des Unternehmens-Turnarounds.[129] Der **vierte Faktor „Führungsverhalten der Unternehmer**" fasst die Variablen der „**strengeren Leistungskontrolle von Führungskräften und Mitarbeitern**" sowie der „**Neubesetzung von Schlüsselpositionen**" mit kompetenten Personen zusammen. Mit diesem Faktor wird untersucht, ob sich das Führungsverhalten der Unternehmer während des Turnarounds verändert, wie diese Veränderungen ausgefallen sind und ob sich diese auf den Verlauf des Turnarounds ausgewirkt haben.

Werden die Variablen der **Lernorientierung der Unternehmen** durch eine Faktorenanalyse systematisch erfasst, werden drei unabhängige Faktoren identifiziert.[130] Die drei Faktoren sind in der Lage, bis zu 51,2% der Gesamtvarianz der Stichprobe zu erklären.[131] Der erste Faktor ist der umfangreichste und bezeichnet in seiner Charakteristik die „**Internen Maßnahmen der Unternehmen**" eines lernorientierten Turnarounds. Der zweite Faktor fasst ausschließlich Instrumente und Maßnahmen des Unternehmenscontrollings im Turnaround zusammen, so dass die Faktorbezeichnung „**Controlling der Unternehmen**" nahe liegt. Im dritten Faktor lassen sich letztlich jene lernorientierten Maßnahmen gruppieren, die zur Verbesserung des externen organisationalen Lernens im Turnaround beitragen sollen. Daher wird dieser Faktor auch mit dem Titel „**Externe Maßnahmen der Unternehmen**" umschrieben (siehe Tab. 11).[132]

Der **erste Faktor umfasst** alle empirisch untersuchten Maßnahmen eines lernorientierten Turnarounds, welche die internen Strukturen und Rahmenbedingungen für die Veränderungs- bzw. Lernprozesse bestimmen. Dazu gehören der Faktor **Aspekte der Kommunikationsstruktur** (Formulierung und Bekanntheit der Unternehmensstrategie, persönliche Kommunikation des Unternehmers), **Methoden/Instrumente**

---

[128] Die Variable „Externe Allokation der Krisenursachen" ist umkodiert worden, weil sie im Gegensatz zu den übrigen Variablen die mangelnde Einsicht misst, so dass die Variablen des Faktors keine einheitliche Messrichtung aufweisen. Vgl. *Pallant* (2001), S. 74 ff. und S. 151; *Scheff* (2001), S. 143 ff.; *Bühl/Zöfel* (2005), S. 457.

[129] Vgl. z.B. *Bussiek* (1996), S. 41.

[130] Das Kaiser-Meyer-Olkin-Kriterium nimmt einen Wert von 0,867 an und der Bartlett-Test (1379,497***) auf Sphärizität ist höchst signifikant. Darüber hinaus wurden alle Faktoren mit einem Eigenwert > 1 in die Faktorenanalyse der organisationalen Komponente der Lernorientierung aufgenommen. Dies entspricht auch der Auswertung des Screeplots.

[131] Während der erste Faktor 20,94% der Gesamtvarianz erklären kann, sind es beim zweiten Faktor 19,03% und beim dritten Faktor 11,26%.

[132] Die interne Reliabilität der Faktoren ist sichergestellt, wie die berechneten Cronbachschen Alphas mit Werten von 0,832 für die internen Maßnahmen, 0,843 für das Controlling und 0,653 für externe Maßnahmen der Lernorientierung anzeigen.

zur Wissensnutzung und -umsetzung (regelmäßiger Erfahrungsaustausch, betriebliches Vorschlagswesen, Beschwerdemanagement, Motivation der Mitarbeiter, Möglichkeit zur offenen Fehler- und Problembehebung) sowie **organisatorische Rahmenbedingungen** (Weitergabe von Verantwortung, Existenz strategischer Ziele des Unternehmers).[133] Bis auf die Variablen „Weitergabe von Verantwortung" und „Existenz strategischer Ziele" des Unternehmers laden alle genannten Variablen stark und eindeutig auf den Faktor „Interne Maßnahmen der Unternehmen". Die beiden genannten Variablen laden ebenfalls vergleichsweise stark auf den zweiten Faktor, weil einerseits die mittel- bis langfristigen Ziele des Unternehmers eine wichtige Bedingung für den effektiven Einsatz von Controllinginstrumenten sind und andererseits erst eine ausreichende quantitative Unternehmenssteuerung eine delegative Personalführung ermöglicht.

Rotierte Komponentenmatrix[a]

Faktor		Komponente 1	Komponente 2	Komponente 3
1	Formulierung und Bekanntheit der Unternehmensstrategie	**,691**	,271	,124
	Regelmäßiger Erfahrungsaustausch	**,634**	,158	,080
	Betriebliches Vorschlagswesen	**,631**	,179	,232
	Motivation der Beschäftigten	**,628**	,132	,193
	Persönliche Kommunikation des Unternehmers	**,615**	-,022	,030
	Weitergabe von Verantwortung	**,592**	,329	,247
	Fehleranzeige und -behebung	**,547**	,175	,083
	Existenz strategischer Ziele des Unternehmers	**,542**	,452	,188
	Beschwerdemanagement	**,468**	,221	,208
2	Rechnungswesen / BWA	,153	**,798**	-,005
	Jahresplanung	,191	**,796**	,069
	Liquiditätsplanung	,211	**,750**	,104
	Kostenrechnung	,201	**,717**	,194
	Vor- und Nachkalkulation	,204	**,660**	,236
3	Besuch externer Informationsveranstaltungen	-,099	,216	**,808**
	Unternehmenskooperationen	,267	,040	**,712**
	Externe Weiterbildung (Seminare)	,381	,228	**,522**
	Enger Kundenkontakt	,379	,054	**,475**

Extraktionsmethode: Hauptkomponentenanalyse.
Rotationsmethode: Varimax mit Kaiser-Normalisierung.
a. Die Rotation ist in 4 Iterationen konvergiert.

Tab. 11: Faktorenanalyse der Lernorientierung der Unternehmen

[133] Die Variable „Persönliche Kommunikation des Unternehmers" ist umkodiert worden, weil sie im Gegensatz zu den übrigen Variablen negativ formuliert war, so dass die Variablen des Faktors keine einheitliche Messrichtung aufweisen. Vgl. *Pallant* (2001), S. 74 ff. und S. 151; *Scheff* (2001), S. 143 ff.; *Bühl/Zöfel* (2005), S. 457.

Der **zweite Faktor „Controlling der Unternehmen"** enthält die wichtigsten betriebswirtschaftlichen Informationssysteme des Turnaround-Managements wie z.B. die **„Jahres- und Liquiditätsplanung"**, das **„Rechnungswesen/BWA"**, die **„Kostenrechnung"** sowie die **„Vor- und Nachkalkulation"**. Der Qualität des Unternehmenscontrollings kommt in der Krisen– und Turnaround-Situation eine besondere Bedeutung zu. Zum einen zählen Mängel im Controllingsystem zu den regelmäßig vorgebrachten Krisenursachen,[134] zum anderen zählt es zu den wichtigen Aufgaben, ein aussagekräftiges und fundiertes Turnaround-Controlling zu etablieren, um den Verlauf des Turnaround-Prozesses aktiv steuern zu können.[135]

Der **Faktor „Externe Maßnahmen der Unternehmen"** umfasst schließlich den **„Besuch externer Informationsveranstaltungen"** wie den **„Besuch von Fachmessen, Hersteller- und Kundenschulungen"**, die **„Kooperationen des Unternehmens mit Kunden, Lieferanten und Wettbewerbern"**, die **„Teilnahme an externen Seminaren"** für Führungskräfte und den **„engen Kundenkontakt"** durch regelmäßige Kundengespräche und schriftliche Kundenbefragungen. Diese Maßnahmen zielen darauf ab, externes Wissen für das Krisenunternehmen zu erschließen und Defizite in der Marktorientierung zu verringern. Die Variablen „Externe Weiterbildung (Seminare)" sowie „Enger Kundenkontakt" weisen außerdem eine vergleichsweise starke Faktorladung zugunsten des ersten Faktors aus. Es handelt sich hierbei um Maßnahmen mit unternehmensexternen Wissens- und Informationszielen, die erstens durch die Beschäftigten des Unternehmens initiiert und umgesetzt werden und zweitens die organisationale Wissensbasis direkt verbessern.

Wird das **Engagement der Turnaround-Akteure** durch eine Faktorenanalyse strukturiert, zeigt sich, dass sich drei Faktoren bilden, die sich auf die wichtigsten Personengruppen (Unternehmer, Mitarbeiter, Krisenexperten) im Turnaround beziehen.[136] Die untersuchten Variablen beschreiben hierbei Kriterien und Eigenschaften, die ausschließlich während des Turnaround-Prozesses von KMU von besonderem Interesse sind. Der erste Faktor umschreibt das **„Commitment der Unternehmer"**, die als Promotoren eine bedeutende Funktion während des Turnaround-Prozesses einnehmen. Der zweite Faktor wird als **„Einbindung der Mitarbeiter"** bezeichnet und beinhaltet Aspekte der Mitarbeiterbeteiligung im Turnaround. Der letzte Faktor dieses Bereiches bezieht sich auf turnaround-spezifische Fähigkeiten des Krisenexperten und wird daher im Folgenden als **„Einfluss der Krisenexperten"** beschrieben (siehe Tab. 12). Die drei Faktoren erklären gemeinsam eine Gesamtvarianz von 65,2%.[137]

---

[134] Vgl. Kap. B.2.2 und Kap. E.2.2.

[135] Vgl. Kap. E.1.3 und außerdem *Kolb* (2006), S. 219 ff.

[136] Das Kaiser-Meyer-Olkin-Kriterium liegt bei 0,794, der Bartlett-Test (754,048***) auf Sphärizität ist höchst signifikant und auch die Höhe des Eigenwertes sowie das Screeplot kommen zu dem übereinstimmenden Ergebnis, dass drei Faktoren extrahiert werden können.

[137] Die interne Reliabilität der einzelnen Faktoren wird über das Cronbachsche Alpha bestimmt und kann mit Werten von 0,826 (Commitment der Unternehmer), 0,672 (Einbindung der Mitarbeiter) und 0,715 (Einfluss der Krisenexperten) als gut bewertet werden. Der erste Faktor gibt 27,20%, der zweite Faktor 20,80% und der dritte Faktor 17,19% der Gesamtvarianz wieder.

Mit dem „**Commitment der Unternehmer**" werden jene Kriterien zusammengefasst, die eine Bewertung des unternehmerischen Verhaltens während des Turnaround-Prozesses gestatten. Hierzu werden das „**Engagement bei der Umsetzung des Turnaround-Konzepts**", die „**Identifikation mit den Turnaround-Maßnahmen**" sowie die „**Kooperation mit dem Krisenexperten**" untersucht. Letzteres bezieht sich auf das Vertrauensverhältnis zwischen beiden und auf die Mitarbeit des Unternehmers an der Entwicklung des Turnaround-Konzepts. Dass zwischen Unternehmer und Krisenexperte ein konstruktives Vertrauensverhältnis entsteht, hängt nicht allein von der Person des Unternehmers, sondern auch von der Beratungsqualität des begleitenden Krisenexperten ab. Ausreichende Erfahrung, Know-how und Einfühlungsvermögen des Krisenexperten sind notwendig, um auf die schwierige persönliche und finanzielle Situation des Unternehmers individuell zu reagieren und damit das Vertrauen des Unternehmers zu gewinnen. Dies erklärt, warum die Variable „**Konstruktives Vertrauensverhältnis mit Krisenexperten**" ebenfalls auf den Faktor „Einfluss der Krisenexperten" lädt.

Rotierte Komponentenmatrix[a]

Faktor		Komponente		
		1	2	3
1	Hohes Engagement des Unternehmers bei Konzeptumsetzung	**,845**	,113	-,065
	Identifikation des Unternehmers mit Turnaround-Maßnahmen	**,786**	,249	,248
	Konstruktives Vertrauensverhältnis mit Krisenexperten	**,729**	,024	,415
	Aktive Beteiligung des Unternehmers an der Konzeptentwicklung	**,675**	,152	,285
2	Aktive Beteiligung der Führungskräfte an Krisenursachenanalyse	,178	**,716**	,175
	Bildung einer gesonderten Projektgruppe	-,128	**,708**	,202
	Interne Kommunikation der Zukunftsaussichten	,203	**,677**	,090
	Vollständige Umsetzung der Turnaround-Maßnahmen durch Führungskräfte	,457	**,654**	,008
3	Verbesserung der Krisenursachenanalyse durch Krisenexperten	,123	,170	**,871**
	Lösung von Problemen und Konflikten durch Krisenexperten	,297	,229	**,749**

Extraktionsmethode: Hauptkomponentenanalyse.
Rotationsmethode: Varimax mit Kaiser-Normalisierung.
a. Die Rotation ist in 5 Iterationen konvergiert.

Tab. 12: Faktorenanalyse zum Engagement der Turnaround-Akteure

Ein erfolgreicher Turnaround-Prozess wird letztlich von den Mitarbeitern des Unternehmens getragen. Dies spiegelt auch der **Faktor „Einbindung der Mitarbeiter**" wider, indem er Variablen wie die „**aktive Teilnahme der Führungskräfte an der Ursachenanalyse**", die „**Bildung einer gesonderten Projektgruppe**" (Turnaround-Teams), den Gesichtspunkt der offenen „**Kommunikation der Zukunftsaussichten**" des Turnaround-Unternehmens und die „**vollständige Umsetzung der beschlossenen Maßnahmen**" enthält. Die Faktorladung der letzten Variablen zeigt an, dass sie ebenfalls mit dem Commitment der Unternehmer assoziert ist. Die vollständige Maßnahmenumsetzung durch die Führungskräfte und die motivierende resp. antreibende Funktion des Unternehmers hängen somit zusammen. Dies ist ein Indiz dafür, dass das Verhalten der Unternehmer im Turnaround Vorbildfunktion für das Handeln der Führungskräfte hat.

Der **dritte Faktor** zur Beschreibung des Engagements der Turnaround-Akteure bezieht sich auf den „**Einfluss der Krisenexperten**". Wie bereits angeklungen ist, beeinflussen die Erfahrung, das **turnaround-spezifische Know-how** und die emotionale Feinfühligkeit der Krisenexperten den Turnaround-Verlauf. Sie besitzen i.d.R. die Fähigkeit, die Unternehmens- und Umweltanalyse strukturiert zu organisieren und die wesentlichen von den unwesentlichen Informationen zu trennen. Neben dieser eher analytischen Aufgabe obliegt es ihnen ebenso, die organisatorische Schnittstellenprobleme und zwischenmenschliche Konflikte zu lokalisieren und im Sinne des Turnaround-Ziels zu schlichten. Inwiefern der begleitete Turnaround zu einer Lernkooperation zwischen Krisenexperten und Unternehmer wird, steht und fällt mit der Fähigkeit und dem Willen beider, konstruktiv und vertrauensvoll zusammenzuarbeiten.

Der abschließende Untersuchungsbereich der Lernorientierung im Turnaround wird durch die **Veränderungstiefe der Turnaround-Maßnahmen** dargestellt. Dieser Bereich beinhaltet unterschiedliche Maßnahmen und Merkmale, über die Einblicke in das strategische Ausmaß des beobachteten Turnarounds möglich werden. Ziel ist, die interne strategische Dynamik von kleinen und mittleren Turnaround-Unternehmen erfassen zu können. Werden diese Kriterien einer explorativen Faktorenanalyse unterzogen, bilden sich **vier thematische Faktoren** heraus,[138] welche die **marktorientierten, strukturellen, personellen und kostenorientierten Veränderungen** während des Turnarounds beschreiben (siehe Tab. 13).[139] Gemeinsam erklären alle vier Faktoren 60,5% der Gesamtvarianz.[140]

[138] Darüber hinaus wird das Kaiser-Meyer-Olkin-Kriterium mit einem Wert von 0,722 und der Bartlett-Test (362,939***) auf Sphärizität mit höchster Signifikanz erfüllt. Wie bei den Faktoren zuvor auch, werden nur Faktoren mit einem Eigenwert (>1) beachtet. Dies entspricht auch dem Screeplot.

[139] Die Cronbachschen Alpha betragen 0,661 (Marktorientierte Veränderungen), 0,556 (Strukturelle Veränderungen), 0,598 (Personelle Veränderungen) und 0,335 (Kostenorientierte Veränderungen). Bis auf den letzten Faktor ist das Niveau der internen Konsistenz akzeptabel.

[140] Den größten Erklärungsanteil haben die marktorientierten Veränderungen mit 18,28%, gefolgt von den strukturellen Veränderungen mit 15,36%, den personellen Veränderungen mit 15,02% und den kostenorientierten Veränderungen mit 11,82%.

Rotierte Komponentenmatrix[a]

Faktor		Komponente 1	Komponente 2	Komponente 3	Komponente 4
1	Verstärkung der Marketingaktivitäten	**,848**	-,116	-,070	,133
	Verbesserung/Ausweitung der Dienstleistungen	**,798**	,105	,037	-,054
	Veränderung der Unternehmensziele und -strategie	**,545**	,391	,293	,026
	Neuentwicklung/Verbesserung von Produkten	**,494**	,264	,073	,075
2	Veränderung der Fertigungsabläufe	,064	**,754**	-,040	,299
	Technische Modernisierung des Unternehmens	,268	**,707**	,038	-,286
	Veränderung der Organisationsstruktur	,015	**,585**	,383	,232
3	Ausweitung des Führungskreises	,111	,053	**,824**	,001
	Einstellung neuer Führungskräfte/ Mitarbeiter	-,011	,073	**,789**	,022
4	Verringerung der Personalkosten	-,003	,030	-,137	**,793**
	Verringerung der Wertschöpfungstiefe	,162	,152	,290	**,646**

Extraktionsmethode: Hauptkomponentenanalyse.
Rotationsmethode: Varimax mit Kaiser-Normalisierung.

a. Die Rotation ist in 5 Iterationen konvergiert.

Tab. 13: Faktorenanalyse zur Veränderungstiefe der Turnaround-Maßnahmen

Der **Faktor** der **„Marktorientierten Veränderungen"** enthält Kriterien wie die **„Verstärkung der Marketingaktivitäten"**, die **„Verbesserung bzw. Ausweitung der angebotenen Dienstleistungen"**, die **„Veränderung der Unternehmensziele und –strategie"** sowie die **„Neuentwicklung oder Verbesserung von Produkten und Problemlösungen"**. Mit diesen korrigierenden Eingriffen ist die Absicht verbunden, die krisenauslösenden Defizite in der marktorientierten Unternehmensführung auszugleichen und den Umsatz mindestens zu stabilisieren bzw. wieder auszuweiten. Es besteht außerdem ein Zusammenhang zwischen den Zielen bzw. der Strategie der Unternehmen und den strukturellen Anpassungen während des Turnaround,[141] so dass abgeleitet werden kann, dass die Eingriffe in die Fertigungs- und Organisationsstruktur strategiekonform vorgenommen werden.

Über den **Faktor „Strukturelle Veränderungen"** werden jene Merkmale zusammengefasst, welche die **„Veränderung der Fertigungsabläufe und der Organisationsstruktur"** sowie die **„technische Modernisierung der Unternehmen"** während des Turnarounds beschreiben. Mit diesen Maßnahmen wird in die Aufbau- und Ablauforganisation und damit z.T. tief in die Struktur des Unternehmens eingegriffen. Ebenfalls zeichnet sich zwischen der Reorganisation der Unternehmen und den „Personellen Veränderungen" ein enger Zusammenhang ab, d.h. Veränderungen in der Organisationsstruktur führen auch zu personellen Konsequenzen. Die **„Personellen Veränderungen"** stellen die **„Ausweitung des Führungskreises"** und die **„Einstellung neuer Führungskräfte bzw. Mitarbeiter"** dar und beschreibt damit ein aktives

[141] Die Variable „Veränderung der Unternehmensziele und -strategie" lädt auf den 2. Faktor „Strukturelle Veränderungen".

Personalmanagement zur Steigerung des Leistungsniveaus. Ziel ist die Stärkung der organisationalen Wissensbasis des Turnaround-Unternehmens. Mit Hilfe des letzten **Faktors „Kostenorientierte Veränderungen"** wird der Fokus auf Turnaround-Maßnahmen gelenkt, die ausschließlich die Kosten in Krisenunternehmen reduzieren sollen. Sie werden mit der Absicht durchgesetzt, Effizienzsteigerungen zu erzielen und die laufenden finanziellen Verluste zu verringern. Dies erfolgt bei KMU i.d.R. über die **„Senkung der Personalkosten"** und **„Verringerung der Wertschöpfungstiefe"** (Outsourcing).[142]

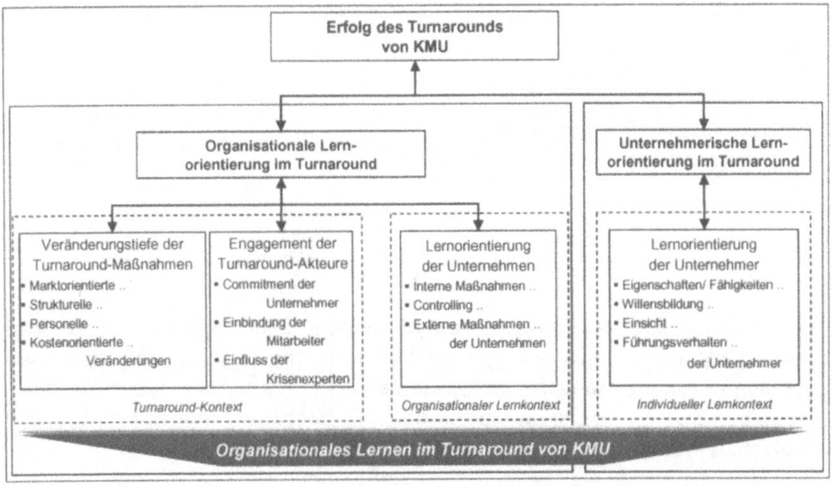

Abb. 27: Systematische Erfassung der Lernorientierung im Turnaround von KMU

Zusammenfassend kann konstatiert werden, dass durch die Faktorenanalyse die Detailgenauigkeit des in Kap. D.3 vorgestellten empirischen Bezugsrahmens deutlich erhöht werden konnte. Es zeigt sich, dass die Lernorientierung im Turnaround von KMU durch einige wenige Faktoren erfasst werden kann (siehe Abb. 27).

3.2 Unternehmerische Lernorientierung

In der ersten **Hypothese H1** ist ein **positiver Zusammenhang zwischen dem Lernverhalten der Unternehmer und dem Turnaround-Erfolg** postuliert worden. Da die Prüfung dieser Hypothese zentral für den weiteren Verlauf der Diskussion über den Stellenwert der unternehmerischen Lernorientierung im Turnaround ist, wird

[142] *Kolb (2006)*, S. 121 spricht beispielsweise davon, dass *„die Personalkosten in KMU meist einen großen Hebel zur Kosteneinsparung darstellen"*. Außerdem *Parker/Keon* (1994), S. 13 ff.; *Kolb* (2006), S. 176 f.; *Faulhaber/Landwehr* (2005), S. 211 ff.; *Robbins/Pearce* (1992), S. 304; *Chowdhury/Lang* (1996a), S. 169 ff.

die weitere Vorstellung empirischer Erkenntnisse von dem Ergebnis dieses Tests abhängig gemacht.

Diese Hypothese wird im Folgenden durch ein multiples Regressionsmodell getestet, welches aus den vier Faktoren der unternehmerischen Lernorientierung besteht. Das Ergebnis der Regression zeigt, dass die Lernorientierung der Unternehmer 29% der Varianz des Turnaround-Ergebnisses erklären kann.[143] Dieses Ergebnis bestätigt eine zentrale Annahme dieser Arbeit: **Der Erfolg des Turnaround-Prozesses von KMU hängt direkt von der Höhe der Lernorientierung der beteiligten Unternehmer ab.** Der Unternehmer nimmt demnach auch in der Phase des Turnarounds eine einflussreiche Stellung resp. Funktion in seinem Unternehmen ein, die sich im Falle hoher Lernbereitschaft und –fähigkeit positiv auf den Turnaround auswirkt. Ein detaillierter Blick in das Ergebnis der Regressionsanalyse verdeutlich zudem, dass für alle vier Faktoren der unternehmerischen Lernorientierung sowohl positive als auch signifikante Zusammenhänge festgestellt werden können (siehe Tab. 14).

Koeffizienten[a]

	Nicht standardisierte Koeffizienten		Standardisierte Koeffizienten		
	B	Standardfehler	Beta	T	Signifikanz
(Konstante)	3,950	,068		57,746	,000
Eigenschaften und Fähigkeiten der Unternehmer	,472	,069	,401	6,885	,000
Willensbildung der Unternehmer	,305	,069	,259	4,444	,000
Einsicht der Unternehmer	,237	,069	,202	3,462	,001
Führungsverhalten der Unternehmer	,221	,069	,188	3,230	,001

a. Abhängige Variable: Wie beurteilen Sie rückblickend das Ergebnis der Krisenbewältigung für das Unternehmen?

Tab. 14: Multiple Regression zwischen Turnaround-Erfolg und unternehmerischer Lernorientierung

Somit bestätigt sich, dass alle vier Faktoren wichtige **Bestandteile der unternehmerischen Lernorientierung** sind und zur Erklärung des Turnaround-Erfolgs beitragen können. Den größten Erklärungsanteil der Faktoren und damit den größten Einfluss auf das Turnaround-Ergebnis besitzen die Eigenschaften und Fähigkeiten der Unternehmer. Außerdem zeigt sich, dass sich eine zunehmende reflexive Entscheidungsfindung, eine verstärkte Einsicht und ein konsequentes Führungsverhalten der Unternehmer positiv auf den Turnaround-Verlauf auswirken. Mit diesem Ergebnis kann die Aussage von *Nothardt* (2001) verifiziert werden, der nach empirischen Tests feststellte, *„that the presence of bad management has a far-reaching effect on the turnaround-process“*[144].

[143] Korrigiertes R-Quadrat: 0,290***; F(4, 209): 22,391***.
[144] *Nothardt* (2001), S. 260.

3.2.1 Unterschiede in der unternehmerischen Lernorientierung

Beginnend mit dem wichtigsten Einflussfaktor „**Eigenschaften und Fähigkeiten der Unternehmer**" werden im Folgenden die einzelnen Faktoren der unternehmerischen Lernorientierung erläutert. Um das Lernverhalten der Unternehmer im Turnaround von KMU bewerten zu können, werden die **Mittelwertprofile der einzelnen Faktormerkmale** vorgestellt. Zur besseren Darstellung der Ergebnisse werden die Mittelwerte entsprechend des Turnaround-Ergebnisses in erfolgreiche Turnarounds (T), partielle Turnarounds (PT) und nicht erfolgreiche Turnarounds (NT) gruppiert. Ziel dieses Vorgehens ist es, die unterschiedlichen Ausprägungen der Turnaround-Gruppen messen und genauere Aussagen über die unternehmerische Lernorientierung im Turnaround treffen zu können. Im Anschluss daran werden die Hypothesen H5, H9 und H10 geprüft.[145]

Werden nun die Eigenschaften und Fähigkeiten der Unternehmer genauer betrachtet, zeigen sich z.T. deutliche Unterschiede zwischen den drei Turnaround-Gruppen (siehe Abb. 28). Die stärksten Unterschiede können in Bezug auf das **beratungsresistente Verhalten**[146] und die **Akzeptanz der externen Krisenexperten**[147] festgestellt werden. Die Abstände zwischen allen drei Turnaround-Gruppen sind so hoch, dass signifikante Unterschiede zwischen ihnen bestehen. Dieses Ergebnis belegt, dass sich die erfolgreichen Unternehmer nicht der Erfahrung und dem Know-how der Krisenberater verweigern. Sie erkennen vielmehr den großen Nutzen der Zusammenarbeit und die Chance, von dem turnaround-spezifischen Expertenwissen der Krisenberater profitieren zu können. **Erfolgreiche Unternehmer sind damit deutlich offener in der Zusammenarbeit mit den beteiligten Krisenexperten**, während sich die wenig erfolgreichen Unternehmer auch zum Ende des Turnaround-Prozesses noch von dem Fachwissen der Krisenexperten abschotten und die Notwendigkeit ihrer Beteiligung am Turnaround-Prozess weiterhin anzweifeln. Diese ablehnende Einstellung wirkt sich negativ auf die Turnaround-Wahrscheinlichkeit ihres Unternehmens aus.

---

[145] Siehe Kap. D.3.

[146] Kruskal-Wallis-Test: Chi-Quadrat(2)=30,948***. Die Aussage wird ebenfalls durch die Ergebnisse der einfaktoriellen ANOVA gestützt: Für Variable I. F(2, 217)=17,845***; der Post-Hoc-Test (Scheffé) ergibt, dass sich alle Gruppen mindestens signifikant voneinander unterscheiden: NT (M=2,74, SD=1,303), PT (M=2,38, SD=1,280), T (M=1,76, SD=0,981).

[147] Kruskal-Wallis-Test: Chi-Quadrat(2)=39,008***. Die Aussage wird ebenfalls durch die Ergebnisse der einfaktoriellen ANOVA gestützt: F(2, 217)=27,423***. Der Post-Hoc-Test (Scheffé) ergibt, dass sich die Gruppe der NT (M=3,51, SD=1,313) höchst signifikant von den übrigen Gruppen unterscheidet, wobei sich T (M=4,68, SD=0,637) und PT (M=4,32, SD=0,784) nur signifikant unterscheiden.

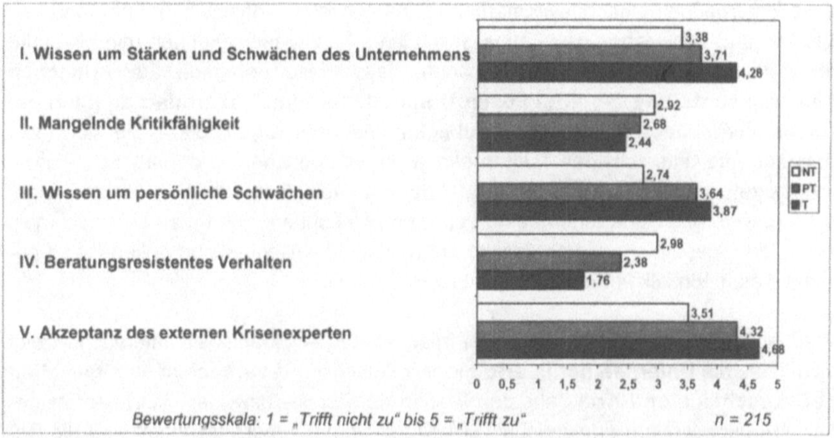

Abb. 28: Eigenschaften und Fähigkeiten der Unternehmer

Das Wissen der Unternehmer hinsichtlich der Stärken und Schwächen ihres Unternehmens bildet aus ressourcenorientierter Perspektive die Grundlage für die effektive, strategische Positionierung des Unternehmens im Wettbewerb. Der Grafik ist zu entnehmen, dass Unternehmer in erfolgreichen Turnaround-Projekten die **Stärken und Schwächen ihres Unternehmens** erheblich besser beurteilen können als in partiellen und erfolglosen Turnarounds. Der Wissensvorsprung erfolgreicher Unternehmer ist somit signifikant größer,[148] d.h. die Unternehmer in erfolglosen bzw. partiellen Turnaround-Versuchen weisen im direkten Vergleich deutliche Wissens- bzw. Kompetenzdefizite auf. Hierdurch wird ein kompetenzorientiertes (Turnaround-) Management z.T. erheblich erschwert, dessen Ziel der Wieder- bzw. Neuaufbau strategischer Erfolgspositionen im Sinne eines komparativen Konkurrenzvorteils ist.[149] Die Wissens- bzw. Kompetenzdefizite begünstigen eine mangelnde Objektivität in der Unternehmensbewertung und fördern die Gefahr der Realitätsflucht der Unternehmer.

Die Unternehmer nehmen in KMU i.d.R. die Rolle eines fachlichen Generalisten ein, die unterschiedlichste Aufgaben wahrnehmen und kontrollieren, um die Abläufe des gesamten Unternehmens zu überblicken. Dies erfordert umfassende Fähigkeiten, umfangreiches Wissen und ein hohes Verantwortungsbewusstsein, um diese Funktionen gut auszufüllen.[150] Diese Omnipräsenz im Unternehmen hat zwangsläufig zur Folge, dass die Unternehmer Tätigkeiten ausüben müssen, in denen sie nicht oder nur unzureichend ausgebildet sind. Damit die Unternehmer die Leistungsfähigkeit

[148] Kruskal-Wallis-Test: Chi-Quadrat(2)=34,662***. Die Aussage wird ebenfalls durch die Ergebnisse der einfaktoriellen ANOVA gestützt: F(2, 216)=17,946***, der Post-Hoc-Test (Scheffé) ergibt, dass die Gruppe der T (M=4,28, SD=0,840) sich höchst signifikant von den Gruppen PT (M=3,71, SD=0,971) und NT (M=3,38, SD=0,985) unterscheidet.
[149] Vgl. u.a. *Wolfrum/Rasche* (1993), S. 65 ff.
[150] Vgl. *Bussiek* (1996), S. 19; *Fröhlich et al.* (2000), S. 22.

ihres Unternehmens nachhaltig stärken, ist es notwendig, dass sie ihre persönlichen Stärken und Schwächen bspw. hinsichtlich ihres Fachwissens kennen und akzeptieren. Empirisch lässt sich nachzeichnen, dass diese **Fähigkeit zur kritischen Selbsteinschätzung bei erfolglosen Unternehmern im Turnaround deutlich geringer ausgebildet** ist als bei den übrigen Unternehmergruppen,[151] die sich nicht nennenswert unterscheiden. Unternehmer in erfolgreichen und partiellen Turnarounds zeichnen sich also dadurch aus, dass sie selbstkritischer sind, d.h. die eigenen persönlichen Schwächen besser einschätzen können. Führt man sich nochmals vor Augen, dass Managementdefizite als wichtigste Krisenursache gelten,[152] so gewinnt dieses Einzelkriterium zusätzlich an Bedeutung.

Wird abschließend das Merkmal der mangelnden Kritikfähigkeit untersucht, zeigt sich, dass die **Unternehmer in erfolglosen Turnaround-Versuchen weniger offen auf Vorschläge und Kritik** aus den Reihen der Familie bzw. der Mitarbeiter eingehen als insbesondere erfolgreiche Turnaround-Unternehmer. Allerdings sind die Bewertungsunterschiede zwischen den drei Turnaround-Gruppen nicht mehr so gravierend wie bei den o.g. Merkmalen, so dass sich signifikante Unterschiede letztlich nur zwischen der Kritikfähigkeit erfolgreicher und erfolgloser Unternehmer berechnen lassen.[153]

Aus dem vorliegenden Mittelwertprofil der „**Willensbildung der Unternehmer**" (siehe Abb. 29) kann geschlossen werden, dass das **Entscheidungsverhalten erfolgreicher Unternehmer eher diskursiv** geprägt ist, wohingegen erfolglose Turnaround-Unternehmer auch bei wichtigen Entscheidungen eher ihrer Intuition folgen. Am deutlichsten treten die Unterschiede in der Willensbildung der Unternehmer auf, wenn wichtige Entscheidungen über ausreichende Analysen und Informationen begründet und im Rahmen dieser Entscheidungen Alternativen mit den Führungskräften erarbeitet und diskutiert werden. Im Vergleich zu erfolglosen Unternehmern ist das Bestreben der Unternehmer in erfolgreichen und partiellen Turnarounds erheblich stärker, den Prozess der unternehmerischen Willensbildung zu objektivieren. Somit ist anzunehmen, dass wichtige Entscheidungen der Unternehmer in erfolglosen Turnaround-Versuchen auch zum Ende des begleiteten Turnarounds vergleichsweise

---

151 Kruskal-Wallis-Test: Chi-Quadrat(2)=32,405***. Die Aussage wird ebenfalls durch die Ergebnisse der einfaktoriellen ANOVA gestützt: Für Variable I. F(2, 217)=19,961***; der Post-Hoc-Test (Scheffé) ergibt, dass die Gruppe der NT (M=2,74, SD=1,089) sich signifikant von den Gruppen PT (M=3,64, SD=1,128) und T (M=3,87, SD=1,015) unterscheidet.

152 Siehe Kap. E.2.2 und z.B. *Müller* (1986), S. 367; *Hesselmann* (1995), S. 58 ff.; *Bergauer* (2001), S. 51; *Reske et al.* (1978), S. 172; *Argenti* (1976), S. 121 ff.; *Balgobin/Pandit* (2001), S. 303; *Kolb* (2006), S. 84, *Schendel et al.* (1976), S. 7; *Böckenförde* (1996), S. 104; *Pinkwart et al.* (2005a), S. 49 ff.; *Pinkwart/Kolb* (2003), S. 87 ff.

153 Kruskal-Wallis-Test: Chi-Quadrat(2)=7,915*. Die Aussage wird ebenfalls durch die Ergebnisse der einfaktoriellen ANOVA gestützt: Für Variable I. F(2, 215)=3,453*; der Post-Hoc-Test (Scheffé) ergibt, dass sich die Gruppe der T (M=2,44, SD=1,139) nur signifikant von der Gruppe NT (M=2,92, SD=0,958) unterscheidet.

häufig eine fundierte und qualitativ gute Datengrundlage vermissen lassen.[154] Außerdem zeigt sich, dass Führungskräfte in erfolglosen Turnarounds signifikant seltener an den Entscheidungsprozessen der Unternehmer teilhaben haben als in erfolgreichen und partiellen Turnarounds.[155] Das Know-how und die Erfahrung der Führungskräfte wird in diesen Fällen seltener zur Verbesserung der Entscheidungsgrundlage erschlossen und **erfolglose Unternehmer nutzen in geringerem Maße die Möglichkeit, die eigenen Entscheidungspräferenzen und Denkmodelle reflektieren zu lassen.**[156]

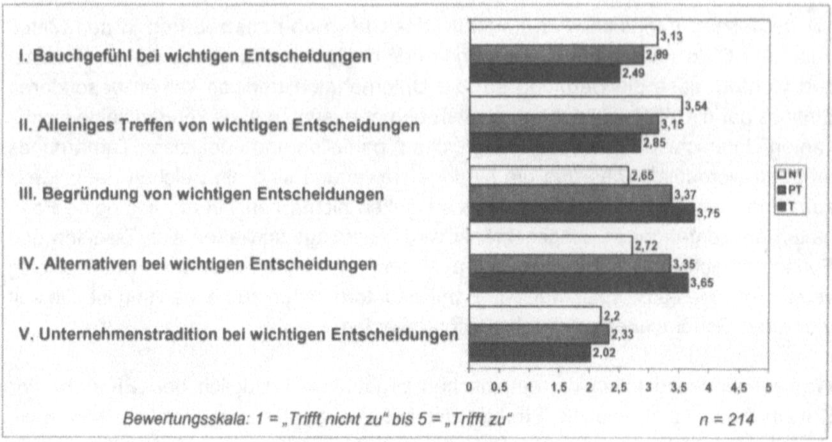

Abb. 29: Willensbildung der Unternehmer

Während die Begründung von und die Alternativen bei wichtigen Entscheidungen Indikatoren für reflexives Entscheidungsverhalten sind, messen der Einfluss des unternehmerischen Gespürs (Bauchgefühl), das alleinige Treffen von wichtigen Entscheidungen sowie die Rolle der Unternehmenstradition das **intuitive Ausmaß der Willensbildung** der Unternehmer. Folglich werden die Mittelwertprofile der intuitiv geprägten Variablen eine inverse Struktur aufweisen.

So zeigt sich, dass in der Entscheidungsfindung der Unternehmer erfolgloser Turnarounds das unternehmerische Gespür einen wichtigeren Einflussfaktor darstellt als bei den erfolgreichen Unternehmern. Letztlich verlassen sie sich zum Ende des begleiteten Turnarounds in deutlich geringerem Maße auf ihr Bauchgefühl als die Un-

---

[154] Kruskal-Wallis-Test: Chi-Quadrat(2)=31,603***. Die Aussage wird ebenfalls durch die Ergebnisse der einfaktoriellen ANOVA gestützt: F(2, 217)=19,454***. Die Post-Hoc-Tests (Scheffé) ergeben, dass sich nur die NT (M=2,65, SD=1,084) höchst signifikant von den beiden übrigen Turnaround-Gruppen des PT (M=3,37, SD=0,982) und T (M=3,75, SD= 0,996) unterscheiden.

[155] Kruskal-Wallis-Test: Chi-Quadrat(2)=22,012***. Die Aussage wird ebenfalls durch die Ergebnisse der einfaktoriellen ANOVA gestützt: F(2, 217)=11,087***. Die Post-Hoc-Tests (Scheffé) ergeben, dass sich nur die NT (M=2,72, SD=1,123) höchst signifikant von den beiden übrigen Turnaround-Gruppen des PT (M=3,35, SD=1,124) und T (M=3,65, SD=1,141) unterscheiden.

[156] Vgl. *Schulz-Hardt* (1997), S. 219 f.; *Schulz-Hardt/Frey* (1999), S. 315.

ternehmer in den beiden übrigen Turnaround-Gruppen, die sich in diesem Merkmal nicht signifikant unterscheiden.[157] Diese Tendenz bestätigt sich ebenfalls, wenn die zweite intuitive Variable betrachtet wird, die untersucht, ob eher erfolgreiche oder erfolglose Turnaround-Unternehmer dazu neigen, wichtige Entscheidungen für das Unternehmen allein zu treffen. Im Ergebnis kann statistisch signifikant ausgesagt werden, dass in **erfolglosen Turnarounds die Konzentration der Entscheidungsmacht stärker auf den Unternehmer zugeschnitten ist als in erfolgreichen Turnaround-Unternehmen.**[158]

Mit der letzten Variablen wird die **Rolle der Unternehmenstradition** in den Mittelpunkt der Diskussion gerückt. Zum Ende des begleiteten Turnarounds kann konstatiert werden, dass die Berufung auf die Unternehmenstradition keinen besonderen Einfluss auf die Willensbildung der Unternehmer ausübt, d.h. es können keine signifikanten Unterschiede zwischen erfolgreichen, partiellen und erfolglosen Turnarounds erhoben werden.[159] Dies und die niedrige Bewertung sind ein Zeichen dafür, dass zum Ende des Turnarounds innovatives Denken nicht (mehr) durch das rigide Festhalten an Vergangenem eingeschränkt wird. Allerdings schließen sich Tradition und Fortschritt nicht generell gegenseitig aus, sondern können sich auch wechselseitig verstärken, wie es beispielsweise in Familienunternehmen zu beobachten ist, die seit mehreren Generationen erfolgreich geführt werden.

Weniger eindeutig fallen die empirischen Ergebnisse bezüglich der „**Einsicht der Unternehmer**" aus, wie die Struktur der Mittelwertprofile der einzelnen Merkmale veranschaulicht (siehe Abb. 30). Dies verdeutlicht bereits die erste Variable, die die verzögerte Krisenbewältigung der Unternehmer untersucht. Zwar können je nach Turnaround-Gruppe abweichende Mittelwerte berechnet werden, die Unterschiede sind aber nicht signifikant.[160] Von der Höhe der Mittelwerte lässt sich jedenfalls ableiten: Die Unternehmer erkennen während des Turnaround-Prozesses, dass sie es in der Vergangenheit an Wille, Motivation sowie Konsequenz vermissen ließen, angemessen auf den Leistungsrückgang ihres Unternehmens zu reagieren. Sie sehen zum Ende des Turnarounds ein, nicht nur zu spät, sondern auch mit zu geringer Ernsthaftigkeit das Ziel der Krisenbewältigung verfolgt zu haben.

[157] Kruskal-Wallis-Test: Chi-Quadrat(2)=14,043**. Die Aussage wird ebenfalls durch die Ergebnisse der einfaktoriellen ANOVA gestützt: F(2, 216)=6,848**. Die Post-Hoc-Tests (Scheffé) ergeben, dass sich die T (M=2,49, SD=0,967) signifikant von den PT (M=2,89, SD=1,059). und sehr signifikant von den NT (M=3,13, SD=1,214) unterscheiden.

[158] Kruskal-Wallis-Test: Chi-Quadrat(2)=10,526**. Die Aussage wird ebenfalls durch die Ergebnisse der einfaktoriellen ANOVA gestützt: F(2, 216)=5,364**; die Post-Hoc-Tests (Scheffé) ergeben, dass sich nur die T (M=2,85, SD=1,183) und die NT (M=3,54, SD=1,239) sehr signifikant unterscheiden. Die Gruppe der PT weicht zwar ab, aber nicht signifikant (M=3,15, SD=1,243).

[159] Kruskal-Wallis-Test: Chi-Quadrat(2)=1,979^{ns}. Die Aussage wird ebenfalls durch die Ergebnisse der einfaktoriellen ANOVA gestützt: F(2, 217)=1,096^{ns}.

[160] Kruskal-Wallis-Test: Chi-Quadrat(2)=2,584^{ns}. Die Aussage wird ebenfalls durch die Ergebnisse der einfaktoriellen ANOVA gestützt: F(2, 217)=1,258^{ns}.

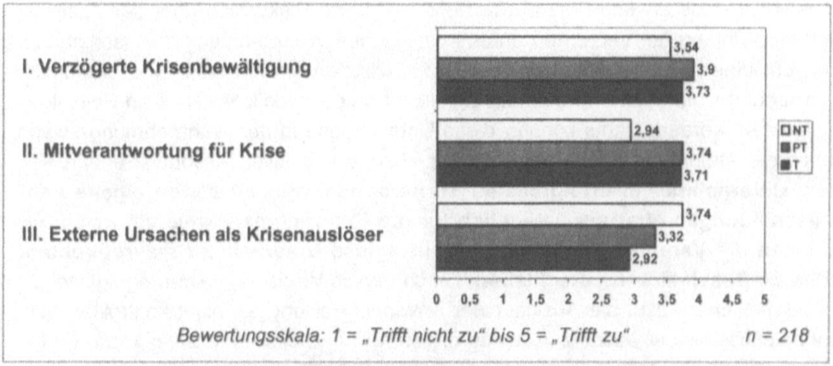

Abb. 30: Einsicht der Unternehmer

Wird die Bereitschaft der Unternehmer untersucht, Verantwortung für die Krise ihres Unternehmens zu übernehmen, zeigt sich ein differenzierteres Bild. Während zwischen der Bewertung der Unternehmer in erfolgreichen und partiellen Turnarounds nur marginale (nicht signifikante) Unterschiede erkennbar sind,[161] zeigt sich, dass die **Unternehmer erfolgloser Turnarounds ihre persönliche Verantwortung für die Unternehmenskrise nur in deutlich geringerem Maße akzeptieren.**[162] Vor dem Hintergrund, dass Unternehmer in KMU als Dreh- und Angelpunkt der strategischen und operativen Bemühungen einen erheblichen Einfluss auf die Unternehmensentwicklung haben, ist dieses Ergebnis ein Indiz für die Richtigkeit der Aussage von *Müller-Merbach* (1994): *„Selbstkritik ist die Quelle, aus der die Maßnahmen der Erneuerung gespeist werden."*[163]

Die letzte Variable bezieht sich auf die Frage nach der Allokation der Krisenursachen, wobei prinzipiell zwischen endogenen und exogenen Ursachen für die Unternehmenskrise unterschieden werden kann. **Für Unternehmer in erfolgreichen Turnarounds spielen externe Umstände (z.B. Konjunktur, Wettbewerb) als Hauptauslöser der Unternehmenskrise im Vergleich zu erfolglosen Unternehmern eine untergeordnete Rolle.**[164] Dabei steht die Wahrnehmung der erfolglosen Unternehmer im Widerspruch zu dem Ergebnis der durchgeführten Krisenursachenanalyse, in der bei mehr als ¾ der KMU Managementfehler als ursächlich für die Krise angegeben werden.[165]

[161] Die Post-Hoc-Tests (Scheffé) ergeben, dass sich nur die NT (M=2,94, SD=1,250) signifikant von den beiden übrigen Turnaround-Gruppen des PT (M=3,74, SD=1,110) und T (M=3,71, SD=1,327) unterscheiden.

[162] Kruskal-Wallis-Test: Chi-Quadrat(2)=16,002***. Die Aussage wird ebenfalls durch die Ergebnisse der einfaktoriellen ANOVA gestützt: F(2, 217)=8,154***.

[163] *Müller-Merbach* (1994), S. 52; ähnlich *Paffenholz* (1998), S. 74.

[164] Kruskal-Wallis-Test: Chi-Quadrat(2)=14,073**. Die Aussage wird ebenfalls durch die Ergebnisse der einfaktoriellen ANOVA gestützt: F(2, 217)=7,042**. Die Post-Hoc-Tests (Scheffé) ergeben, dass sich nur die NT (M=3,74, SD=1,291) signifikant von den T (M=2,92, SD=1,239) unterscheiden. PT weicht nicht signifikant von beiden Gruppen ab (M=3,32, SD=1,294).

[165] Siehe ausführlich Kap. E.2.2.

Dieses Ergebnis erweitert die in Kap. B.2.3 geführte Diskussion über das Auftreten und die Wirkung der verzerrten unternehmerischen Wahrnehmung in Krisensituationen um einen wichtigen Gesichtspunkt.[166] Zwischen erfolgreichen und erfolglosen Turnaround-Unternehmern kann ein signifikant unterschiedliches Maß an Selbstkritik festgestellt werden. Dabei können diese Unterschiede in der Wahrnehmung sowohl durch die Attributionstheorie als auch der Theorie kognitiver Dissonanz erklärt werden. **Unternehmer in erfolgreichen Turnaround-Projekten stufen eigene Fehlentscheidungen eher als ursächlich für die Unternehmenskrise ein und übernehmen die Verantwortung, während erfolglose Unternehmer makroökonomische Einflussfaktoren vorschieben.** Durch dieses Verhalten neigen erfolglose Unternehmer eher dazu, die Auslöser der Krisenentwicklung als nicht kontrollier- bzw. unbeeinflussbar einzuschätzen (locus of control).[167] Diese Einstellung kann die Bereitschaft und die Motivation zum Turnaround nachhaltig verringern.

Als abschließender Faktor der unternehmerischen Lernorientierung wird im Folgenden das „**Führungsverhalten der Unternehmer**" zum Ende des Turnarounds analysiert (siehe Abb. 31). So zeigt sich, dass die Unternehmer tendenziell eine strengere und konsequentere Leistungskontrolle ihrer Führungskräfte und Mitarbeiter als zu Beginn des Turnarounds bevorzugen, ohne dass zwischen den drei Turnaround-Gruppen signifikante Unterschiede bestehen.[168]

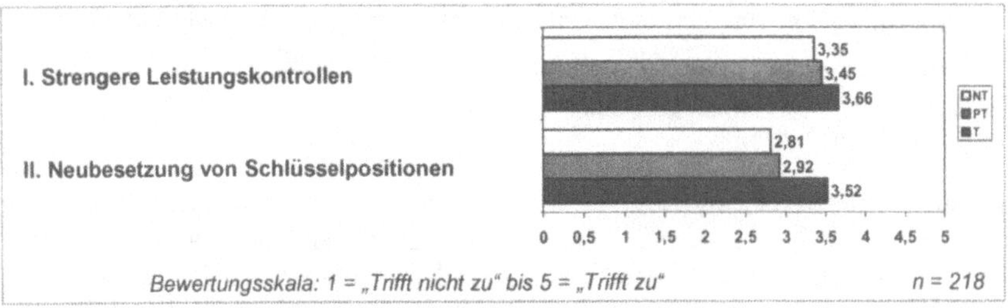

Abb. 31: Führungsverhalten der Unternehmer

In Bezug auf die Neubesetzung von Schlüsselpositionen treten erfolgreiche Unternehmer eher für eine personelle Erneuerung ein, um die Qualität der verfügbaren Ressourcenbasis weiter zu verbessern, als erfolglose Unternehmer.[169] Die Unternehmer in erfolglosen und partiellen Turnarounds verlassen sich hingegen stärker auf den vorhandenen Ressourcenpool.

---

166 Vgl. u.a. *Tchouvakhina* (2003); *Lant et al.* (1992), S. 593.

167 Vgl. *Wood/Bandura* (1989), S. 366; *Mueller et al.* (2001), S. 31.

168 Kruskal-Wallis-Test: Chi-Quadrat(2)=3,182^{ns}. Die Aussage wird ebenfalls durch die Ergebnisse der einfaktoriellen ANOVA gestützt: F(2, 216)=1,297^{ns}.

169 Kruskal-Wallis-Test: Chi-Quadrat(2)=9,986*. Die Aussage wird ebenfalls durch die Ergebnisse der einfaktoriellen ANOVA gestützt: F(2, 216)=5,286*. Die Post-Hoc-Tests (Scheffé) ergeben, dass sich nur die NT (M=2,81, SD=1,442) signifikant von den T (M=3,52, SD=1,370) unterscheiden. PT weicht nicht signifikant von beiden Gruppen ab (M=2,92, SD=1,520).

In Tab. 15 werden die Ergebnisse der vorgenommenen Mittelwertvergleiche nochmals synoptisch zusammengefasst, um mit der Überprüfung der **Hypothese H5** dieses Kapitel abzuschließen. Die Hypothese H5 unterstellt, dass bei **unterschiedlichen Turnaround-Ergebnissen** (erfolgreiche, partielle und erfolglose Turnarounds) **von KMU signifikante Unterschiede in der unternehmerischen Lernorientierung bestehen.**

	KW-Test	einf. ANOVA	Einzelvergleich (Scheffé-Test)		
			T-NT	T-PT	PT-NT
Wissen um Stärken und Schwächen des Unternehmens	***	***	***	***	ns
Mangelnde Kritikfähigkeit	*	*	*	ns	ns
Wissen um persönliche Schwächen	***	***	***	ns	***
Beratungsresistentes Verhalten	***	***	***	**	*
Akzeptanz des externen Krisenexperten	***	***	***	*	***
Bauchgefühl bei wichtigen Entscheidungen	**	**	**	*	ns
Alleiniges Treffen von wichtigen Entscheidungen	**	**	*	ns	ns
Begründung von wichtigen Entscheidungen	***	***	***	ns	***
Alternativen bei wichtigen Entscheidungen	***	***	***	ns	*
Unternehmenstradition bei wichtigen Entscheidungen	ns	ns	ns	ns	ns
Verzögerte Krisenbewältigung	ns	ns	ns	ns	ns
Mitverantwortung für Krise	***	***	**	ns	**
Externe Ursachen als Krisenauslöser	**	**	**	ns	ns
Strengere Leistungskontrollen	ns	ns	ns	ns	ns
Neubesetzung von Schlüsselpositionen	*	*	*	*	ns

Tab. 15: Synoptische Darstellung der unternehmerischen Lernorientierung

Lediglich in 3 der 15 untersuchten Variablen können keine signifikanten Unterschiede zwischen den Turnaround-Gruppen festgestellt werden. Die Rolle der Unternehmenstradition bei wichtigen Entscheidungen, die verzögerte Krisenbewältigung sowie die strengere Leistungskontrolle der Unternehmer sind keine Merkmale der unternehmerischen Lernorientierung, die zur Differenzierung von erfolgreichen, partiellen und erfolglosen Turnarounds substantiell beitragen können. Allerdings zeigt sich auch, dass die restlichen Merkmale der unternehmerischen Lernorientierung die Möglichkeit bieten, zwischen erfolgreichen und erfolglosen Turnaround-Verläufen zu differenzieren und damit einen wertvollen Erklärungsbeitrag für den Turnaround-Prozess von KMU zu liefern. Dennoch kann die Hypothese H5 letztlich nur im Falle der Variablen „**Beratungsresistentes Verhalten**" und „**Akzeptanz des externen Krisenexperten**" verifiziert werden.[170] In den übrigen Fällen ist sie abzulehnen.

[170] In diesem Ergebnis kommt auch die subjektive Haltung der Interviewten zum Tragen, die den Erfolg eines Turnarounds stark von ihrem Beitrag abhängig machen.

3.2.2 Veränderungen in der unternehmerischen Lernorientierung (Unternehmer-Turnaround)

Nachdem die Unterschiede in der unternehmerischen Lernorientierung zum Ende des Turnarounds erörtert worden sind (statischer Analysebereich), wird im Folgenden ihre Veränderung während des Turnaround-Prozesses betrachtet (**dynamischer Analysebereich**), indem die Lernorientierung der Unternehmer zu Beginn mit selbiger am Ende des Turnarounds verglichen wird. Mit diesem intertemporalen Vergleich wird der Frage nachgegangen, ob die beobachteten Unternehmer aus der Unternehmenskrise gelernt und ihr Verhalten entsprechend verändert haben (Unternehmer-Turnaround).[171]

		T				PT				NT			
		Sig.	pR	nR	Bi	Sig.	pR	nR	Bi	Sig.	pR	nR	Bi
Eigenschaften und Fähigkeiten	Wissen um Stärken und Schwächen des Unternehmens	***	69	5	12	***	57	5	15	***	38	3	13
	Mangelnde Kritikfähigkeit	ns	10	47	28	ns	11	43	23	ns	7	26	20
	Wissen um persönliche Schwächen	**	58	3	25	ns	47	6	24	ns	28	2	24
	Beratungsresistentes Verhalten	ns	6	48	32	ns	15	39	23	ns	4	29	21
	Akzeptanz des externen Krisenexperten	**	56	8	21	ns	48	11	19	ns	27	21	6
Willensbildung	Bauchgefühl bei wichtigen Entscheidungen	**	1	65	27	*	4	50	23	ns	1	26	27
	Alleiniges Treffen von wichtigen Entscheidungen	**	9	56	21	ns	5	44	27	ns	2	31	21
	Begründung von wichtigen Entscheidungen	***	74	0	12	***	63	2	12	ns	33	4	17
	Alternativen bei wichtigen Entscheidungen	***	66	3	16	**	53	4	20	ns	32	2	21
	Unternehmenstradition bei wichtigen Entscheidungen	ns	4	45	37	ns	5	25	46	ns	2	20	32
Einsicht	Verzögerte Krisenbewältigung	ns	38	27	21	***	55	12	11	ns	15	19	20
	Mitverantwortung für Krise	**	57	5	24	**	54	5	19	**	36	2	14
	Externe Ursachen als Krisenauslöser	*	6	52	28	ns	9	40	29	ns	12	15	27
Führungsverhalten	Strengere Leistungskontrollen	*	53	10	22	ns	35	19	24	ns	26	11	17
	Neubesetzung von Schlüsselpositionen	ns	40	27	10	ns	21	39	17	ns	17	27	10

Tab. 16: Vorzeichentest der unternehmerischen Lernorientierung

In dieser Arbeit wird davon ausgegangen, dass der Turnaround-Prozess einen positiven Einfluss auf das unternehmerische Verhalten hat. Daher wird die Lernorientierung der Unternehmer zum Ende des Turnarounds höher sein als noch zu Beginn, d.h. die Unternehmer besitzen die notwendige Lernbereitschaft und -fähigkeit, **aus**

[171] Der Unternehmer-Turnaround wird als Prozess des unternehmerischen Wandels hin zum Besseren definiert, der auf kognitiven Lernprozessen des Unternehmers beruht, die durch eine Unternehmenskrise resp. Unternehmerkrise ausgelöst werden; vgl. *Pinkwart* (2000a), S. 165 zum Unternehmens-Turnaround und ausführlich Kap. D.1.

ihren Fehlern und ihren Schwächen der Vergangenheit zu lernen. Unterschiede werden allerdings im Ausmaß der Lernprozesse vermutet. Da der Unternehmer-Turnaround als ein Kernbestandteil des Turnarounds von KMU aufgefasst wird, wird darüber hinaus angenommen, dass in erfolgreichen Turnarounds die Intensität des unternehmerischen Lernens höher sein wird als in erfolglosen. Diese vermuteten Zusammenhänge werden durch die Hypothesen H9 und H10 getestet.[172]

Hypothese H9 sagt aus, dass der **Turnaround-Prozess positive Veränderungen in der unternehmerischen Lernorientierung bewirkt**. Zur Überprüfung dieser Hypothese ist ein modifizierter Vorzeichentest für abhängige Stichproben durchgeführt worden.[173] Das umfassende Ergebnis dieses Test inklusive der Anzahl der positiven Ränge (pR), der negativen Ränge (nR) und der Bindungen (Bi) enthält Tab. 16.

Es zeigt sich eine ungleiche Verteilung der nicht signifikanten Testergebnisse und damit der Fälle, in denen die Annahme einer positiven Veränderung in der unternehmerischen Lernorientierung während des Turnaround-Prozesses abgelehnt werden muss. Während in erfolgreichen Turnaround-Vorhaben lediglich bei 5 Merkmalen der Lernorientierung keine signifikante Veränderung zu erkennen ist, sind in partiellen Turnarounds bereits 9 Merkmale betroffen. In nicht erfolgreichen Turnarounds muss sogar in 13 von 15 Kriterien die Annahme der positiven Veränderung abgelehnt werden. Damit steht fest, dass **erfolgreiche Unternehmens-Turnarounds eine positive Entwicklung im unternehmerischen Verhalten aufweisen**. Dieses Ergebnis verdeutlicht allerdings nur, dass eine positive (negative) Tendenz zum Unternehmer-Turnaround in erfolgreichen (erfolglosen) Turnaround-Projekten besteht, ohne dass Aussagen über die Stärke des individuellen Lern- resp. Veränderungsprozesses möglich sind.

Dieser Untersuchungsschritt wird durch die **Hypothese H10** abgedeckt: **Je stärker die Veränderungen in der unternehmerischen Lernorientierung (Unternehmer-Turnaround) sind, desto höher ist die Wahrscheinlichkeit eines erfolgreichen Unternehmens-Turnarounds.** Um diese These mit empirischen Informationen zu unterlegen, sind die Veränderungen je Merkmal zu einem aggregierten Veränderungsindex zusammengefasst worden, der Aussagen über die Veränderungsintensität des unternehmerischen Verhaltens ermöglicht (siehe Abb. 32).

Der Unternehmer-Turnaround fällt in erfolgreichen Turnaround-Prozessen deutlich positiver aus als in den übrigen zwei Turnaround-Gruppen, zwischen denen ebenfalls signifikante Unterschiede im Ausmaß des Unternehmer-Turnarounds berechnet werden können.[174] Außerdem zeigt eine einfache Regressionsanalyse, dass 15,4% der

---

[172] Siehe ausführlich Kap. D.3.

[173] Siehe Kap. E.1.4.

[174] Kruskal-Wallis-Test: Chi-Quadrat(2)=33,791***. Die Aussage wird ebenfalls durch die Ergebnisse der einfaktoriellen ANOVA gestützt: F(2, 206)=21,453***. Die Post-Hoc-Tests (Scheffé) ergeben, dass sich die NT (<u>M</u>=8,31, <u>SD</u>=7,585) signifikant von den PT (<u>M</u>=12,11, <u>SD</u>= 7,074) unterscheiden. In den übrigen Fällen sind die Unterschiede zu T (<u>M</u>=17,43, <u>SD</u>=9,053) höchst signifikant.

Varianz des Turnaround-Ergebnisses durch den Unternehmer-Turnaround erklärt werden können.[175] Dabei wirkt sich die Intensität des Unternehmer-Turnarounds positiv auf den Turnaround-Erfolg von kleinen und mittleren Unternehmen aus (standardisiertes Beta: 0,398***). **Je stärker der Unternehmer während des begleiteten Turnaround-Prozesses die Möglichkeit nutzt, aus seinem fehlerhaften unternehmerischen Handeln zu lernen, desto wahrscheinlicher wird der Turnaround-Erfolg des gesamten Unternehmens.** Die Beziehung zwischen dem Unternehmer-Turnaround und den Veränderungen in der Lernorientierung der Unternehmen (Hypothese H13) wird in Kap. E.3.3.1.2 geprüft.

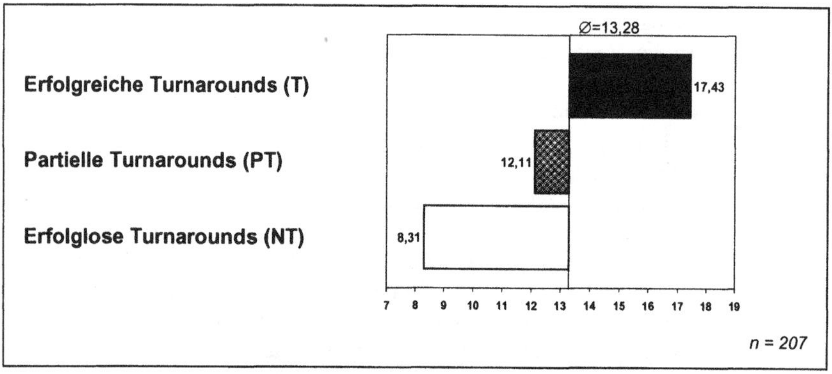

Abb. 32: Veränderungsindex „Unternehmer-Turnaround"

Anhand dieser statistischen Daten kann konkludiert, dass die kognitiven und verhaltensbezogenen Veränderungen der Unternehmer während eines Turnarounds stark variieren. Außerdem zeichnet sich ab, dass die Differenzierung des Unternehmens-Turnarounds in erfolgreiche, partielle und nicht erfolgreiche Bemühungen, wie sie bspw. von *Nothardt* (2001), *Kolb* (2006) und *Gless* (1996) gemacht wird, auch auf den Unternehmer-Turnaround übertragbar ist.[176]

3.3 Organisationale Lernorientierung

3.3.1 Lernorientierung der Unternehmen

Nachdem in den Kapiteln zuvor das unternehmerische Lernverhalten diskutiert wurde, wird im Folgenden die Perspektive gewechselt, um den Zusammenhang zwischen der organisationalen Lernorientierung und dem Turnaround-Erfolg näher zu untersuchen. Es wird grundsätzlich davon ausgegangen, dass sich eine **steigende Lernorientierung der Unternehmen positiv auf den Erfolg des Turnaround-Prozesses auswirkt** (**Hypothese H2**).

---

175 Korrigiertes R-Quadrat: 0,154***; F(1, 206)=38,558***.
176 Vgl. *Nothardt* (2001), S. 7; *Kolb* (2006), S. 37; *Gless* (1996), S. 103; siehe außerdem Kap. E.1.3.

Wie sich die Beziehung zwischen der Lernorientierung der Unternehmen und dem Turnaround-Erfolg empirisch gestaltet, wird durch ein multiples Regressionmodell berechnet, dessen Ergebnis in Tab. 17 dargestellt wird. Es zeigt sich, dass die **Lernorientierung der Unternehmen eine relevante Größe zur Erklärung des Turnaround-Erfolgs von kleinen und mittleren Unternehmen** ist, womit 22,9% der Varianz des Turnaround-Erfolgs erklärt werden (korrigiertes R-Quadrat: 0,229***).[177]

Koeffizienten[a]

	Nicht standardisierte Koeffizienten		Standardisierte Koeffizienten		
	B	Standardfehler	Beta	T	Signifikanz
(Konstante)	3,950	,071		55,404	,000
Interne Maßnahmen der Unternehmen	,474	,071	,403	6,636	,000
Controlling der Unternehmen	,312	,071	,265	4,369	,000
Externe Maßnahmen der Unternehmen	,102	,071	,086	1,424	,156

a. Abhängige Variable: Wie beurteilen Sie rückblickend das Ergebnis der Krisenbewältigung für das Unternehmen?

Tab. 17: Multiple Regression zwischen Turnaround-Erfolg und Lernorientierung der Unternehmen

Allerdings wird bei der genaueren Untersuchung der Reggressionsanalyse ersichtlich, dass der Erklärungsanteil der „**Externe Maßnahmen der Unternehmen**" nur sehr gering ist und überdies eine mangelnde Signifikanz aufweist. Er fällt somit aus dem weiteren Erklärungsmodell des Turnarounds heraus. Den größten und damit wichtigsten Beitrag zur Erklärung des Turnaround-Erfolgs leistet der Faktor „**Interne Maßnahmen der Unternehmen**" (standardisiertes Beta: 0,403***). Je stärker die Methoden resp. Instrumente zur Wissensnutzung und –umsetzung angewendet und je eher die organisatorischen Rahmenbedingungen bzw. Kommunikationsstrukturen Lernprozesse in den Turnaround-Unternehmen ermöglichen, desto höher fällt die Turnaround-Wahrscheinlichkeit der KMU aus. Neben den internen Maßnahmen der Unternehmen beeinflusst vor allem noch die Qualität der **Controllingsysteme** der KMU den Turnaround-Erfolg. Somit ist festzuhalten, dass der Turnaround-Erfolg von KMU maßgeblich auf unternehmensinternen Anstrengungen aufbaut. Folglich unterstützen die empirischen Ergebnisse die Hypothese H2 für die internen Maßnahmen und das Controlling der Unternehmen, während sie für den Faktor „Externe Maßnahmen der Unternehmen" abzulehnen ist.

3.3.1.1 Unterschiede in der Lernorientierung der Unternehmen

Der Faktor „**Interne Maßnahmen der Unternehmen**" als wichtigste Einflussgröße der Lernorientierung der Unternehmen umfasst 9 Einzelvariablen, deren Mittelwertprofile getrennt nach Turnaround-Gruppen nachfolgend vorgestellt und interpretiert

---

[177] F(3, 209): 21,718***.

werden. Als Erstes wird untersucht, ob die internen Ziele bzw. die Strategie des Unternehmens eindeutig formuliert und den Mitarbeitern auch bekannt sind. Mit der empirischen Analyse wird deutlich, dass sich **erfolgreiche Turnaround-Bemühungen von KMU dadurch auszeichnen können, den strategischen Handlungsrahmen für ihre Mitarbeiter klar eingegrenzt und ihn kommuniziert zu haben** (siehe Abb. 33).[178] Die Qualität der internen Kommunikation unternehmens- und turnaroundrelevanter Ziele und Strategien hebt sich deutlich (signifikant) von der Qualität in partiellen und erfolglosen Turnarounds ab. Dieses Ergebnis verdeutlicht, dass die Voraussetzungen für effizienzsteigernde, unternehmensweite Lernprozesse in Form des Anpassungslernens in erfolgreichen Turnarounds erheblich besser sind als in den übrigen Turnaround-Vorhaben.

Ähnlich große Unterschiede bestehen auch zwischen den Turnaround-Gruppen, wenn die Motivation der Mitarbeiter und Führungskräfte in den Unternehmen zum Ende des Turnarounds erhoben wird. Die Bewertungsdifferenzen sind so groß, dass zwischen allen drei Turnaround-Gruppen signifikante Unterschiede ermittelt werden.[179] Dieses Ergebnis kann in zweierlei Weise interpretiert werden: Erstens, die niedrige Motivation der Führungskräfte und Mitarbeiter ist das Resultat der unterschiedlich verlaufenen Turnaround-Prozesse und somit Resultante des Turnaround-Ausgangs. Zweitens, die Motivation der Arbeitnehmer ist eine wichtige Voraussetzung, damit gute unternehmensspezifische Turnaround-Konzepte entwickelt und auch nachhaltig umgesetzt werden. Ohne ihre Motivation und Bereitschaft zur aktiven Teilnahme am Turnaround-Prozess kann die notwendige Qualität der Maßnahmen und ihrer Umsetzung nicht gewährleistet werden. Die Motivation der Arbeitnehmer hat demnach erheblichen Einfluss auf das Turnaround-Ergebnis. Der Autor schließt sich somit jenen Autoren an, welche die **Motivation in Krisenunternehmen ebenfalls als aktiv gestaltbaren Einflussfaktor auf den Turnaround-Erfolg und als Erfolgsfaktor des Turnarounds ansehen.**[180]

Der große Handlungs- und Zeitdruck in Turnaround-Situationen macht i.d.R. eine Delegation von Aufgaben, Projekten und Teilbereichen an Führungskräfte erforderlich, damit möglichst viele der geplanten Maßnahmen zeitnah realisiert werden können. Die empirische Bewertung in diesem Punkt zeigt, dass **erfolglose Turnaround-Vorhaben die Möglichkeit der Dezentralisierung von Verantwortung wesentlich**

[178] Kruskal-Wallis-Test: Chi-Quadrat(2)=34,630***. Die Aussage wird ebenfalls durch die Ergebnisse der einfaktoriellen ANOVA gestützt: F(2, 215)=19,639***. Die Post-Hoc-Tests (Scheffé) ergeben, dass sich die NT (M=2,55, SD=1,127) signifikant von den PT (M=2,99, SD=1,158) unterscheiden. In den übrigen Fällen sind die Unterschiede zu T (M=3,7, SD=1,010) höchst signifikant.
[179] Kruskal-Wallis-Test: Chi-Quadrat(2)=67,679***. Die Aussage wird ebenfalls durch die Ergebnisse der einfaktoriellen ANOVA gestützt: F(2, 215)=50,343***. Die Post-Hoc-Tests (Scheffé) ergeben, dass sich die T (M=4,02, SD=0,707) signifikant von den PT (M=3,68, SD=0,765) unterscheiden. In den übrigen Fällen sind die Unterschiede zu NT (M=2,68, SD=0,932) höchst signifikant.
[180] Vgl. u.a. *Schmidt/Freund* (1989), S. 66 ff.; *Küpper/Bronner* (1992), S. 85; *Daschmann* (1994), S. 165; *Pinkwart* (2000a), S. 169 ff.; *Kolb* (2006), S. 182 ff. und 210 ff.; *Bibeault* (1982), S. 181 ff.

(signifikant) seltener und in geringerem Umfang nutzen,[181] als dies in partiellen und erfolgreichen Turnarounds geschieht. Die Führungskräfte werden folglich wirksamer und intensiver an dem Turnaround-Prozess beteiligt. Dies hat den positiven Nebeneffekt, dass sich die Unternehmer entlasten und sich gleichzeitig die Turnaround-Dynamik erhöht. Allerdings erfordert die zunehmende Delegation von Aufgaben, Projekten und Teilbereichen eine effektive Leistungskontrolle, da sich der Handlungsspielraum der Führungskräfte erweitert. Zudem muss den Führungskräften das unternehmerische Zielsystem bekannt sein, damit sie ihre Entscheidungen zielkonform treffen können.

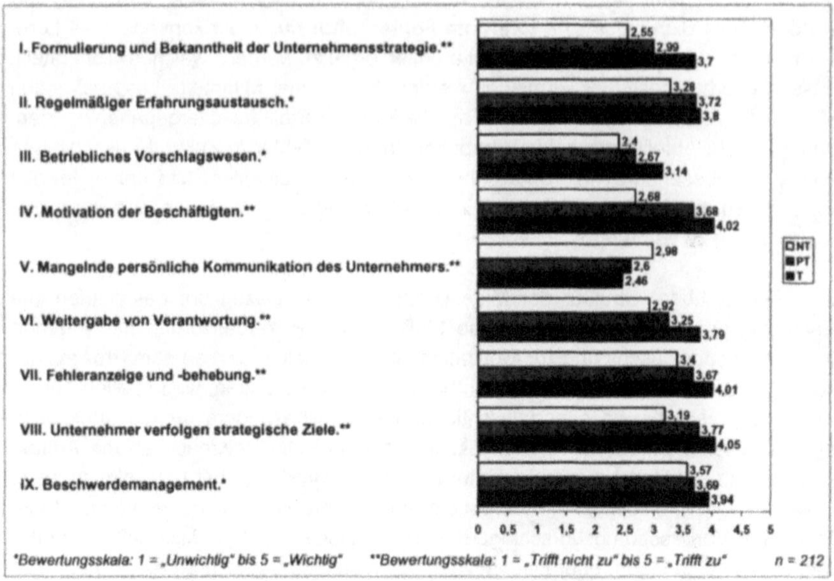

Abb. 33: Interne Maßnahmen der Unternehmen

Nicht nur in dieser Hinsicht heben sich erfolgreiche von weniger erfolgreichen Turnaround-Prozessen ab, sondern auch bei der internen Problemanzeige und -behebung. Hier zeichnet sich ebenfalls ab, dass **in erfolgreichen Turnaround-Unternehmen Fehler und Probleme während des Leistungserstellungsprozesses proaktiver aufgedeckt werden.**[182] Dabei gilt eine offene Kommunikations- bzw. Fehlerkultur als eine wesentliche Voraussetzung, organisationale Lernprozesse in Gang zu setzen

[181] Kruskal-Wallis-Test: Chi-Quadrat(2)=21,426***. Die Aussage wird ebenfalls durch die Ergebnisse der einfaktoriellen ANOVA gestützt: F(2, 215)=11,685***. Die Post-Hoc-Tests (Scheffé) ergeben, dass sich die NT (M=2,92, SD=1,096) nicht signifikant von den PT (M=3,25, SD=1,081) unterscheiden. In den übrigen Fällen sind die Unterschiede zu T (M=3,79, SD=1,025) mindestens sehr signifikant.

[182] Kruskal-Wallis-Test: Chi-Quadrat(2)=18,235***. Die Aussage wird ebenfalls durch die Ergebnisse der einfaktoriellen ANOVA gestützt: F(2, 215)=8,533***. Die Post-Hoc-Tests (Scheffé) ergeben, dass sich die NT (M=3,40, SD=0,899) nicht signifikant von den PT (M=3,67, SD=0,968) unterscheiden. In den übrigen Fällen sind die Unterschiede zu T (M=4,01, SD=0,794) mindestens sehr signifikant.

und darüber hinaus auch langfristig fest zu etablieren.[183] Um aus Fehlern lernen zu können, muss allerdings allen Mitarbeitern und Führungskräften die Möglichkeit eingeräumt werden, Fehler aufdecken bzw. eingestehen zu können, ohne direkt negativ sanktioniert zu werden.

Durch eine offene Fehlerkultur decken nicht nur die Unternehmer Fehler und Probleme auf, sondern jeder einzelne Mitarbeiter ist ermutigt, Fehler einzugestehen und damit eine rasche Ursachenanalyse zu ermöglichen. So kann vermieden werden, dass Probleme und Schwierigkeiten möglichst lang vertuscht werden. Durch eine tolerante Fehlerkultur können Fehlentwicklungen frühzeitig bemerkt und analysiert werden. Zusätzlich muss eine **tolerante Fehlerkultur** durch ein konsequentes Lernverhalten der Führungskräfte und Mitarbeiter ergänzt werden, welches sicherstellt, dass Wiederholungsfehler vermieden werden. Bspw. über Mitarbeiterbesprechungen können die relevanten Informationen an alle internen Stellen weitergegeben werden, damit andere Abteilungen oder Mitarbeiter ähnliche Fehler in Zukunft ausschließen können. Insbesondere im Turnaround muss diese Nullfehler-Philosophie verfolgt werden, um die Kundenzufriedenheit zu erhöhen und die anfallenden Kosten für Gewährleistung zu verringern.

Eine vergleichbare Struktur der Mittelwertprofile ist in Bezug auf das betriebliche Vorschlagswesen zu erkennen. Diese Maßnahme zur Verbesserung des internen Informationsaustauschs und zur Motivation aller Mitarbeiter, sich an dem Prozess der kontinuierlichen Verbesserung des Unternehmens zu beteiligen, wird in allen Turnaround-Unternehmen als eher unwichtig beurteilt. Insbesondere für die erfolglosen und partiellen Turnaround-Versuche scheint die individuelle Kreativität und Auffassungsgabe der Mitarbeiter für die Unternehmensentwicklung eher belanglos zu sein. Entweder wird in diesen Unternehmen die Ansicht vertreten, keine formalen Systeme für interne Verbesserungsvorschläge haben zu müssen, weil die Mitarbeiter sich bereits kreativ einbringen, oder innovative Impulse seitens der Mitarbeiter werden nicht erwartet. Dennoch zeigt sich empirisch, dass **ein betriebliches Vorschlagswesen resp. eine Ideenbörse in erfolgreichen Turnaround-Unternehmen signifikant wichtiger eingeschätzt** wird.[184] In den Gesamtkontext des Faktors eingeordnet, muss jedoch festgestellt werden, dass das betriebliche Vorschlagswesen gegenüber den anderen internen Maßnahmen der Unternehmen nur eine untergeordnete Bedeutung im Turnaround-Prozess hat: Die erhobenen Mittelwerte zählen mit zu den niedrigsten im gesamten Variablenset dieses Faktors.

---

[183] Vgl. *Scheff* (2001), S. 61.

[184] Kruskal-Wallis-Test: Chi-Quadrat(2)=7,573**. Die Aussage wird ebenfalls durch die Ergebnisse der einfaktoriellen ANOVA gestützt: F(2, 215)=14,925**. Die Post-Hoc-Tests (Scheffé) ergeben, dass sich die NT (M=2,40, SD=1,055) nicht signifikant von den PT (M=2,67, SD=1,210) unterscheiden. In den übrigen Fällen sind die Unterschiede zu T (M=3,14, SD=1,121) signifikant.

Durch den regelmäßigen Erfahrungsaustausch der Mitarbeiter kann die Tendenz eines *„inkubativen Organisationslernens“*[185] verringert werden. In Besprechungen oder Treffen erhalten sie die Möglichkeit, ihre Erfahrungen und ihr Know-how untereinander auszutauschen, so dass individuelles Wissen unternehmensweiten Nutzen entfalten kann. Aufgrund der empirischen Daten lässt sich nachvollziehen, dass der **Stellenwert des regelmäßigen Erfahrungsaustauschs unter den Mitarbeitern in erfolglosen Turnaround-Vorhaben signifikant niedriger** ist als in partiellen bzw. erfolgreichen Turnarounds.[186] Der betriebliche Nutzen dieser Form des institutionalisierten Informationsaustauschs wird demnach in erfolglosen Turnarounds geringer eingeschätzt.

Während mit den ersten Variablen „Formulierung und Bekanntheit der Unternehmensstrategie“ die Qualität der internen Kommunikation analysiert wurde, legt die folgende Variable den Fokus stärker auf die Mittel- bis Langfristplanung der Unternehmer selbst. Werden keine strategischen Ziele anvisiert, wächst aufgrund der begrenzten Ressourcen von KMU die Gefahr, dass sich die Unternehmer und damit die Unternehmen in alternativen Wettbewerbsumfeldern verzetteln. Es zeigt sich empirisch, dass die **erfolglosen Unternehmer zum Ende des Turnaround-Prozesses ihr Unternehmen seltener nach strategischen Zielen führen** als in den übrigen Fälle.[187] Sie haben demnach vergleichsweise unscharfe Vorstellungen, wie ihr Unternehmen in Zukunft im Wettbewerb aufgestellt sein soll.

Dass die Unternehmer auch im Turnaround dazu neigen, ihre persönlichen strategischen Ziele nicht gegenüber ihren Mitarbeitern klar und offen zu kommunizieren, wird ersichtlich, wenn untersucht wird, ob die Unternehmer mittel- bis langfristige strategische Ziele verfolgen. Vor allem die Unternehmer in erfolglosen und partiellen Turnaround-Projekten scheinen weniger stark bereit zu sein, die implizit in ihren Köpfen vorhandene Strategie aufzudecken.[188]

Mit der folgenden Variablen wird das persönliche Kommunikationsverhalten zwischen Unternehmer und Mitarbeiter untersucht. Bei der Bewertung ist zu beachten, dass die Variable inhaltlich negativ erfasst wird, d.h. je niedriger die beobachteten Mittelwerte, desto positiver die Aussage. Demnach ist die **persönliche Kommunikation zwischen Unternehmern und Mitarbeitern in erfolgreichen Turnarounds**

---

[185] *Geißler* (1998), S. 55 f. An das inkubative Organisationslernen sollte sich immer das Stadium des systemisch entfalteten Organisationslernens anschließen. Dies kann durch den hier vorgestellten Transferprozess sichergestellt werden.

[186] Kruskal-Wallis-Test: Chi-Quadrat(2)=9,360*. Die Aussage wird ebenfalls durch die Ergebnisse der einfaktoriellen ANOVA gestützt: F(2, 216)=5,762**. Die Post-Hoc-Tests (Scheffé) ergeben, dass sich die T (M=3,80, SD=0,961) nicht signifikant von den PT (M=3,72, SD=0,870) unterscheiden. In den übrigen Fällen sind die Unterschiede zu NT (M=3,28, SD=1,148) höchst signifikant.

[187] Kruskal-Wallis-Test: Chi-Quadrat(2)=16,851***. Die Aussage wird ebenfalls durch die Ergebnisse der einfaktoriellen ANOVA gestützt: F(2, 216)=11,720***. Die Post-Hoc-Tests (Scheffé) ergeben, dass sich die T (M=4,05, SD=0,858) nicht signifikant von den PT (M=3,77, SD=0,900) unterscheiden. In den übrigen Fällen sind die Unterschiede zu NT (M=3,19, SD=1,239) mindestens signifikant.

[188] Diese Aussage wird im Vergleich zur Variable „Formulierung und Bekanntheit der Unternehmensstrategie“ deutlich, wo die Mittelwerte dieser beiden Turnaround-Arten deutlich niedriger ausfallen.

deutlich besser als in erfolglosen.[189] Vor dem Hintergrund, dass die Unternehmer im Turnaround für ihre Mitarbeiter und Führungskräfte eine überaus wichtige Stellung als Vertrauensperson und Motivator einnehmen, ist ein mangelnder persönlicher Kontakt als bedenklich einzustufen.

Hinsichtlich des Beschwerdemanagements kann festgehalten werden, dass die internen Informationen über Reklamationen und Beschwerden der Kunden von allen Turnaround-Unternehmen als vergleichsweise wichtig angesehen werden, ohne dass signifikante Unterschiede zwischen den drei Turnaround-Gruppen bestehen.[190] Die statistische Überprüfung des Beschwerdemanagements schließt die Analyse der internen Maßnahmen der Unternehmen ab.

Defizite in den Controllingsystemen von KMU zählen mit zu den häufigsten Auslösern von Unternehmenskrisen, weil finanzielle Indikatoren der Geschäftsentwicklung nicht oder nur ungenau zur Verfügung stehen.[191] Die unterschiedlichen **Instrumente des Controllings** wie das Rechnungswesen bzw. die BWA, die Jahres- und Liquidationsplanung, die Kostenrechnung und die Vor- und Nachkalkulation von Aufträgen und Projekten, die dem Unternehmer und seinen Führungskräften eigentlich als quantitative Informationsgrundlage zur finanziellen Beurteilung zurückliegender Vorgänge und zur kalkulatorischen Planung zukünftiger Handlungen dienen, sind i.d.R. mit qualitativen Mängeln behaftet und werden nur in unzureichendem Maße angewendet.

Deshalb zählt es mit zu den vorrangigsten Aufgaben der Krisenexperten, die bestehenden Defizite in den strategischen sowie den operativen Steuerungssystemen der Unternehmen aufzudecken und das Controlling auf eine fundierte Basis zu stellen. Ziel dieser Maßnahmen ist es, die Aktualität und die Qualität der verfügbaren Informationen zu erhöhen. Empirisch bestätigt sich diese Annahme weitgehend, allerdings ist eine differenziertere Betrachtung der drei Turnaround-Gruppen nötig.[192] Wiederum verdeutlichen die statistischen Tests, dass die **Verbesserungen in erfolglosen Turnaround-Vorhaben deutlich (signifikant) geringer ausfallen** als in erfolgreichen und partiellen Turnarounds.[193]

---

[189] Kruskal-Wallis-Test: Chi-Quadrat(2)=10,177*. Die Aussage wird ebenfalls durch die Ergebnisse der einfaktoriellen ANOVA gestützt: F(2, 216)=4,813*. Die Post-Hoc-Tests (Scheffé) ergeben, dass sich die T (M=2,46, SD=0,894) signifikant von den NT (M=2,98, SD=0,991) unterscheiden. In den übrigen Fällen sind die Unterschiede zu PT (M=2,60, SD=1,069) nicht signifikant.

[190] Kruskal-Wallis-Test: Chi-Quadrat(2)=7,199*; Jonckheere-Terpstra-Test=2,601*. Diese Ergebnisse stehen im Widerspruch zur einfaktoriellen ANOVA: F(2, 214)=2,753^{ns}.

[191] Zu den Ursachen der Unternehmenskrisen siehe Kap. E.2.2.

[192] Die empirischen Auswertungen beziehen sich auf die folgende Aussage des Fragebogens: Die Instrumente zur Planung & Kontrolle wurden verbessert (höhere Qualität und Aktualität der verfügbaren Instrumente).

[193] Kruskal-Wallis-Test: Chi-Quadrat(2)=23,205***. Die Aussage wird ebenfalls durch die Ergebnisse der einfaktoriellen ANOVA gestützt: F(2, 216)=13,966***. Die Post-Hoc-Tests (Scheffé) ergeben, dass sich die T (M=4,51, SD=0,808) nicht signifikant von den PT (M=4,29, SD=1,011) unterscheiden. In den übrigen Fällen sind die Unterschiede zu NT (M=3,57, SD=1,354) höchst signifikant.

Allerdings ist die qualitative Verbesserung der Controllingsysteme allein nur dann sinnvoll, wenn auch die Anwender und Nutzer (Unternehmer und Führungskräfte) überzeugt werden, die gewonnenen Informationen aktiv und nachhaltig in die zukünftige Unternehmenssteuerung miteinzubeziehen. Nach den Ergebnissen in Abb. 34 zu urteilen, ist diese Überzeugungsarbeit erfolgversprechend gewesen.

Die Mittelwertprofile deuten ebenfalls an, dass das Ausmaß der organisationalen Lernorientierung zwischen erfolgreichen, partiellen und erfolglosen Turnarounds unterschiedlich ist. In erfolgreichen und partiellen Turnarounds wird der Nutzen der Controllinginstrumente signifikant höher eingeschätzt als in erfolglosen.[194] Mit anderen Worten: **Der Nutzen von Rechnungswesen bzw. BWA, Jahres- und Liquidationsplanung, Kostenrechnung und Vor- und Nachkalkulation wird in erfolglosen Turnaround-Versuchen signifikant niedriger eingeschätzt** als in erfolgreichen bzw. partiellen Turnarounds.

Dabei erfüllt das Controlling im Turnaround eine unternehmensweite Prüf– und Kontrollfunktion, die den Fortschritt in der Umsetzung des Turnaround-Konzepts überwacht und frühzeitig Abweichungen signalisiert. Außerdem ist es der zentrale Ausgangspunkt für die unternehmensinterne und -externe Kommunikation mit den Turnaround-Akteuren.[195] Den besonderen Stellenwert des Controllings im Turnaround macht weniger die Endkontrolle als vielmehr die mitlaufende Fortschrittskontrolle im Umsetzungsprozess aus. Divergieren Soll- und Ist-Zustand, werden erneut Entscheidungsprozesse ausgelöst, entweder um die Planungsziele oder die Maßnahmen zur Zielerreichung zu korrigieren. Dieser Prozess der kontinuierlichen Feinjustierung des Turnaround-Konzepts und die damit einhergehende Anpassung der Maßnahmen erzeugt einen Lerneffekt, von dem das gesamte Unternehmen profitiert.[196]

---

[194] Die statistischen Tests ergeben:

I. KW: Chi-Quadrat(2)=20,059***; F(2, 215)=10,750***; T (M=4,49, SD=0,684), PT (M=4,27, SD=0,837), NT (M=3,85, SD=0,899);
II. KW: Chi-Quadrat(2)=13,991**; F(2, 216)=8,922***; T (M=4,35, SD=0,719), PT (M=4,12, SD=0,903), NT (M=3,70, SD=1,075);
III. KW: Chi-Quadrat(2)=14,042**; F(2, 216)=9,055***; T (M=4,51, SD=0,781), PT (M=4,25, SD=0,904), NT (M=3,80, SD=1,250);
IV. KW: Chi-Quadrat(2)= 12,744**; F(2, 215)=7,854**; T (M=4,14, SD=0,809), PT (M=3,92, SD=1,036), NT (M=3,46, SD=1,161);
V. KW: Chi-Quadrat(2)=13,773**; F(2, 216)=9,554***; T (M=4,24, SD=0,815), PT (M=4,10, SD=0,756), NT (M=3,59, SD=1,125).

[195] Vgl. *Kolb* (2006), S. 219 ff.

[196] Vgl. *Bergauer* (2001), S. 72 f.

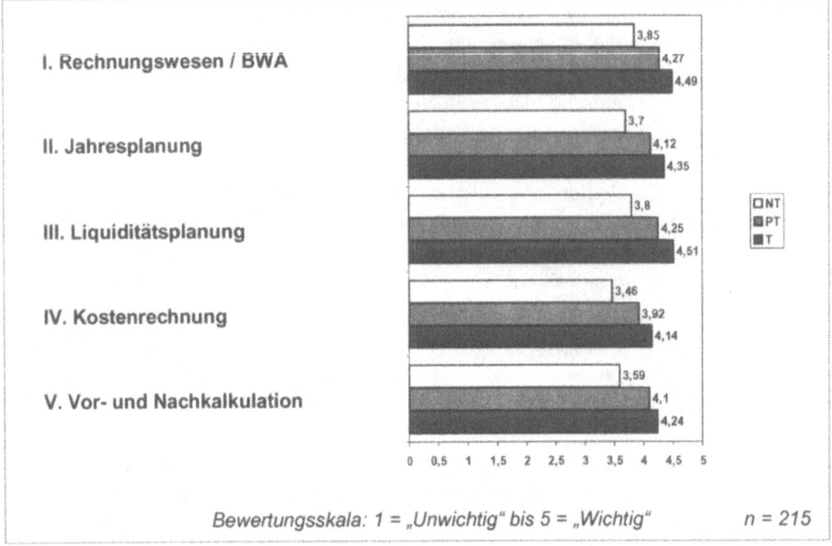

Abb. 34: Controlling der Unternehmen

Bisher galt die Konzentration den lernorientierten Maßnahmen in den unternehmensinternen Handlungsfeldern der KMU. Es ist jedoch theoretisch argumentiert worden, dass für ein nachhaltiges Turnaround-Management ebenfalls Maßnahmen zur gezielten Aufnahme und Integration unternehmensexterner Informationen notwendig sind. Allerdings kommt die diesbezügliche Regressionsanalyse zu dem Ergebnis, dass lediglich ein positiver, aber nicht signifikanter Zusammenhang besteht. Im Folgenden wird kurz begründet, wie dieses Ergebnis zu Stande kommt. Hierzu zeigt Abb. 35 die Mittelwertstruktur der untersuchten „**Merkmale des externen organisationalen Lernens**".

Lediglich **im Falle der externen Weiterbildung zeigen sich so große Mittelwertdifferenzen**, dass signifikante Unterschiede zwischen den erfolgreichen und den erfolglosen Turnaround-Projekten festgestellt werden können.[197] Dieses Ergebnis verdeutlicht, dass Qualifizierungsmaßnahmen für die Unternehmer und Führungskräfte in erfolgreichen Turnarounds wichtiger für die Unternehmensentwicklung eingeschätzt werden. Laut *Bergauer* (2001) können die Qualifizierungsmaßnahmen für leitende Führungskräfte dazu dienen, *„sie auf die neuen organisatorisch bedingten Herausforderungen vorzubereiten"*[198]. Dies ist bspw. das erklärte Ziel von sehr gro-

[197] Kruskal-Wallis-Test: Chi-Quadrat(2)=24,910***. Die Aussage wird ebenfalls durch die Ergebnisse der einfaktoriellen ANOVA gestützt: F(2, 216)=13,085***. Die Post-Hoc-Tests (Scheffé) ergeben, dass sich die T (M=3,16, SD=1,143) nicht signifikant von den PT (M=2,83, SD=1,082) unterscheiden. In den übrigen Fällen sind die Unterschiede zwischen T und NT (M=2,21, SD=0,979) höchst signifikant und zwischen PT und NT sehr signifikant.
[198] *Bergauer* (2001), S. 174.

ßen Turnaround-Unternehmen, die mit Seminaren und Schulungen nicht nur die Fach- und Methodenkompetenz, sondern auch die Sozialkompetenz ihrer Mitarbeiter während des Turnaround-Prozesses verbessern.[199] Somit sind Parallelen zu den erfolgreichen Turnaround-Vorhaben von KMU zu erkennen.

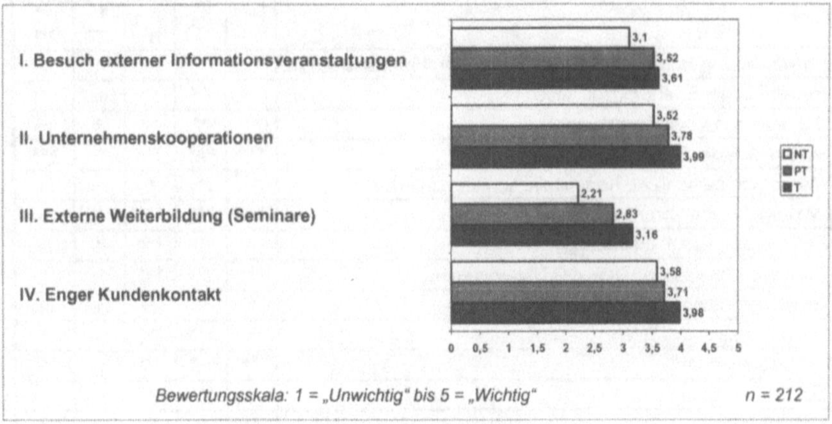

Abb. 35 : Externe Maßnahmen der Unternehmen

Bei den **übrigen drei geprüften Merkmalen bestehen keine oder nur geringe statistische Unterschiede**. Während hinsichtlich des engen Kundenkontakts bspw. durch regelmäßige Kundengespräche und schriftliche Kundenbefragungen keine statistischen Abweichungen zwischen den drei Turnaround-Gruppen festgestellt werden,[200] weichen die erfolgreichen Turnaround-Unternehmen in Bezug auf das Kooperationsverhalten[201] und den Besuch externer Informationsveranstaltungen[202] nur schwach von den partiellen und erfolglosen Turnarounds ab. Dieses Ergebnis ermöglicht die Schlussfolgerung, dass über das externe organisationale Lernen zwar wichtige Informationen für den Turnaround-Prozess erschlossen werden, es letztlich aber von der internen Umsetzung bspw. der Strategie abhängt, ob der Unternehmens-Turnaround erfolgversprechend verläuft. Somit wird das organisationale Beobachtungslernen des Unternehmensumfelds zu einer notwendigen Voraussetzung

[199] Im Rahmen dieser Maßnahmen werden Verhaltensänderungen intendiert wie z.B. die Übernahme von mehr Verantwortung, stärkere Teamorientierung; vgl. *Bergauer* (2001), S. 173 ff.
[200] Kruskal-Wallis-Test: Chi-Quadrat(2)=6,039*; Diese Ergebnisse stehen im Widerspruch zur einfaktoriellen ANOVA: F(2, 214)=2,753^{ns} und zu den Einzelvergleichen bzw. Post-Hoc-Tests (Scheffé): T (<u>M</u>=3,98, <u>SD</u>=1,000), PT (<u>M</u>=3,71, <u>SD</u>=1,028), NT (<u>M</u>=3,58, <u>SD</u>=1,064)
[201] Kruskal-Wallis-Test: Chi-Quadrat(2)=7,170*. Die Aussage wird ebenfalls durch die Ergebnisse der einfaktoriellen ANOVA gestützt: F(2, 214)=3,361*. Die Post-Hoc-Tests (Scheffé) ergeben, dass sich die T (<u>M</u>=3,99, <u>SD</u>=0,906) nur signifikant von den NT (<u>M</u>=3,52, <u>SD</u>=1,012) unterscheiden. In den übrigen Fällen sind die Unterschiede zu PT (<u>M</u>=3,78, <u>SD</u>=1,131) nicht signifikant.
[202] Kruskal-Wallis-Test: Chi-Quadrat(2)=8,717*. Die Aussage wird ebenfalls durch die Ergebnisse der einfaktoriellen ANOVA gestützt: F(2, 213)=3,724*. Die Post-Hoc-Tests (Scheffé) ergeben, dass sich die T (<u>M</u>=3,61, <u>SD</u>=1,145) nur signifikant von den NT (<u>M</u>=3,10, <u>SD</u>=1,125) unterscheiden. In den übrigen Fällen sind die Unterschiede zu PT (<u>M</u>=3,52, <u>SD</u>=1,046) nicht signifikant.

des Turnarounds, das interne organisationale Lernen ist im Turnaround aber der entscheidende Schlüssel zum Erfolg.

	KW-Test	einf. ANOVA	Einzelvergleich (Scheffé-Test)		
			T-NT	T-PT	PT-NT
Formulierung und Bekanntheit der Unternehmensstrategie	***	***	***	***	*
Regelmäßiger Erfahrungsaustausch	*	**	**	ns	*
Betriebliches Vorschlagswesen	**	**	**	*	ns
Motivation der Beschäftigten	***	***	***	*	***
Mangelnde persönliche Kommunikation des Unternehmers	**	*	*	ns	ns
Weitergabe von Verantwortung	***	***	***	*	ns
Fehleranzeige und –behebung	***	***	***	*	ns
Existenz strategischer Ziele des Unternehmers	***	***	***	ns	*
Beschwerdemanagement	*	ns	ns	ns	ns
Rechnungswesen / BWA	***	***	***	ns	*
Jahresplanung	**	***	***	ns	*
Liquiditätsplanung	**	***	***	ns	*
Kostenrechnung	**	**	**	ns	*
Vor- und Nachkalkulation	**	***	***	ns	**
Besuch externer Informationsveranstaltungen	**	*	*	ns	ns
Unternehmenskooperationen	*	*	*	ns	ns
Externe Weiterbildung (Seminare)	***	***	***	ns	**
Enger Kundenkontakt	*	ns	ns	ns	ns

Tab. 18: Synoptische Darstellung der Lernorientierung der Unternehmen

Alle Ergebnisse der durchgeführten Mittelwertvergleiche werden in Tab. 18 nochmals synoptisch zusammengestellt, um die Überprüfung der Hypothese H6 zu erleichtern. Die **Hypothese H6** unterstellt, dass bei **unterschiedlichen Turnaround-Ergebnissen** (erfolgreich, partiell, erfolglos) **von KMU signifikante Unterschiede in der Lernorientierung der Unternehmen bestehen.**

Im Einzelnen bestätigt sich die Hypothese H6 lediglich bei der „**Formulierung und Bekanntheit der Unternehmensstrategie**“ sowie der „**Motivation der Beschäftigten**“. Allerdings zeigt sich auch, dass die Lernorientierung erfolgreicher Turnarounds in 4 Fällen signifikant höher ausfällt als in den weniger erfolgreichen Turnaround-Vorhaben und sich bei immerhin 8 weiteren Merkmalen deutlich von den erfolglosen Turnaround-Versuchen abhebt. Keine messbaren Divergenzen zwischen den Turnaround-Gruppen weisen nur das Beschwerdemanagement und der enge Kundenkontakt auf. **Die Lernorientierung der KMU liefert somit einen weiterführenden Ansatz zur Erklärung der unterschiedlichen Turnaround-Erfolge.** Allerdings bleibt abschließend auch festzuhalten, dass die Hypothese H6 für die Lernorientierung der Unternehmen insgesamt abzulehnen ist.

3.3.1.2 Veränderungen in der Lernorientierung der Unternehmen

Da der eigentliche organisationale Lernprozess ebensowenig beobachtbar ist wie der individuelle, schlägt *Albach* (1999b) vor, das Verhalten von Unternehmen vor und nach einem bewusst oder von außen aufgezwungenen Lernprozess zu beobachten und positive Veränderungen auf organisationales Lernen zurückzuführen.[203] Lernen wird somit als zentrale Voraussetzung sowohl für individuelle als auch für organisationale Verhaltensveränderungen angenommen.[204]

Auf das vorliegende Forschungsproblem bezogen, heißt das: **Organisationales Lernen im Turnaround hat dann stattgefunden, wenn sich die organisationale Lernorientierung der Unternehmen während des Turnaround-Prozesses zum Positiven verändert.** Dies führt zu einer Steigerung der Unternehmensleistung in Krisenunternehmen und erhöht damit die Wahrscheinlichkeit, dass ihr Fortbestand gesichert wird.[205]

Bei der empirischen Untersuchung kommt es nun darauf an, **das Verhalten ein und desselben Unternehmens zu Beginn und zum Ende des Turnaround-Prozesses zu vergleichen.**[206] Kann bei diesem intertemporalen Vergleich festgestellt werden, dass sich die Lernorientierung des Unternehmens erhöht hat, sind in dem Unternehmen organisationale Lernprozesse ausgelöst worden. In diesem Fall stimmen die Eigenschaften der untersuchten Turnaround-Unternehmen stärker mit den charakteristischen Eigenschaften lernender Unternehmen überein als noch zu Beginn des Turnarounds. Dies macht ein Turnaround-Unternehmen noch lange nicht zu einem lernenden Unternehmen im engeren Sinne, verdeutlicht aber dennoch, dass sich mit dem Turnaround die Lernfähigkeit und –bereitschaft der Unternehmen verbessert hat. Aus diesem Grunde wird ein derart ausgestalteter Unternehmens-Turnaround auch als lernorientierter Turnaround bezeichnet.

Im Folgenden wird daher der Schwerpunkt der Untersuchung auf die dynamische Analyse des Unternehmens-Turnarounds gelegt. Dabei wird grundsätzlich davon ausgegangen, dass der **Turnaround-Prozess positive Veränderungen in der Lernorientierung auslöst (Hypothese H11)**, durch welche die überlebensnotwendige Anpassungsfähigkeit der Unternehmen wieder hergestellt wird. Darüber hinaus wird unterstellt, dass lernende Unternehmen eine höhere Erfolgswahrscheinlichkeit aufweisen (Hypothese H12).[207]

Um die Hypothese H11 zu testen, wird ein modifizierter Vorzeichentest für abhängige Stichproben durchgeführt. In Tab. 19 wird das Ergebnis dieses Tests dargestellt.[208]

---

[203] Vgl. *Albach* (1999b), S. 55; *Sloane* (1997), S. 108.
[204] Vgl. *Scheff* (2001), S. 11.
[205] Siehe auch Kap. D.3.
[206] D.h. es handelt um sog. abhängige Stichproben, siehe Kap. E.1.4.
[207] Siehe Kap. D.3.
[208] Dabei werden die positiven Ränge (pR), die negativen Ränge (nR) und die Bindungen (Bi) erfasst.

		T				PT				NT			
			pR	nR	Bi		pR	nR	Bi		pR	nR	Bi
Interne Maßnahmen	Formulierung und Bekanntheit der Unternehmensstrategie	***	72	0	13	**	52	3	22	ns	30	2	22
	Regelmäßiger Erfahrungsaustausch	***	64	2	19	***	57	1	19	ns	18	2	24
	Betriebliches Vorschlagswesen	***	57	0	27	ns	38	1	37	ns	19	2	33
	Motivation der Beschäftigten	***	70	1	14	ns	44	3	29	ns	20	11	23
	Mangelnde persönliche Kommunikation des Unternehmers	**	9	56	20	ns	9	44	24	ns	3	29	22
	Weitergabe von Verantwortung	***	66	2	17	ns	46	4	26	ns	29	3	22
	Fehleranzeige und -behebung	***	66	2	17	ns	46	4	26	ns	29	3	22
	Existenz strategischer Ziele des Unternehmers	***	67	1	17	***	57	3	17	ns	32	5	27
	Beschwerdemanagement	***	58	2	24	ns	43	1	33	ns	20	3	31
Controlling	Rechnungswesen / BWA	***	68	2	15	***	59	1	17	ns	33	1	20
	Jahresplanung	***	70	1	14	***	66	0	11	***	40	0	14
	Liquiditätsplanung	***	72	0	13	***	66	1	10	***	41	2	11
	Kostenrechnung	***	72	1	11	***	61	0	16	ns	31	1	22
	Vor- und Nachkalkulation	***	71	0	14	***	64	0	13	ns	33	1	20
Externe Maßnahmen	Besuch externer Informationsveranstaltungen	ns	30	1	54	ns	27	3	46	ns	8	3	41
	Unternehmenskooperationen	**	56	1	28	ns	44	1	31	ns	25	5	23
	Externe Weiterbildung (Seminare)	**	56	1	28	ns	37	3	37	ns	16	1	36
	Enger Kundenkontakt	**	57	0	28	ns	46	2	29	ns	23	4	26

Tab. 19: Vorzeichentest der Lernorientierung der Unternehmen

Es zeigt sich, dass für **erfolgreiche Turnaround-Vorhaben die Hypothese H11 bestätigt** werden kann. Lediglich bei einem Untersuchungsmerkmal muss festgestellt werden, dass sich die Ausgangssituation der KMU während des Turnaround-Prozesses nicht entscheidend verbessert hat. Externen Informationsveranstaltungen wie z.B. Fachmessen, Hersteller- und Kundenschulungen kommen nur eine untergeordnete Rolle zu, bestehende marktorientierte Wissensdefizite zu verringern. Vielmehr werden Kooperationen mit Kunden, Lieferanten und Wettbewerbern, geplante Kundenbefragungen sowie externe Fort- und Weiterbildungen für Unternehmer und Führungskräfte verstärkt zum Ende des Turnaround-Prozesses als Möglichkeiten des externen organisationalen Lernens genutzt.

In partiellen Turnarounds nimmt die Zahl der untersuchten Kriterien bereits deutlich zu, bei denen keine signifikante Veränderung während des Turnaround-Prozesses zu verzeichnen ist. In 10 von 18 und damit bei **mehr als 50% der beobachteten Merkmale der organisationalen Lernorientierung muss die Hypothese H11 abgelehnt werden**. Ausnahmen bilden die Formulierung und Bekanntheit der Unternehmensstrategie, die Existenz strategischer Ziele der Unternehmer, der regelmäßige Erfahrungsaustausch zwischen den Mitarbeitern sowie die Instrumente des Unternehmenscontrollings. Dies lässt den Schluss zu, dass die Turnaround-Maßnahmen einseitig dem Kontroll- und Steuerungsbedürfnis gefolgt und weitergehende Veränderungen im internen und externen organisationalen Lernen ausgeblieben sind. Entweder waren die entwickelten Turnaround-Konzepte nur auf die Verbesserung der Unternehmenssteuerung ausgerichtet, weil in den restlichen Bereichen der KMU kein Veränderungsbedarf bestand, oder der Unternehmer und seine Mitarbeiter konnten nicht ausreichend in den Turnaround-Prozess eingebunden werden. Die Verbesserung und Objektivierung der Unternehmenssteuerung ist eine zentrale Aufgabe der beteiligten Krisenexperten, die im schlimmsten Fall auch ohne die Unterstützung durch Unternehmer und Mitarbeiter umgesetzt werden kann.

Noch deutlicher muss die **Hypothese H11 für die erfolglosen Turnaround-Versuche abgelehnt** werden. Bei nahezu 90% aller untersuchten Merkmalen deutet sich zwar ein positiver Wandel gemessen an den positiven Rängen (pR) an, allerdings wird ein signifikantes Niveau verfehlt. Lediglich die Jahres- und Liquiditätsplanung erfahren eine klare qualitative Verbesserung und werden für die Unternehmensführung zu wichtigen Instrumenten der finanziellen Unternehmenssteuerung. Primäres Ziel der Turnaround-Maßnahmen ist somit die kurzfristige Erhaltung des Unternehmens. Darüber hinaus sind keine bedeutenden Veränderungen zu beobachten. Zusammenfassend kann ausgesagt werden, dass **erfolgreiche Turnaround-Vorhaben in ihrer Ausrichtung als ganzheitlich, partielle Turnaround-Vorhaben als controllinglastig und erfolglose Turnaround-Versuche als rein insolvenzvermeidend beschrieben werden können.**

Im Anschluss an diese Bewertung wird nun **Hypothese H12** geprüft: **Je stärker die Veränderungen in der Lernorientierung der Unternehmen, desto höher die Wahrscheinlichkeit eines erfolgreichen Unternehmens-Turnarounds.** Hierzu wird in einem Zwischenschritt ein aggregierter Lern- bzw. Veränderungsindex gebildet, der Auskunft gibt, in welchem Maße sich die Lernorientierung der beobachteten KMU verbessert hat. In Abb. 36 werden die Veränderungen, wie sie sich innerhalb der drei Turnaround-Gruppen ergeben, grafisch dargestellt.

Der Grafik ist zu entnehmen, dass erfolgreiche Turnaround-Unternehmen überdurchschnittliche Veränderungen in ihrem organisationalen Verhalten seit dem Beginn des begleiteten Turnarounds erzielt haben, während partielle und erfolglose Turnarounds nur mit unterdurchschnittlichen Verhaltensveränderungen aufwarten können. Eine statistische Überprüfung der Unterschiede ergibt, dass sich die Mittelwerte der drei Turnaround-Gruppen höchst signifikant unterscheiden.[209] **Die Stärke des lernorien-**

[209] Kruskal-Wallis-Test: Chi-Quadrat(2)=40,238***. Die Aussage wird ebenfalls durch die Ergebnisse der einfaktoriellen ANOVA gestützt: F(2, 208)=25,586***. Die Post-Hoc-Tests (Scheffé) ergeben, dass sich die T (M=27,99, SD=12,902) sehr signifikant von den PT (M=21,32, SD=12,040) unterscheiden. In den übrigen Fällen sind die Unterschiede zu NT (M=12,67, SD=10,592) höchst signifikant.

tierten Turnarounds und damit die Intensität der organisationalen Lernprozesse fällt in erfolgreichen Turnarounds erheblich höher aus als in den beiden übrigen Turnaround-Gruppen. Im Folgenden wird gezeigt, dass die Stärke des Lernprozesses eine Erklärungsgröße für den Turnaround-Erfolg ist.

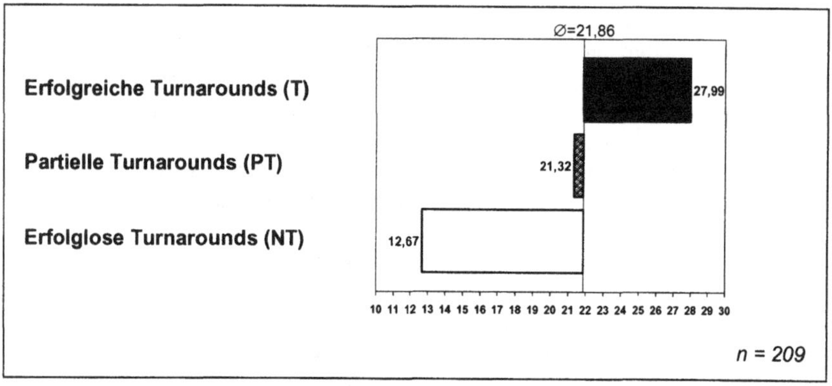

Abb. 36: Veränderungsindex „Lernorientierter Turnaround"

Um die Hypothese H12 zu testen, wird eine einfache Regressionsanalyse durchgeführt. Durch den lernorientierten Unternehmens-Turnaround von KMU können 19,2% der Varianz ihres Turnaround-Ergebnisses erklärt werden.[210] Das Ausmaß des lernorientierten Unternehmens-Turnarounds wirkt sich dabei positiv auf den Turnaround-Erfolg in kleinen und mittleren Unternehmen aus (standardisiertes Beta: 0,443***). Mit diesen Ergebnissen, die Hypothese H12 und H11 z.T. bestätigen, können drei **zentrale Aussagen bezüglich des Turnaround-Managements von KMU** getroffen werden:

- Erstens werden während eines begleiteten Turnaround-Prozesses lernorientierte Verbesserungen erreicht und lernorientierte Defizite in den Unternehmen abgebaut.
- Zweitens eignen sich die Maßnahmen der organisationalen Lernorientierung, deren Veränderungen hier zum lernorientierten Turnaround von KMU aggregiert werden, zur Beschreibung und Beurteilung des Turnaround-Fortschritts.
- Drittens zeigt sich, dass der lernorientierte Unternehmens-Turnaround eine relevante Größe ist, um den Turnaround-Erfolg von KMU erklärbar zu machen.

Zum Abschluss dieses Kapitels wird noch die **Hypothese H13** geprüft. Sie sagt aus, dass sich **die Stärke des Unternehmer-Turnarounds positiv auf die Veränderungen in der Lernorientierung der Unternehmen auswirkt**. Dabei wird unterstellt, dass die Veränderungsbereitschaft und –fähigkeit des Unternehmers während des Turnaround-Prozesses maßgeblichen Einfluss auf die Veränderungen auf Unter-

[210] Korrigiertes R-Quadrat: 0,192***; F(1, 208)=50,419***.

nehmensebene hat. Mit dieser Hypothese wird getestet, ob die Aussage *Hamers* (1987), dass mittelständische Unternehmen der Reflex seines Unternehmers sind,[211] in Krisen- und Turnaround-Situationen empirisch nachzuvollziehen ist.

Mit einer einfachen Regressionsanalyse wird deutlich: **Das Lernverhalten des Unternehmers beeinflusst den Umfang der umgesetzten Veränderungen in seinem Unternehmen in erheblichem Maße.** Der Unternehmer-Turnaround kann bis zu 49,4% der Varianz der lernorientierten Veränderungen auf Unternehmensebene erklären.[212] Außerdem ist zwischen beiden Indikatoren der Lerndynamik ein starker positiver Zusammenhang festzustellen (standardisiertes Beta: 0,705***). Dieses Ergebnis verstärkt den Eindruck, den Unternehmer als aktiven Konstrukteur des Turnaround-Prozesses zu begriffen und unterstreicht die Aussage von *Gibb/Scott* (1985): *„In the smaller owner managed firm assisting the learning of the owner manager [...] equates to assisting the learning of the firm."*[213] Die in Kap. B.2.4 formulierte Ansicht, dass **der Lernprozess des Unternehmers als eine Prämisse für das erfolgreiche Implementieren unternehmensweiter Veränderungen im Turnaround aufgefasst werden muss**, bestätigt sich hiermit auch empirisch. Allerdings kann zu diesem Zeitpunkt keine Aussage getroffen werden, welche Zusammenhänge zwischen der unternehmerischen Lernorientierung und der Lernorientierung der Unternehmen bestehen. Diese Frage wird in Kap. E.3.5 erörtert.

3.3.2 Engagement der Turnaround-Akteure

Nachdem in den beiden Kapiteln zuvor mit der unternehmerischen Lernorientierung und Lernorientierung der Unternehmen der organisationale Lernkontext empirisch aufgearbeitet worden ist, wird im Folgenden die Konzentration auf der empirischen Untersuchung des Engagements der Turnaround-Akteure liegen. Das Engagement der Turnaround-Akteure wird anhand von drei personenbezogenen Faktoren erläutert, die das „Commitment der Unternehmer", die „Einbindung der Mitarbeiter" und den „Einfluss der Krisenexperten" darstellen.

Zum Einstieg in die nähere Untersuchung wird entsprechend der **Hypothese H3** geprüft, ob **zwischen dem Engagement der Turnaround-Akteure und dem Turnaround-Erfolg überhaupt ein positiver Zusammenhang** existiert.[214] Es wird also angenommen, dass sich steigendes Engagement der Turnaround-Akteure auch in einem erfolgreichen Turnaround-Prozess niederschlagen wird. Dass die Annahme richtig ist, verdeutlicht Tab. 20, die das Ergebnis der durchgeführten Regressionsanalyse enthält. Über das Engagement der Turnaround-Akteure kann ein Varianzanteil von 40,7% des Turnaround-Erfolgs erklärt werden; dies verdeutlicht damit **die**

---

211 Vgl. *Hamer* (1987), S. 130 f. sowie Kap. B.1.
212 Korrigiertes R-Quadrat: 0,494***; F(1, 200)= 196,626***.
213 *Gibb/Scott* (1985), S. 622.
214 Siehe auch Kapitel D.3.

Wichtigkeit der engagierten und motivierten Beteiligung dieser Personengruppen am Turnaround-Prozess eines KMU.[215]

Koeffizienten^a

	Nicht standardisierte Koeffizienten		Standardisierte Koeffizienten		
	B	Standardfehler	Beta	T	Signifikanz
(Konstante)	3,950	,063		63,185	,000
Commitment der Unternehmer	,520	,063	,442	8,302	,000
Einbindung der Mitarbeiter	,367	,063	,312	5,860	,000
Einfluss der Krisenexperten	,413	,063	,351	6,588	,000

a. Abhängige Variable: Wie beurteilen Sie rückblickend das Ergebnis der Krisenbewältigung für das Unternehmen?

Tab. 20: Multiple Regression zwischen Turnaround-Erfolg und Engagement der Turnaround-Akteure

Insbesondere das „**Commitment der Unternehmer**" hat einen **starken Einfluss auf den Turnaround-Erfolg** von KMU.[216] Dies zeigt wiederum die herausragende Stellung und den großen Einfluss der Unternehmer während des Turnaround-Prozesses, d.h. nicht nur die Lernorientierung der Unternehmer und Veränderungen im unternehmerischen Verhalten (Unternehmer-Turnaround), sondern auch die turnaround-spezifische Beteiligung wirkt sich positiv auf den Turnaround-Verlauf aus.

Nach den Unternehmern üben die Krisenexperten mit ihrem Verhalten während des Turnarounds den zweitgrößten Einfluss auf den Turnaround-Erfolg aus. Damit ist der statistische Zusammenhang zwischen dem Verhalten der Krisenexperten und dem Turnaround-Ergebnis stärker als zwischen der Einbindung der Mitarbeiter und dem Turnaround-Ergebnis. Die positiven Regressionskoeffizienten signalisieren, dass mit steigendem Engagement der Turnaround-Akteure auch der Turnaround-Erfolg zunimmt. Die Hypothese H3, dass zwischen dem Engagement der Turnaround-Akteure zum Ende des begleiteten Turnaround-Prozesses und dem Turnaround-Erfolg ein positiver Zusammenhang besteht, kann demzufolge bestätigt werden.

Das „Commitment der Unternehmer" während desTurnarounds wird anhand von vier Merkmalen erhoben, die das Engagement in der Umsetzung, die Identifikation mit den Turnaround-Maßnahmen sowie das Vertrauensverhältnis und die Zusammenarbeit mit den Krisenexperten umschreiben. Ziel der empirischen Untersuchung des unternehmerischen Commitments im Turnaround ist zu hinterfragen, ob das Verhalten der Unternehmer im Turnaround-Kontext zusätzliche Hinweise gibt, die Rückschlüsse auf das Turnaround-Ergebnis ermöglichen.

---

215 Korrigiertes R-Quadrat: 0,407***; F(3, 209): 48,888***.

216 Standardisiertes Beta: 0,442***.

Mit der ersten Variablen wird empirisch hinterfragt, ob die Unternehmer die Umsetzung der Turnaround-Maßnahmen intensiv vorangetrieben haben. Die Unternehmer müssen ihre Mitarbeiter während der Turnaround-Prozesse gleichzeitig motivieren und kontrollieren, um sicherzustellen, dass die delegierten Aufgaben und Projekte entsprechend des Turnaround-Ziels realisiert werden. Damit ein Turnaround erfolgreich verläuft, müssen **die Unternehmer die Rollen des Organisators und Motivators glaubwürdig und ernsthaft übernehmen**. Empirisch zeigt sich, dass die Unternehmer in erfolgreichen und partiellen Turnaround-Verläufen die Umsetzung von geplanten Maßnahmen deutlich intensiver vorantreiben und begleiten als es die Unternehmer in erfolglosen Turnarounds tun (siehe Abb. 37).[217] Das Engagement der Unternehmer während eines negativen Turnaround-Verlaufs fällt demnach signifikant niedriger aus.

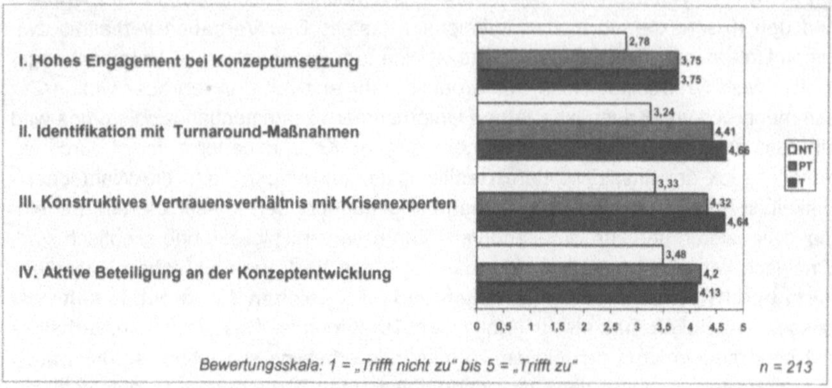

Abb. 37: Commitment der Unternehmer

Mit der zweiten Variablen wird überprüft, ob sich die Unternehmer mit den Turnaround-Maßnahmen identifizieren. Sind sie von der Notwendigkeit der Maßnahmen überzeugt und akzeptieren sie die z.T. einschneidenden Konsequenzen oder zweifeln sie die Richtigkeit bzw. die Angemessenheit der Maßnahmen an? Zum wiederholten Male deuten die empirischen Ergebnisse an, dass sich das Verhalten der Unternehmer in erfolglosen Turnaround-Versuchen signifikant von dem der Unternehmer in erfolgreichen Turnarounds unterscheidet.[218] **Erfolglose Unternehmer zweifeln an dem entwickelten Turnaround-Konzept inklusive der Maßnahmen und**

[217] Kruskal-Wallis-Test: Chi-Quadrat(2)=30,494***. Die Aussage wird ebenfalls durch die Ergebnisse der einfaktoriellen ANOVA gestützt: F(2, 216)=16,594***. Die Post-Hoc-Tests (Scheffé) ergeben, dass sich die T (M=3,75, SD=1,160) und die PT (M=3,75, SD=0,944) höchst signifikant von den NT (M=2,78, SD=1,022) unterscheiden.

[218] Kruskal-Wallis-Test: Chi-Quadrat(2)=62,786***. Die Aussage wird ebenfalls durch die Ergebnisse der einfaktoriellen ANOVA gestützt: F(2, 215)=43,080***. Die Post-Hoc-Tests (Scheffé) ergeben, dass sich die T (M=4,66, SD=0,714) und die PT (M=4,41, SD=0,857) höchst signifikant von den NT (M=3,24, SD=1,196) unterscheiden.

gefährden damit die vollständige Konzeptumsetzung während und insbesondere nach dem Ausscheiden der beratenden Krisenexperten.

Dieses Ergebnis stützt eine Aussage, die im Rahmen einer empirischen Studie von *Wieselhuber & Partner* (2004) getroffen wird. In dieser Studie wird festgestellt, dass eine der häufigsten Ursachen für das Scheitern von Turnaround-Vorhaben die Rückkehr des Unternehmers bzw. der Unternehmensführung *„zu den alten Spielregeln"*[219] ist. Wie sich hier zeigt, zweifeln die Unternehmer in erfolglosen Turnarounds deutlich stärker an der Notwendigkeit der umgesetzten Turnaround-Maßnahmen, so dass eine konsequente Fortführung des Turnaround-Konzepts nach Ausscheiden des Krisenexperten als vergleichsweise unwahrscheinlich gilt.

Mit der dritten Variablen wird das Vertrauensverhältnis zwischen den Unternehmern und den Krisenexperten in den Mittelpunkt gestellt. Das Vertrauensverhältnis zwischen Unternehmer und Krisenexperte ist eine turnaround-relevante Untersuchungsgröße, weil die Qualität eines Turnarounds sehr eng mit der vertrauensvollen Zusammenarbeit von Krisenexperte und Unternehmer zusammenhängt. Allerdings wird die Zusammenarbeit zwischen Unternehmern und Krisenexperten zumeist durch externen Druck der finanzierenden Kreditinstitute „erzwungen", d.h. die Wahrscheinlichkeit ist hoch, dass sich die Unternehmer gegenüber den Krisenexperten erst einmal distanzieren und zurückhaltend verhalten bzw. verschlossen und skeptisch sind. Empirisch kann festgestellt werden, dass sich das **Vertrauen zwischen Unternehmern und Krisenexperten in partiellen und erfolgreichen Turnarounds sehr viel besser entwickelt hat** als in erfolglosen Turnarounds. Das Vertrauensverhältnis zwischen beiden ist in erfolglosen Turnarounds erheblich schlechter, so dass auch die Voraussetzungen für die Entwicklung eines guten Turnaround-Konzepts schlechter sind.[220]

In der vorliegenden Stichprobe kann außerdem festgestellt werden, dass bei 72,4% der beobachteten KMU die externen Krisenberater auf Anraten der Kreditinstitute in das Unternehmen gekommen sind.[221] Dieses Ergebnis verdeutlicht drei Dinge: Erstens die zunehmende Einflussmöglichkeit der Kreditinstitute im Krisenverlauf, zweitens Zweifel der Kreditinstitute an den betriebswirtschaftlichen Daten der KMU und drittens das verlorene Vertrauen in die Fähigkeiten der Unternehmer, die Ausgangs-

---

[219] *Wieselhuber & Partner* (2004), S. 39.

[220] Kruskal-Wallis-Test: Chi-Quadrat(2)=53,892***. Die Aussage wird ebenfalls durch die Ergebnisse der einfaktoriellen ANOVA gestützt: F(2, 215)=36,806***. Die Post-Hoc-Tests (Scheffé) ergeben, dass sich die T (M=4,64, SD=0,670) und die PT (M=4,32, SD=0,836) höchst signifikant von den NT (M=3,33, SD=1,197) unterscheiden.

[221] In den restlichen 27,6% der Krisenfälle sind die Kreditinstitute nicht in die Auswahl der Krisenexperten involviert. Bei näherer Untersuchung dieser Fälle fällt auf, dass die Kreditinstitute auch nur in 28,9% dieser Fälle an der Aufdeckung der Unternehmenskrise beteiligt sind. Die weiteren (Mit-)Entdecker der Unternehmenskrise sind die Unternehmer (63,5%), Steuerberater (17,3%) und sonstige Personengruppen wie Mitarbeiter, Unternehmensberater etc. (19,2%). Dieser Wert ist sehr niedrig, wenn man bedenkt, dass Kreditinstitute bei 70,6% aller untersuchten KMU an der Krisenentdeckung mitgewirkt haben; vgl. Abb. 23.

lage objektiv zu analysieren und ein erfolgversprechendes Turnaround-Konzept zu entwickeln. Der Unternehmer akzeptiert i.d.R. die Bedingungen der Kreditinstitute, um die Prolongation der Kredite und damit die Existenz des Unternehmens nicht zu gefährden.

Die letzte Variable des Faktors „Commitment der Unternehmer" untersucht, ob Unternehmer und Krisenexperten in enger Zusammenarbeit die Turnaround-Maßnahmen entwickelt haben. Kerngedanke dieser Variable ist, dass die Unternehmer und die Krisenexperten jeweils über Wissen und Fähigkeiten verfügen, welches für die Entwicklung von unternehmensspezifischen Turnaround-Maßnahmen notwendig ist. Das strukturelle Expertenwissen der Krisenexperten muss um das kontextuelle Expertenwissen der Unternehmer und ihrer Mitarbeiter ergänzt werden, um turnaround-spezifische Lernprozesse sowohl auf Seiten des Krisenexperten als auch auf Seiten des Unternehmers auszulösen.

Empirisch zeigt sich, dass in erfolglosen Turnarounds Maßnahmen und Konzepte zur Krisenbewältigung signifikant seltener gemeinsam erarbeitet werden als in den beiden erfolgreicheren Turnaround-Gruppen.[222] Das Ergebnis ermöglicht aber auch eine weitere Tendenzaussage, der allerdings die statistische Signifikanz fehlt. Dass die Mittelwerte partieller Turnarounds höher ausfallen als die von erfolgreichen, deutet an, dass in erfolgreichen Turnarounds Maßnahmen zur Krisenbewältigung seltener gemeinschaftlich erarbeitet werden als in partiellen Turnarounds. Hieraus kann abgeleitet werden, dass erstens **ein Mindestniveau an kooperativer Zusammenarbeit für einen erfolgreichen Turnaround erreicht werden muss** und zweitens, dass bestimmte Turnaround-Maßnahmen allein von den Krisenexperten entwickelt werden müssen. Dies könnte bspw. Entscheidungen und Maßnahmen umfassen, die aus menschlicher Sicht für die Unternehmer besonders schwierig sind, wie Maßnahmen des Personalabbaus.

Desweiteren ist der „**Einfluss der Krisenexperten**" auf den Turnaround-Erfolg empirisch erhoben und analysiert worden. Wie bereits angeklungen ist, beeinflussen die Erfahrung, das turnaround-spezifische Know-how und die emotionale Intelligenz der Krisenexperten den Turnaround-Verlauf. Neben eher analytischen Problemstellungen, wie der Unternehmens- und Umweltanalyse, zählt es auch zu ihren Aufgaben, zwischenmenschliche Konflikte in den KMU aufzuspüren und im Sinne der Turnaround-Ziele zu schlichten. Die empirischen Ergebnisse werden in Abb. 38 zusammengefasst.

[222] Kruskal-Wallis-Test: Chi-Quadrat(2)=19,648***. Die Aussage wird ebenfalls durch die Ergebnisse der einfaktoriellen ANOVA gestützt: F(2, 214)=9,243***. Die Post-Hoc-Tests (Scheffé) ergeben, dass sich die T (M=4,13, SD=1,125) und die PT (M=4,20, SD=0,817) höchst signifikant von den NT (M=3,48, SD=1,094) unterscheiden.

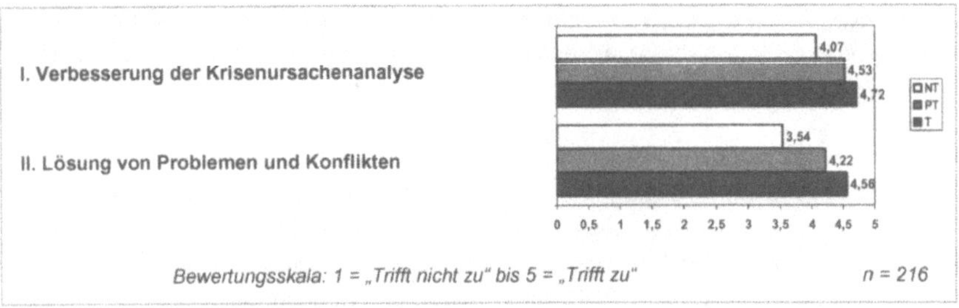

Abb. 38: Einfluss der Krisenexperten

Mit der ersten Variablen wird hinterfragt, ob das Know-how und die Erfahrung der Krisenexperten die Qualität der Krisenursachenanalyse verbessern kann. Hierbei zeigen sich zum einen sehr hohe Bewertungen und zum anderen, dass die Qualität der Krisenursachenanalyse in partiellen und erfolgreichen Turnarounds signifikant stärker durch die Krisenexperten verbessert werden konnte als in erfolglosen Turnarounds.[223]

Außerdem wird untersucht, ob durch die Hilfe der Krisenexperten Abstimmungsprobleme und Konflikte gelöst werden können. Externe Abstimmungsprobleme belasten häufig das Verhältnis zu den beteiligten Kreditinstituten und gefährden damit die weitere Finanzierung der Unternehmen. Sie entstehen, weil zwischen der Unternehmensführung und den externen Anspruchsgruppen Informationsasymmetrien evident werden, die ein steigendes Informationsbedürfnis bspw. der Kreditinstitute hervorrufen.[224] In Krisensituationen kommt daher einer offenen und umfassenden Kommunikation mit den Gläubigern eine hohe Bedeutung zu, um den Prozess der Vertrauenserosion zu stoppen.[225]

Empirisch verdeutlichen die Daten, dass in erfolgreichen Turnarounds die Krisenexperten die Abstimmungsschwierigkeiten eher beheben und die Konflikte eher schlichten können als in erfolglosen Turnaround-Vorhaben. Dies bewirkt **in erfolgreichen Turnarounds**, dass d**ie gesamte Konzentration der Beteiligten auf die Rettung des Unternehmens gerichtet werden kann**.[226]

Die Ansicht, dass Führungskräfte und Mitarbeiter an der Gestaltung des Turnarounds partizipieren müssen, ist bereits mehrfach angeklungen. Daher wird im Folgenden

[223] Kruskal-Wallis-Test: Chi-Quadrat(2)=25,967***. Die Aussage wird ebenfalls durch die Ergebnisse der einfaktoriellen ANOVA gestützt: F(2, 216)=16,080***. Die Post-Hoc-Tests (Scheffé) ergeben, dass sich die T (M=4,72, SD=0,528) und PT (M=4,53, SD=0,575) nicht signifikant unterscheiden. Alle weiteren Unterscheidungen zu NT (M=4,07, SD=0,887) sind höchst signifikant.
[224] Vgl. *Kolb* (2006), S. 137.
[225] Vgl. *Achilles* (2000), S. 7.
[226] Kruskal-Wallis-Test: Chi-Quadrat(2)=30,466***. Die Aussage wird ebenfalls durch die Ergebnisse der einfaktoriellen ANOVA gestützt: F(2, 216)=21,742***. Die Post-Hoc-Tests (Scheffé) ergeben, dass sich die T (M=4,56, SD=0,663) und PT (M=4,22, SD=0,805) signifikant unterscheiden. Alle weiteren Unterscheidungen zu NT (M=3,54, SD=1,270) sind höchst signifikant.

die „aktive Teilnahme der Führungskräfte an der Ursachenanalyse", die „Bildung einer gesonderten Projektgruppe" (Turnaround-Team), die „offene Kommunikation der Zukunftsaussichten" des Unternehmens und die „vollständige Maßnahmenumsetzung durch die Führungskräfte" anhand des Faktors „**Einbindung der Mitarbeiter**" untersucht.

Bereits *Müller* (1986) betont: *„Die eigenen Mitarbeiter sind [..] in aller Regel – neben den Kunden – die ergiebigste Informationsquelle für die Sanierung."*[227] Indem die Führungskräfte und Mitarbeiter in die Unternehmens- und Umweltanalyse eingebunden werden, können die Krisenursachen objektiviert, die Geschäftslogik des Unternehmers gespiegelt und die Informationsbasis der Unternehmensanalyse erweitert werden. Darüber hinaus sind die einbezogenen Mitarbeiter ab diesem Moment **nicht mehr nur Betroffene der Unternehmenskrise, sondern Beteiligte des Turnaround-Prozesses**, weil sie den Analyseprozess unterstützen. In der späteren Umsetzung erhalten sie dann die Möglichkeit, für die thematisierten Problemfelder Lösungsvorschläge zu entwickeln bzw. die Maßnahmen umzusetzen.[228]

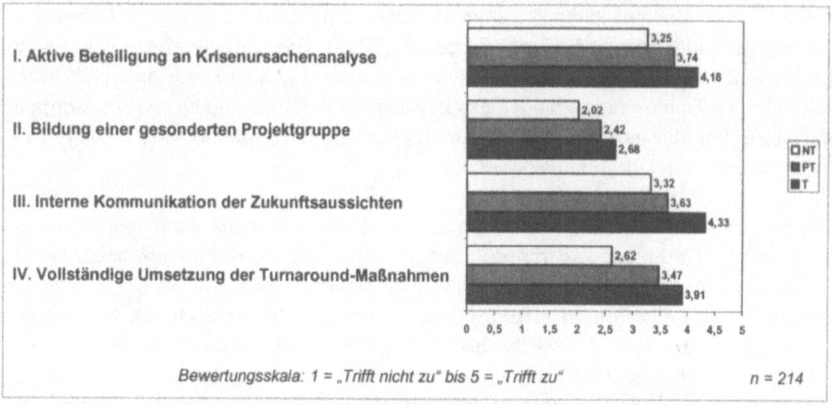

Abb. 39: Einbindung der Mitarbeiter

Empirisch zeigt sich (siehe Abb. 39), dass der Grad der aktiven Beteiligung der Führungskräfte an der Krisenursachenanalyse je nach Turnaround-Gruppe unterschiedlich hoch ist. **In erfolgreichen und partiellen Turnarounds werden die Führungskräfte deutlich stärker eingebunden** als dies bei erfolglosen Turnarounds der Fall ist.[229] In erfolglosen Turnaround-Versuchen wird die organisationale Wissensbasis

---

[227] *Müller* (1986), S. 471

[228] Vgl *Pinkwart* (2000a), S. 176;. *Pinkwart et al.* (2005a), S. 125 ff.

[229] Kruskal-Wallis-Test: Chi-Quadrat(2)=16,209***. Die Aussage wird ebenfalls durch die Ergebnisse der einfaktoriellen ANOVA gestützt: F(2, 215)=9,952***. Die Post-Hoc-Tests (Scheffé) ergeben, dass sich die T (M=4,18, SD=1,054) und die NT (M=3,25, SD=1,462) höchst signifikant unterscheiden. PT (M=3,74, SD=1,248) unterscheiden sich von den beiden Gruppen nicht signifikant.

nur in erheblich geringerem Maße zu einem aktiven Bestandteil der Ursachenanalyse.

Außerdem wird überprüft, inwiefern während der Turnaround-Prozesse in KMU temporäre Projektgruppen (Turnaround-Teams) eingerichtet werden, um die Unternehmer zu entlasten und den Veränderungsprozess zu beschleunigen. Die niedrigen Mittelwerte zeigen, dass **gesonderte Projektgruppen im Turnaround von KMU eher unüblich** sind. Zudem bestehen zwischen den drei Turnaround-Gruppen keine signifikanten Unterschiede.[230] Diese Ergebnisse lassen nur den Schluss zu, dass Turnaround-Teams in KMU z.Zt. weder weit verbreitet noch erfolgsrelevant sind. Dies kann einerseits mit mangelnden personellen Ressourcen und andererseits mit der geringen Größe der untersuchten Unternehmen erklärt werden.

Dieses Ergebnis steht außerdem in gewissem Widerspruch zur empirischen Untersuchung von *Bergauer* (2001). *Bergauer* (2001) stellt ihrerseits fest, dass in 90% der von ihr untersuchten Krisenunternehmen eine teamorientierte Projektorganisation zur Krisenbewältigung eingeführt wurde.[231] Allerdings kann dieses abweichende Ergebnis mit der unterschiedlichen Zusammensetzung der Stichproben begründet werden. So umfasst die Stichprobe von *Bergauer* (2001) Großunternehmen, von denen 86,7% mehr als 100 Mio. € Umsatz und mehr als 1.000 Mitarbeiter haben.[232] Während also für Unternehmen dieser Größenklasse die Einrichtung einer Projektorganisation zu den üblichen Turnaround-Maßnahmen zählt, werden in KMU häufig keine gesonderten Projektgruppen eingerichtet.

Werden die Mitarbeiter über die Zukunftsaussichten der Unternehmen informiert oder eher nicht? Die Frage wird mit der Variable zur internen Kommunikation der Zukunftsaussichten geprüft. Diese Ergebnisse lassen die Schlussfolgerung zu, dass die **offene Kommunikation in erfolgreichen Turnaround-Vorhaben als Instrument zur weiteren Motivation der Mitarbeiter** eingesetzt wird, während in partiellen bzw. erfolglosen Turnarounds die Mitarbeiter über die Zukunftsaussichten eher im Ungewissen bleiben.[233] Die Bereitschaft der Unternehmer und der Krisenexperten zur offenen und umfassenden Information der Mitarbeiter hängt demnach vom Turnaround-Verlauf ab. Während Informationen über positive Entwicklungen an die Mitarbeiter weitergegeben werden, werden Informationen über Misserfolge im Turnaround-Prozess eher zurückgehalten. Dies entspricht auch den Erkenntnissen der behavioristischen Anreiz- und Motivationsmodelle, die positive Informationen (Beloh-

---

[230] Kruskal-Wallis-Test: Chi-Quadrat(2)=5,988*. Die Aussage wird ebenfalls durch die Ergebnisse der einfaktoriellen ANOVA gestützt: $F(2, 216)=2{,}966^{ns}$. Die Post-Hoc-Tests (Scheffé) ergeben, dass sich die T (M=2,68, SD=1,656) und die NT (M=2,02, SD=1,467) signifikant unterscheiden. PT (M=2,42, SD=1,533) unterscheiden sich von den beiden Gruppen nicht signifikant.

[231] Vgl. *Bergauer* (2001), S. 83.

[232] Vgl. *Bergauer* (2001), S. 42.

[233] Kruskal-Wallis-Test: Chi-Quadrat(2)=27,338***. Die Aussage wird ebenfalls durch die Ergebnisse der einfaktoriellen ANOVA gestützt: F(2, 215)=14,586***. Die Post-Hoc-Tests (Scheffé) ergeben, dass sich die T (M=4,33, SD=0,944) höchst signifikant von PT (M=3,63, SD=1,233) und NT (M=3,32, SD=1,229) unterscheidet.

nungen) wirksamer für die Verhaltenssteuerung einschätzen als negative (Bestrafungen).[234] Dennoch kann es im Turnaround-Prozess sinnvoll sein, durch die Kommunikation von einzelnen Misserfolgen eine „Trotzreaktion" der Mitarbeiter auszulösen.[235]

Ein erfolgreicher Turnaround-Prozess muss letzten Endes von den Führungskräften getragen werden, indem das entwickelte Turnaround-Konzept vollständig umgesetzt wird und das Unternehmen nachhaltige Veränderungen erfährt. Das Ergebnis der Stichprobe unterstreicht diese Aussage. So sind die **Führungskräfte in erfolgreichen Turnaround-Unternehmen eher bereit, die Turnaround-Maßnahmen umzusetzen und sich aktiv zu verändern** als in den übrigen untersuchten KMU.[236] Dabei sind so große Unterschiede zwischen den drei Turnaround-Gruppen festzustellen, dass sie sich signifikant voneinander abgrenzen.

	KW-Test	einf. ANOVA	Einzelvergleich (Scheffé-Test)		
			T-NT	T-PT	PT-NT
Hohes Engagement der Unternehmer bei Konzeptumsetzung	***	***	***	ns	***
Identifikation der Unternehmer mit Turnaround-Maßnahmen	***	***	***	ns	***
Konstruktives Vertrauensverhältnis mit Krisenexperten	***	***	***	ns	***
Aktive Beteiligung der Unternehmer an der Konzeptentwicklung	***	***	**	ns	**
Aktive Beteiligung der Führungskräfte an Krisenursachenanalyse	***	***	***	ns	ns
Bildung einer gesonderten Projektgruppe	*	ns	ns	ns	ns
Interne Kommunikation der Zukunftsaussichten	***	***	***	**	ns
Vollständige Umsetzung der Turnaround-Maßnahmen durch Führungskräfte	***	***	***	*	***
Verbesserung der Krisenursachenanalyse durch Krisenexperten	***	*	***	ns	**
Lösung von Problemen und Konflikten durch Krisenexperten	***	***	***	ns	***

Tab. 21: Synoptische Darstellung des Engagements der Turnaround-Akteure

Der Analysebereich „Engagement der Turnaround-Akteure" ist so ausgelegt, dass empirische Aussagen zum Aktivitäts- und Beteiligungsgrad der Unternehmer, der Führungskräfte und Mitarbeiter sowie der Krisenexperten im Turnaround getroffen werden können. Indem das Engagement der Turnaround-Akteure entsprechend des Turnaround-Verlaufs zusammengefasst und miteinander verglichen wird, werden die Unterschiede im Aktivitäts- und Beteiligungsniveau der genannten Personengruppen sichtbar. Sie werden in Tab. 21 synoptisch dargestellt. Dies ermöglicht die Überprüfung der **Hypothese H7: Bei unterschiedlichen Turnaround-Ergebnissen von KMU bestehen signifikante Unterschiede im Engagement der Turnaround-Akteure.**

---

[234] Vgl. u.a. *Kroeber-Riehl/Weinberg* (1999), S. 330; *Staehle* (1994), S. 770 ff.; siehe ausführlich Kap. B.2.4.

[235] Vgl. *Kolb* (2006), S. 218.

[236] Kruskal-Wallis-Test: Chi-Quadrat(2)=47,231***. Die Aussage wird ebenfalls durch die Ergebnisse der einfaktoriellen ANOVA gestützt: F(2, 215)=28,213***. Die Post-Hoc-Tests (Scheffé) ergeben, dass sich die T (M=3,91, SD=0,890) und PT (M=3,47, SD=1,046) signifikant unterscheiden. Alle weiteren Unterscheidung zu NT (M=2,62, SD=1,023) sind höchst signifikant.

Hervorzuheben ist, dass nur eines der Kriterien, und zwar die „**vollständige Umsetzung der Turnaround-Maßnahmen durch die Führungskräfte**", die Hypothese H7 bestätigt. Mit dieser Ausnahme werden bei allen restlichen Merkmalen signifikante Unterschiede zwischen erfolgreichen und erfolglosen Turnaround-Vorhaben festgestellt, während zwischen erfolgreichen und partiellen Turnarounds nur in zwei Fällen Abweichungen bestehen. Somit ist zu konstatieren, dass die Hypothese H7 für das Engagement der Turnaround-Akteure abzulehnen ist.

3.3.3 Veränderungstiefe der Turnaround-Maßnahmen

Im Wesentlichen lassen sich reaktive und proaktive Konzepte des Turnaround-Managements unterscheiden. Während reaktive Konzepte eher auf die finanzielle Konsolidierung des Unternehmens abstellen und dabei hauptsächlich an den Krisensymptomen ansetzen, werden mit proaktiven Turnaround-Konzepten sowohl die Krisenursachen fokussiert als auch zukünftige Erfolgspotenziale erschlossen.[237]

Ob sich diese allgemeine Unterscheidung der Turnaround-Konzepte ebenfalls in der vorliegenden Untersuchung zum Turnaround-Verhalten von kleinen und mittleren Unternehmen wiederfindet, soll im Folgenden empirisch analysiert werden. Hierzu wurden Bewertungskriterien ausgewählt, die im Rahmen der Faktorenanalyse zu vier Faktoren zusammengefasst wurden. Bevor die vier Faktoren „marktorientierte Veränderungen", „strukturelle Veränderungen", „personelle Veränderungen" und „kostenorientierte Veränderungen" im Einzelnen vorgestellt werden, wird einleitend ihr Einfluss auf den Turnaround-Erfolg untersucht. Ziel ist, die **Hypothese H4** zu testen und damit zu prüfen, ob **zwischen der Veränderungstiefe der Turnaround-Maßnahmen zum Ende des Turnaround-Prozesses und dem Turnaround-Erfolg ein positiver Zusammenhang besteht.**[238]

Als Ergebnis ist festzuhalten, dass 14,4% der Varianz des Turnaround-Erfolgs in KMU durch die vier Faktoren der Veränderungstiefe der Turnaround-Maßnahmen erklärt werden können.[239] Dieses Ergebnis zeigt, dass die zur Beschreibung der Veränderungstiefe der Turnaround-Maßnahmen zusammengefassten Variablen einen positiven Einfluss auf den Turnaround-Ausgang haben.[240] Von den vier Faktoren verfehlen lediglich die kostenorientierten Veränderungen das erforderliche Signifikanzniveau, d.h. es kann kein signifikanter Zusammenhang mit dem Turnaround-Erfolg der Unternehmen festgestellt werden (siehe Tab. 22). Darüber hinaus signalisiert der sehr niedrige Regressionskoeffizient, dass ein positiver, aber nur sehr schwacher Zusammenhang besteht.

---

237 Vgl. *Pinkwart* (2000a), S. 166; siehe darüber hinaus Kap. C.2.2.

238 Siehe ausführlich Kap. D.3.

239 Korrigiertes R-Quadrat 0,144***; F(4, 217): 10,162***.

240 Allerdings muss auch festgestellt werden, dass dies der geringste erklärte Varianzanteil des Turnaround-Erfolgs aller vier Untersuchungsbereiche ist.

Koeffizienten[a]

	Nicht standardisierte Koeffizienten		Standardisierte Koeffizienten		
	B	Standard-fehler	Beta	T	Signifikanz
(Konstante)	3,950	,074		53,581	,000
Marktorientierte Veränderungen	,298	,074	,253	4,033	,000
Strukturelle Veränderungen	,307	,074	,261	4,154	,000
Personelle Veränderungen	,196	,074	,167	2,652	,009
Kostenorientierte Veränderungen	,023	,074	,019	,310	,757

a. Abhängige Variable: Wie beurteilen Sie rückblickend das Ergebnis der Krisenbewältigung für das Unternehmen?

Tab. 22: Multiple Regression zwischen Turnaround-Erfolg und Veränderungstiefe der Turnaround-Maßnahmen

Von den übrigen Faktoren leisten alle einen signifikant positiven Beitrag zur Erklärung des Turnaround-Erfolgs. Die strukturellen Veränderungen, welche die unternehmensinterne Dynamik der KMU während des Turnarounds beschreiben, weisen den stärksten Einfluss auf den erfolgreichen Turnaround-Verlauf auf, der aber nur unwesentlich höher ist als der Einfluss der marktorientierten Veränderungen.

Dies verdeutlicht, dass ein erfolgreicher Turnaround von KMU nur über ein ganzheitliches Konzept erzielt werden kann, welches nicht nur auf die Verbesserung der Kostenstruktur ausgerichtet ist, sondern insbesondere auf eine **strategische Neuausrichtung bei finanzieller Konsolidierung** setzt. Ältere empirische Studien, z.B. von *Meyer* (1993) oder *Nothardt* (2001), konzentrieren sich demnach zu stark auf die marktorientierten Maßnahmen der Turnaround-Unternehmen. So empfiehlt es sich, die Feststellung von *Nothardt* (2001), dass *„higher sales are even more significantly related to turnaround than cost reductions“*[241] zu erweitern. Denn die strukturelle Veränderungsfähigkeit und -bereitschaft muss zusätzlich zu den wichtigen marktorientierten Anpassungen in den Mittelpunkt eines erfolgreichen Turnaround-Managements von KMU gerückt werden. Zusammenfassend bestätigt sich die Hypothese H4 für die marktorientierten, strukturellen und personellen Veränderungen, d.h. je stärker diese Veränderungen ausfallen, desto größer wird der Turnaround-Erfolg. Die kostenorientierten Veränderungen haben keinen signifikant positiven Einfluss auf das Turnaround-Ergebnis. Im Anschluss werden nun beginnend mit den strukturellen Veränderungen die einzelnen Faktoren detaillierter besprochen.

Über die „**strukturellen Anpassungen**“ werden die unternehmensinternen Voraussetzungen für die effiziente Gestaltung des Leistungserstellungsprozesses in den Turnaround-Unternehmen gelegt.[242] Hierzu werden strukturelle Aspekte wie die Ver-

[241] *Nothardt* (2001), S. 264 f.
[242] Hierzu tragen auch die personellen Veränderungen bei.

änderung der Fertigungsabläufe, die technische Modernisierung der Unternehmen und die Veränderung der Organisationsstruktur empirisch analysiert. Mit diesen drei Indikatoren kann die **interne Dynamik von KMU** während des Turnarounds beschrieben werden.[243]

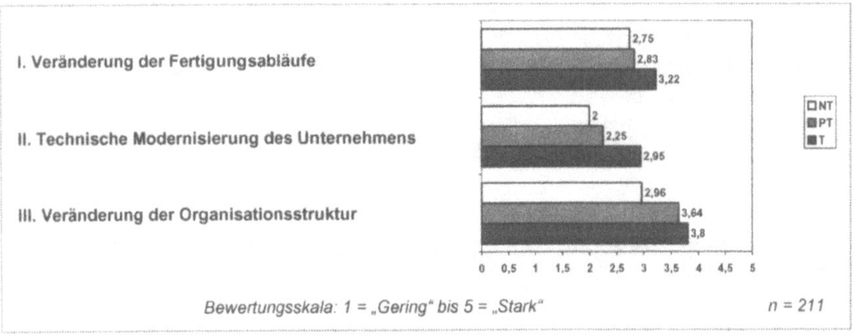

Abb. 40: Strukturelle Veränderungen

Die stärksten Veränderungen sind im Bereich der **Aufbau- und Ablauforganisation** der Unternehmen zu verzeichnen (siehe Abb. 40). Während die erfolgreichen und partiellen Turnaround-Unternehmen das Ziel einer organisatorischen Restrukturierung vergleichsweise stark verfolgen, fällt die **Veränderungsdynamik in den erfolglosen Turnaround-Versuchen** deutlich ab. In Folge dessen können auch signifikante Unterschiede zwischen erfolgreichen und erfolglosen Bemühungen errechnet werden.[244] Hieraus lässt sich ableiten, dass in erfolglosen Turnaround-Versuchen die notwendigen organisatorischen Anpassungen, z.B. für einen effizienteren Auftragsdurchlauf oder zur Lösung von Abstimmungs- oder Weisungsproblemen, weniger intensiv vorgenommen werden als in erfolgreichen.

Ebenso werden die beobachteten KMU danach untersucht, inwiefern während des Turnaround-Prozesses in die technische Modernisierung der Unternehmen investiert wird. Empirisch zeigt sich, dass das Ausmaß der technischen Modernisierung im Vergleich zur Veränderung der Organisationsstruktur und der Fertigungsabläufe eher gering ausfällt. Einerseits schränkt der enge finanzielle Handlungsspielraum die Investitionsmöglichkeiten während des Turnarounds z.T. drastisch ein, andererseits lässt die Krisenursachenanalyse den Schluss zu, dass fehlende Neu- bzw. Reinvestitionen nur sehr selten ein ernsthaftes Problem in kleinen und mittleren Unternehmen darstellen.[245] Dennoch deuten die statistischen Tests an, dass die **technische Mo-**

[243] Vgl. *Reitmeyer* (2000), S. 86.
[244] Kruskal-Wallis-Test: Chi-Quadrat(2)=14,788**. Die Aussage wird ebenfalls durch die Ergebnisse der einfaktoriellen ANOVA gestützt: F(2, 215)=7,778**. Die Post-Hoc-Tests (Scheffé) ergeben, dass sich die T (M=3,80, SD=1,160) und PT (M=3,64, SD=1,220) nicht signifikant unterscheiden. Alle weiteren Unterscheidungen zu NT (M=2,96, SD=1,308) sind signifikant bzw. höchst signifikant.
[245] Vgl. E.2.2.

dernisierung in erfolgreichen Turnaround-Unternehmen deutlich intensiver vorangetrieben wird als in den weniger aussichtsreichen Turnaround-Vorhaben.[246]

Hinsichtlich der Fertigungsabläufe kommt die Studie zu dem Ergebnis, dass zwar die erfolgreichen Turnaround-Unternehmen die stärksten Änderungen aufweisen, allerdings können keine signifikanten Abweichungen zu den zwei übrigen Turnaround-Gruppen festgestellt werden.[247] Somit können also nur bei den o.g. Merkmalen ergebnisabhängige Unterschiede nachgewiesen werden.

Dass „**marktorientierte Maßnahmen**" zu den wichtigsten Bestandteilen eines Turnaround-Konzepts zählen, ergibt sich zum einen aus theoretischen Forderungen nach einer expliziten Marketingstrategie im Turnaround und zum anderen aus empirischen Untersuchungen der Krisenursachen sowie aus empirischen Analysen erfolgreicher und erfolgloser Turnaround-Vorhaben.[248] Aus der Krisenursachenanalyse in Kap. E.2.2 ist bekannt, dass konjunkturelle Einflüsse, steigender Konkurrenz- bzw. Preisdruck sowie rückläufige Nachfrage ebenfalls die Krisen der untersuchten Unternehmen (mit-)ausgelöst haben. Diese schwierige Marktsituation erfordert eine differenzierte Wettbewerbsstrategie, um bspw. nicht die Nachfrage nach Produkten und Dienstleistungen zu stimulieren, deren Deckungsbeitrag gering ist. Außerdem sollten mögliche Reaktionen der Wettbewerber bedacht werden.[249] Daher empfiehlt sich ein **ganzheitliches, marktorientiertes Turnaround-Management**, welches ausgehend von einer Unternehmens- und Umweltanalyse konsequent an den Stärken und Schwächen des Unternehmens sowie den Chancen und Risiken des Marktes ausgerichtet wird.[250] Folge ist meist eine strategische Neuausrichtung des Turnaround-Unternehmens.[251]

Diese Tendenz findet sich auch in der Stichprobe wieder, in der insbesondere erfolgreiche und partielle Turnaround-Unternehmen ihre Ziele und Strategien verändern (siehe Abb. 41). Das Ausmaß der Veränderung in erfolglosen Turnarounds bleibt hinter ihnen zurück und zwar so deutlich, dass die Unterschiede höchst signifikant

---

[246] Kruskal-Wallis-Test: Chi-Quadrat(2)=20,559***. Die Aussage wird ebenfalls durch die Ergebnisse der einfaktoriellen ANOVA gestützt: F(2, 213)=12,003***. Die Post-Hoc-Tests (Scheffé) ergeben, dass sich die PT (M=2,25, SD=1,139) und NT (M=2,00, SD=1,020) nicht signifikant unterscheiden. Alle weiteren Unterscheidungen zu T (M=2,95, SD=1,160) sehr bzw. höchst signifikant.

[247] Kruskal-Wallis-Test: Chi-Quadrat(2)=5,840^{ns}. Die Aussage wird ebenfalls durch die Ergebnisse der einfaktoriellen ANOVA gestützt: F(2, 211)=3,024^{ns}.

[248] Vgl. u.a. *Nothardt* (2001), S. 264 f.; *Hesselmann* (1995), S. 55 ff.

[249] Vgl. *Pinkwart* (2000a), S. 177.

[250] Vgl. *Pinkwart* (2000a), S. 170 ff.

[251] Um ein einheitliches, unternehmensinternes Verständnis sicherzustellen, ist die strategische Neuausrichtung der Unternehmensziele resp. –vision aktiv an alle Führungskräfte und Mitarbeiter zu kommunizieren. Darüber hinaus ist aus den Ergebnissen der Unternehmens- und Umweltanalyse sowie der strategischen Neuausrichtung ein abgestimmtes Zielsystem mit entsprechenden, operativen Maßnahmen abzuleiten; vgl. *Pinkwart* (2000a), S. 173; *Pinkwart et al.* (2005a), S. 77; *Kolb/Heinemann* (2004), S. 683 ff.

sind.[252] Dieses Resultat zeigt, dass sich **erfolgreiche und partielle Turnarounds strategisch stärker an die veränderten Wettbewerbsbedingungen anpassen** als erfolglose.

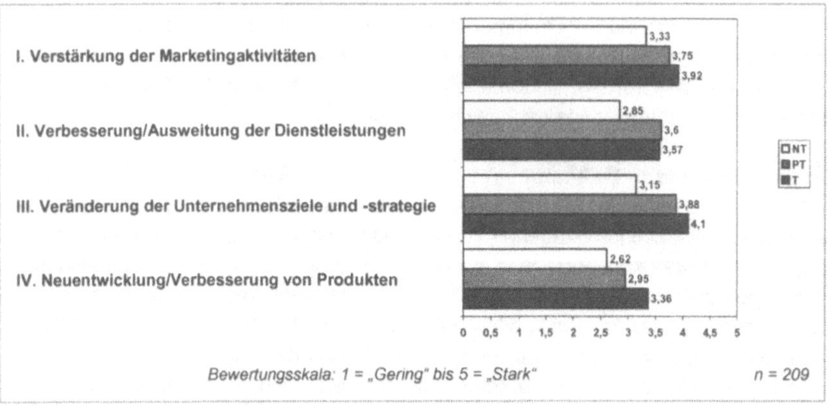

Abb. 41: Marktorientierte Veränderungen

Eine eher operative Maßnahme, die Marktorientierung eines Turnaround-Unternehmens zu steigern, ist die Ausdehnung resp. Verbesserung des bestehenden Dienstleistungsangebots. Durch die Ausweitung des Kundendienstes (Service) können zeitnah zusätzliche Umsätze generiert und der Kontakt zu den Kunden intensiviert werden.[253] Die Veränderungen in partiellen und erfolgreichen Turnarounds sind nahezu identisch, so dass auch statistisch keine signifikante Abweichung feststellbar ist. Die hohen Mittelwerte signalisieren, dass die Entscheidungsträger in partiellen und erfolgreichen Turnarounds versuchen, die **kurzfristigen Vorteile aus der Verbesserung des Dienstleistungsangebots** (signifikant) stärker zu nutzen als in erfolglosen Turnarounds.[254]

Weniger deutlich fallen die Ergebnisse bei der Unterscheidung der drei Turnaround-Gruppen aus, wenn die Verstärkung der Marketingaktivitäten resp. des Vertriebs geprüft werden. Die Bewertung der Krisenexperten veranschaulicht, dass diese Maßnahmen in erfolgreichen Turnaround-Vorhaben am stärksten verfolgt werden. Im Rahmen des Turnaround-Konzepts von erfolgreichen Turnarounds sind die Marke-

---

[252] Kruskal-Wallis-Test: Chi-Quadrat(2)=14,596**. Die Aussage wird ebenfalls durch die Ergebnisse der einfaktoriellen ANOVA gestützt: F(2, 213)=8,618***. Die Post-Hoc-Tests (Scheffé) ergeben, dass sich die T (M=4,10, SD=1,171) und PT (M=3,88, SD=1,081) nicht signifikant unterscheiden. Der Unterschied zwischen T und NT (M=3,15, SD=1,447) ist höchst signifikant und der Unterschied zwischen PT und NT ist signifikant.

[253] Vgl. *Pinkwart* (2000a), S. 177.

[254] Kruskal-Wallis-Test: Chi-Quadrat(2)=12,770**. Die Aussage wird ebenfalls durch die Ergebnisse der einfaktoriellen ANOVA gestützt: F(2, 215)=6,581**. Die Post-Hoc-Tests (Scheffé) ergeben, dass sich die T (M=3,57, SD=1,210) und PT (M=3,60, SD=1,176) nicht signifikant unterscheiden. Alle weiteren Unterscheidungen zu NT (M=2,85, SD=1,197) sind sehr signifikant.

tingaktivitäten deutlich stärker intensiviert worden als in erfolglosen Rettungsversuchen.[255]

Neben der Ausweitung und Verbesserung der Dienstleistungen haben die KMU ebenfalls die Möglichkeit, ihre angebotenen Produkte bzw. Problemlösungen funktional zu überarbeiten oder neue Produkte bzw. Problemlösungen zu entwickeln, um die Umsatzentwicklung wieder zu stabilisieren. Häufig ergeben Kundenbefragungen, dass die Produktsortimente von Krisenunternehmen zu groß sind und gleichzeitig die Kundenbedürfnisse nicht mehr befriedigt werden. Entweder bestehen Produktprobleme, die Produkte sind veraltet oder die Produktpolitik hat mit ihren Neuentwicklungen aktuelle Markt- bzw. Technologietrends verfehlt. Aufgrund dessen wird im Rahmen einer klaren Marketingstrategie das Produktsortiment bereinigt, indem die Produktion unrentabler und wenig nachgefragter Produkte eingestellt wird. Gleichzeitig wird das Produktangebot qualitativ gesteigert, indem Produkte überarbeitet oder neue Problemlösungen entwickelt werden.

Die empirische Untersuchung bescheinigt erfolgreichen Turnarounds einen stärkeren Drang, ihr **Produktsortiment zu verbessern bzw. zu erneuern** als partiellen und erfolglosen Turnarounds. An den Mittelwerten kann abgelesen werden, dass erfolgreiche Turnaround-Unternehmen mit ihrer Produktpolitik eine stärkere qualitative Steigerung des Angebots erreichen wollen, als dies in den übrigen Turnaround-Vorhaben der Fall ist. Allerdings ist die Spanne zwischen dem höchsten und dem niedrigsten Mittelwert nur so groß, dass lediglich erfolgreiche von erfolglosen Turnaround-Verfahren signifikant abgrenzbar sind.[256]

Neben strukturellen Eingriffen in die Aufbau- und Ablauforganisation und marktorientierten Maßnahmen enthalten Turnaround-Konzepte i.d.R. auch „**personelle Veränderungen**“, um die Turnaround-Fähigkeit der Unternehmen zu erhöhen. Dies kann geschehen, indem der Führungskreis in den Unternehmen erweitert oder besonders qualifizierte Führungskräfte bzw. Mitarbeiter eingestellt werden. Durch diese Maßnahmen können die organisationale Wissensbasis der Turnaround-Unternehmen vergrößert und damit die Turnaround-Chancen verbessert werden. Mit einer Vergrößerung wird die Heterogenität des Führungskreises steigen und damit auch die Wahrscheinlichkeit, Veränderungen im Unternehmen oder im Unternehmensumfeld kritischer zu prüfen.[257] So kann es bspw. trotz zusätzlicher Kosten sinnvoll sein, einen neuen Produktions-, Vertriebs- oder Logistikleiter einzustellen, um die Qualität

---

[255] Kruskal-Wallis-Test: Chi-Quadrat(2)=11,710**. Die Aussage wird ebenfalls durch die Ergebnisse der einfaktoriellen ANOVA gestützt: F(2, 216)=4,629*. Die Post-Hoc-Tests (Scheffé) ergeben, dass sich die T (M=3,92, SD=1,144) und NT (M=3,33, SD=1,064) sich signifikant unterscheiden. Alle weiteren Unterscheidungen zu PT (M=3,75, SD=1,066) sind nicht signifikant.

[256] Kruskal-Wallis-Test: Chi-Quadrat(2)=11,206**. Die Aussage wird ebenfalls durch die Ergebnisse der einfaktoriellen ANOVA gestützt: F(2, 211)=5,777**. Die Post-Hoc-Tests (Scheffé) ergeben, dass sich die T (M=3,36, SD=1,258) und NT (M=2,62, SD=1,247) sehr signifikant unterscheiden. Alle weiteren Unterscheidungen zu PT (M=2,95, SD=1,372) sind nicht signifikant.

[257] Vgl. *Milliken/Lant* (1991), S. 147 f.

der strategischen und operativen Entscheidungsprozesse in diesen Kernbereichen zu erhöhen.

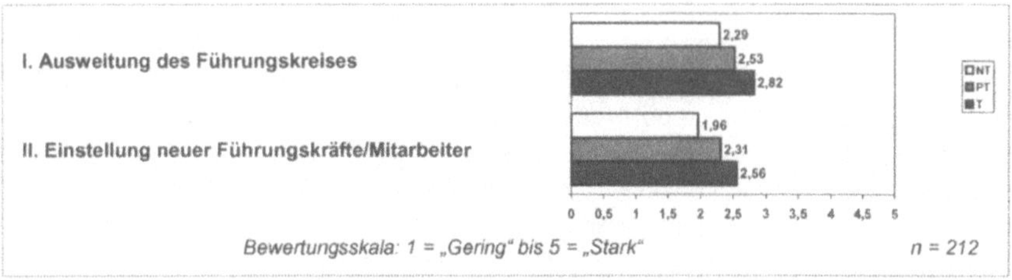

Abb. 42: Personelle Veränderungen

Indem der **Führungskreis in einem Turnaround-Unternehmen** ausgeweitet wird, können das Niveau strategischer Entscheidungen und die Qualität interner Abstimmungsprozesse gesteigert werden. Weil die Führungskräfte ihre fachspezifischen Fähigkeiten und Kenntnisse in den Entscheidungsprozess einbringen, können strategische Fehlentscheidungen eher vermieden werden. Im Unterschied zu Projektgruppen wie den sog. Turnaround-Teams sind Führungskreise in Unternehmen dauerhafte Einrichtungen, deren besonderer Nutzen darin besteht, unternehmerisches Fehlverhalten in Zukunft zu vermeiden.[258] Zwar können, wie in Abb. 42 dargestellt, abweichende Mittelwerte zwischen den verschiedenen Turnaround-Gruppen berechnet werden, allerdings sind die Abstände für eine signifikante Unterscheidung zu gering.[259] Ähnlich wie schon bei der Einrichtung von temporären Projektgruppen zeigen sich keine signifikanten Unterschiede zwischen den drei Turnaround-Gruppen, und die niedrigen empirischen Ergebnisse deuten zudem an, dass die **Relevanz dieser personellen Maßnahme für das praktische Turnaround-Management in KMU nur gering** ist.

Noch niedriger fallen die Bewertungen der Krisenexperten aus, wenn die Einstellung neuer Führungskräfte bzw. Mitarbeiter untersucht wird. Es kann also konstatiert werden, dass in KMU ein personeller Wechsel von Führungskräften und Mitarbeitern nicht den Stellenwert einnimmt wie in Großunternehmen, wo im Schnitt bis zu 63% des verantwortlichen Managements während eines Turnarounds durch neue Führungskräfte ersetzt werden.[260] Außerdem sind zwischen den drei Turnaround-Gruppen nur signifikante Differenzen zwischen erfolgreichen und erfolglosen Turna-

[258] Durch diese organisatorische Maßnahme kann bspw. die Gefahr des Entscheidungsautismus oder kognitiver Verzerrungen verringert werden, vgl. ausführlich Kap. B.2.3.
[259] Kruskal-Wallis-Test: Chi-Quadrat(2)=5,158^{ns}. Die Aussage wird ebenfalls durch die Ergebnisse der einfaktoriellen ANOVA gestützt: F(2, 215)=2,788^{ns}.
[260] Vgl. *Barker et al.* (2001), S. 251 f. Siehe außerdem Kap. B.1 und Kap. D.1.

rounds festzustellen.[261] Diese Ergebnisse erklären den schwachen Zusammenhang, der im Rahmen des zuvor berechneten Regressionsmodells bestimmt wurde.

Mit dem letzten Faktor der „Veränderungstiefe der Turnaround-Maßnahmen" wird der Aspekt der finanziellen Konsolidierung der kleinen und mittleren Turnaround-Unternehmen behandelt. Dieses Ziel wird mit dem Anpassungslernen im Rahmen des Turnarounds verfolgt, indem die Kosten reduziert werden, um die kurzfristige Überlebensfähigkeit zu sichern und drohende Illiquidität und Überschuldung abzuwenden.[262] Im Folgenden sollen zwei „**kostensenkende Turnaround-Maßnahmen**" untersucht werden, die in i.d.R. in Turnaround-Konzepten von KMU zu finden sind. Dies sind der Abbau von Personalkosten und die Verringerung der Wertschöpfungstiefe, indem Eigen- durch Fremdfertigung (Outsourcing) substituiert wird.[263]

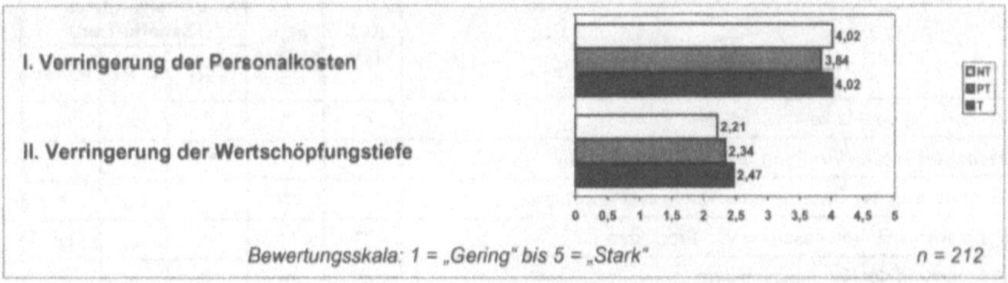

Abb. 43: Kostenorientierte Veränderungen

Die empirische Untersuchung dieser Maßnahmen kommt für das Turnaround-Management von KMU zu einem differenzierten Ergebnis. Hiernach zeigt sich, dass die **Personalkosten eher stark** und die **Wertschöpfungstiefe eher geringfügig reduziert** werden (siehe Abb. 43). Hinzu kommt, dass zwischen den drei Turnaround-Gruppen weder in Bezug auf die Personalkosten noch in Bezug auf die Wertschöpfungstiefe signifikante Unterschiede ausgemacht werden.[264] Somit kann festgehalten werden, dass die Reduzierung von Personalkosten bspw. durch Gehaltskürzungen und/oder Senkung der freiwilligen sozialen Leistungen große Einspareffekte ermöglichen und damit einen wichtigen Turnaround-Hebel für KMU darstel-

---

[261] Die Post-Hoc-Tests (Scheffé) ergeben, dass sich die T (M=2,56, SD=1,467) und NT (M=1,96, SD=1,328) signifikant unterscheiden. Alle weiteren Unterscheidungen zu PT (M=2,31, SD=1,489) sind nicht signifikant. Kruskal-Wallis-Test: Chi-Quadrat(2)=5,531^{ns}. Die Aussage wird ebenfalls durch die Ergebnisse der einfaktoriellen ANOVA gestützt: F(2, 213)=2,825^{ns}.

[262] Vgl. *Kelber* (2004), S. 125 ff.; *Virany et al.* (1992), S. 74 f. Nach Ansicht von *Robbins/Pearce* (1992), S. 287 ist die Phase der Konsolidierung integraler Bestandteil eines jeden erfolgreichen Turnaround-Prozesses, wobei sich die Intensität der Konsolidierung aus der wahrgenommenen Existenzbedrohung der Turnaround-Situation ergibt.

[263] *„Kaum ein Turnaround gelingt ohne Entlassungen."* *Faulhaber/Landwehr* (2005), S. 224. Außerdem *Parker/Keon* (1994), S. 13 ff.; *Kolb* (2006), S. 121 und S. 176 f.

[264] Personalkosten: Kruskal-Wallis-Test: Chi-Quadrat(2)=1,689^{ns}. Die Aussage wird ebenfalls durch die Ergebnisse der einfaktoriellen ANOVA gestützt: F(2, 216)=0,698^{ns}. Wertschöpfung: Kruskal-Wallis-Test: Chi-Quadrat(2)=0,925^{ns}. Die Aussage wird ebenfalls durch die Ergebnisse der einfaktoriellen ANOVA gestützt: F(2, 212)=0,572^{ns}.

len.[265] Von deutlich geringer Bedeutung sind Kostenreduzierungen durch gezieltes Outsourcing von Teilen der Eigenfertigung für den Turnaround von KMU.[266]

Zusammenfassend zeigt sich, dass es insbesondere die starken marktorientierten Veränderungen der erfolgreichen kleinen und mittleren Turnaround-Unternehmen sind, die sie signifikant von den erfolglosen Turnaround-Versuchen unterscheiden (siehe Tab. 23). Dies leistet der Forderung von *Pinkwart* (2000a) empirischen Vorschub, dass sowohl die marktorientierte Unternehmensanalyse als auch die entsprechende Strategieumsetzung als erfolgswirksame Elemente eines integralen Turnaround-Konzepts anzusehen sind, und bestätigt darüber hinaus die empirischen Erkenntnisse von *Meyer* (1993).[267]

	KW-Test	einf. ANOVA	Einzelvergleich (Scheffé-Test)		
			T-NT	T-PT	PT-NT
Verstärkung der Marketingaktivitäten	**	*	*	ns	ns
Verbesserung/Ausweitung der Dienstleistungen	*	**	**	ns	*
Veränderung der Unternehmensziele und -strategie	***	***	***	ns	*
Neuentwicklung/Verbesserung von Produkten	**	**	**	ns	ns
Veränderung der Fertigungsabläufe	ns	ns	ns	ns	ns
Technische Modernisierung des Unternehmens	***	***	***	**	ns
Veränderung der Organisationsstruktur	**	**	***	ns	ns
Ausweitung des Führungskreises	ns	ns	ns	ns	ns
Einstellung neuer Führungskräfte/ Mitarbeiter	ns	ns	*	ns	ns
Verringerung der Personalkosten	ns	ns	ns	ns	ns
Verringerung der Wertschöpfungstiefe	ns	ns	ns	ns	ns

Tab. 23: Synoptische Darstellung der Veränderungstiefe der Turnaround-Maßnahmen

Ähnlich differenzierend fallen die statistischen Tests für die Variablen der strukturellen Veränderungen aus. Lediglich im Falle der „technischen Modernisierung" und der „Veränderung der Organisationsstruktur" können signifikante Unterschiede zwischen erfolgreichen und erfolglosen Turnarounds beobachtet werden. Die Variable der „Veränderung der Fertigungsabläufe" leistet keinen entscheidenden Erklärungsbeitrag. Demgegenüber weisen nahezu alle Variablen der Faktoren zu „personellen Veränderungen" und zu „kostenorientierten Veränderungen" auf keine signifikanten Unterschiede zwischen erfolgreichen und erfolglosen Turnarounds hin. Einzige Ausnahme ist die „Einstellung neuer Führungskräfte/Mitarbeiter". Bei diesen zwei Fakto-

265 Vgl. *Faulhaber/Landwehr* (2005), S. 83 ff. und S. 123 ff.

266 *Bergauer* (2001), S. 135 ff. stellt hingegen für ihre Stichprobe von sehr großen Turnaround-Unternehmen fest, dass 86,7% der Unternehmen ihre Wertschöpfungskette überprüft und 80,8% der Unternehmen mit Direktinvestitionen ins Ausland reagiert haben.

267 *Pinkwart* (2000a), S. 169 f.; *Meyer* (1993), S. 64 ff.; dieses Ergebnis bestätigt damit auch eine der von *Lafrenz* (2004), S. 279 aufgestellten Hypothesen zum Sanierungserfolg.

ren sind also kaum aussagekräftige Abweichungen im Verhalten der untersuchten KMU zu finden. Die **Hypothese H8**, dass bei unterschiedlichen Turnaround-Ergebnissen von KMU bestehen signifikante Unterschiede in der Veränderungstiefe der Turnaround-Maßnahmen zu beobachten sind, **muss demnach verworfen werden**.

Diese Feststellung lässt den Schluss zu, dass die empirsch nachgewiesenen, kostenorientierten Veränderungen eine notwendige Voraussetzung für die erfolgreiche Gestaltung eines Turnarounds in KMU darstellen. Die Maßnahmen zur finanziellen Konsolidierung (z.B. Kurzarbeit, Entlassungen, Einstellungsstopp) sind auf jeden Fall erforderlich, weil sie den Krisenunternehmen erst jene Handlungsspielräume eröffnen, deren Nutzung letztlich darüber entscheidet, ob der Turnaround erfolgreich oder erfolglos verläuft. KMU, die sich während des Turnaround-Prozesses strategisch neu aufstellen, d.h. marktorientierte und strukturelle Korrekturen in der Unternehmensausrichtung vornehmen, können eher mit einem positiven Turnaround-Verlauf rechnen als KMU, die auf eine grundlegende Revision verzichten und sich weitgehend auf kostenreduzierende Handlungen verlassen. Dies bestätigt die Annahme, dass während eines lernorientierten Turnarounds **die finanzwirtschaftliche Konsolidierung** der Turnaround-Unternehmen eher als ***„Hygiene-Faktor“***[268] anzusehen ist, der den notwendigen finanziellen und zeitlichen Freiraum schafft, um die strategische Neuausrichtung der Unternehmen einzuleiten.

3.4 Einfluss interner und externer Kontextfaktoren

Der Turnaround von KMU wird als ein aktiv gestalteter Wendeprozess eines Krisenunternehmens aufgefasst oder wie *Krueger/Willard* (1991) ausführen: *„While a firm`s fortune may improve due to natural selection or luck, 'turnaround' implies management action.“*[269] Allerdings weisen Turnaround-Vorhaben eine besondere Steuerungsproblematik auf, die sich darin äußert, dass der Turnaround-Prozess nur in begrenztem Maße von der Unternehmensführung bzw. den Krisenexperten direkt beeinflusst werden kann,[270] weil die Abhängigkeit von externen Einflussfaktoren wie dem Finanzierungsverhalten der Kreditinstitute, dem Verhalten der Kunden, Lieferanten, Krankenkassen oder dem Finanzamt sowie von der Konjunktur oder der Wettbewerbsintensität steigt. Diesem Umstand soll im Folgenden explizit Rechnung getragen werden, indem der **Einfluss interner und externer Kontextfaktoren** auf den Turnaround-Verlauf der KMU in der Stichprobe untersucht wird.

---

[268] *Gless* (1996), S. 108.

[269] *Krueger/Willard* (1991), S. 28; ähnlich u.a. *Franceschetti* (1993), S. 6; *Schendel et al.* (1976), S. 4; *Kolb* (2006), S. 45 sowie Kap. A.3.

[270] Vgl. *Kirsch* (1997), S. 116; *Sitte* (2005), S. 11; *Engberding* (1998), S. 42; *Kolb* (2006), S. 124 f.; *Krystek* (1987), S. 6; *Böckenförde* (1996), S. 17; *Burtscher* (1996), S. 38.

Ziel dieses Schrittes ist zu untersuchen, ob sich die drei Turnaround-Gruppen eher durch interne (direkt beeinflussbare) oder durch externe (indirekt beeinflussbare) Kontextfaktoren unterscheiden lassen. Somit steht die Frage im Vordergrund, ob das Turnaround-Ergebnis eher von den Leistungen der unternehmensinternen Akteure abhängt oder ob Entscheidungen und Konditionen, die nicht im direkten Kontrollbereich der internen Akteure liegen, maßgeblichen Einfluss nehmen. In Tab. 24 werden die Mittelwerte getrennt nach Turnaround-Gruppen sowie die Ergebnisse der statistischen Einzelvergleiche zusammengefasst.

	Mittelwerte			KW-Test	einf. ANOVA	Einzelvergleich (Scheffé-Test)		
	T	PT	NT			T-NT	T-PT	PT-NT
Finanzierungsverhalten der Kreditinstitute	3,66	3,71	3,39	ns	ns	ns	ns	ns
Verhalten der übrigen Gläubiger	3,57	3,65	3,04	**	**	*	ns	*
Externe Rahmenbedingungen	2,52	2,60	2,15	*	*	ns	ns	*
Zeitpunkt der Krisenentdeckung	3,29	3,17	2,37	**	**	**	ns	*
Konzept zur Krisenbewältigung	**4,62**	**4,25**	**3,67**	***	***	***	*	***
Verhalten der Mitarbeiter	3,92	3,84	3,30	***	***	***	ns	**
Einleitung der Unternehmensnachfolge	3,16	2,93	2,35	**	**	**	ns	*
Verhalten der Familie/Gesellschafter	3,36	3,40	2,50	***	***	***	ns	**
Fähigkeiten der Unternehmer	**3,53**	**3,49**	**2,46**	***	***	***	ns	***

Bewertungsskala: 1 = „Negativ" bis 5 = „Positiv" ***n = 214***

Tab. 24: Synoptischer Vergleich der Kontextfaktoren

Eine mangelnde Bereitschaft der Kreditinstitute, den Turnaround-Prozess der KMU zu unterstützen, kann nicht festgestellt werden. Vielmehr wird ihr Finanzierungsverhalten z.B. im Rahmen von Kreditvergaben oder Stundungen leicht positiv beurteilt. Entscheidend für die Interpretation der Mittelwerte ist aber die Tatsache, dass zwischen den drei Turnaround-Gruppen keine signifikanten Unterschiede bestehen.[271] Somit kann für die vorliegende Studie ein **verzerrender Einfluss des Finanzierungsverhalten der Kreditinstitute ausgeschlossen** werden. Dieses Ergebnis bestätigt sich auch dann, wenn die Gruppe der befragten Bankberater bzw. Kundenbetreuer testweise aus dem Sample herausgenommen wird.[272]

[271] Kruskal-Wallis-Test: Chi-Quadrat(2)=3,899^{ns}. Die Aussage wird ebenfalls durch die Ergebnisse der einfaktoriellen ANOVA gestützt: F(2, 215)=1,144^{ns}.

[272] Allerdings verändern sich die Mittelwerte: T=3,57; PT= 3,55; NT=2,92. Kruskal-Wallis-Test: Chi-Quadrat(2)=5,130^{ns}. Die Aussage wird ebenfalls durch die Ergebnisse der einfaktoriellen ANOVA gestützt: F(2, 153)=2,488^{ns}.

Etwas anders wirkt sich das Verhalten der übrigen Gläubiger (Kunden, Lieferanten, Krankenkassen, Finanzamt) auf den Turnaround-Verlauf von KMU aus. Es zeigt sich, dass sich ihr Verhalten im Rahmen von erfolglosen Turnarounds signifikant negativer für den Turnaround darstellt als in erfolgreichen und partiellen Turnaround-Vorhaben.[273]

Relativierend muss allerdings betont werden, dass der Mittelwert bei erfolglosen Turnarounds eine neutrale Wirkung des Gläubigerverhaltens indiziert. Dennoch sind die Ergebnisse als Fingerzeig zu verstehen, die **Kommunikation im Turnaround** nicht allein auf die Kreditinstitute zu beschränken, sondern auch die übrigen Stakeholder aktiv über den Turnaround-Prozess zu informieren.

Den Block der externen Kontextfaktoren schließt die Bewertung der Umfeldbedingungen wie z.B. der Konjunktur, der Wettbewerbsintensität oder der Wechselkurse ab. Es zeigt sich, dass die externen Rahmenbedingungen den Turnaround-Prozess der untersuchten KMU eher negativ beeinflussen und nicht begünstigen.[274] Dabei können zwischen den drei Turnaround-Gruppen nur schwach Unterschiede festgestellt werden.[275]

Von den internen Einflussfaktoren weisen die **Qualität und die Umsetzbarkeit des Turnaround-Konzepts und der –Maßnahmen** die größte Bedeutung für das Turnaround-Ergebnis von KMU auf. Hinzu kommt, dass dieses Merkmal als einziges in diesem Untersuchungsbereich signifikante Unterschiede zwischen allen drei Turnaround-Gruppen aufweist.[276] Turnaround-Konzept resp. -Maßnahmen haben dementsprechend signifikant unterschiedliche Wirkungen auf den Ausgang der Krisenbewältigung. M.a.W. beeinflussen sie die Unternehmensentwicklung in erfolgreichen Turnarounds positiver als in partiellen oder erfolglosen Turnaround-Vorhaben.

Für alle restlichen Kontextfaktoren des Turnarounds von KMU kann einheitlich festgehalten werden, dass erfolglose Turnaround-Versuche eine signifikant negativere Wirkung der Einflussfaktoren zu verzeichnen haben. Sowohl das Verhalten der Mit-

---

[273] Kruskal-Wallis-Test: Chi-Quadrat(2)=11,904**. Die Aussage wird ebenfalls durch die Ergebnisse der einfaktoriellen ANOVA gestützt: F(2, 216)=5,838**. Die Post-Hoc-Tests (Scheffé) ergeben, dass sich die T (M=3,57, SD=1,122) und PT (M=3,65, SD=1,023) nicht signifikant unterscheiden. Alle weiteren Unterscheidungen zu NT (M=3,04, SD=1,063) sind signifikant.

[274] *Nothardt* (2001), S. 184 f. differenziert weitergehend zwischen Strukturproblemen in Branche und allgemeinen Problemen in der Ökonomie; er kommt zu dem Ergebnis, dass sich branchenspezifische Strukturprobleme negativ auf den Turnaround-Prozess auswirken, während keine signifikanten konjunkturellen Einflüsse beobachtet werden; vgl. *Nothardt* (2001), S. 263 f.

[275] Kruskal-Wallis-Test: Chi-Quadrat(2)=6,851*. Die Aussage wird ebenfalls durch die Ergebnisse der einfaktoriellen ANOVA gestützt: F(2, 215)=3,344*.

[276] Kruskal-Wallis-Test: Chi-Quadrat(2)=40,197***. Die Aussage wird ebenfalls durch die Ergebnisse der einfaktoriellen ANOVA gestützt: F(2, 214)=25,803**. Die Post-Hoc-Tests (Scheffé) ergeben, dass sich die T (M=4,62, SD=0,617) und PT (M=4,25, SD=0,695) signifikant unterscheiden. Alle weiteren Unterscheidungen zu NT (M=3,67, SD=1,028) sind höchst signifikant.

arbeiter,[277] das Verhalten der Familie resp. der Gesellschafter,[278] die Fähigkeiten der Unternehmer,[279] der Zeitpunkt der Krisentdeckung[280] als auch die Einleitung der Unterneh mensnachfolge[281] fallen deutlich negativer aus als im Vergleich zu den erfolgreichen und partiellen Turnarounds.

Koeffizienten[a]

	Nicht standardisierte Koeffizienten		Standardisierte Koeffizienten		
	B	Standard-fehler	Beta	T	Signifikanz
(Konstante)	,074	,478		,155	,877
Finanzierungsverhalten der Kreditinstitute	-,084	,061	-,090	-1,388	,167
Verhalten der übrigen Gläubiger	,052	,072	,049	,724	,470
Externe Rahmenbedingungen	,108	,077	,090	1,395	,165
Zeitpunkt der Krisenentdeckung	,051	,055	,064	,942	,348
Konzept/Maßnahmen zur Krisenbewältigung	,490	,095	,354	5,164	,000
Verhalten der Mitarbeiter	,110	,087	,085	1,261	,209
Einleitung der Unternehmensnachfolge	,059	,062	,063	,965	,336
Verhalten der Familie / Gesellschafter	,074	,064	,082	1,154	,250
Fähigkeiten der Unternehmer	,209	,080	,195	2,610	,010

a. Abhängige Variable: Wie beurteilen Sie rückblickend das Ergebnis der Krisenbewältigung für das Unternehmen?

Tab. 25: Multiple Regression zwischen Turnaround-Erfolg und Kontextfaktoren

Somit kann festgehalten werden: Die verzerrende Beeinflussung des Turnaround-Ergebnisses durch externe Einflussfaktoren, die nicht im Forschungsmodell dieser Arbeit beachtet wurden, kann bislang weitgehend ausgeschlossen werden. Dies bestätigt auch eine zur Absicherung durchgeführte multiple Regression, in welcher der

[277] Kruskal-Wallis-Test: Chi-Quadrat(2)=18,904***. Die Aussage wird ebenfalls durch die Ergebnisse der einfaktoriellen ANOVA gestützt: F(2, 215)=9,310***. Die Post-Hoc-Tests (Scheffé) ergeben, dass sich die T (M=3,29, SD=1,510) und PT (M=3,17, SD=1,437) nicht signifikant unterscheiden. Alle weiteren Unterscheidungen zu NT (M=2,37, SD=1,263) sind signifikant bzw. höchst signifikant.

[278] Kruskal-Wallis-Test: Chi-Quadrat(2)=18,280***. Die Aussage wird ebenfalls durch die Ergebnisse der einfaktoriellen ANOVA gestützt: F(2, 214)=9,960***. Die Post-Hoc-Tests (Scheffé) ergeben, dass sich die T (M=3,36, SD=1,248) und PT (M=3,40, SD=1,228) nicht signifikant unterscheiden. Alle weiteren Unterscheidungen zu NT (M=2,50, SD=1,299) sind signifikant bzw. höchst signifikant.

[279] Kruskal-Wallis-Test: Chi-Quadrat(2)=35,981***. Die Aussage wird ebenfalls durch die Ergebnisse der einfaktoriellen ANOVA gestützt: F(2, 213)=22,226***. Die Post-Hoc-Tests (Scheffé) ergeben, dass sich die T (M=3,53, SD=0,933) und PT (M=3,49, SD=0,978) nicht signifikant unterscheiden. Alle weiteren Unterscheidungen zu NT (M=2,37, SD=1,263) sind signifikant bzw. höchst signifikant.

[280] Kruskal-Wallis-Test: Chi-Quadrat(2)=14,360**. Die Aussage wird ebenfalls durch die Ergebnisse der einfaktoriellen ANOVA gestützt: F(2, 215)=7,580**. Die Post-Hoc-Tests (Scheffé) ergeben, dass sich die T (M=3,29, SD=1,510) und PT (M=3,17, SD=1;437) nicht signifikant unterscheiden. Alle weiteren Unterscheidungen zu NT (M=2,37, SD=1,263) sind signifikant bzw. höchst signifikant.

[281] Kruskal-Wallis-Test: Chi-Quadrat(2)=12,235**. Die Aussage wird ebenfalls durch die Ergebnisse der einfaktoriellen ANOVA gestützt: F(2, 215)=5,969**. Die Post-Hoc-Tests (Scheffé) ergeben, dass sich die T (M=3,16, SD=1,232) und PT (M=2,93, SD=1,338) signifikant unterscheiden. Alle weiteren Unterscheidungen zu NT (M=2,35, SD=0,948) sind nicht signifikant.

Turnaround-Erfolg als abhängige und die zuvor genannten Kontextfaktoren als unabhängige Variablen aufgenommen werden (siehe Tab. 25).[282]

Die internen und externen Kontextfaktoren sind in der Lage, mehr als 30% der Varianz des Turnaround-Ergebnisses zu erklären,[283] wobei sich das Regressionsmodell aber letzlich nur aus den Kriterien „**Konzept/Maßnahmen zur Krisenbewältigung**" und „**Fähigkeiten der Unternehmer**" zusammensetzt. Die übrigen Einflussfaktoren werden aufgrund mangelnder Signifikanz nicht berücksichtigt. Insofern stützt dieses Kontrollergebnis ebenfalls die bisher getroffenen Aussagen, dass ein lernorientiertes Turnaround-Management sowie das Lernverhalten der Unternehmer Erfolgsfaktoren des Turnaround-Prozesses von KMU sind.

3.5 Zusammenhänge innerhalb eines lernorientierten Turnaround-Managements

In den bisherigen Kapiteln sind die einzelnen Elemente der Lernorientierung, d.h. die unternehmerische Lernorientierung, die Lernorientierung der Unternehmen, das Engagement der Turnaround-Akteure und die Veränderungstiefe der Turnaround-Maßnahmen, isoliert voneinander untersucht worden. Diese Trennung war notwendig, um die Untersuchungsergebnisse im Detail vorzustellen und zu diskutieren. Um sich aber nicht dem Vorwurf auszusetzen, durch eine isolierte Betrachtung der Lernorientierung der Komplexität einer Turnaround-Situation nicht gerecht zu werden, werden ebenfalls die Zusammenhänge zwischen den Elementen der Lernorientierung analysiert. Hierzu ist insbesondere das statistische Verfahren der kanonischen Korrelation geeignet.[284] Es ermöglicht die Analyse komplexer Untersuchungsgegenstände, die nur durch eine Vielzahl von Merkmalen operationalisiert werden können. Entsprechend der Hypothesen H14-H19 werden im Folgenden nach Strukturen und Beziehungen zwischen den Elementen der Lernorientierung im Turnaround von KMU gesucht.[285]

Zu Beginn werden die Zusammenhänge zwischen den beiden Kernbereichen eines lernorientierten Turnaround-Managements analysiert, d.h. die „**unternehmerisch Lernorientierung**" und die „**Lernorientierung der Unternehmen**" werden miteinander in Beziehung gesetzt. Entsprechend der Hypothese H14 wird damit gerechnet, dass zwischen beiden ein positiver Zusammenhang besteht.

---

[282] Cronbachs Alpha für die neun Kontextfaktoren beträgt 0,622.

[283] F(9, 182)=10,520***; korrigiertes R-Quadrat: 0,320***.

[284] Vgl. *Bortz* (2005), S. 627 ff. und Kap. E.1.4. *Scheff* (2001), S. 119 ff. hat bspw. die kanonische Korrelationsanalyse intensiv zur Untersuchung der organisationalen Lernorientierung in KMU angewendet.

[285] Siehe Kap. D.3.

		Kanonischer Faktor	
Kanonische Korrelation (CR)		**0,758**	
DF/Chi-Quadrat		12/178,298***	
		FL	SK
Unternehmerische Lernorientierung	Eigenschaften und Fähigkeiten der Unternehmer	**0,574**	**0,435**
	Willensbildung der Unternehmer	**0,686**	**0,520**
	Einsicht der Unternehmer	0,274	0,208
	Führungsverhalten der Unternehmer	0,374	0,283
Lernorientierung der Unternehmen	Interne Maßnahmen der Unternehmen	**0,714**	**0,541**
	Controlling der Unternehmen	**0,658**	**0,499**
	Externe Maßnahmen der Unternehmen	0,274	0,208
Varianz der unternehmerischen Lernorientierung erklärt durch kanonische Varianz der Lernorientierung der Unternehmen		0,146	
Varianz der Lernorientierung der Unternehmen erklärt durch kanonische Varianz der unternehmerischen Lernorientierung		0,195	

Tab. 26: Zusammenhang zwischen unternehmerischer Lernorientierung und Lernorientierung der Unternehmen

Die empirischen Ergebnisse (siehe Tab. 26) bestätigen die Hypothese H14. Im Turnaround ist die **Korrelation** zwischen der unternehmerischen Lernorientierung und der Lernorientierung der Unternehmen positiv (CR=0,758***). Werden nun die Beziehungen zwischen den einzelnen Faktoren analysiert, zeigt sich, dass in den beiden Bereichen jeweils zwei Faktoren von besonderer Bedeutung sind. Während die Eigenschaften bzw. Fähigkeiten der Unternehmer und ihre Willensbildung in der unternehmerischen Lernorientierung dominieren, wird die Lernorientierung der Unternehmen stark von den internen Maßnahmen und dem Controlling beeinflusst. Die positiven Faktorladungen (FL) verdeutlichen, dass die Zusammenhänge zwischen den vier Faktoren ebenfalls positiv sind, d.h. je stärker sich die Willensbildung und die Eigenschaften bzw. Fähigkeiten der Unternehmer verändern, desto stärker werden auch die internene Maßnahmen umgesetzt und die Informationen aus dem Controlling von der Unternehmensführung genutzt. Dieses Ergebnis ist ein Indiz dafür, dass der Aufbau eines verbesserten Unternehmens-Controllings für die KMU nur langfristig von hohem Nutzen ist, wenn auch die Unternehmer bereit sind, die Informationen im Rahmen ihrer Entscheidungsfindung einzubeziehen. Erkennt der Unternehmer den Vorteil der reflexiven Willensbildung nicht, werden folglich die verfügbaren Controllinginstrumente nicht zur Objektivierung späterer Entscheidungssituationen herangezogen.

Insgesamt kann als Besonderheit des Turnarounds von KMU festgestellt werden, dass zwischen dem Ausmaß der lernorientierten Veränderungen auf Unternehmensebene und dem Ausmaß der unternehmerischen Verhaltensveränderungen eine enge Wechselbeziehung besteht. Dabei ist der Einfluss, den die unternehmerische Lernorientierung auf die Lernorientierung der Unternehmen ausübt, als größer einzuschätzen, wie der Anteil der erklärten Varianz deutlich macht.[286] Die Bedeutung dieses Ergebnis verstärkt sich zudem, weil sich zwischen jenen vier Faktoren empiri-

[286] Das Ergebnis stimmt ebenfalls mit der Hypothese H13 überein, dass die Veränderung der Lernorientierung der Unternehmen von der Intensität des unternehmerischen Lernens abhängt.

sche Zusammenhänge zeigen, die im Rahmen der multiplen Regressionsmodelle den Turnaround-Erfolg am stärksten erklären konnten.[287]

Daher erfordert die Wechselbeziehung die explizite Integration des Unternehmers und seines Verhaltens in das Konzept des Turnarounds und zwar in der Form, dass er zu einem aktiven Bestandteil des Turnaround-Managements wird. Die exponierte Stellung des Unternehmers in seinem Unternehmen führt nämlich dazu, dass die Förderung des Unternehmer-Turnarounds in einem engen Zusammenhang mit der Qualität und dem Umfang des organisationalen Lernens im Turnaround von KMU steht. Die aktive Betreuung und Einbindung der Unternehmer während des Turnaround-Prozesses mit der Absicht,[288] **die unternehmerischen Führungsfähigkeiten zu professionalisieren, strahlt positiv auf den gesamten Unternehmens-Turnaround aus**. Ein erfolgreiches Turnaround-Management von KMU muss folglich diese typische Besonderheit beachten. Eine dogmatische „Eins-zu-Eins-Übertragung" der üblicherweise auf Großunternehmen zugeschnittenen Turnaround-Empfehlungen kann im schlimmsten Fall zum Scheitern des Turnaround-Prozesses beitragen.[289]

Wird darüber hinaus die Beziehung zwischen der „**unternehmerischen Lernorientierung**" und dem „**Engagement der Turnaround-Akteure**" untersucht, ergibt sich ebenfalls ein hoher positiver Zusammenhang (CR=0740***) (siehe Tab. 27).

		Kanonischer Faktor	
Kanonische Korrelation (CR)		**0,740**	
DF/Chi-Quadrat		12/217,209***	
		FL	SK
Unternehmerische Lernorientierung	Eigenschaften und Fähigkeiten	**0,704**	**0,521**
	Willensbildung	**0,486**	**0,360**
	Einsicht	**0,443**	**0,328**
	Führungsverhalten	0,262	0,194
Engagement der Turnaround- Akteure	Commitment der Unternehmer	**0,875**	**0,648**
	Einbindung der Mitarbeiter	0,367	0,272
	Einfluss der Krisenexperten	0,314	0,232
Varianz der unternehmerischen Lernorientierung erklärt durch kanonische Varianz des Engagements der Turnaround-Akteure		0,137	
Varianz des Engagements der Turnaround-Akteure erklärt durch kanonische Varianz der unternehmerischen Lernorientierung		0,183	

Tab. 27: Zusammenhang zwischen unternehmerischer Lernorientierung und Engagement der Turnaround-Akteure

Damit bestätigt sich Hypothese H15 und die Annahme, dass zwischen der unternehmerischen Lernorientierung und dem Engagement der Turnaround-Akteure ein positiver Zusammenhang trifft zu.

[287] Siehe Kap. E.3.2 und Kap. E.3.3.
[288] Siehe hierzu Kap. B.2.4.
[289] Vgl. *Schachner et al.* (2006), S. 590; *Tscheulin/Römer* (2003), S. 71; *Chowdhury/Lang* (1996a), S. 75; *Kolb* (2006), S. 56 ff.; *Welsh/White* (1980), S. 18.

Wenig überraschend zeigt sich ein enger Zusammenhang zwischen dem Commitment der Unternehmer und ihrer Lern- und Veränderungsbereitschaft. Dabei steigt das unternehmerische Commitment während des Turnaround-Konzepts, je positiver sich die Eigenschaften und Fähigkeiten, die Willensbildung und die Einsicht der Unternehmer verändern. Wenn sich die Eigenschaften und Fähigkeiten der Unternehmer verbessern, sich ihre Einsicht erhöht und ihre Entscheidungsfindung reflexivere Strukturen erhält, ist auch ein stärkeres Commitment von ihnen zu erwarten. Somit kann das **Commitment der Unternehmer im Turnaround als möglicher Indikator für ihre Lern- und Veränderungsbereitschaft** genutzt werden. Auf diese Weise kann mangelnde aktive Beteiligung der Unternehmer am Turnaround-Management mit unzureichender Bereitschaft zur kritischen Selbstreflexion resp. zur Veränderung persönlicher und organisatorischer Erfolgsformeln der strategischen Entscheidungsfindung in Verbindung gebracht werden.[290] Ebenso kann die Angst der Unternehmer, während des Veränderungsprozesses Fehler eingestehen zu müssen bzw. zu machen und sich damit vor den eigenen Mitarbeitern zu blamieren,[291] einem hohen Commitment entgegenstehen. Somit wird deutlich, dass eine unzureichende Veränderungsfähigkeit und –bereitschaft der Unternehmer in der Phase der Unternehmensanalyse und Konzeptentwicklung negativ auf das Commitment der Unternehmer ausstrahlen kann.

Welche Zusammenhänge können zwischen der „**unternehmerischen Lernorientierung**" und der „**Veränderungstiefe der Turnaround-Maßnahmen**" entdeckt werden und welche Bedeutung haben sie für das Management eines lernorientierten Turnarounds? Das Ergebnis dieses Untersuchungsschritts wird in Tab. 28 abgebildet.

Im Unterschied zu den Analysen zuvor, können in diesem Untersuchungsschritt zwei kanonische Faktoren extrahiert werden, von denen der erste Faktor (CR=0,645***) eine stärkere Korrelation beschreibt als der zweite Faktor (CR=0,309*). Die Korrelationsanalyse weist demnach auf zwei signifikante positive Zusammenhänge zwischen der unternehmerischen Lernorientierung und der Veränderungstiefe der Turnaround-Maßnahmen hin. Dies ist eine empirische Bestätigung der aufgestellten Hypothese H16.

Der erste Faktor wird auf der Seite der unternehmerischen Lernorientierung vorrangig durch die Willensbildung und das Führungsverhalten der Unternehmer und auf der Seite der Turnaround-Maßnahmen von den personellen und strukturellen Veränderungen getragen. So zeichnet sich ab, dass mit stärker werdender Reflexivität der Entscheidungsprozesse und zunehmend konsequentem Führungsverhalten der Unternehmer auch das Ausmaß der personellen und strukturellen Veränderungen wäh-

[290] Zur Bedeutung von kognitiven Landkarten (Cognitive Maps) bzw. mentalen Denkmodellen (Individual Mental Models) des Individuum vgl. *Schwenk* (1988), S. 45 f.; *Kim* (1993), S. 39 ff.; *Atherton/Hannon* (1997), S. 245 sowie Kap. B.2.4.

[291] *„Whenever human beings are faced with any issue that contains significant embarrassement or threat, they act in ways that bypass, as best they can, the embarrassement or threat."* *Argyris* (1990), S. 25; *Güldenberg* (1997), S. 231; *Geißler* (2005), S. 127 ff.

rend des Turnaround-Prozesses steigt. Der erste Faktor beschreibt die Zusammenhänge zwischen dem unternehmensinternen Personal- und Organisationsmanagement und dem Führungsverhalten der Unternehmer und weist somit eine **ressourcenorientierte Ausrichtung** auf.

		1. kanonischer Faktor		2. kanonischer Faktor	
Kanonische Korrelation (CR)		**0,645**		**0,309**	
DF/Chi-Quadrat		16/139,286***		9/29,403*	
		FL	SK	FL	SK
Unternehmerische Lernorientierung	Eigenschaften und Fähigkeiten	-0,001	-0,001	**0,603**	**0,186**
	Willensbildung	**0,617**	**0,398**	**0,472**	**0,146**
	Einsicht	0,068	0,044	**0,555**	**0,171**
	Führungsverhalten	**0,784**	**0,505**	0,324	0,100
Veränderungstiefe der Turnaround-Maßnahmen	Marktorientierte	0,264	0,170	**0,844**	**0,261**
	Strukturelle	**0,608**	**0,392**	0,055	0,017
	Personelle	**0,754**	**0,486**	-0,338	-0,104
	Kostenorientierte	0,038	0,025	0,394	0,122
Varianz der unternehmerischen Lernorientierung erklärt durch kanonische Varianz der Veränderungstiefe der Turnaround-Maßnahmen		0,104		0,024	
Varianz der Veränderungstiefe der Turnaround-Maßnahmen erklärt durch kanonische Varianz der unternehmerischen Lernorientierung		0,105		0,024	

Tab. 28: Zusammenhang zwischen unternehmerischer Lernorientierung und Veränderungstiefe der Turnaround-Maßnahmen

Der zweite Faktor stellt hingegen die Zusammenhänge zwischen der unternehmerischen Lernorientierung und den Turnaround-Maßnahmen dar, welche die **markt- und wettbewerbsorientierte Ausrichtung des Turnaround-Managements** beschreiben. Es zeigt sich, dass zwischen den Eigenschaften und Fähigkeiten, der Willensbildung und der Einsicht der Unternehmer sowie den marktorientierten Veränderungen signifikante Zusammenhänge zu beobachten sind. Hierdurch wird deutlich, dass sich nicht nur die Eigenschaften und Fähigkeiten des Unternehmers und die Reflexivität des Entscheidungsprozesses verbessern müssen, sondern auch, dass sich die Erkenntnis beim Unternehmer durchsetzen muss, dass interne und nicht externe Ursachen zur Krise beigetragen haben. Je stärker diese Annahmen beim Unternehmer zutreffen, desto eher wird eine marktorientierte Neuausrichtung eingeleitet. Dieses Ergebnis verdeutlicht zweierlei: Erstens gehen die Prozesse des organisationalen Veränderungslernens während des Turnarounds mit umfassenden Lern- und Erkenntnisprozessen der Unternehmer einher.[292] Finden diese nicht statt, wird auch die strategische Veränderungsfähigkeit kleiner und mittlerer Turnaround-Unternehmen negativ beeinflusst. Zweitens wird die Annahme von *Kim* (1993) bestätigt, dass die **individuellen Denkmodelle der Unternehmer** starken Einfluss auf die Gestaltung der organisationalen Gebrauchstheorie der KMU ausüben.[293] Die Wir-

[292] Vgl. Kap. C.2.2.
[293] *„The strength of the link between individual mental models and shared mental models is a function of the amount of influence exerted by a particular individual or group of individuals."* *Kim* (1993), S. 45.

kung des Unternehmer-Turnarounds erstreckt sich demnach ebenfalls auf die strategische Veränderungstiefe des Unternehmens-Turnarounds.[294]

Während der Fokus bisher auf der Analyse der Zusammenhänge zwischen der unternehmerischen Lernorientierung und den übrigen Bereichen eines lernorientierten Turnarounds lag, wird nun das Verhältnis der Lernorientierung der Unternehmen zum Engagement der Turnaround-Akteure und zu den Turnaround-Maßnahmen untersucht. Mit der anschließenden Untersuchung wird versucht, Zusammenhänge zwischen der „**Lernorientierung der Unternehmen**" und dem „**Engagement der Turnaround-Akteure**" empirisch nachzuzeichnen (Hypothese H17). Dabei werden ebenfalls zwei signifikante kanonische Faktoren extrahiert, die sich dadurch unterscheiden, dass im ersten Fall nur gleichgerichtete und im zweiten Fall entgegengesetzte Zusammenhänge entdeckt werden (siehe Tab. 29). Außerdem weist der erste Faktor eine höhere Korrelation (CR=0,672***) auf als der zweite Faktor (CR=0,217*), d.h. der erste Faktor beschreibt einen stärkeren Zusammenhang zwischen der Lernorientierung der Unternehmen und den Turnaround-Akteuren.

		1. kanonischer Faktor		2. kanonischer Faktor	
Kanonische Korrelation (CR)		**0,672**		**0,217**	
DF/Chi-Quadrat		9/130,840***		4/10,236*	
		FL	SK	FL	SK
Lernorientierung der Unternehmen	Interne Maßnahmen der UN	**0,745**	**0,501**	**-0,657**	**-0,143**
	Controlling der Unternehmen (UN)	**0,563**	**0,378**	**0,717**	**0,156**
	Externe Maßnahmen der UN	0,346	0,233	0,232	0,050
Engagement der Turnaround- Akteure	Commitment der Unternehmer	**0,708**	**0,476**	**0,682**	**0,148**
	Einbindung der Mitarbeiter	**0,651**	**0,437**	**-0,523**	**-0,113**
	Einfluss der Krisenexperten	0,291	0,196	**-0,500**	**-0,109**
Varianz der Lernorientierung der Unternehmen erklärt durch kanonische Varianz des Engagements der Turnaround-Akteure		0,149		0,016	
Varianz des Engagements der Turnaround-Akteure erklärt durch kanonische Varianz der Lernorientierung der Unternehmen		0,152		0,016	

Tab. 29: Zusammenhang zwischen Lernorientierung der Unternehmen und Engagement der Turnaround-Akteure

So weist der erste Faktor darauf hin, dass sich **steigendes Engagement der Turnaround-Akteure positiv auf die Lernorientierung der Unternehmen** im Turnaround auswirken. Auf Seiten der Turnaround-Akteure sind insbesondere das Commitment der Unternehmer und die Einbindung der Mitarbeiter hervorzuheben, auf Seiten der Lernorientierung der Unternehmen die internen Maßnahmen und das Controlling. Je stärker sich das Engagement der beiden genannten Turnaround-Akteure verändert, desto stärker verändern sich die internen Maßnahmen und die Bedeutung des Controllings. Der Einfluss der Krisenexperten auf das Ausmaß der Lernorientierung der Unternehmen ist hingegen vergleichsweise gering. Es kann also festgestellt werden,

[294] Vgl. Kap. D.1.

dass das Engagement der Unternehmer sowie der Mitarbeiter starke Einflussfaktoren eines lernorientierten Turnaround-Managements sind.

Im zweiten Faktor treten erstmals starke konträre Zusammenhänge zwischen den Faktoren auf. Und zwar wird beschrieben, wie sich ein hohes Commitment der Unternehmer bei gleichzeitig geringer Einbindung der Mitarbeiter und geringem Einfluss der Krisenexperten die Lernorientierung der Unternehmen beeinflusst. Das Ergebnis ist, dass die Informationen des Controllings zunehmend wichtiger für die Unternehmensführung werden, während gleichzeitig die internen Maßnahmen des organisationalen Lernens nur noch in geringerem Umfang umgesetzt werden. Dies bestätigt die in der „Threat-Rigidity-Theory" beschriebenen Konsequenzen eines **steigenden Kontrollbedürfnisses der verantwortlichen Entscheidungsträger** in Krisensituationen.[295] Die betroffenen Unternehmer engagieren sich immer intensiver und entziehen den Führungskräften und Mitarbeitern zunehmend strategische und operative Entscheidungsbefugnisse. Sie werden nicht in den Turnaround-Prozess eingebunden. Darüber hinaus werden verstärkt die Informationen der Kontrollsysteme zur Unternehmensführung genutzt, während Veränderungen der internen Strukturen bzw. Rahmenbedingungen unwichtiger und unwahrscheinlicher werden. Allerdings haben diese negativen Zusammenhänge im Turnaround von KMU nur eine vergleichsweise geringe Bedeutung, wie die niedrige erklärte Varianz illustriert.

		Kanonischer Faktor	
Kanonische Korrelation (CR)		**0,570**	
DF/Chi-Quadrat		12/83,957***	
		FL	SK
Lernorientierung der Unternehmen	Interne Maßnahmen der Unternehmen	**0,811**	**0,462**
	Controlling der Unternehmen	0,246	0,140
	Externe Maßnahmen der Unternehmen	**0,531**	**0,303**
Veränderungstiefe der Turnaround- Maßnahmen	Marktorientierte Veränderungen	**0,735**	**0,419**
	Strukturelle Veränderungen	**0,479**	**0,273**
	Personelle Veränderungen	**0,488**	**0,278**
	Kostenorientierte Veränderungen	-0,027	-0,015
Varianz der Lernorientierung der Unternehmen erklärt durch kanonische Varianz die Veränderungstiefe der Turnaround-Maßnahmen		0,108	
Varianz der Veränderungstiefe der Turnaround-Maßnahmen erklärt durch kanonische Varianz der Lernorientierung der Unternehmen		0,082	

Tab. 30: Zusammenhang zwischen Lernorientierung der Unternehmen und Veränderungstiefe der Turnaround-Maßnahmen

Weiterhin wird im Folgenden die Hypothese H18 getestet, dass zwischen der „**Lernorientierung der Unternehmen**" und der „**Veränderungstiefe der Turnaround-Maßnahmen**" ein positiver Zusammenhang besteht. Die empirischen Ergebnisse bestätigen die Hypothese (CR=0,570***). Dabei ist der Tab. 30 zu entnehmen, dass vor allem die Maßnahmen des internen und externen organisationalen Lernens die Lernorientierung der Unternehmen bestimmen. Keinen nennenswerten Einfluss haben die

[295] Zur "Threat-Rigidity-Theory" vgl. Kap.B.2.3.

Informationen des Unternehmens-Controllings. Bei den Turnaround-Maßnahmen überwiegen die marktorientierten, personellen und strukturellen Veränderungen.

Während in einem früheren Regressionsmodell kein signifikanter Einfluss der Maßnahmen des externen organisationalen Lernens auf den Turnaround-Erfolg ermittelt werden konnte,[296] werden diese Maßnahmen nunmehr zu einer wichtigen Größe, die den strategischen Umfang der Turnaround-Maßnahmen mitbestimmt. Somit hängen **externes und internes organisationales Lernen** eng mit der strategischen Dynamik und der **Ganzheitlichkeit des Unternehmens-Turnarounds** zusammen.[297] Ein lernorientiertes Turnaround-Management sollte daher so ausgerichtet sein, dass Informationen aus dem Umfeld des Unternehmens systematisch aufgenommen werden.

Mit der letzten kanonischen Korrelationsanalyse wird untersucht, ob zwischen der „**Veränderungstiefe der Turnaround-Maßnahmen**" und dem „**Engagement der Turnaround-Akteure**" ein positiver Zusammenhang besteht (Hypothese H19). Auch diese Hypothese wird bestätigt, wie die Korrelationskoeffizienten des ersten Faktors (CR=0,563***) und des zweiten Faktors (CR=0,195*) zeigen. Tab. 31 enthält die detaillierten Ergebnisse dieser Untersuchung.

		1. kanonischer Faktor		2. kanonischer Faktor	
Kanonische Korrelation (CR)		**0,563**		**0,195**	
DF/Chi-Quadrat		12/91,349**		6/13,290*	
		FL	SK	FL	SK
Veränderungstiefe der Turnaround-Maßnahmen	Marktorientierte Veränderungen	**0,410**	**0,231**	**0,789**	**0,154**
	Strukturelle Veränderungen	**0,589**	**0,332**	**-0,520**	**-0,101**
	Personelle Veränderungen	**0,629**	**0,354**	-0,174	-0,034
	Kostenorientierte Veränderungen	0,283	0,159	**0,312**	**0,061**
Engagement der Turnaround- Akteure	Commitment der Unternehmer	0,193	0,109	**-0,506**	**-0,099**
	Einbindung der Mitarbeiter	**0,951**	**0,535**	-0,116	-0,023
	Einfluss der Krisenexperten	0,243	0,137	**0,855**	**0,167**
Varianz der Veränderungstiefe der Turnaround- Maßnahmen erklärt durch kanonische Varianz des Engagements der Turnaround-Akteure		0,078		0,010	
Varianz des Engagements der Turnaround-Akteure erklärt durch kanonische Varianz der Veränderungs-tiefe der Turnaround-Maßnahmen		0,106		0,013	

Tab. 31: Zusammenhang zwischen Veränderungstiefe der Unternehmen und Engagement der Turnaround-Akteure

Mit dem ersten Faktor können Zusammenhänge zwischen den personellen, strukturellen und marktorientierten Veränderungen sowie der Einbindung der Mitarbeiter dargestellt werden. Je stärker die Belegschaft der Unternehmen am Turnaround-Prozess beteiligt wird, desto stärker fallen auch die personellen, strukturellen

---

[296] Vgl. Kap. E.3.3.1.

[297] Vgl. *Bapuji/Crossan* (2004), S. 403 zu den unterschiedlichen Ausrichtungen organisationalen Lernens.

und marktorientierten Veränderungen aus. Dieses Ergebnis unterstreicht, dass die **aktive Beteiligung der Mitarbeiter** unverzichtbar ist, um die geplanten strategischen und operativen Veränderungen im Turnaround-Prozess umzusetzen. Für ein ganzheitliches Turnaround-Management wird somit die Einbindung der Mitarbeiter zur Vorbedingung.

Des Weiteren kann gezeigt werden, wie sich mangelndes Commitment der Unternehmer und hoher Einfluss der Krisenexperten auf die Veränderungstiefe auswirken. Je größer der Einfluss der Krisenexperten und je niedriger das Engagement der Unternehmer, desto stärker werden markt- und kostenorientierte Veränderungsmaßnahmen in den Turnaround-Unternehmen realisiert. Gleichzeitig verringert sich auch das Ausmaß der strukturellen Veränderungen. Als Grund für diese Zusammenhänge kann angeführt werden, dass der überwiegende Teil der Krisenexperten über einen kaufmännischen Hintergrund zu verfügen scheint, der sie nur unzureichend befähigt, den Leistungserstellungsprozess technisch zu optimieren. Sie sind folglich nicht in der Lage, das mangelnde Commitment der i.d.R. technisch ausgebildeten Unternehmer auszugleichen.[298]

Somit kann festgehalten werden, dass sich das **spezifische Know-how von Unternehmer und Krisenexperte in Turnaround-Situationen ergänzt**. Ohne die Beteiligung der Unternehmer konzentrieren die Krisenexperten ihre Maßnahmen weitgehend auf die umsatzgenerierenden und kostensenkenden Turnaround-Felder, die zur Stabilisierung des Krisenunternehmens beitragen. Die erfolgsrelevanten strukturellen Veränderungen werden hingegen nur unzureichend vorangetrieben.

Ziel dieses Kapitels war es, die Komplexität eines lernorientierten Turnaround-Managements zu veranschaulichen, um ein Grundverständnis über die Vernetzung der unterschiedlichen Elemente des organisationalen Lernens zu erlangen.

4. Zusammenfassung der empirischen Untersuchung

Es zeigt sich, dass die meisten Unternehmenskrisen, in deren Folge Krisenexperten mit der Begleitung des Turnarounds beauftragt werden, von den beteiligten Kreditinstituten identifiziert werden.[299] Haben die Kreditinstitute die Unternehmenskrise entdeckt, nehmen sie auch maßgeblichen Einfluss auf die Auswahl der Krisenexperten. Wird die zeitliche Dauer der Turnaround-Begleitung durch die Krisenexperten untersucht, wird bspw. festgestellt, dass die Dauer der Turnaround-Beratung mit der Mitarbeiterzahl der KMU korreliert, d.h. größere KMU werden tendenziell länger begleitet als kleinere.[300]

---

[298] Vgl. *Daschmann* (1994), S. 59.
[299] Vgl. Kap. E.2.2.
[300] Vgl. Kap. E.2.3.

Generell wird in der Turnaround-Literatur die Annahme vertreten, dass die Wahrscheinlichkeit eines erfolgreichen Turnarounds steigt, je frühzeitiger die Krise entdeckt wird. Somit haben Unternehmen, die sich in einer strategischen Krise befinden, bessere Chancen den Turnaround erfolgreich abzuschließen als Unternehmen, die in einer Erfolgs- bzw. Liquiditätskrise stecken. Nach Auswertung der empirischen Ergebnisse zeigt sich ein differenziertes Bild. So kann zwar bestätigt werden, dass **Unternehmen in einer strategischen Krise ihr Turnaround-Vorhaben mit sehr hoher Wahrscheinlichkeit erfolgreich beenden werden**, für Unternehmen in Erfolgs- bzw. Liquiditätskrise sind vergleichbare Tendenzaussagen nicht möglich.[301]

Hinsichtlich der Krisenursachen werden bei den untersuchten KMU besonders häufig **Managementfehler, Defizite im Unternehmenscontrolling und in der marktorientierten Ausrichtung als Hauptgründe für die Krisenentwicklung** angegeben.[302] Hiervon ist insbesondere das unternehmerische Fehlverhalten hervorzuheben, weil es in mehr als ¾ der untersuchten Unternehmen als Krisenursache genannt wird. Damit werden die Aussagen früherer Studien der Krisen- und Turnaround-Forschung bestätigt, dass der Unternehmer auch zum Misserfolgsfaktor seines Unternehmens werden kann.

Zum Turnaround-Verlauf ist weiterhin festzuhalten, dass 25% der untersuchten Turnaround-Bemühungen erfolglos verliefen, während 39% der KMU einen erfolgreichen Turnaround zu verzeichnen hatten. Die restlichen 36% Unternehmen vollziehen einen partiellen Turnaround, d.h. der negative Trend scheint gestoppt, die Wende hin zum Besseren haben sie zum Zeitpunkt der Bewertung jedoch (noch) nicht geschafft.[303] Diese Verteilung entspricht weitgehend den Erfahrungen anderer empirischer Untersuchungen: *„non-turnarounds might [...] reach a range between 50% and 70% which corresponds to the figures that have been provided by most turnaround experts in the interviews undertaken during the exploratory stage of this study.“*[304]

Konkretes Forschungsziel dieser Untersuchung war es, empirisch zu prüfen, inwieweit es im Zuge eines Turnaround-Prozesses tatsächlich zu positiven Veränderungen bei den von der Theorie und Empirie bislang als wesentlich bezeichneten Akteuren und Maßnahmen kommt. Um sich diesem Ziel zu nähern wurden im Rahmen des Forschungsmodells 19 Hypothesen aufgestellt und anschließend überprüft. Die Testergebnisse werden in Abb. 44 zusammenfassend dargestellt.

---

301 Vgl. Kap. E.2.2.
302 Vgl. Kap. E.2.2.
303 Vgl. Kap. E.1.3.
304 *Nothardt* (2001), S. 266; siehe außerdem Kap. E.2.3.

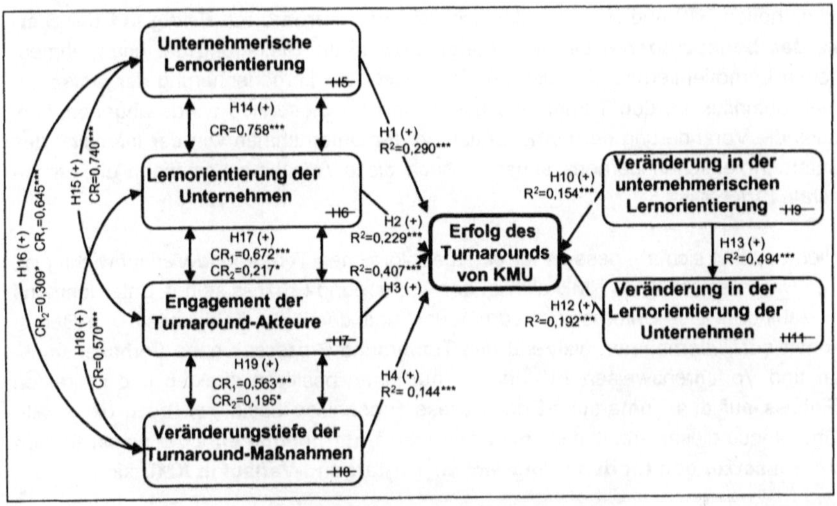

Abb. 44: Zusammenfassung der geprüften Hypothesen

Die Hypothesen H5, H6, H7 und H8 müssen aufgrund nicht signifikanter Unterschiede zwischen den drei Turnaround-Gruppen (erfolgreiche, partielle und erfolglose Turnarounds) verworfen werden. Zwar können **in mehr als 80% der untersuchten Kriterien signifikante Unterschiede zwischen der Lernorientierung erfolgreicher und erfolgloser Turnaround-Unternehmen** festgestellt werden, die übrigen Gruppenunterschiede fallen jedoch deutlich geringer aus. So weisen noch knapp 46% der untersuchten Kriterien zwischen partiellen und erfolglosen Turnarounds und nur noch 24% der Kriterien zwischen erfolgreichen und partiellen Turnarounds signifikante Unterschiede auf. Lediglich für die Kriterien „Vollständige Umsetzung der Turnaround-Maßnahmen durch Führungskräfte", „Formulierung und Bekanntheit der Unternehmensstrategie", „Motivation der Beschäftigten", „Beratungsresistentes Verhalten der Unternehmer" und „Akzeptanz des externen Krisenexperten durch die Unternehmer" können die Hypothesen bestätigt werden, weil signifikante Unterschiede zwischen allen drei Turnaround-Gruppen bestehen.

Die Hypothesen H9 und H11 müssen ebenfalls verworfen werden, weil während des Turnaround-Prozesses keine signifikanten Veränderungen in der unternehmerischen Lernorientierung und der Lernorientierung der Unternehmen festzustellen sind. Allerdings zeigt sich auch hier ein differenziertes Bild: **Erfolgreiche Turnarounds weisen in 82% der untersuchten Kriterien eine signifikante Steigerung der Lernorientierung auf**, partielle Turnarounds hingegen noch bei 42% der Merkmale, und in erfolglosen Turnarounds liegt der Anteil signifikanter Veränderungen unter 10%.

Die übrigen drei Hypothesen (H10, H12, H13) aus dem dynamischen Untersuchungsbereich können durch die vorliegenden Ergebnisse bestätigt werden. Mit den

Hypothesen H10 und H12 wird deutlich, dass der **Turnaround-Erfolg mit der Stärke des beobachtbaren Lernens steigt**. Sowohl die Steigerung der unternehmerischen Lernorientierung als auch die Steigerung der Lernorientierung der Unternehmen beeinflussen den Turnaround positiv. In Hypothese H13 wurde angenommen, dass die Veränderung der Lernorientierung der Unternehmen von der Intensität des unternehmerischen Lernens abhängt. Auch diese Annahme bestätigen die empirischen Ergebnisse.

Hieraus leitet sich ab, dass es für einen erfolgreichen Turnaround-Verlauf wichtig ist, den Unternehmer eines KMU aktiv in den Turnaround-Prozess seines Unternehmens einzubinden. Der Unternehmer-Turnaround und damit die Fähigkeiten und Bereitschaft der Unternehmer, während des Turnaround-Prozesses neue Verhaltensmuster und Verfahrensweisen zu erlernen, hat einen positiven direkten und indirekten Einfluss auf den Turnaround-Erfolg. Diese Ergebnisse bestätigen auch die zweite Grundthese dieser Arbeit, dass **die lernenden Unternehmer eine der wesentlichen Voraussetzungen für den erfolgreichen Turnaround-Verlauf in KMU sind**.

Aber nicht nur das unternehmerische (Lern-)Verhalten, sondern auch das der Unternehmen verändert sich im Rahmen eines Turnarounds. Die empirischen Ergebnisse dieser Arbeit bestätigen damit die auf theoretischem Wege getroffenen Aussagen, dass dem **organisationalen Lernen eine überragende Bedeutung im Turnaround** zukommt (erste Grundthese).[305] Durch gezielte Maßnahmen zur Verbesserung der Lernorientierung der Unternehmen kann die Leistungs- und Wettbewerbsfähigkeit der Turnaround-Unternehmen und auf diese Weise auch die Turnaround-Wahrscheinlichkeit gesteigert werden.

Die Hypothesen H1 – H4 unterstellen einen positiven Zusammenhang zwischen der unternehmerischen und der organisationalen Lernorientierung am Ende des Turnaround-Prozesses und dem Turnaround-Erfolg. Die Aussagen bestätigen sich, d.h. je besser die Merkmale und Voraussetzungen unternehmerischen und organisationalen Lernens zum Ende des Turnarounds erfüllt werden, desto größer fällt auch der Turnaround-Erfolg aus. In Verbindung mit den o.g. Ergebnissen kann somit festgehalten werden, dass die höhere Lernorientierung der **erfolgreichen Turnaround-Unternehmen das Ergebnis intensiveren unternehmerischen und organisationalen Lernens** während des Turnaround-Prozesses ist und nicht die Folge einer günstigeren Ausgangssituation.[306] Außerdem kann ausgesagt werden, dass erfolgreiche Turnaround-Vorhaben eher ganzheitlich ausgerichtet sind, während partielle Turnaround-Vorhaben eher als controllinglastig und erfolglose Turnaround-Versuche eher als rein insolvenzvermeidend charakterisiert werden können.

---

[305] Vgl. u.a. *Albach* (2000), S. 85 ff.; *Thommen* (1996), S. 247 ff.; *Thommen* (1999), S. 67 ff.; *Clasen* (1992), S. 358; *Shepherd/Wiklund* (2006), S. 1 ff.

[306] Vgl. Kap. E.3.3.

Aus gegebenem Anlass sei an dieser Stelle nochmals auf das einleitende Zitat von *Pinkwart* (2000a) verwiesen, *„das Turnaround-Management als einen lernenden Prozess zu begreifen, an dem alle Mitarbeiter und Akteure des Turnaround aktiv beteiligt werden sollten."*[307] Es zeigt sich, dass neben der unternehmerischen Lernorientierung vor allem das Engagement der untersuchten Turnaround-Akteure (Unternehmer, Mitarbeiter und Führungskräfte, Krisenexperten) einen starken positiven Einfluss auf den Turnaround-Erfolg ausübt. Der Turnaround-Erfolg hängt also nicht allein von der Qualität des Konzepts, sondern auch sehr stark von der **Bereitschaft der Turnaround-Akteure** ab, sich konstruktiv einzubringen und die notwendigen Maßnahmen umzusetzen.[308]

Dabei sind in Unternehmenskrisen von KMU häufig zwischenmenschliche Probleme und familieninterne Konflikte zu beobachten, die eine konstruktive Zusammenarbeit verhindern können. Die Verquickung betrieblicher Krisensituationen mit den außergewöhnlichen finanziellen und mentalen Belastungen kann schnell zu persönlichen Konflikten zwischen den Betroffenen führen. In solchen Situationen können unternehmensexterne Krisenexperten die Suche nach den Ursachen und den Verantwortlichen objektivieren und deeskalierend in Konflikte und Meinungsverschiedenheiten eingreifen.[309] Durch die Einbeziehung externer Krisenexperten kann das *„notwendige Problembewusstsein generiert werden, d.h. für verdeckte betriebsspezifische Qualifikations-, operative Geschäfts- und Organisationsprobleme sensibilisiert werden"*[310].

Darüber hinaus sind verschiedene Turnaround-Maßnahmen untersucht worden, die das operative resp. das strategische Veränderungsniveau der Turnaround-Vorhaben widerspiegeln. Die Auswertung der empirischen Informationen führt zu dem Schluss, dass erfolgreiche Turnarounds eine erheblich stärkere strategische Neuausrichtung aufweisen als erfolglose bzw. partielle Turnaround-Vorhaben. Allerdings muss auch konzediert werden, dass die **strategische Neuausrichtung im Rahmen von erfolgreichen Turnarounds von KMU meist mit einer finanziellen Konsolidierung** einhergeht. Die finanzielle Konsolidierung nimmt den Status einer notwendigen Bedingung für einen erfolgreichen Turnaround-Verlauf ein, während die strategische Neuausrichtung als hinreichende Bedingung anzusehen ist.[311]

Im vorletzten Kapitel der empirischen Untersuchung wurden die Zusammenhänge zwischen den einzelnen Bereichen der Lernorientierung im Turnaround von KMU analysiert und die Hypothesen H14 - H19 getestet. Zusammenfassend kann konstatiert werden, dass die einzelnen Bereiche eng miteinander verflochten sind. Die **vier Bereiche des lernorientierten Turnaround-Managements stehen demnach in**

[307] *Pinkwart* (2000a), S. 172.
[308] Vgl. *Chowdhury* (2002), S. 256; *Kraus/Gless* (1998), S. 105; siehe auch das Strategie-Implementierungs-Portfolio von *Kolb/Heinemann* (2004), S. 685; *Pinkwart et al.* (2006), S. 82.
[309] Vgl. *Kranzusch/May-Strobl* (2002), S. 41 f.; sie schlagen in diesen Fällen dringend eine Objektivierung durch unternehmensexterne Krisenexperten vor.
[310] *Pawlowsky et al.* (1998), S. 234.
[311] Vgl. Kap. E.3.3.3.

einem engen interdependenten Zusammenhang. Dies verdeutlicht einerseits die hohe Komplexität eines erfolgreichen Turnaround-Managements von KMU und erklärt andererseits, warum der Turnaround von KMU als eine der anspruchsvollsten Führungsaufgaben für Unternehmer und Krisenexperten aufzufassen ist.[312] Ihre Aufgabe ist es, die unternehmensspezifischen Rahmenbedingungen so zu verändern, dass der **Turnaround-Prozess zu einem synergetischen Lernprozess** wird, der die zukünftige Lern- und Wandelfähigkeit des Unternehmens und seiner Mitarbeiter sicherstellt.[313]

Mit der Prüfung der internen und externen Kontextfaktoren wurde empirisch beobachtet, wie sich wichtige Einflussfaktoren auf das Turnaround-Ergebnis der untersuchten KMU auswirken. Dabei wird unterstellt: ***„The turnaround, the move into upturn from decline, is not a function of industry growth, it goes beyond that into other factors that this study attempts to isolate.“***[314] Es zeigt sich, dass der Turnaround-Erfolg eher die Folge von kontrollierbaren Kontextfaktoren als von unternehmensexternen und somit nicht beeinflussbaren Bedingungen ist. Der Turnaround-Erfolg ist das Ergebnis der unternehmensinternen Leistungsbereitschaft und -fähigkeit und nicht von glücklichen oder unglücklichen Umständen.[315]

---

[312] Vgl. *Coenenberg/Fischer* (1993), S. 2.
[313] Vgl. *Kraft* (2001), S. 68 mit Bezug auf *Pümpin/Prange* (1991), S. 192 ff.; *Kraus/Gless* (1998), S 112 f.
[314] *Schendel et al.* (1976), S. 4.
[315] Vgl. Kap. E.3.4.

F. Fazit und Ausblick

Die zentrale Aufgabe dieser Arbeit war die theoretische und empirische Analyse individueller und organisationaler Verhaltensänderungen während des Turnarounds von KMU. Den Bezugsrahmen für die folgende Untersuchung stellte das organisationale Lernen von KMU dar. Aufgrund der besonderen Stellung, welche die Unternehmer in ihren Unternehmen einnehmen, war es erforderlich, das (Lern-)Verhalten der Unternehmer in Krisen- und Turnaround-Situationen zunächst isoliert zu betrachten. Hierzu wurden aktuelle Erkenntnisse der Entrepreneurship-Forschung, der Krisen- und Turnaround-Forschung, der verhaltenswissenschaftlich geprägten Entscheidungstheorie und der individuellen Lerntheorie zusammengetragen. Sie bilden auch die Grundlage für die spätere empirische Betrachtung des unternehmerischen (Lern-)Verhalten im Turnaround von KMU.[1]

Die Entrepreneurship-Theorie wurde in vier unterschiedliche Forschungszweige unterteilt, deren Kernaussagen kurz vorgestellt wurden. Dabei stellte sich insbesondere die **kognitive Unternehmertheorie als ein weiterführender Anknüpfungspunkt** für die Untersuchung des unternehmerischen Verhaltens in Krise und Turnaround heraus. Mit den Theorien und Modellen aus dem Feld der **verhaltenswissenschaftlich geprägten Entscheidungstheorie** wurde ein tiefer Einblick in die psychologischen und kognitiven Ursachen unternehmerischen Fehlverhaltens gewonnen. Es konnte festgestellt werden, dass unternehmerisches Fehlverhalten meist nicht die Folge mangelnder Intelligenz oder mangelnden Fachwissens der Unternehmer ist, sondern auf einer unzulänglichen Wahrnehmung der Krisenanzeichen sowie einer unzureichenden Suche und Auswahl von Turnaround-Maßnahmen beruht. Alternative Theorien und Modelle wurden vorgestellt, um die unterschiedlichen Verhaltensmuster von Krisenunternehmern erklärbar zu machen und um Anhaltspunkte für Korrekturmaßnahmen zu entwickeln.[2]

In dieser Arbeit wird ein kognitiv-konstruktivistisches Lernverständnis vertreten, weil es erklärt, warum Unternehmer bei prinzipiell gleichen Handlungsalternativen unterschiedliche Entscheidungen treffen. Überdies können die Erkenntnisse der Entrepreneurship-Theorie und der verhaltenswissenschaftlich geprägten Entscheidungstheorie sehr gut angebunden werden. Mit diesem Lernverständnis wird zudem deutlich, dass der Lernprozess der Unternehmer im Turnaround nicht von Dritten erzwungen, sondern nur angeregt werden kann. Dabei wird der **kognitive Lernprozess der Unternehmer**, der durch Unternehmenskrise resp. Unternehmerkrise ausgelöst wird und damit den unternehmerischen Wandel hin zum Besseren beschreibt, **als Unternehmer-Turnaround definiert**. Der Unternehmer-Turnaround setzt die Lernbereitschaft und -fähigkeit sowie die aktive Beteiligung des Unternehmers am Turnaround-Prozess voraus.[3]

---

[1] Siehe Kap. D.1.
[2] Siehe Kap. B.2.3.
[3] Siehe Kap. B.2.4.

Trotz des dominanten Einflusses der Unternehmer auf das Unternehmensgeschehen,[4] bleibt der Turnaround-Prozess von KMU eine gemeinschaftliche Aufgabe, der sich alle internen Turnaround-Akteure mit vereinten Kräften stellen müssen. In den vergangenen Jahren hat sich zunehmend das Konzept des organisationalen Lernens zur Gestaltung ähnlicher **gemeinschaftlicher Veränderungsprozesse in Unternehmen** durchsetzen können. Um das **Konzept des organisationalen Lernens** für den Turnaround von KMU nutzbar zu machen, wurde es aus vier Perspektiven beleuchtet, um die relevanten Anhaltspunkte eines lernorientierten Turnaround-Managements zu bestimmen.

In der **institutionelle Perspektive** wurden die relevanten Akteure und unterschiedliche Formen eines institutionalisierten Turnaround-Managements erläutert. Mit der **hierarchischen Perspektive** wurde gezeigt, dass sich ein lernorientiertes Turnaround-Management aus dem organisationalen Anpassungs-, Veränderungs- und Prozesslernen zusammensetzen muss, um die Ziele (Steigerung der Effizienz, Effektivität und Nachhaltigkeit) eines ganzheitlichen Turnarounds zu erreichen. Darüber hinaus wurde in der **prozessualen Perspektive** nicht nur die Struktur und der Verlauf des organisationalen Wissenstransfers dargestellt, sondern auch die explizite Integration des unternehmerischen Lernens in den übergeordneten organisationalen Lernprozess vorgenommen. Die KMU-spezifischen Besonderheiten im Rahmen des organisationalen Lernens wurden in der **situativen Perspektive** herausgearbeitet.[5] So zeigt sich u.a., dass die relativ geringe Unternehmensgröße den Steuerungs- und Koordinationsbedarf der Unternehmensabläufe verringert und die Fähigkeit zur kooperativen Zusammenarbeit steigert, wodurch der organisationale Wissenstransfer verbessert wird. Auch die flache Hierarchie der Organisation, die persönlichen Kommunikationsstrukturen und die Nähe zu den Lieferanten und Kunden begünstigen den Wissenstransfer.

In Kap. D wurde aufbauend auf die Erkenntnisse zum **unternehmerischen und organisationalen Lernen im Turnaround** ein Forschungsmodell entwickelt. Es setzt sich aus Kriterien beider Betrachtungsebenen zusammen und strukturiert die empirische Untersuchung. Die empirischen Ergebnisse bestätigen, dass ein **lernorientiertes Turnaround-Management ein realistischer Ansatz für KMU** ist, die drängenden Probleme einer Unternehmenskrise nachhaltig zu bewältigen.[6] Dabei wird es von der individuellen und kollektiven Lernfähigkeit und -bereitschaft abhängen, ob das Überleben eines Krisenunternehmens gesichert werden kann.[7] Allerdings wird *„die Steigerung der Lernfähigkeit in Unternehmungen [..] solange kein Ziel von KMU sein, solange nicht die Möglichkeiten durch eine gesteigerte Handlungs- und Problemlö-*

---

[4] Siehe Kap. B.1.

[5] Siehe Kap. C.2.

[6] *„Mit der konsequenten Kultivierung der Lernfähigkeit in einem weiten Sinne, der sowohl den Erwerb von Wissen als auch praktischer Klugheit einschließt, scheint sich ein realistischer Weg zu eröffnen, die überaus drängenden Probleme der Gegenwart anzugehen."* *Pautzke* (1989), S. 2.

[7] Vgl. *Probst/Büchel* (1998), S. 9.

sungsfähigkeit transparent aufbereitet werden"[8]. Hierzu ist ein konkreter Beitrag geleistet worden, indem das unternehmerische und organisationale (Lern-)Verhalten während des Turnarounds untersucht und als Erfolgsfaktoren eines erfolgreichen Turnarounds identifiziert wurden.

Aus den empirischen Ergebnissen können konkrete Handlungsempfehlungen für betroffene **Unternehmer** und Krisenexperten abgeleitet werden. So sollten die Unternehmer bereit sein, die Entscheidungsstrukturen im eigenen Unternehmen zu hinterfragen und zunehmend diskursive Elemente in den Prozess der operativen und strategischen Unternehmensführung einzuführen. Dies kann bspw. dadurch geschehen, dass die wichtigsten Führungskräfte stärker in den Prozess der Entscheidungsfindung integriert und ihnen Verantwortung für spezifische Aufgabenfelder übertragen werden. Mit der Professionalisierung der Entscheidungsprozesse sollte ebenfalls eine zielgerechte unternehmensinterne Kommunikation des Turnaround- und Restrukturierungsfortschritts einhergehen sowie die Bereitschaft zu einer professionellen Kooperation mit den bestellten Krisenexperten. Sind die Unternehmer jedoch nicht willens oder psychisch bzw. kognitiv nicht in der Lage die erforderliche Geschwindigkeit bei der Entwicklung des Turnaround-Konzepts bzw. bei der Umsetzung aufrechtzuerhalten, dann sollten Maßnahmen zur personellen oder gesellschafterseitigen Veränderung, bspw. durch das Instrument der Treuhand, eingeleitet werden.

Um die Turnaround-Wahrscheinlichkeit des Krisenunternehmens zu steigern, sollten die **Krisenexperten** die Rahmenbedingungen für die Unternehmer so gestalten, dass sie aus dem „circulus vitiosus" ohne Gesichtsverlust ausbrechen können. Dabei ist es unerlässlich, dass die Krisenexperten den immanenten Zusammenhang zwischen dem Krisenverlauf, dem kognitiven Stress und der unternehmerischen Entscheidungsqualität verstehen und gemeinsam mit den betroffenen Unternehmern Maßnahmen ergreifen, die derartige Verhaltensanomalien in Zukunft ausschließen. Hierzu sollten die Krisenexperten sowohl das unternehmerische als auch das eigene (Kooperations-)Verhalten während des Turnaround-Prozesses konstruktivistisch interpretieren. Dies wird ebenfalls die aktive Einbindung der Unternehmer in den Turnaround-Prozess erleichtern. Darüber hinaus sind die empirischen Ergebnisse eine klare Aufforderung an alle Krisen- und Sanierungsexperten, ein ganzheitliches bzw. integriertes Turnaround-Konzept zu verfolgen. Durch abgestimmte bilanzielle, finanz- und leistungswirtschaftliche Maßnahmen kann die zukünftige Entwicklung des Unternehmens erfolgsversprechend gestaltet werden. Die Maßnahmenpakete sollten über eine reine Verbesserung der Passivseite oder des Unternehmenscontrollings hinausgehen und so ausgerichtet sein, unternehmerisches und organisationales Lernen zu fördern. Allerdings sollten die Krisenexperten ebenso darauf achten, dass die Interessen des Unternehmers und des Unternehmens in einem kongruenten Verhältnis stehen. Ist dies anzuzweifeln, sollte die Gesellschafterstruktur sowie die Zusammensetzung der Unternehmensleitung überdacht werden. Dies gilt auch, wenn man-

[8] *Scheff* (2001), S. 196.

gelnde unternehmerische und organisationale Lernbereitschaft und -fähigkeit einer positiven Turnaround-Fähigkeits- und -Würdigkeitsprüfung des Krisenunternehmens entgegenstehen.

Mit der vorliegenden Arbeit ist zudem ein Beitrag zur theoretischen und empirischen Erforschung und Fundierung des Turnaround-Managements von KMU geleistet worden, indem der Turnaround von KMU aus der Perspektive des unternehmerischen und organisationalen Lernens untersucht wurde. Während die eingangs formulierte Forschungsfrage konsequent verfolgt wurde, eröffneten sich weitere interessante, in der vorliegenden Arbeit aber nicht behandelte Fragestellungen für die wissenschaftliche Diskussion, auf die im Folgenden hingewiesen wird.

Der Autor befasste sich schwerpunktmäßig mit der Untersuchung des unternehmerischen (Lern-)Verhaltens während des Turnarounds. Hierzu wurde ausschließlich die Gruppe jener Unternehmer untersucht, die während des Turnarounds das Unternehmen nicht verlassen haben. Wünschenswert wäre eine **Ausweitung des Untersuchungsbereichs auf das (Lern-)Verhalten von Fremdmanagern**, um bspw. komparative Aussagen über die Lernfähigkeit und -bereitschaft dieser zwei Personengruppen treffen zu können. Auch Fragen zu **geschlechterspezifischen Unterschieden in den Lernprozessen** während des Unternehmens-Turnarounds sind bislang nicht erörtert worden. Dieser Forschungsschwerpunkt sollte im Rahmen der stärker werdenden Genderforschung thematisiert werden, um einerseits allgemeine geschlechterspezifische Unterschiede in den Führungsgremien von Krisen- und Turnaround-Unternehmen zu eruieren und um andererseits die spezifischen Einflussfaktoren, die Umfeldbedingungen und die beobachtbaren Verhaltensveränderungen aus lerntheoretischer Sicht zu analysieren.

Darüber hinaus ist es von Interesse, wie sich **alternative Formen des institutionalisierten Turnarounds** auf das (Lern-)Verhalten der Unternehmensführung und des gesamten Unternehmens auswirken. Hier wäre bspw. zu vermuten, dass sich im Falle eines kooperativen Turnarounds die längerfristige Zusammenarbeit zwischen Unternehmer und Interimsmanager im Vergleich zum begleiteten Turnaround in einem deutlich stärkeren unternehmerischen und organisationalen Lernprozess niederschlagen sollte. Außerdem sollten sich zukünftige Forschungsarbeiten mit der Frage beschäftigten, ob die Verbesserung der organisationalen Wissensbasis im Turnaround von KMU stärker durch den **Austausch oder den Verbleib der Unternehmer** beeinflusst wird. Empirische Studien könnten dazu beitragen, die weitgehend emotional geführte Diskussion zu rationalisieren und dadurch die bestehende Handlungs- und Entscheidungsunsicherheit zu reduzieren. Auch der Prozess des organisationalen Wissenstransfers **(SECI-Prozess) während eines Unternehmens-Turnarounds** wirft weiterhin Fragen auf und sollte empirisch intensiver betrachtet werden. Diese oder ähnliche Fragestellungen aufzugreifen und wissenschaftlich zu diskutieren, bleibt zukünftigen Forschungsarbeiten überlassen.

G. Anhang

Faxantwort: 0271-740-2279

Lehrstuhl für BWL, insbes. Management kleiner und mittlerer Unternehmen (PRO KMU)

Universität Siegen Hölderlinstr. 3 57068 Siegen

Während des **Prozesses der Krisenbewältigung (KB)** werden in den betroffenen Unternehmen unterschiedlichste Veränderungen vorgenommen. Diese **Veränderungen** stehen im Mittelpunkt des vorliegenden Fragebogens. Die Fragen können direkt und **ohne Akteneinsicht** beantworten werden. Dadurch wird Ihre **Zeitaufwand** zur Beantwortung auf **25 Minuten** begrenzt. Wählen Sie hierzu einen **Fall**, der Ihnen erstens **besonders gut in Erinnerung** geblieben ist und zweitens die folgenden **Anforderungen** erfüllt:

- Das Unternehmen beschäftigt zu Beginn der Krisenbewältigung maximal **500 Mitarbeiter (MA)**.
- Der **Geschäftsführer bleibt** während der Krisenbewältigung **im Amt**.

Sie können den vorliegenden Fragebogen

- entweder **direkt ausfüllen** und an uns zurücksenden (**Rückumschlag liegt bei**) oder zurückfaxen,
- oder **als Vorlage** für ein **strukturiertes Interview** mit Dipl.-Kfm. Daniel Heinemann nutzen.

Da Veränderungen im Prozess der Krisenbewältigung (KB) betrachtet werden sollen, bitten wir Sie bei der Beantwortung einiger Fragen zwischen dem **Beginn** und dem **Ende der Krisenbewältigung (KB)** zu unterscheiden:

- zu **Beginn** der Krisenbewältigung (KB) entspricht dem Zeitpunkt, in dem Sie die **ersten Gespräche** mit dem Geschäftsführer führen,
- zum **Ende** der Krisenbewältigung (KB) entspricht dem Zeitpunkt, in dem Sie Ihre **aktive Beteiligung** an der Krisenbewältigung **einstellen**.

Sollten sich einzelne Aussagen Ihrer Kenntnis entziehen bzw. irrelevant sein, so lassen Sie diese einfach **unbeantwortet**.

Herzlichen Dank für Ihre Mitarbeit!

1. Wie viele Mitarbeiter (MA) hat das Unternehmen zu Beginn der Krisenbewältigung (KB)?

1 - 9 MA	10 - 49 MA	50 - 249 MA	250 - 499 MA
☐	☐	☐	☐

2. Wie hoch ist der Jahresumsatz des Unternehmens zu Beginn der Krisenbewältigung (KB)?

< 1 Mio. €	> 1 bis 10 Mio. €	> 10 bis 50 Mio. €	> 50 Mio. €
☐	☐	☐	☐

3. Nennen Sie die drei wichtigsten Ursachen für die Unternehmenskrise.

Annahme unterkalkulierter Aufträge	Managementfehler	Zu geringes Eigenkapital	Rückgang der Nachfrage	Konjunktur/ Branchensituation
☐	☐	☐	☐	☐
Steigender Konkurrenz- bzw. Preisdruck	Zu großer Personalstamm	Keine Neu- bzw. Reinvestitionen	Mangelnde Kostenrechnung	Forderungsausfälle, Zahlungsmoral
☐	☐	☐	☐	☐

4. Wer hatte die Geschäftsführung des Unternehmens inne? (Mehrfachnennung möglich)

Gesellschafter (Inhaber bei Einzelunternehmung)	Familienmitglied (er) der/des Gesellschafter(s)	Fremdmanager
☐	☐	☐

Bitte beurteilen Sie in den nächsten Fragen den Geschäftsführer. Bei mehreren Geschäftsführern wählen Sie bitte jene Person aus, die Ihrer Einschätzung nach den größten Einfluss auf die Geschicke des Unternehmens hat. Aus Gründen der Vereinfachung werden wir diese Person im Folgenden einheitlich als **Unternehmer** bezeichnen.

5. Durch wen ist die Unternehmenskrise entdeckt und damit der Prozess der Krisenbewältigung angestoßen worden? (Mehrfachnennung möglich)

Unternehmer	Kreditinstitut	Steuerberater / Wirtschaftsprüfer	Gesellschafter, außer Unternehmer	Sonstige z.B. Mitarbeiter
☐	☐	☐	☐	☐

6. Zum Zeitpunkt der Krisenentdeckung befand sich das Unternehmen eher in einer ...

Strategischen Krise	Erfolgskrise	Liquiditätskrise
☐	☐	☐

7. Inwieweit treffen Ihrer Einschätzung nach die folgenden Aussagen über die Wahrnehmung der Unternehmenssituation durch den Unternehmer zu Beginn der Krisenbewältigung (KB) zu?

Der **Unternehmer** war zu **Beginn** der Krisenbewältigung der Meinung, dass…	Trifft zu				Trifft nicht zu
…er für die Krise mitverantwortlich ist.	☐	☐	☐	☐	☐
…die Krise nur überwunden werden kann, wenn das Unternehmen grundlegend (strategisch) verändert wird.	☐	☐	☐	☐	☐
…die Krise hauptsächlich durch negative externe Umstände (z.B. Konjunktur, Wettbewerb) verursacht wurde.	☐	☐	☐	☐	☐
…die Leistungen der Führungskräfte und Mitarbeiter strenger kontrolliert werden müssen.	☐	☐	☐	☐	☐
…er die Krisenentwicklung bis zu diesem Zeitpunkt **nicht** beeinflussen konnte.	☐	☐	☐	☐	☐
…die Auslöser der Krise die Unternehmensentwicklung langfristig beeinträchtigen werden.	☐	☐	☐	☐	☐
…er sein Unternehmen eigentlich alleine, d.h. ohne Unterstützung eines Krisenexperten, aus der Krise führen kann.	☐	☐	☐	☐	☐
…die Schlüsselpositionen mit kompetenten Personen besetzt sind.	☐	☐	☐	☐	☐

8. Bitte beurteilen Sie die folgenden Aussagen bezugnehmend auf den Unternehmer:

Der Unternehmer…	Zeitpunkt der Beurteilung	Trifft zu				Trifft nicht zu
…reagiert **nicht** auf Vorschläge und Kritik der Familie bzw. Mitarbeiter.	zu Beginn der KB	☐	☐	☐	☐	☐
	zum Ende der KB	☐	☐	☐	☐	☐
…kennt die Stärken und Schwächen seines Unternehmens genau.	zu Beginn der KB	☐	☐	☐	☐	☐
	zum Ende der KB	☐	☐	☐	☐	☐
…gibt sich beratungsresistent.	zu Beginn der KB	☐	☐	☐	☐	☐
	zum Ende der KB	☐	☐	☐	☐	☐
…kennt seine persönlichen Schwächen (z.B. Führungsverhalten, kaufm. / techn. Fachwissen).	zu Beginn der KB	☐	☐	☐	☐	☐
	zum Ende der KB	☐	☐	☐	☐	☐

9. Inwieweit treffen die folgenden Aussagen auf die Entscheidungsfindung des Unternehmers zu?

	Zeitpunkt der Beurteilung	Trifft zu				Trifft nicht zu
Wichtige Entscheidungen werden allein vom Unternehmer getroffen.	zu Beginn der KB	☐	☐	☐	☐	☐
	zum Ende der KB	☐	☐	☐	☐	☐
Bei wichtigen Entscheidungen ist unternehmerisches Gespür (Bauchgefühl) der wichtigste Einflussfaktor.	zu Beginn der KB	☐	☐	☐	☐	☐
	zum Ende der KB	☐	☐	☐	☐	☐
Wichtige Entscheidungen werden unter Berufung auf die Unternehmenstradition getroffen.	zu Beginn der KB	☐	☐	☐	☐	☐
	zum Ende der KB	☐	☐	☐	☐	☐
Bei wichtigen Entscheidungen werden Alternativen mit den Führungskräften erarbeitet und diskutiert.	zu Beginn der KB	☐	☐	☐	☐	☐
	zum Ende der KB	☐	☐	☐	☐	☐
Wichtige Entscheidungen werden immer über ausreichende Analysen und Informationen begründet.	zu Beginn der KB	☐	☐	☐	☐	☐
	zum Ende der KB	☐	☐	☐	☐	☐

10. Wie wichtig waren folgende Instrumente zur Planung & Kontrolle für Unternehmer und Führungskräfte?

	Zeitpunkt der Beurteilung	Wichtig				Unwichtig
Jahresplanung	zu Beginn der KB	☐	☐	☐	☐	☐
	zum Ende der KB	☐	☐	☐	☐	☐
Rechnungswesen / BWA	zu Beginn der KB	☐	☐	☐	☐	☐
	zum Ende der KB	☐	☐	☐	☐	☐
Liquiditätsplanung	zu Beginn der KB	☐	☐	☐	☐	☐
	zum Ende der KB	☐	☐	☐	☐	☐
Vor- und Nachkalkulation	zu Beginn der KB	☐	☐	☐	☐	☐
	zum Ende der KB	☐	☐	☐	☐	☐
Kostenrechnung	zu Beginn der KB	☐	☐	☐	☐	☐
	zum Ende der KB	☐	☐	☐	☐	☐

11. Bitte beurteilen Sie die folgenden Aussagen:

	Zeitpunkt der Beurteilung	Trifft zu				Trifft nicht zu
Der Unternehmer verfolgt mittel- bis langfristige Unternehmensziele (Strategie).	zu Beginn der KB	☐	☐	☐	☐	☐
	zum Ende der KB	☐	☐	☐	☐	☐
Die Ziele (Strategie) für das Unternehmen sind eindeutig formuliert und den Mitarbeitern bekannt.	zu Beginn der KB	☐	☐	☐	☐	☐
	zum Ende der KB	☐	☐	☐	☐	☐
Die persönliche Kommunikation zwischen Unternehmer und Mitarbeitern ist **unzureichend**.	zu Beginn der KB	☐	☐	☐	☐	☐
	zum Ende der KB	☐	☐	☐	☐	☐
Fehler und Probleme z.B. bei der Herstellung oder Auftragsausführung werden aufgedeckt und behoben.	zu Beginn der KB	☐	☐	☐	☐	☐
	zum Ende der KB	☐	☐	☐	☐	☐
Verantwortung für Aufgaben, Projekte und Teilbereiche wird an Führungskräfte weitergeben.	zu Beginn der KB	☐	☐	☐	☐	☐
	zum Ende der KB	☐	☐	☐	☐	☐
Führungskräfte und Mitarbeiter sind motiviert.	zu Beginn der KB	☐	☐	☐	☐	☐
	zum Ende der KB	☐	☐	☐	☐	☐

12. Wie wichtig waren die folgenden Maßnahmen für das Unternehmen?

	Zeitpunkt der Beurteilung	Wichtig				Un-wichtig
Interne Aus- und Weiterbildung, z.B. Training on the job, Schulungen, Lerngruppen am Arbeitsplatz.	zu Beginn der KB	☐	☐	☐	☐	☐
	zum Ende der KB	☐	☐	☐	☐	☐
Interne Informationen über Reklamationen und Beschwerden der Kunden.	zu Beginn der KB	☐	☐	☐	☐	☐
	zum Ende der KB	☐	☐	☐	☐	☐
Betriebliches Vorschlagswesen/Ideenbörse.	zu Beginn der KB	☐	☐	☐	☐	☐
	zum Ende der KB	☐	☐	☐	☐	☐
Regelmäßiger Erfahrungsaustausch der Mitarbeiter, z.B. Besprechungen, Treffen.	zu Beginn der KB	☐	☐	☐	☐	☐
	zum Ende der KB	☐	☐	☐	☐	☐
Externe Weiterbildung (Seminare) für Unternehmer und Führungskräfte.	zu Beginn der KB	☐	☐	☐	☐	☐
	zum Ende der KB	☐	☐	☐	☐	☐
Besuch von Fachmessen, Hersteller- und Kundenschulungen.	zu Beginn der KB	☐	☐	☐	☐	☐
	zum Ende der KB	☐	☐	☐	☐	☐
Kooperation mit Kunden, Lieferanten und Wettbewerbern.	zu Beginn der KB	☐	☐	☐	☐	☐
	zum Ende der KB	☐	☐	☐	☐	☐
Enger Kundenkontakt, z.B. regelmäßige Kundengespräche, schriftliche Kundenbefragungen.	zu Beginn der KB	☐	☐	☐	☐	☐
	zum Ende der KB	☐	☐	☐	☐	☐

13. Welche der folgenden Personengruppen war an der Krisenbewältigung beteiligt? Im Falle von Mehrfachnennungen heben Sie bitte den wichtigsten Krisenexperten durch Unterstreichung hervor!

Unternehmensberater	Bankberater / Kundenbetreuer	Steuerberater / Wirtschaftsprüfer
☐	☐	☐
Interims Manager / Geschäftsführer auf Zeit	Rechtsanwalt / Insolvenzverwalter	Runder Tisch, Betreuer der IHK o. Handwerkskammer
☐	☐	☐

14. Wie beurteilen Sie die Zusammenarbeit zwischen Unternehmer und dem zuvor genannten (wichtigsten) Krisenexperten?

	Trifft zu				Trifft nicht zu
Der Krisenexperte wurde auf Anraten eines oder mehrer beteiligter Kreditinstitute beauftragt.	☐	☐	☐	☐	☐
Zwischen dem Krisenexperten und dem Unternehmer entstand ein konstruktives Vertrauensverhältnis.	☐	☐	☐	☐	☐
Das Know-how und die Erfahrung des Krisenexperten verbesserte die Qualität der Krisenursachenanalyse.	☐	☐	☐	☐	☐
Maßnahmen zur Krisenbewältigung wurden gemeinsam von Unternehmer und Experte entwickelt.	☐	☐	☐	☐	☐
Wichtige Entscheidungen während der Krisenbewältigung wurden vom Unternehmer getroffen.	☐	☐	☐	☐	☐
Der Krisenexperte trug dazu bei, Abstimmungsprobleme zu beheben und Konflikte zu lösen.	☐	☐	☐	☐	☐

15. Inwieweit treffen die folgenden Aussagen zur Erarbeitung und Umsetzung von Krisenbewältigungsmaßnahmen zu?

	Trifft zu				Trifft nicht zu
Die Führungskräfte wurden aktiv in die Analyse des Unternehmens und der Krisenursachen einbezogen.	☐	☐	☐	☐	☐
Zur Unterstützung des Unternehmers wurde eine gesonderte Projektgruppe (z.B. Turnaround-Team) gebildet.	☐	☐	☐	☐	☐
Die Instrumente zur Planung & Kontrolle wurden verbessert (höhere Qualität und Aktualität der verfügbaren Instrumente).	☐	☐	☐	☐	☐
Der Unternehmer hat die Umsetzung der Maßnahmen intensiv vorangetrieben.	☐	☐	☐	☐	☐
Die Maßnahmen sind von den Führungskräften vollständig umgesetzt worden.	☐	☐	☐	☐	☐
Die Mitarbeiter wurden über die Zukunftsaussichten des Unternehmens informiert.	☐	☐	☐	☐	☐
Der Unternehmer war zum Ende der KB von der Notwendigkeit der Maßnahmen zur Krisenbewältigung überzeugt.	☐	☐	☐	☐	☐

16. Inwieweit haben sich die folgenden Punkte auf das Ergebnis der Krisenbewältigung (KB) ausgewirkt?

Das Ergebnis der Krisenbewältigung wurde beeinflusst durch ……	Positiv				Negativ
…den Zeitpunkt der Krisenentdeckung *(z.B. Frühzeitigkeit).*	☐	☐	☐	☐	☐
…das Konzept bzw. die Maßnahmen zur Krisenbewältigung *(z.B. Qualität, Umsetzbarkeit, Umsetzung).*	☐	☐	☐	☐	☐
…das Finanzierungsverhalten der Kreditinstitute *(z.B. Kreditvergaben, Kreditlinien, Stundung).*	☐	☐	☐	☐	☐
…das Verhalten der übrigen Gläubiger *(z.B. Kunden, Lieferanten, Finanzamt, Krankenkassen).*	☐	☐	☐	☐	☐
…die Fähigkeiten des Unternehmers *(z.B. technisches und kaufmännisches Know-how, Führung der Mitarbeiter).*	☐	☐	☐	☐	☐
…das Verhalten der Familie / Gesellschafter *(z.B. Unterstützung der Krisenbewältigung, psychische Entlastung).*	☐	☐	☐	☐	☐
…das Verhalten der Mitarbeiter *(z.B. Annahme der Maßnahmen, Veränderungsbereitschaft)*	☐	☐	☐	☐	☐
…externe Rahmenbedingungen *(z.B. Konjunktur, Wettbewerbsintensität, Wechselkurs).*	☐	☐	☐	☐	☐
…die Einleitung der Unternehmensnachfolge.	☐	☐	☐	☐	☐

17. In welchem Maße wurden die folgenden Veränderungen während der Krisenbewältigung vorgenommen?

	Stark				Gering
Veränderung der Organisationsstruktur	☐	☐	☐	☐	☐
Veränderung der Fertigungsabläufe	☐	☐	☐	☐	☐
Ausweitung des Führungskreises	☐	☐	☐	☐	☐
Einstellung neuer Führungskräfte bzw. Mitarbeiter	☐	☐	☐	☐	☐
Verringerung der Wertschöpfungstiefe/Fertigungstiefe	☐	☐	☐	☐	☐
Neuentwicklung/Verbesserung von Produkten/Problemlösungen	☐	☐	☐	☐	☐
Verringerung der Personalkosten	☐	☐	☐	☐	☐
Verstärkung der Marketingaktivitäten bzw. des Vertriebs	☐	☐	☐	☐	☐
Verbesserung/Ausweitung der Dienstleistungen (z.B. Service)	☐	☐	☐	☐	☐
Technische Modernisierung des Unternehmens	☐	☐	☐	☐	☐
Veränderung der Unternehmensziele und -strategie	☐	☐	☐	☐	☐
Sonstige:	☐	☐	☐	☐	☐

18. Inwieweit treffen Ihrer Einschätzung nach die folgenden Aussagen über die Wahrnehmung der Unternehmenssituation durch den Unternehmer zum Ende der Krisenbewältigung (KB) zu?

Der **Unternehmer** war zum **Ende** der Krisenbewältigung (KB) der Meinung, dass…	Trifft zu				Trifft nicht zu
…er für die Krise mitverantwortlich war.	☐	☐	☐	☐	☐
…die Auslöser der Krise die Unternehmensentwicklung langfristig beeinträchtigen werden.	☐	☐	☐	☐	☐
…er mit einer ernsthaften Krisenbewältigung zu spät begonnen hat.	☐	☐	☐	☐	☐
…die Krise hauptsächlich durch negative externe Umstände (z.B. Konjunktur, Wettbewerb) verursacht wurde.	☐	☐	☐	☐	☐
…die Leistungen der Führungskräfte und Mitarbeiter strenger (als vor Beginn der KB) kontrolliert werden müssen.	☐	☐	☐	☐	☐
…Schlüsselpositionen mit kompetenten Personen neu besetzt werden mussten.	☐	☐	☐	☐	☐
…die Unterstützung eines Krisenexperten notwendig war, um das Unternehmen aus der Krise zu führen.	☐	☐	☐	☐	☐

19. Wie beurteilen Sie rückblickend das Ergebnis der Krisenbewältigung für das Unternehmen?

Positiv	Eher Positiv	Teils/teils	Eher negativ	Negativ
☐	☐	☐	☐	☐

20. Existiert das Unternehmen heute noch?

Ja	Nein	Keine Angabe
☐	☐	☐

21. Wann begann Ihre aktive Beteiligung am Prozess der Krisenbewältigung (MMJJ)?____________

22. Wann endete Ihre aktive Beteiligung am Prozess der Krisenbewältigung (MMJJ)?____________

23. Zu welcher der folgenden Personengruppen zählen Sie?

Unternehmensberater	Bankberater / Kundenbetreuer	Steuerberater / Wirtschaftsprüfer
☐	☐	☐
Interims Manager	Rechtsanwalt / Insolvenzverwalter	IHK, HWK, Runder Tisch
☐	☐	☐

24. Falls Sie noch Anmerkungen und Kommentare anbringen möchten, können sie den folgenden Raum hierfür nutzen:

☐	**Ja, ich interessiere mich für eine Rückmeldung! Bitte geben Sie dann auf jeden Fall Ihre e-mail-Adresse an.**

Firma: ....

c/o: ....

Straße: ....

PLZ/Ort: ....

e-mail: ....

Faxantwort: 0271-740-2279

Universität Siegen
Lehrstuhl für BWL, insbes. Management kleiner und mittlerer Unternehmen (Pro KMU)
Dipl.-Kfm. Daniel Heinemann
Hölderlinstr. 3, 57068 Siegen
Tel.: 0271-7402412, Fax: 0271-7402279
E-Mail: daniel.heinemann@uni-siegen.de, Homepage: www.prokmu.de

Herzlichen Dank für Ihre Teilnahme und Unterstützung!

Literaturverzeichnis

Achilles, W. (2000): Erfolgreiche Unternehmenssanierung. Kommunikation als Schlüsselvariable, Wiesbaden.

Acs, Z.J./Audretsch, D.B. (Hrsg.): Handbook of Entrepreneurship Research. An Interdisciplinary Survey and Introduction, New York.

Adner, R./Helfat, C.E. (2003): Corporate effects and dynamic managerial capabilities, in: Strategic Management Journal, 24. Jg., S. 1011-1025.

Albach, H. (1976): Kritische Wachstumsschwellen in der Unternehmensentwicklung, in: ZfB, H. 10, S. 683-696.

Albach, H. (1979a): Kampf ums Überleben. Der Ernstfall als Normalfall für Unternehmen in einer freiheitlichen Wirtschaftsordnung, in: Albach, H./Hahn, D./Mertens, P. (Hrsg.): Frühwarnsysteme, ZfB-Ergänzungsheft Nr. 2, S. 9-22.

Albach, H. (1979b): Zur Wiederentdeckung des Unternehmers in der wirtschaftspolitischen Diskussion, in: Zeitschrift für die gesamte Staatswissenschaft (ZgS), 135. Jg., H. 4, S. 533-552.

Albach, H. (1983): Die Bedeutung mittelständischer Unternehmen in der Marktwirtschaft, in: ZfB, 53. Jg., H. 9, S. 870-887.

Albach, H. (1993): Unternehmenswachstum, -stagnation und -schrumpfung, in: Wittmann, W. (Hrsg.): Handwörterbuch der Betriebswirtschaft, Bd. 3, Stuttgart, Sp. 4417-4436.

Albach, H. (1998): Unternehmensgründungen in Deutschland – Potentiale und Lücken, in: DStR, H. 36, S. 988-992.

Albach, H. (1999): Eine allgemeine Theorie der Unternehmung, in: ZfB, 70. Jg., H. 4, S. 411-427.

Albach, H. (1999b): Kreatives Organisationslernen, in: Albach, H./Dierkes, M./Berthoin Antal, A./Vaillant, K. (Hrsg.): Organisationslernen. Institutionelle und kulturelle Dimensionen, Berlin, S. 55-77.

Albach, H. (2000): Management of Learning Processes in the Firm, in: ZfB-Ergänzungsheft 1/2000, S. 85-95.

Albach, H. (2001): Allgemeine Betriebswirtschaftslehre, Wiesbaden.

Albach, H. (2002): Hat das Familienunternehmen eine Zukunft?, in: ZfB-Ergänzungsheft 5/2002, S. 163-173.

Albach, H. (2006): Betriebswirtschaftliche Langzeitforschung, in: ZfB, 76. Jg., H. 7/8, S. 701-734.

Albach, H./Albach, R. (1989): Das Unternehmen als Institution. Rechtlicher und gesellschaftlicher Rahmen, Wiesbaden.

Albach, H./Bock, K./Warnke, T. (1984): K Wachstumskrisen von Unternehmen, in: ZfbF, H. 10, S. 779-793.

Albach, H./Dierkes, M./Berthoin Antal, A./Vaillant, K. (1999)(Hrsg.): Organisationslernen. Institutionelle und kulturelle Dimensionen, Berlin.

Altman, E.I. (1993): Corporate Financial Distress and Bankruptcy. A Complete Guide to Predicting & Avoiding Distress and Profiting from Bankruptcy, New York u.a.

Amit, R./MacCrimmon, K.I./Zietsma, C./Oesch, J.M. (2000): Does money matter? Wealth attainment as the motive for initiating growth-oriented technology ventures, in: Journal of Business Venturing, 16. Jg., S. 119-143.

Arbeitskreis „Wertorientierte Führung in mittelständischen Unternehmen" der Schmalenbach-Gesellschaft für Betriebswirtschaft e.V. (2003): Wert(e)orientierte Führung in mittelständischen Unternehmen, in: Finanz Betrieb, H. 9, S. 525-533.

Argenti, J. (1976): Corporate collapse. The causes and symptoms, London u.a.

Argyris, C. (1990): Overcoming Organizational Defenses. Facilitating Organizational Learning, Boston u.a.

Argyris, C./Schön, D. A. (1978): Organizational Learning: A Theory of Action Perspective, Reading, Massachusetts u.a.

Argyris, C./Schön, D. A. (2002): Die Lernende Organisation. Grundlagen, Methode, Praxis, Stuttgart.

Arnold, R. (2004): Lernen und Lerntheorien, in: Gaugler, E./Oechsler, W.A./Weber, W. (Hrsg.): Handwörterbuch des Personalwesens, Stuttgart, Sp. 1096-1103.

Arnold, R./Lermen, M. (2005): Lernen, Bildung und Kompetenzentwicklung – neuere Entwicklungen in Erwachsenenbildung und Weiterbildung, in: Wiesner, G./Wolter, A. (Hrsg.): Die lernende Gesellschaft. Lernkulturen und Kompetenzentwicklung in der Wissensgesellschaft, Weinheim u.a., S. 45-59.

Arogyaswamy, K./Barker, V.L./Yasai-Ardekani, M. (1995): Firm turnarounds. An integrative two-stage model, in: Journal of Management Studies, S. 493-525.

Atherton, A. (2003): The uncertainty of knowing: An analysis of the nature of knowledge in a small business context, in: Human Relations, 56. Jg., S. 1379-1397.

Atherton, A./Hannon, P. (1997): Das strategische Bewusstsein und der Innovationsprozeß, in: Internationales Gewerbearchiv (IGA), 45. Jg., S. 236-250.

Auer-Rizzi, W. (2002): Rigidität versus Veränderung in der Krisensituation, in: Feldbauer-Durstmüller, B./Schlager, J. (Hrsg.): Krisenmanagement - Sanierung - Insolvenz. Handbuch für Banken, Management, Rechtsanwälte, Steuerberater, Wirtschaftsprüfer und Unternehmensberater, Wien, S. 33-57.

Backhaus, K./Erichson, B./Plinke, W./Weiber, R. (2003): Multivariate Analysemethoden. Eine anwendungsorientierte Einführung, Berlin u.a.

Baitsch, C./Delbrouck, I./Jutzi, K (1999): Organisationales Lernen. Facetten aus Theorie und Praxis, München u.a.

Baitsch, C./Delbrouck, I. (1999): Wenn der Externe kommt... Über externe Unternehmensberater und die Schwierigkeiten des organisationalen Lernens, in: Baitsch, C./Delbrouck, I./Jutzi, K. (Hrsg.): Organisationales Lernen. Facetten aus Theorie und Praxis, München u.a., S. 23-34.

Balgobin, R./Pandit, N.R. (2001): Stages in the turnaround process. The case of IBM UK, in: European Management Journal, H. 3, S. 301-316.

Bandura, A. (1979): Sozial-kognitive Lerntheorie, Stuttgart.

Bandura, A. (1997): Self-efficacy. The exercise of control, New York.

Bapuji, H./Crossan, M. (2004): From Questions to Answers: Reviewing Organizational Learning Research, in: Management Learning, 35. Jg., S. 397-417.

Barker, V.L.III./Barr, P.S. (2002): Linking top manager attributions to strategic reorientation in declining firms attempting turnarounds, in: Journal of Business Research, H. 12, S. 963-979.

Barker, V.L.III./Duhaime, I. (1997): Strategic change in the turnaround process. Theory and empirical evidence, in: Strategic Management Journal, H. 1, S. 13-38.

Barker, V.L.III./Mone, M.A. (1994): Retrenchment: Cause of turnaround or conse-quence of decline?, in: Strategic Management Journal, H. 5, S. 395-405.

Barker, V.L.III./Mone, M.A./Mueller, G.C./Freeman, S.J. (1998): Does it add up? An empirical study of the value of downsizing for firm turnaround, in: Ketchen, D.J. (Hrsg.): Turnaround research. Past accomplishments and future challenges, Stamford/London, S. 57-82.

Barker, V.L.III./Patterson, P.W.Jr./Mueller, G.C. (2001): Organizational Causes and Strategic Consequences of the Extent of Top Management Team Replacement During Turnaround Attempts, in: Journal of Management Studies, 38 Jg., H. 2, S. 235-269.

Barker, V.L.III./Patterson, P.W.Jr. (1996): Top Management Team Tenure and Top Manager Causal Attributions at Declining Firms Attempting Turnarounds, in: Group & Organization Management, 21 Jg., H. 3, S. 304-336.

Baron, R.A. (1998): Cognitive Mechanisms in Entrepreneurship: Why and when Entrepreneurs think differently than other people, in: Journal of Business Venturing, 13. Jg., S. 275-294.

Baron, R.A./Ward, T.B. (2004): Expanding Entrepreneurial Cognition`s Toolbox. Potential Contributions from the Field of Cognitive Science, in: ET&P, 28. Jg., H. 6, S. 533-573.

Bateman, T.S./Zeithaml, C.P. (1989): The psychological context of strategic decisionS. A model and convergent experimental findings, in: Strategic Management Journal, 10. Jg., H. 1, S. 59-74.

Bateson, G. (1972): Steps Toward an Ecology of Mind, New York.

Bea, F.X./Kötzle, A. (1983): Ursachen von Unternehmenskrisen und Maßnahmen zur Krisenvermeidung, in: Der Betrieb, H. 11, S. 565-571.

Becker, .H. (1960): Notes on the Concept of Commitment, in: American Journal of Sociology, 66. Jg.; H. 1, S. 32-40.

Becker, H. (1978): Unternehmenskrise und Krisenmanagement, in: ZfB, H. 8, S. 672-685.

Becker, R. (1986): Die Sanierungsfähigkeit der Unternehmung. Ein durch die Kommission für Insolvenzrecht aktualisierter Begriff in betriebswirtschaftlicher Sichtweise, Bergisch Gladbach.

Behringer, S. (2004): Unternehmensbewertung der Mittel- und Kleinbetriebe. Betriebswirtschaftliche Verfahrensweisen, Berlin.

Bellinger, B. (1962): Unternehmungskrisen und ihre Ursachen, in: Albach, H. (Hrsg.): Handelsbetrieb und Marktordnung, Wiesbaden, S. 49-74.

Beratergruppe Neuwaldegg (1995): Intelligente Unternehmen. Herausforderungen Wissensmanagement.

Berg, C.C. (1979): Theoretische Grundlagen und praktische Anreizpunkte zum Aufbau von Frühwarnsystemen im Bereich der Materialwirtschaft, in: Albach, H./Hahn, D./Mertens, P. (Schriftleitung): Frühwarnsysteme, ZfB-Ergänzungsheft 2/1979, Wiesbaden, S. 135-144.

Berg, C.C./Treffert, J.C. (1979): Die Unternehmenskrise - Organisatorische Probleme und Ansätze zu ihrer Lösung, in: ZfB, H. 6, S. 459-473.

Bergauer, A. (2001): Erfolgreiches Krisenmanagement in der Unternehmung, Berlin.

Berktold, K. (1999): Strategien zur Revitalisierung von strategischen Geschäftseinheiten. Eine empirische Untersuchung zur Ermittlung einer Typologie von Unternehmenskrisen und von typischen Strategien zu deren Bewältigung, Frankfurt a.M. u.a.

Berthoin Antal, A. (1998): Die Dynamik der Theoriebildungsprozesse zum Organisationslernen, in: Albach, H./Dierkes, M./Berthoin Antal, A./Vaillant, K. (Hrsg.): Organisationslernen, Berlin, S. 31-52.

Berthoin Antal, A./Lenhardt, U./Rosenbrock, R. (2001): Barriers to Organizational Learning, in: Dierkes, M./Berthoin Antal, A./Child, J./Nonaka, I. (Hrsg.): Handbook of Organizational Learning & Knowledge, Oxford, S. 865-885.

Berthoin Antal, A./Dierkes, M. (2002): Organisationslernen und Wissensmanagement. Überlegungen zur Entwicklung und zum Stande des Forschungsfeldes, Berlin.

Berthoin Antal, A./Dierkes, M./Marz, L. (1999): Organizational Learning in China, Germany and Israel, in: Journal of General Management, 25. Jg., S. 63-88.

Bhidé, A. (2000): The origin and evolution of new businesses, Oxford u.a.

Bibeault, D.B. (1982): Corporate Turnaround. How managers turn losers into winners, New York u.a.

Bickhoff, N./ Blatz, M./ Eilenberger, G./Haghani, S./ Kraus, K.-J. (2004): Die Unternehmenskrise als Chance. Innovative Ansätze zur Sanierung und Restrukturierung, Berlin u.a.

Bleicher, K. (1979): Unternehmungsentwicklung und organisatorische Gestaltung, Stuttgart u.a.

Bleymüller, J./Gehlert, G./Gülicher, H. (1998): Statistik für Wirtschaftswissenschaftler, München.

Böckenförde, B. (1995): Führungsaufgaben bei Sanierung und Turnaround, in: Kieser, A./ Reber, G./Wunderer, R. (Hrsg.): Handwörterbuch der Führung, 2., Stuttgart, Sp. 1859-1868.

Böckenförde, B. (1996): Unternehmenssanierung, Stuttgart.

Bortz, J. (2005): Statistik für Sozialwissenschaftler, Berlin u.a.

Bortz, J./Lienert, G.A./Boehnke, K. (2000): Verteilungsfreie Methoden in der Biostatik, Heidelberg.

Bourgeois, L.J. III (1981): On the measurement of organizational slack, in: Academy of Management Review, 6. Jg., S. 29-39.

Bowman, E. (1980): A Risk/Return Paradoxon for strategic management, in: Sloan Management Review, 21. Jg., Spring.

Bowman, E. (1982): Risk seeking in troubled firms, in Sloan Management Review, 23. Jg., Summer

Brehm, J.W. (1966): A theory of psychological reactance, New York.

Brehm, S. (2001): Konzepte zur Unternehmensveränderung. Organisationales Lernen in Vorschlagswesen, Qualitätszirkeln und Kaizen-Workshops, Wiesbaden.

Brentel, H./Klemisch, H./Rohn, H. (2003): Lernendes Unternehmen. Konzepte und Instrumente für eine zukunftfähige Unternehmens- und Organisationsentwicklung, Wiesbaden

Bresser, R.K.F./Valle Thiehle, R./Biedermann, A./Lüdeke, H. (2005): Entlassung des Vorstandsvorsitzenden und Unternehmenserfolg. Eine empirische Untersuchung der größten deutschen Aktiengesellschaften, 75. Jg., H. 12, S. 1165-1192

Bretzke, U. (1984): Der Begriff der "drohenden Zahlungsunfähigkeit" im Konkursrecht, München u.a.

Brockmann, H. (2003): Der Mittelstand, in: WiSt, H. 11, S. 677-679.

Brüderl, J./Schüssler, R. (1990): Organizational mortality. The liabilities of newness and adolescence, in: Administrative Science Quarterly, S. 530-547.

Brunsson, N. (1982): The Irrationality of Action and Action Rationality: Decisions, Ideologies and Organizational Actions, in: Journal of Management, 19. Jg., H. 1, S. 29-44.

Buchhart, A. (2001): Insolvenzprophylaxe und Sanierung kleiner und mittlerer Unternehmen. Eine finanzierungstheoretische Analyse unter besonderer Berücksichti-gung der InsO, Hamburg.

Bühl, A./Zöfel, P. (2005): SPSS 12. Einführung in die moderne Datenanalyse unter Windows, München.

Bullinger, H.-J. (1996): Lernende Organisationen, Stuttgart.

Burtscher, J.G. (1996): Wertorientiertes Krisenmanagement. Ein integriertes Konzept zur Vermeidung und Bewältigung von Unternehmenskrisen, Bamberg.

Busenitz, L.W./Barney, J.B. (1997): Differences between entrepreneurs and managers in large organizations: Baises and heuristics in strategic decision-making, in: Journal of Business Venturing, 12. Jg., S. 9-30.

Bussiek, J. (1996): Anwendungsorientierte Betriebswirtschaftslehre für Klein- und Mittelunternehmen, München u.a.

Cangelosi, V.E./Dill, W.R. (1965): Organizational Learning: Observations Toward a Theory, in: Administrative Science Quarterly, Jg. 10, S. 175-203.

Cantillon, R. (1755/1931): Abhandlung über die Natur des Handels im allgemeinen, deutsche Übersetzung der französischen Ausgabe von 1755, Jena.

Carland, J.W./Hoy, F./Boulton, W.R./Carland, J.A.C. (1984): Differentiating Entrepreneurs from Small Business Owners: A Conceptualization, in: Academy of Management Review, 9. Jg., H. 2, S. 354-359.

Casson, M.C. (1982): The Entrepreneur. An Economic Theory, Oxford.

Cezanne, M. (1999): Krisenmanagement und Komplexität. Betriebswirtschaftliche Krisentheorien im Kontext multioptionalen Konsumentenverhaltens, Wiesbaden.

Chen, M.-J./Smith, K.B. (1987): Samples used in strategic management research, in Academy of Management Best Papers Proceedings, S. 7-11.

Chen, M.-J./Farh, J.-L./MacMillan, I.C. (1993): An exploration of the expertedness of outside informants, in: The Academy of Management Journal, 36. Jg., H. 6, S. 1614-1632.

Chowdhury, S.D. (2002): Turnarounds. A stage theory perspective, in: Canadian Journal of Administrative Science, H. 3, S. 249-266.

Chowdhury, S.D./Lang, J.R. (1993): Crisis, decline and turnaround. A test of competing hypotheses of short-term performance improvements in small firms, in: Journal of Small Business Management, H. 4, S. 8-17.

Chowdhury, S.D./Lang, J.R. (1994): Turnaround actions, contingency influences and profitability. The case of slack and capital intensity, in: Canadian Journal of Administrative Science, H. 3, S. 205-213.

Chowdhury, S.D./Lang, J.R. (1996a): Turnaround in small firms. An assessment of efficiency strategies, in: Journal of Business Research, H. 6, S. 169-178.

Chowdhury, S.D./Lang, J.R. (1996b): The decline of small firms. A preliminary investigation into the concept of complaceny, in: Canadian Journal of Administrative Science, H. 4, S. 321-331.

Clasen, J.P. (1992): Turnaround Management für mittelständische Unternehmen, Wiesbaden.

Coenenberg, A.G./Fischer, T.M. (1993): Ansatzpunkte des Turnaround-Managements im Unternehmen, in: Coenenberg, A.G./Fischer, T.M. (Hrsg.): Turnaround-Management. Finanzielle und strategische Werkzeuge der Restrukturierung, Stuttgart, S. 1-11.

Collins, O.F./Moore, D.G./Unwalla, D.B. (1964): The Enterprise Man, East Lansing.

Cornelissen, J.P. (2004): What Are We Playing At? Theatre, Organization and the Use of Metaphor, in: Organization Studies, Jg. 25, S. 705-726.

Cyert, R.M./March, J.G. (1963): A Behavioral Theory of the Firm, Englewood Cliffs.

Cyert, R.M./March, J.G. (1995): Eine verhaltenswissenschaftliche Theorie der Unternehmung, Stuttgart

Daschmann, H.-A. (1994): Erfolgsfaktoren mittelständischer Unternehmen. Ein Beitrag zur Erfolgsfaktorenforschung, Stuttgart.

David, S. (2001): Externes Krisenmanagement aus Sicht der Banken, Lohmar.

Davidsson, P. (2003): The domain of entrepreneurship research. Some suggestions, in: Katz, J.a./Shepherd, D.A. (Hrsg.): Cognitive Approaches to entrepreneurship research, 6. Jg., Amsterdam u.a., S. 315-372.

De, D. (2005): Entrepreneurship. Gründung und Wachstum von kleinen und mittleren Unternehmen, München u.a.

De Geus, A.P. (1988): Planning as Learning, in: Harvard Business Review, 66. Jg., S. 70-74.

Dehnbostel, P. (2005): Lernen-Arbeiten-Kompetenzentwicklung. Zur wachsenden Bedeutung des Lernens und der reflexiven Handlungsfähigkeit im Prozess der Arbeit, in: Wiesner, G./Wolter, A. (Hrsg.): Die lernende Gesellschaft. Lernkultur und Kompetenzentwicklung in der Wissensgesellschaft, Weinheim u.a., S. 111-126.

Delbrouck, I. (1999): Theoretische Vignetten auf das organisationale Lernen, in: Baitsch, C./Delbrouck, I./Jutzi, K (1999): Organisationales Lernen. Facetten aus Theorie und Praxis, München u.a., S. 13-22.

Delbrouck, I. (2000): Besonderheiten von KMU, in: Jutzi, K./Delbrouck, I./Müller, H (Hrsg.): Lernen kleine Unternehmen anders? Mering, S. 17-21.

Diettrich, A. (2000)Der Kleinbetrieb als lernende Organisation. Konzeption und Gestaltung von betrieblichen Lernstrategien - Eine betriebspädagogische Analyse, Markt Schwaben.

Diez, B. (1988): Krisenunternehmen. Empirische Identifikation und Finanzierungsverhalten, München.

Dodgson, M. (1993): Learning, trust and technological collaboration, in: Human Relations, 46. Jg., H. 1, S. 77-95.

Dörner, D. (2003): Die Logik des Mißlingens, Reinbek bei Hamburg.

Dorsten, S. (1995): Integrierte Organisations- und Personalentwicklung in der Lernenden Unternehmung. Ein zukunftsweisendes Konzept auf der Basis einer Fallstudie, Bielefeld.

Douglas, M. (1986): How institutions think, Syracuse, New York.

Drummond, H. (1998): Is Escalation Always Irrational?, in: Organization Studies, 19. Jg., H. 6, S. 911-929.

Drummond, H. (2001): Life`s chances and choices. A Study of entrapment in career decisions with reference to Becker`s side bets theory, in: Personnel Review, 30. Jg., H. 2, S. 186-202.

Drummond, H. (2004): See You Next Week? A Study of Entrapment in a Small Business, in: International Small Business Journal, 22. Jg., H. 5, S. 487-502.

Drummond, H./Chell, E. (2001): Life's Chances and Choices: A Study of Entrapment in Career Decisions with Reference to Becker's Side Bets Theory, in: Personnel Review, 30. Jg., H. 1, S. 186-202.

DSGV (2006): Diagnose Mittelstand 2006. Erfolgsmodell Mittelstand: Verankert in Deutschland – auf Wachstumskurs in der Welt.

Dubs, R. (2006): Konstruktivismus, in: Kaiser, F.-J./Pätzold, G. (Hrsg.): Wörterbuch Berufs- und Wirtschaftspädagogik, Bad Heilbrunn u.a., S. 307-308.

Duncan, R./Weiss, A. (1979): Organizational Learning. Implications for Organizational Design, in: Research in Organizational Behaviour, 1. Jg., S. 75-123.

Easterby-Smith, M./Aroujo, L. (1999): Organizational Learning: Current Debates and Opportunities, in: Easterby-Smith, M./Burgoyne, J./Aroujo, L. (Hrsg.): Organizational Learning and the Learning Organization. Developments in theory and practice, London u.a., S. 1-21.

Engberding, A. (1998): Unternehmenskrisen, Sanierung und Industriepolitik. Einzelwirtschaftliche und strukturpolitische Handlungsspielräume beim Wandel von Unternehmen in der Krise, Berlin.

Europäische Kommission (1996):Empfehlung der Kommission vom 3. April 1996 betreffend die Definition der kleinen und mittleren Unternehmen, Amtsblatt der Europäischen Union Nr. L107 vom 30.04.1996, S. 4-9.

Europäische Kommission (2003): Empfehlung der Kommission vom 6. Mai 2003 betreffend die Definition der Kleinstunternehmen sowie der kleinen und mittleren Unternehmen, Amtsblatt der Europäischen Union Nr. L 124 vom 20.05.2003, S. 36-41.

Fallgatter, M.J. (2001): Unternehmer und ihre Besonderheiten in der wissenschaftlichen Diskussion. Erklärungsbeiträge funktionaler und positiver Unternehmertheorien, in: ZfB, 71. Jg., H. 10, S. 1217-1235.

Fallgatter, M.J. (2002): Theorie des Entrepreneurship. Perspektiven zur Erforschung der Entstehung und Entwicklung junger Unternehmungen, Wiesbaden.

Faulhaber, P./Landwehr, N. (2005): Turnaround-Management in der Praxis. Umbruchphasen nutzen – neue Stärken entwickeln, Frankfurt a.M. u.a.

Feldbauer-Durstmüller, B. (1994): Die Prüfung der Sanierungsfähigkeit im Zuge eines Konkursverfahrens, in: Feldbauer-Durstmüller, B./Stiegler, H. (Hrsg.): Krisenmanagement, Linz, S. 235-268.

Fechner, D. (1998): Einleitung, in: Hess, H./Fechner, D./Freund, K./Körner, F. (Hrsg.): Sanierungshandbuch, Neuwied u.a., S. 1-15.

Fechner, D. (1999): Praxis der Unternehmenssanierung. Analyse, Konzept und Durchführung, Neuwied.

Festinger, L. (1962): A Theory of Cognitive Dissonance, Stanford.

Fleege-Althoff, F. (1930): Die notleidende Unternehmung. Krankheitserscheinungen und Krankheitsursachen, Bd. 1, Stuttgart.

Fiol, C.M./Lyles, M.A. (1985): Organizational Learning, in: Academy of Management Review, 10. Jg., S. 803-813.

Fischer, T.R. (1999): Agency-Probleme bei der Sanierung von Unternehmen, Wiesbaden.

Franceschetti, A. (1993): Der Turnaround aus Sicht der Anteilseigner, der Unternehmungsleitung und der Banken, Bamberg.

Freiling, J. (2006): Entrepreneurship. Theoretische Grundlagen und unternehmerische Praxis, München.

Friedberg, E. (2003): Mikropolitik und Organisationelles Lernen, in: Brentel, H./Klemisch, H./Rohn, H. (Hrsg.): Lernendes Unternehmen, Wiesbaden, S. 97-108.

Friedman, V.J. (2001): The Individual as Agent of Organizational Learning, in: Dierkes, M./Berthoin Antal, A./Child, J./Nonaka, I. (Hrsg.): Handbook of Organizational Learning & Knowledge, Oxford, S. 398-414.

Friedrichs, J. (1990): Methoden empirischer Sozialforschung, Opladen

Fröhlich, E./Pichler, J.H./Pleitner, H.J. (2000): Grösse in der Kleinheit, in: Pichler, J.H./Pleitner, H.J./Schmidt, K.-H. (Hrsg.): Management in KMU. Die Führung von Klein- und Mittelunternehmen, Bern u.a., S. 11-41.

Gabele, E. (1981): Ansatzpunkte für ein betriebswirtschaftliches Krisenmanagement, in: ZO, H. 3, S. 150-158.

Gabele, E. (1992): Reorganisation, in: Frese, E. (Hrsg.): Handwörterbuch der Organisation, Stuttgart, Sp. 2196-2211.

Gaglio, C.M./Katz, J. (2001): The psychological basis of opportunity identification: Entrepreneurial alertness, in: Small Business Economics, 16. Jg., S. 95-111.

Gartner, W.B. (1988): "Who is an Entrepreneur" is the wrong question, in: American Small Business Journal, (Spring), S. 11-31.

Gartner, W.B./Shaver, K.G./Carter, N.M./Reynolds, P.D. (2004) (Hrsg.): Handbook of Entrepreneurial Dynamics. The Process of Business Creation, Thousand Oaks u.a.

Garvin, D.A. (1999): Das lernende Unternehmen, Hamburg.

Gebert, D./Boerner, S. (1997): Mentale Lernbarrieren in Organisationen und Ansätze zu ihrer Überwindung, in: Dr. Wieselhuber & Partner (Hrsg.): Handbuch Lernende Organisation, Wiesbaden, S. 237-247.

Gerum, E. (1995): Manager- und Eigentümerführung, in: : Kieser, A. et al. (Hrsg.): Handwörterbuch der Führung, Stuttgart, Sp. 1457-1468.

Geißler, H. (1994): Grundlagen des Organisationslernens, Weinheim.

Geißler, H. (1998): Organisationslernen. Zur Bestimmung eines betriebspädagogischen Grundbegriffs, in: Arnold, R. (Hrsg.): Weiterbildung und Organisation. Zwischen Organisationslernen und lernenden Organisationen, Berlin, S. 45-73

Geißler, H. (2005): Betriebliche Kompetenzentwicklung und Angst, in: Wiesner, G./Wolter, A. (Hrsg.): Die lernende Gesellschaft. Lernkulturen und Kompetenzentwicklung in der Wissensgesellschaft, Weinheim u.a., S. 127-146.

Gibb, A./Scott, M. (1985): Strategic Awareness, Personal Commitment and the Process of Planning in the Small Business, in: Journal of Management Studies, 22. Jg., H. 6, S. 597-627.

Gifford, R. (2003): Risk and Uncertainty, in: Acs, Z.J./Audretsch, D.B. (Hrsg.): Handbook of Entrepreneurship Research. An Interdisciplinary Survey and Introduction, New York, S. 37-53.

Glasersfeld, E. von (2000): Konstruktion der Wirklichkeit und des Begriffs der Objektivität, in: Watzlawick, P. (Hrsg.): Einführung in den Konstruktivismus, S. 9-39.

Gless, S.-E. (1996): Unternehmenssanierung. Grundlagen – Strategien – Maßnahmen, Wiesbaden.

Goldbeck, K.-J. (1973): Insolvenzgefahren rechtzeitig erkennen und vorbeugend bekämpfen, Frankfurt a.M.

Göttgens, O. (1996): Erfolgsfaktoren in schrumpfenden und stagnierenden Märkten. Instrumente einer erfolgreichen Unternehmenspolitik, Wiesbaden.

Gopinath, C. (1991): Turnaround: Recognizing Decline and Initiating Intervention, in: Long Range Planning, H. 6, S. 96-101.

Grant, R. (1996): Toward a Knowledge-Based Theory of the Firm, in: Strategic Management Journal, 17. Jg., S. 109-122.

Grape, C. (2006): Sanierungsstrategien. Empirisch-qualitative Untersuchung zur Bewältigung schwerer Unternehmenskrisen, Wiesbaden.

Greenlalgh, L. (1983): Organizational decline, in: Bacharach, S.B. (Hrsg.): Research in the sociology of organizations, Greenwich, 2. Jg., S. 231-276.

Greenwood, R./Hinings, C.R. (1988): Organizational design types, tracks and the dynamics of strategic change, in: Organization Studies, 9. Jg., H. 3, S. 293-316.

Greiner, L.E. (1972): Evolution and revolution as organizations grow, in: HBR, H. 4, S. 37-46.

Grenz, T. (1987): Dimensionen und Typen der Unternehmenskrise. Analysemöglichkeiten auf der Grundlage von Jahresabschlussinformationen, Frankfurt am Main u.a.

Gruber, M. (2000): Der Wandel von Erfolgsfaktoren mittelständischer Unternehmen, Wiesbaden.

Güldenberg, S. (1997): Lernbarrieren und die Verhinderung des Verlernens in Organisationen, in: Dr. Wieselhuber & Partner GmbH (Hrsg.): Handbuch Lernende Organisation, Wiesbaden, S. 227-235.

Güldenberg, S. (2003): Wissensmanagement und Wissenscontrolling in lernenden Organisationen. Ein systemtheoretischer Ansatz, Wien.

Günterberg, B./Wolter, H.J. (2002):Unternehmensgrößenstatistik 2001/2002. Daten und Fakten, Bonn.

Günther, T./Scheipers, T. (1993): Insolvenzursachen - Zum Stand der empirischen Ursachenforschung, in: DStR, H. 12, S. 447-453.

Gunzenhauser, P. (1995): Unternehmenssanierung in den neuen Bundesländern, Bergisch Gladbach u.a.

Haake, K. (1987): Strategisches Verhalten in europäischen Klein- und Mittelunternehmen, Berlin u.a.

Hacker, W. (1986): Arbeitspsychologie, Bern.

Hahn, G. (1958): Ursachen von Unternehmer-Misserfolgen. Ergebnisse von Untersuchungen besonders im rheinischen Industriebezirk, Bergisch Gladbach.

Hambrick, D.C./Schecter, S.M. (1983): Turnaround Strategies for Mature Industrial-Product Business Units, in: Academy of Management Journal, 26. Jg., H. 2, S. 231-248.

Hamer, E. (1987): Das mittelständische Unternehmen, Stuttgart.

Hamer, E. (1990): Mittelständische Unternehmen. Gründung, Führung, Chancen, Risiken, Landsberg.

Hamer, E. (2006): Volkswirtschaftliche Bedeutung von Klein- und Mittelbetrieben, in: Pfohl, H.-C. (Hrsg.): Betriebswirtschaftslehre der Klein- und Mittelbetriebe. Größenspezifische Probleme und Möglichkeiten zu ihrer Lösung, Berlin, S. 25-49.

Hartung, J. (2002): Statistik. Lehr- und Handbuch der angewandten Statistik, München u.a.

Hauschildt, J. (1983): Aus Schaden klug, in: manager magazin, H. 10, 1983, S. 142-152.

Hinderer, M. (1984): Die mittelständische Unternehmung. Selbstverständnis in der Marktwirtschaft, Analyse und Strategie, München.

Hedberg, B. (1981): How organizations learn and unlearn, in: Nystrom, P.C./Starbuck, W.H. (Hrsg.): Handbook of Organizational Design, Oxford, S. 3-27.

Heinemann, D. (2006): Krisenmanagement von kleinen und mittleren Unternehmen. Ergebnisse einer empirischen Untersuchung, Siegen.

Heinemann, D./Welter, F. (2007): Organisationales Lernen in KMU. Kernkompetenzentwicklung mit Zukunft z.Zt. im Druck.

Hennemann, C. (1997): Organisationales Lernen und die lernende Organisation. Entwicklung eines praxisbezogenen Gestaltungsvorschlages aus ressourcenorientierter Sicht, München u.a.

Hesselmann, S. (1995): Insolvenzprognose mit Hilfe qualitativer Faktoren, Aachen.

Hesselmann, S./Stefan, U. (1990): Sanierung oder Zerschlagung insolventer Unternehmen. Betriebswirtschaftliche Überlegungen und empirische Ergebnisse, Stuttgart.

Hesselmann, S./Hüfner, P./Pinkwart, A. (1990): Betriebsaufspaltung und Insolvenzrisiko, Stuttgart.

Heuss, E. (1965): Allgemeine Markttheorie, Tübingen/Zürich.

Hilb, M. (2000): Persönlichkeit des Unternehmers, in: Brauchlin, E./Pichler, J.H. (Hrsg.): Unternehmer und Unternehmensperspektiven für Klein- und Mittelunternehmen, S. 173-182.

Hippmann, H.-D. (2003): Statistik. Lehrbuch für Wirtschafts- und Sozialwissenschaftler, Stuttgart.

Hodel, M. (1998): Organisationales Lernen und Qualitätsmanagement, Frankfurt a.M. u.a.

Hofer, C.W. (1980): Turnaround strategies, in: Journal of Business Strategy, S. 19-31.

Hoffmann, R.C. (1989): Strategies for corporate turnarounds: What do we know about them?, in: Journal of General Management, H. 3, S. 46-66.

Holsti, O.R. (1978): Limitations of Cognitive Abilities in the Face of Crisis, in: Journal of Business Administration, 9. Jg., H. 2, S. 39-55.

Holzkamp, K. (1993): Lernen. Subjektwissenschaftliche Grundlegung, Frankfurt a.M. u.a.

Homburg, C./Giering, A. (1996): Konzeptualisierung und Operationalisierung komplexer Konstrukte. Ein Leitfaden für die Marketingforschung, in: Marketing ZFP, H. 1, S. 5-24.

Howaldt, S.D. (1994):Sanierungsakquisitionen bei Klein- und Mittelunternehmen (KMU), Hallstadt.

Hörrmann, G./Tiby, C. (1990): Projektmanagement richtig gemacht, in: Little, D. (Hrsg.): Management der Hochleistungsorganisation, Wiesbaden, S. 73-92.

Huber, G.P. (1991): Organizational Learning. The Contributing Processes and the Literatures, in: Organization Science, 2. Jg., S. 88-115.

Ilskensmeier, D. (2001): Der Ansatz eines ganzheitlichen Wissensmanagements für Klein- und Mittelbetriebe, Beiträge aus der Forschung, Band 124, Dortmund.

Irle, M. (1971): Macht und Entscheidungen in Organisationen. Studie gegen das Linie-Stab-Prinzip, Frankfurt a.M.

IfM Bonn (2006): Mittelstand – Definition und Schlüsselzahlen, http://www.ifm-bonn.org/dienste/ definition.htm.

Jäger, U. (1998): Erhebungskonzepte für ausgewählte Unternehmensentwicklungs-modelle, Frankfurt a. M. u. a.

Janis, I.L. (1982): Groupthink. Psychological studies of policy decisions and fiascoes, Boston.

Janis, I.L./Mann, L. (1977): Decision making. A psychological analysis of conflict, choice, and commitment, New York.

Jaskiewicz, P./Schiereck, D./May, P. (2006): Nicht aktive Gesellschafter in Familienunternehmen – im Spannungsfeld zwischen Familienzugehörigkeit und Unternehmenskontrolle, in: Zeitschrift für KMU und Entrepreneurship (ZfKE), 54. Jg., H. 3, S. 175-196.

Kädtler, J. (2001): Social Movements and Interest Groups as Triggers for Organizational Learning, in: Dierkes, M./Berthoin Antal, A./Child, J./Nonaka, I. (Hrsg.): Handbook of Organizational Learning & Knowledge, Oxford, S. 221-241.

Kahneman, D./Tversky, A. (1979): Prospect theory, An Analysis of Decision under Risk, in: Econometrica, 47. Jg., H. 2, S. 263-291.

Kahneman, D./Tversky, A. (1984): Choices, values and frames, in: American Psychologist, 39. Jg., S. 341-350.

Kahle, E. (1992): Mittelständische(n) Unternehmung, Organisation der, in: Frese, E. (Hrsg.): Handwörterbuch der Organisation, Stuttgart, Sp. 1408-1419.

Kahle, E. (1995): Kognitionswissenschaftliche Grundlage von Selbstorganisation, Arbeitsbericht 01/95, Lüneburg.

Kahle, E. (1997): Voraussetzungen und Möglichkeiten organisationalen Lernens aus kognitionswissenschaftlicher Sicht, Lüneburg.

Kall, F. (1999): Controlling im Turnaround-Prozess. Theoretischer Bezugsrahmen, empirische Fundierung und handlungsorientierte Ausgestaltung einer Controlling-Konzeption für den Turnaround-Prozess, Frankfurt a. M. u.a.

Katz, J.A./Shepherd, D.A. (2003) (Hrsg.): Cognitive Approaches to Entrepreneurship Research, in: Advances in Entrepreneurship, Firm Emergence and Growth, Volume 6, Amsterdam u.a.

Kaufmann, G. (1988):Problem Solving and Creativity, in: Gronhaug, K./Kaufmann, G. (Hrsg.): Innovation. A Cross-Disciplinary Perspective, London, S. 87-139.

Kayser, G. (1995): Klein- und Mittelbetriebe, Führung in, in: Kieser, A. et al. (Hrsg.): Handwörterbuch der Führung, Stuttgart, Sp. 1298-1309.

Kayser, G. (2003): Was sind eigentlich kleine und mittlere Unternehmen (KMU)? Vom Sinn und Unsinn der KMU-Definition im Hinblick auf das Innovationsgeschehen. Diskussionsbeitrag zur Kuratoriumssitzung der Arbeitsgemeinschaft industrieller Forschungsvereinigungen „Otto von Guericke" e.V. am 24. November 2003, Berlin.

Keh, H.K./Foo, M.D./Lim, B.C. (2002): Opportunity Evaluation under Risky Conditions. The Cognitive Processes of Entrepreneurs, in: ET&P, 27. Jg., H. 2, S. 125-148.

Kelber, F. (2004): Turnaround Management von Dotcoms, Köln.

Kelly, G. (1955): The Psychology of Personal Constructs, Norton u.a.

Kettunen, P./Palojärvi, J. (1996): Die Bedeutung der Rationalität in der unternehmerischen Entscheidungsfindung, in: Zeitschrift für Klein- und Mittelunternehmen (IGA), 44. Jg., H. 3, S. 182-192.

Kienbaum, J./Jochmann, W. (1986): Anforderungsprofil des Krisenmanagers, in: Schimke, E./Töpfer, A. (Hrsg.): Krisenmanagement und Sanierungsmanagement, Landsberg am Lech, S. 100-110.

Kiesler, S./Sproull, L.S. (1982): Managerial responses to changing environmentS. Perspectives on problem sensing from social cognition, in: Administrative Science Quarterly, 27. Jg., H. 4, S. 548-570.

Kim, D.H. (1993): The Link between Individual and Organizational Learning, in: Sloan Management Review, 35. Jg, H. 1, S. 37-50.

Kirsch, W. (1977a): Verhaltenswissenschaftliche Ansätze der Entscheidungstheorie, Band 1, Wiesbaden.

Kirsch, W. (1977b): Einführung in die Theorie der Entscheidungsprozesse, Band 2, Wiesbaden.

Kirsch, W. (1994): Die Handhabung von Entscheidungsproblemen, München.

Kirsch, W. (1997): Wegweiser zur Konstruktion einer evolutionären Theorie der strategischen Führung, München.

Kirzner, I.M. (1978): Wettbewerb und Unternehmertum, Tübingen.

Klimecki, R./Probst, G.J.B./Eberl, P. (1994): Entwicklungsorientiertes Management, Stuttgart.

Knight, F.H. (1921/1971): Risk, Uncertainty and Profit, Chicago.

Kolb, D.A. (1984): Experiential Learning. Experience as The Source of Learning and Development, Englewood Cliffs, New Jersey.

Kolb, S. (2006): Integriertes Turnaround-Management. Konzept zur nachhaltigen Überwindung von Unternehmenskrisen in KMU, Frankfurt a.M. u.a.

Kolb, S./Heinemann, D. (2004): Die Turnaround-Balanced Scorecard, in: Controlling, H. 12, S. 683-688.

Köppel, R. (1994): Marketing-Turnaround. Krisenbewältigung aus Marketingsicht, Bamberg.

Kraft, V. (2001): Private Equity-Investitionen in Turnarounds und Restrukturierungen, Frankfurt a. M.

Kranz, O. (2000): Wie lernen Organisationen? Soziologische Reflexionen zu Konzeption organisationalen Lernens - ein Literaturbericht, Frankfurt a.M. u.a.

Kranzusch, P./May-Strobl, E. (2002): Einzelunternehmen in der Krise. Neustart nach einer Insolvenz oder Unternehmenssanierung aus eigener Kraft, Wiesbaden.

Kraus, K.-J./Gless, S.-E. (1998): Unternehmensrestrukturierung/ -sanierung und strategische Neuausrichtung, in: Buth, A.K./Hermanns, M. (Hrsg.): Restrukturierung, Sanierung, Insolvenz, München, S. 97-125.

Krehl, H. (1985): Der Informationsbedarf der Bilanzanalyse. Ableitung und empirische Validierung eines Fragenkatalogs von Jahresabschlüssen, Kiel.

Kroeber-Riel, W./Weinberg, P. (1999): Konsumentenverhalten, München.

Kromrey, H. (1998): Empirische Sozialforschung, Opladen.

Kropfberger, D. (1999): Vom reaktiven Krisenmanagement zum proaktiven Chancenmanagement, in : Thommen,J.-P./Belak, J./Kajzer, S. (Hrsg.): Krisenmanagement, Maribor,S. 25-42.

Kropfberger, D. (1986): Erfolgsmanagement statt Krisenmanagement. Strategisches Management in Mittelbetrieben, Linz.

Krueger, D.A./Willard, G.E. (1991): Turnarounds. A process, not an event, in: Academy of Management, Best paper proceedings, S. 26-30.

Krueger, N.F., Jr. (2003): The Cognitive Psychology of Entrepreneurship, in: Acs, Z.J./Audretsch, D.B. (Hrsg.): Handbook of Entrepreneurship Research. An Interdisciplinary Survey and Introduction, New York, S. 105-140.

Krüger, W. (1995): Projektmanagement und Führung, in: Kieser, A. (Hrsg.): Handwörterbuch der Führung, Stuttgart, Sp. 1780-1793.

Krüger, W./Bach, N. (1997): Lernen als Instrument des Unternehmungswandels, in: Dr. Wieselhuber & Partner GmbH (Hrsg.): Handbuch Lernende Organisation, Wiesbaden, S. 23-31.

Krummnacher, A. (1981): Krisenmanagement. Leitfaden zum Verhindern und Bewältigen von Unternehmenskrisen, Zürich.

Krystek, U. (1987): Unternehmungskrisen. Beschreibung, Vermeidung und Bewältigung überlebenskritischer Prozesse in Unternehmungen, Wiesbaden.

Krystek, U. (1989): Führung in Ausnahmesituationen. Akute Krisen und Chancen als Führungsaufgabe, in: Zeitschrift Führung + Organisation (zfo), H. 1, S. 30-37.

Krystek, U./Müller-Stewens, G. (1993): Frühaufklärung für Unternehmen. Identifikation und Handhabung zukünftiger Chancen und Bedrohungen, Stuttgart.

Krystek, U./Müller, M. (1995): Managementfehler unter der Lupe, in: Kreditpraxis, H. 5, S. 21-24.

Kubicek, H. (1975): Empirische Organisationsforschung. Konzeption und Methodik, Stuttgart.

Kulicke, M. (1993): Chancen und Risiken junger Technologieunternehmen, Heidelberg.

Küpper, H.-U./Bronner, T. (1995): Strategische Ausrichtung mittelständischer Unternehmungen. Ergebnisse einer empirischen Erhebung, in: Internationales Gewerbearchiv (IGA), Jg. 43, S. 73-87.

Kuratko, D.F./Hodgetts, R.M. (1998): Entrepreneurship: A Contemporary Approach, Fort Worth u.a.

Lafrenz, K. (2004): Shareholder Value-orientierte Sanierung. Ansatzpunkte und Wertsteigerungspotenzial beim Management von Unternehmenskrisen, Wiesbaden.

Lansberg, I. (1999): Succeeding generations, Boston.

Lant, T.K./Milliken, F.J./Batra, B. (1992): The role of managerial learning and interpretation in strategic persistence and reorientation. An empirical exploration, in: Strategic Management Journal, 13. Jg., S. 585-608.

Laßleben, H. (2002): Das Management der lernenden Organisation. Eine systemtheoretische Interpretation, Wiesbaden.

Lawson, C./Lorenz, E. (1999): Collective Learning, Tacit Knowledge and Regional Innovative Capacity, in: Regional Studies, 33. Jg., S. 305-317.

Leibenstein, H. (1978): General X-Efficiency Theory and Economic Development, New York u.a.

Levitt, B./March, J.G. (1988): Organizational Learning, in: Bacharach, B. (Hrsg.): Annual Review of Sociology, 14. Jg., S. 319-340.

Lindheim, J.B. (1994): Communication as a Crisis Management Function, in: Gareis, R. (Hrsg.): Erfolgsfaktor Krise, Wien, S. 236-245.

Löhneysen, G.v. (1982): Die rechtzeitige Erkennung von Unternehmungskrisen mit Hilfe von Frühwarnsystemen als Voraussetzung für ein wirksames Krisenmanagement, Göttingen.

Löhr, R. (2001): Mittelständische Familienunternehmen im Generationenwechsel, Aachen.

Lohrke, F.T./Bedeian, A.G. (1998): Managerial response to declining performance. Turnaround investment strategies and critical contingencies, in: Ketchen, D.J. (Hrsg.): Turnaround research: Past accomplishments and future challenges, Stamford/London, S. 3-20.

Lohrke, F.T./Bedeian, A.G./Palmer, T.B. (2004): The role of top management teams in formulating and implementing turnaround strategies: a review and research agenda, in: International Journal of Management Reviews, 2. Jg., H. 5/6, S. 63-90.

Luhmann, N. (1987): Soziale Systeme, Frankfurt a.M.

Luhmann, N. (1999): Soziale Systeme. Grundriß einer allgemeinen Theorie, Frankfurt a.M.

Lumpkin, G.T./Lichtenstein, B.B. (2005): The Role of Organizational Learning in the Opportunity-Recognition Process, in: Entrepreneurship Theory and Practice, 29. Jg., H. 4, S. 451-472.

Lundström, A./Stevenson, L. A. (2005): Entrepreneurship Policy. Theory and Practice, New York.

Lüthy, M. (1988): Unternehmenskrisen und Restrukturierungen. Bank und Kreditnehmer im Spannungsfeld existenzieller Unternehmenskrisen, Bern u.a.

Lord, R.G./Maher, K.J. (1990): Alternative Information-Processing Models and Their Implications for Theory, Research, and Practice, in: Academy of Management Review, 15. Jg., H. 1, S. 9-28.

March, J.G./Olsen, J.P. (1975): The uncertainty of the past. Organizational learning under ambiguity, in: March, J.G. (Hrsg.): Decisions and organizations, Oxford u.a., S. 335-358.

March, J.G./Olsen, J.P. (1990): Die Unsicherheit der Vergangenheit. Organisatorisches Lernen unter Ungewißheit, in: March, J. G. (Hrsg.). Entscheidung und Organisation: Kritische und konstruktive Beiträge, Entwicklungen und Perspektiven, Wiesbaden.

Mähr; P. (2003): Intelligente Klein- und Mittelunternehmen, St. Gallen.

Maturana, H./Varela, F. (1987): Der Baum der Erkenntnis. Die biologischen Wurzeln des menschlichen Erkennens, Bern u.a.

Mazur, J. E. (2005): Lernen und Gedächtnis, München u.a.

Merkle, E. (1995): Marketing in Krisenunternehmen, in: Bauer, H.H. (Hrsg.): Wege des Marketing, Berlin, S. 115-133.

Meyer, J. (1993): Turnaround durch Qualitätsmanagement, in: Coenenberg, A.G./Fischer, T.M. (Hrsg.): Turnaround-Management. Finanzielle und strategische Werkzeuge der Restrukturierung, Stuttgart, S. 59-72.

Meyer, M. (1998): Mitarbeiterführung im Lernenden Unternehmen. Analyse und Gestaltungsmöglichkeiten, Wiesbaden.

Milburn, T.W. (1972): The Management of Crisis, in: Hermann, C.F. (Hrsg.): International Crisis. Insights from Behavioral Research, New York, S. 259-280.

Miles, R.H./Cameron, K.S. (1982): Coffin nails and corporate strategies, Engelwood Cliffs, NJ.

Milliken, F.J./Lant, T.K. (1991): The effect of an organization's recent performance history on strategic persistence and change. The role of managerial interpretations, in: Dutton,J./Huff, A./Shrivastava, P. (Hrsg.): Advances in Strategic Management, Greenwich CT, 7. Jg., S. 129-156.

MIND 02: Mittelstand in Deutschland, Köln.

MIND 04: Mittelstand in Deutschland, Köln.

Mintzberg, H./Ahlstrand, B./Lampel, J.(1999): Strategy Safari. Eine Reise durch die Wildnis des strategischen Managements, Frankfurt a.M. u.a.

Mitchell, J.R./Friga, P.N./Mitchell, R.K. (2005): Untangling the Intuition Mess: Intuition as a Construct in Entrepreneurship Research, in: Entrepreneurship Theory and Practice, H. 11, S. 653-654.

Mitchell, R.K./Busenitz, L./Lant, T./McDougall, P.P./Morse, E.A./Smith, J.B. (2002): Toward a Theory of Entrepreneurial Cognition: Rethinking the People Side of Entrepreneuship Research, Entrepreneurship Theory and Practice, 27. Jg., H. 2, S. 93-104.

Modrow-Thiel, B. (1999): Ressourcenreichtum als Voraussetzung und Folge von Lernfähigkeit – am Beispiel von Innovationen in kleinen und mittleren Unternehmen, Münster.

Moerke, A. (2001): Organisationslernen über Netzwerke. Die personellen Verflechtungen von Führungsgremien japanischer Aktiengesellschaften, Wiesbaden.

Moldenhauer; R. (2004): Krisenbewältigung in der New Economy. Sanierungsansätze und Handlungsempfehlungen für Gründungs- und Wachstumsunternehmen, Wiesbaden.

Mone, Mark A./McKinley, William/Barker, V.L. III (1998): Organizational Decline and Innovation: A Contingency Framework, in: Academy of Management Review, 23. Jg., H. 1, S. 115-132.

Mugler, J. (1998a): Betriebswirtschaftslehre der Klein- und Mittelbetriebe, Band 1, Wien u.a.

Mueller, G.C./McKinley, W./Mone, M.A./Barker, V.L. III (2001): Organizational Decline. A Stimulus for Innovation?, in: Business Horizons, H. Nov.-Dez., S. 25-34.

Müller, R. (1986): Krisenmanagement in der Unternehmung. Vorgehen, Maßnahmen und Organisation, Frankfurt a.M.

Müller-Böling, D. (1992): Methodik der empirischen Organisationsforschung, in: Frese, E. (Hrsg.): Handwörterbuch der Organisation, Stuttgart, Sp. 1491-1505.

Müller-Ganz, J. (2004): Turnaround. Restrukturierung und Sanierung von Unternehmen, Zürich.

Müller-Merbach, H. (1977): Frühwarnsysteme zur betrieblichen Krisenerkennung und Modelle zur Beurteilung von Krisenabwehrmaßnahmen, in: Plötzeneder, H.D. (Hrsg.): Computergestützte Unternehmensplanung, Stuttgart, S. 419-438.

Müller-Merbach, H. (1994): Jahrzehnt des Wandels? Aktivitäten des Turnaround-Managements, in: Technologie & Management, H. 2, S. 51-54.

Müller-Stewens, G./Pautzke, G. (1989): Führungskräfteentwicklung, organisatorisches Lernen und Individualisierung, in: Drumm, H.-J. (Hrsg.): Individualisierung der Personalwirtschaft, Stuttgart, S. 181-203.

Müller-Stewens, G./Pautzke, G. (1991): Führungskräfteentwicklung und organisatorisches Lernen, in: Sattelberger, T. (Hrsg.): Die lernende Organisation. Konzepte für eine neue Qualität der Unternehmensentwicklung, Wiesbaden, S. 183-205.

Musahl, G. (1999): Lernen, in: Hoyos, J.A./Frey, D.A. (Hrsg.): Arbeits- und Organisationspsychologie, Weinheim, S. 328-343.

Nagl, A. (1997): Lernende Organisation. Entwicklungsstand, Perspektiven und Gestaltungsansätze in deutschen Unternehmen. Eine empirische Untersuchung, Aachen.

Neugebauer, L. (1997): Unternehmertum in der Unternehmung. Ein Beitrag zur Intrapreneurship-Diskussion, Göttingen.

Nonaka, I. (1991): The knowledge-creating company, in Havard Business Review, 69. Jg., S. 96-104.

Nonaka, I. (1994): A Dynamic Theory of Organizational Knowledge Creation, in: Organization Science, 5. Jg., S. 14-37.

Nonaka, I. (1995): Managing innovation as an organizational knowledge creation process, in: Allouche, J./Pogorel, G. (Hrsg.):Technology Management and Corporate Strategies. A Tricontinental Perspective, S. 73-109.

Nonaka, I./Konno, N. (1998): The Concept of "Ba": Building a Foundation for Knowledge Creation, in: California Management Review, 40. Jg., S. 40-54.

Nonaka, I./Takeuchi, H. (1995): The Knowledge-Creating Company. How Japanese Companies Create the Dynamics of Innovation, New York u.a.

Nonaka, I./Takeuchi, H./Umemoto, K. (1996): A theory of organizational knowledge creation, in: IJTM, Vol. 11, Nr. 7/8, S. 833-845.

Nonaka, I./Reinmöller, P. (1999): The Legacy of Learning. Toward Endogenous Knowledge Creation for Asian Economic Development, in: Albach, H./Dierkes, M./Berthoin Antal, A./Vaillant, K. (Hrsg.): Organisationslernen. Institutionelle und kulturelle Dimensionen, Berlin, S. 401-432.

Nonaka, I./Toyama, R./Byosière, P. (2001): A Theory of Organizational Knowledge Creation: Understanding the Dynamic Process of Creating Knowledge, in: Dierkes, M./Berthoin Antal, A./Child, J./Nonaka, I. (Hrsg.): Handbook of Organizational Learning & Knowledge, Oxford, S. 491-517.

Nothardt, F. (2001): Corporate turnaround and corporate stakeholders. An empirical examination of the determinants of corporate turnaround on financial stakeholders, Bamberg.

Nystrom, P.C./Starbuck, W.H. (1984): To Avoid Organizational Crises, Unlearn, in: Organizational Dynamics, Spring, S. 53-65.

Ocasio, W. (1995): The Enactment of Economic Adversity: A Reconciliation of Theories of Failure-Induced Change and Threat-Rigidity, in: Research in Organizational Behavior, 17. Jg., S. 287-331.

Oesterheld, N. (2002): Beirat in Familienunternehmen, Frankfurt a. M.

Olbert-Bock, S. (2002): Lernprozesse bei Veränderungen in Unternehmen, Frankfurt a.M. u.a.

O'Neill, H. (1986): Turnaround and Recovery: What Strategy do You Need?, in: Long Range Planning, H. 1, S. 80-88.

Ottenjann, M. (1996): Lernende Unternehmungen im Handel, Frankfurt a.M.

Ossadnik, W./Barklage, D./Lengerich, Ellen van (2004): Controlling im Mittelstand. Ergebnisse einer empirischen Untersuchung, in: WiSt, H. 11, S. 621-630.

Paffenholz, G. (1998): Krisenhafte Entwicklungen in mittelständischen Unternehmen. Ursachenanalyse und Implikationen für die Beratung, Bonn.

Palich, L.E./Bagby, D. R. (1995): Using Cognitive Theory to Explain Entrepreneurial Risk-Taking: Challenging Conventional Wisdom, in: Journal of Business Venturing, 10. Jg., S. 425-438.

Pallant, J. (2003): SPSS Survival manual, Maidenhead u.a.

Pandit, N.R. (2000): Some recommendations for improved research on corporate turnaround, in: M@n@gement, H. 2, S. 31-56.

Pant, L.W. (1991): An investigation of industry and firm structural characteristics in corporate turnarounds, in: Journal of Management Studies, H. 6, S. 623-643.

Pautzke, G. (1989): Die Evolution der organisatorischen WissensbasiS. Bausteine zu einer Theorie des organisatorischen Lernens, Herrsching.

Parker, B./Keon, T.L. (1994): Coping with industrial decline. A test of generic strate-gies used by small firms, in: Journal of Business & Entrepreneurship, H. 1, S. 11-21.

Pawlak, U. (1998): Wer lernt wieviel in der Lernenden Organisation? Subsystemspezifische Einstellungs- und Verhaltensänderungen und ihre Determinanten bei komplexen Organisationsentwicklungsprozessen am Beispiel eines Kundenorientierungs-Projektes des Personalbereiches in einem Großunternehmen, Bochum.

Pawlow, I.P. (1972): Die bedingten Reflexe (Conditioned reflexes), München.

Pawlowsky, P. (1994): Wissensmanagement in der lernenden Organisation, Paderborn.

Pawlowsky, P./Seifert, M./Reinhardt, R. (1998): Interorganisationales Lern- und Wissensmanagement. Ansätze für Klein- und Mittelständische Unternehmen, in: Pawlowsky, P. (Hrsg.): Wissensmanagement. Erfahrungen und Praxis, Wiesbaden, S. 225-253.

Pawlowsky, P. (2001): The Treatment of Organizational Learning in Management Science, in: Dierkes, M./Berthoin Antal, A./Child, J./Nonaka, I. (Hrsg.): Handbook of Organizational Learning & Knowledge, Oxford, S. 61-88.

Pearce, J. A.II/Robbins, D. K. (1994): Retrenchment Remains the Foundation of Business Turnaround, in: Strategic Management Journal, 15. Jg., H. 5, S. 407-417.

Pedler; M./Boydell, T./Burgoyne, J. (1994): Das lernende Unternehmen. Potentiale freilegen - Wettbewerbsvorteile sichern, Frankfurt a.M. u.a.

Perlitz, M./Löbler, H. (1985): Brauchen Unternehmen zum Innovieren Krisen?, in: Zeitschrift für Betriebswirtschaft, S. 424-450.

Perlitz, M./Löbler, H. (1989): Das Innovationsverhalten in der mittelständischen Industrie. Das Risk/Return Paradoxon, Stuttgart.

Petermann, F. (1999): Erlernte Hilflosigkeit: Neue Konzepte und Anwendungen, in: Seligman, M.E.P. (1975/1999): Erlernte Hilflosigkeit, Weinheim u.a., S. 209-259.

Pfohl, H.-C. (2006): Abgrenzung der Klein- und Mittelbetriebe von Großbetrieben, in: Pfohl, H.-C. (Hrsg.): Betriebswirtschaftslehre der Mittel- und Kleinbetriebe. Größenspezifische Probleme und Möglichkeiten zu ihrer Lösung, Berlin, S. 1-24.

Pinkwart, A. (1992): Chaos und Unternehmenskrise, Wiesbaden.

Pinkwart, A. (1993): Katastrophentheorie und Unternehmenskrise, in: ZfB, H. 9, S. 873-895.

Pinkwart, A. (2000a): Marketing-Strategien für den Unternehmens-Turnaround, in: Meyer, J.-A. (Hrsg.): Jahrbuch der KMU-Forschung 2000, München, S. 165-182.

Pinkwart, A. (2000b): Entrepreneurship als Gegenstand wirtschaftswissenschaftlicher Ausbildung, in: Buttler, G./Herrmann, H./Scheffler, W./Voigt, K.-I. (Hrsg.): Existenzgründung – Rahmenbedingungen und Strategien, Heidelberg, S. 179-209.

Pinkwart, A. (2001): Förderung von Innovationen in KMU durch Kooperation, in: Meyer, J.-A. (Hrsg.): Innovationsmanagement in kleinen und mittleren Unternehmen, München, S. 191-212.

Pinkwart, A. (2001b): Betrieb, Betriebsverfassung in: Honecker, M./Dahlhaus, H./Hübner, J./Jähnich, T./Tempel, H. (Hrsg.): Evangelisches Soziallexikon, Stuttgart u.a., Sp. 182-190.

Pinkwart, A. (2001c): Existenzgründung, in: Honecker, M./Dahlhaus, H./Hübner, J./Jähnich, T./Tempel, H. (Hrsg.): Evangelisches Soziallexikon, Stuttgart u.a., Sp. 459-464.

Pinkwart, A. (2002): Die Unternehmensgründung als Problem der Risikogestaltung, in: ZfB, Ergänzungsheft 5/2002: Gründungs- und Überlebenschancen von Familienunternehmen, S. 55-83.

Pinkwart, A./Heinemann, D. (2004a): Marketingforschung innovativer Gründungsunternehmen, in: Baumgarth, C. (Hrsg.): Marktorientierte Unternehmensführung. Grundkonzepte, Anwendungen und Lehre. Festschrift für Hermann Freter zum 60. Geburtstag; Frankfurt a.M., S. 373-393.

Pinkwart, A./Heinemann, D. (2004b): Bedeutung des Technologietransfers für innovative Start-ups, in: Achleitner, A.K./Klandt, H./Koch, L. T./Voigt, K.I. (Hrsg.): Jahrbuch Entrepreneurship 2003/04: Gründungsforschung und Gründungsmanagement; Berlin u. a., S. 271-290.

Pinkwart, A./Heinemann, D./Kolb, S. (2007): Durch Krisen lernen. Bedeutung des Management-Knowhows im Unternehmens-Turnaround, in: KSI, H. 1, 3. Jg., S. 5-10.

Pinkwart, A./Kolb, S. (1999): Alternative Sanierungs- und Beschäftigungskonzepte, Siegen.

Pinkwart, A./Kolb, S. (2000): Turnaround-Management zur Sicherung der Überlebensfähigkeit kleiner und mittlerer Unternehmen, Siegen.

Pinkwart, A./Kolb, S. (2003): Analyse des Insolvenzgeschehens. Entwicklung, Struktur und Ursachen aus regionaler Perspektive, Aachen.

Pinkwart, A./Kolb, S./Heinemann, D. (2005a): Unternehmen aus der Krise führen. Die Turnaround-Balanced Scorecard als ganzheitliches Konzept zur Wiederherstellung des Unternehmenserfolgs von kleinen und mittleren Unternehmen, Stuttgart.

Pinkwart, A./Kolb, S./Heinemann, D. (2005b): Balanced Scorecard steuert Turnaround eines Betriebs, in: Betriebswirtschaftliche Blätter, Nr. 8, S. 435-439.

Pinkwart, A./Kolb, S./Heinemann, D. (2005c): Unternehmen aus der Krise führen - Ergebnisse eines Forschungsprojekts der Wissenschaftsförderung, in: Wissenschaft für die Praxis, Nr. 59, S. 15-17.

Pinkwart, A./Welter F./Kolb, S./Heinemann, D. (2005d): Unternehmensnachfolge als Spezialproblem der Entrepreneurshipforschung, in: Brost, H./Faust, M./Thedens, C. (Hrsg.): Unternehmensnachfolge im Mittelstand, Frankfurt a. M., S. 3-23.

Pinkwart, A./Kolb, S./Heinemann, D. (2006): Strategische Defizite von KMU, in: KSI, 2. Jg, H. 3, S. 81-87.

Pleitner, H.J. (1995): Unternehmensführung im Mittelstand, in: Mugler, J./Schmidt, K.-H. (Hrsg.): Klein- und Mittelunternehmen in einer dynamischen Wirtschaft. Ausgewählte Schriften von Hans Jobst Pleitner, Berlin u.a., S. 117-132.

Pohl, H. (1977): Krisen in Organisationen. Eine explorative Untersuchung mit Hilfe empirischer Fallstudien, Mannheim.

Polanyi, M. (1966): The Tacit Dimension, New York.

Prange, C. (1999): Organizational Learning – Desperately Seeking Theory?, in: Easterby-Smith, M./Burgoyne, J./Aroujo, L. (Hrsg.): Organizational Learning and the Learning Organization. Developments in theory and practice, London u.a., S. 23-43.

Prange, C. (2002): Organisationales Lernen und Wissensmanagement. Fallbeispiele aus der Unternehmenspraxis, Wiesbaden.

Probst, G. J.B. (1994): Organisationales Lernen und die Bewältigung von Wandel, in: Gomez, P./Hahn, D./Müller-Stewens, G./Wunderer, R. (Hrsg.): Unternehmerischer Wandel. Konzepte zur organisatorischen Erneuerung, Wiesbaden, S. 295-320.

Probst, G.J.B./Büchel, B.S.T. (1998): Organisationales Lernen. Wettbewerbsvorteil der Zukunft, Wiesbaden.

Pümpin, C./Prange, J. (1991): Management der Unternehmensentwicklung. Phasengerechte Führung und Umgang mit Krisen, Frankfurt a.M. u.a.

Raubach, U. (1983): Früherkennung von Unternehmenskrisen. Dargestellt am Bei-spiel von Handwerksbetrieben, Frankfurt a.M.

Reber, G. (1989): Lernen und Planung, in: Szyperski, N./Winand, U. (Hrsg.): Handwörterbuch der Planung, Stuttgart, Sp. 1240-1255.

Reinemann, H. (1999): Was ist Mittelstand? Zur Definition der kleinen und mittleren Unternehmen, in: WiSt, 11. Jg., H. 12, S. 661-662.

Reinmann-Rothmeier, G./Mandl, H. (1998): Wissensvermittlung: Ansätze zur Förderung des Wissenserwerbs, in: Klix, F./Spada, H. (Hrsg.): Wissenspsychologie, S. 457-500, Göttingen.

Reinhardt, R. (1995): Das Modell Organisationaler Lernfähigkeit und die Gestaltung Lernfähiger Organisationen, Frankfurt a.M.

Reitmeyer, T. (2000): Qualität von Entscheidungsprozessen der Geschäftsleitung. Eine empirische Untersuchung mittelständischer Unternehmen, Wiesbaden.

Reske, W./Brandenburg, A./Mortsiefer, H.J. (1978): Insolvenzursachen mittelständischer Betriebe. Eine empirische Analyse, Göttingen

Ridder, H.-G. (1999): Personalwirtschaftslehre, Stuttgart u.a.

Robbins, K./Pearce, J.A.III. (1992): Turnaround: Retrenchment and recovery, in: Strategic Management Journal, S. 287-309.

Ross, J./Staw, B.M. (1991): Managing escalation processes in organizations, in: Journal of Managerial Issues, 3. Jg., H. 1, S. 15-30.

Röpke, J. (2002): Der lernende Unternehmer. Zur Evolution und Konstruktion unternehmerischer Kompetenz, Marburg.

Röthig, P. (1976): Organisation und Krisen-Management, in: ZO, H. 1, S. 13-19.

Rotter, J.B. (1954): Social learning and clinical psychology, Englewood Cliffs.

Rotter, J.B. (1966): Generalized expectancies for internal versus external control of reinforcement, in: Psychological Monographs, 80. Jg., H. 1, S. 1-28.

Rubin, J.Z./Brockner, J. (1975): Factors Affecting Entrapment in Waiting Situations: The Rosencrantz and Guildenstern Effect, in: Journal of Personality and Social Psychology, 31. Jg., S. 1054-1063.

Sadler, P. (2001): Leadership and Organizational Learning, in: Dierkes, M./Berthoin Antal, A./Child, J./Nonaka, I. (Hrsg.): Handbook of Organizational Learning & Knowledge, Oxford, S. 415-427.

Salas, E./Driskell, J.E./Hughes, S. (1996): Introduction. The study of stress and human performance, in: Driskell, J.E./Salas, E. (Hrsg.): Stress and human Performance, Mahwah, S. 1-45.

Sattelberger, T. (1991)(Hrsg.): Die lernende Organisation. Konzepte für eine neue Qualität der Unternehmensentwicklung, Wiesbaden.

Say, J.-B. (1803/1971): A Treatise on Political Economy or the Production, Distribution and Consumption of Wealth, New York.

Schächtele, A. (2003): Organisationales Lernen durch strategische Allianzen. Reflexe am Beispiel einer schweizerischen Versicherungsunternehmung, St. Gallen.

Schachner, M./Speckbacher, G./Wentges, P. (2006): Steuerung mittelständischer Unternehmen: Größeneffekte und Einfluss der Eigentums- und Führungsstruktur, in: Zeitschrift für Betriebswirtschaft (ZfB), 76. Jg., H. 6, S. 589-614.

Schäfer, H. (2001): Finanzmanagement mittelständischer Unternehmen vor neuen Herausforderungen, in: IHK Frankfurt a. M. (Hrsg.): Finanzierungsquellen für den Mittelstand, Frankfurt a. M., S. 19-21.

Schäfer, M. (1997): Gestaltung von Lernenden Unternehmen unter Einsatz von multimedialen Technologien, Stuttgart.

Schendel, D./Patton, G.R. (1976):Corporate stagnation and turnaround, in: Journal of Economics and Business, S. 236-241.

Schendel, D./Patton, G.R./Riggs, J. (1976): Corporate Turnaround Strategies: A Study of Profit Decline and Recovery, in: Journal of General Management, H. 3, S. 3-11.

Scheff, J. (2001): Die organisationale Lernorientierung kleiner und mittlerer Unternehmungen. Entwicklungsstand und Gestaltungsperspektiven, Wiesbaden.

Schein, E.H. (1984): Coming to new awareness of organizational culture, in: Sloan Management Review, 25. Jg., H. 2, S. 3-16.

Schein, E.H. (1993): How can organizations learn faster? The challenge of entering the green room, in: Sloan Management Review, 34. Jg, H. 2, S. 85-92.

Scherf-Braune, S. (2000): Organisationales Lernen. Eine systemtheoretisches Modell und seine Umsetzung, Wiesbaden.

Schiller, B./Tytko, D. (2001): Risikomanagement im Kreditgeschäft, Stuttgart.

Schmidt, A./Freund, W. (1989): Strategien zur Sicherung der Existenz kleiner und mittlerer Unternehmen. Schriften zur Mittelstandsforschung, Band 30 NF, Stuttgart.

Schön, D. A. (1975): Deutero-Learning in Organizations: Learning for Increased Effectiveness, in: Organizational Dynamics, S. 2-16.

Schreyögg, G./Geiger, D. (2005): Zur Konvertierbarkeit von Wissen. Wege und Irrwege im Wissensmanagment, in: Zeitschrift für Betriebswirtschaft, 75. Jg., S. 433-454.

Schreyögg, G./Noss, Chr. (1995): Organisatorischer Wandel: Von der Organisationsentwicklung zur lernenden Organisation, Die Betriebswirtschaft, 55. Jg., S. 169-185.

Schreyögg, G./Noss, Chr. (1997): Zur Bedeutung des organisationalen Wissens für organisatorische Lernprozesse, in: Dr. Wieselhuber & Partner GmbH (Hrsg.): Handbuch Lernende Organisation, Wiesbaden, S. 67-76.

Schüppel, J. (1996): Wissensmanagement. Organisationales Lernen im Spannungsfeld von Wissens- und Lernbarrieren, Wiesbaden.

Schulz-Hardt, S. (1997): Realitätsflucht in Entscheidungsprozessen. Von Groupthink zum Entscheidungsautismus, Bern.

Schulz-Hardt, S./Frey, D. (1999): Fehlentscheidungen in Organisationen, in: Hoyos, C.G./Frey, D. (Hrsg.): Arbeits- und Organisationspsychologie. Ein Lehrbuch, Weinheim, S. 313-327.

Schumpeter, J.A. (1946): Kapitalismus, Sozialismus und Demokratie, Bern.

Schumpeter, J. (1934/1993): Theorie der wirtschaftlichen Entwicklung. Eine Untersuchung über Unternehmergewinn, Kapital, Kredit, Zins und Konjunkturzyklus, Berlin.

Schwaninger, M. (1999): Intelligente Organisationen. Konzepte für turbulente Zeiten auf der Grundlage von Systemtheorie und Kybernetik, Berlin.

Schwenk, C. R. (1988): The Cognitive Perspective on Strategic Decision Making, in: Journal of Management Studies, 25. Jg,. H. 1, S. 41-55.

Seligman, M.E.P. (1975/1999): Erlernte Hilflosigkeit, Weinheim u.a.

Shane, S. (2003): A General Theory of Entrepreneurship. The Individual-Opportunity Nexus, Cheltenham u.a.

Shane, S./Venkataraman, S. (2000): The Promise of Entrepreneurship as a Field of Research, in: Academy of Management Review, 25. Jg., H. 1, S. 217-226.

Shepherd, D.A./Wiklund, J. (2005): Entrepreneurial Small Businesses. A Resourced-based Perspective, Cheltenham u.a.

Shepherd, D.A./Wiklund, J. (2006): Successes and Failures at Research on Business Failure and Learning from it. Paper presented as part of the 2006 Summer Institute of the Entrepreneurship, Growth & Public Policy Group at the Max Planck Institute of Economics, July 2006.

Shrivastava, P. (1983): Typology of Organizational Learning Systems, in: Journal of Management Studies, 20. Jg., H. 1, S. 7-28.

Senge, P.E. (1990): The fifth discipline. Art & practice of the learning organization, New York u.a.

Siegwart, H./Caytas, I./Mahari, J. (1988): Turnaround Management: von quantitativen zu qualitativen Sanierungsstrategien, in: Schweizer Treuhänder, H. 1-2, S. 1-7.

Siegwart, H./ Mahari, J./ Caytas, I./ Böckenförde, B. (1990): Restrukturierungen & Turnarounds, Stuttgart.

Simon, H.A. (1957): Models of Man, New York u.a.

Simon, H.A. (1973): The structure of ill structured problems, in: Artificial Intelligence, H. 4, S. 181-201.

Simon, M./Houghton, S.M./Aquino, K. (2000): Cognitive biases, risk perception, and venture formation: How individuals decide to start companies, in: Journal of Business Venturing, 15. Jg., S. 113-134.

Simon, M./Houghton, S.M./Savelli, S. (2003): Out of the frying pan...? Why small business managers introduce high-risk products, in: Journal of Business Venturing, 18. Jg., S. 419-440.

Sitkin, S.B. (1996): Learning through Failure: The Strategy of the Small Losses, in: Cohen, M.D./Sproull, L.S. (Hrsg.): Organizational Learning, Thousand Oaks, S. 541-577.

Sitte, T. (2003): Akteure der strategischen Führung. Ein handlungstheoretisch fundierter Beitrag zu einer Theorie der strategischen Führung, München.

Skinner, B.F. (1973): Wissenschaft und menschliches Verhalten, München.

Slatter, S. (1984): Corporate recovery, Middlesex.

Sloane, P.F.E. (1997): Klein- und Mittelbetriebe als lernende Organisationen. Konzeptionelle Strukturierung und empirische Exploration, in: Witthaus, U./Wittwer, W. (Hrsg.): Vision einer lernenden Organisation. Herausforderungen für die betriebliche Bildung, Bielefeld, S. 107-127.

Smith, N.R. (1967): The Entrepreneur and his Firm. The Relationship Between Type of Man and Type of Company, East Lansing.

Stäbler, S. (1999): Die Personalentwicklung der "Lernenden Organisation". Konzeptionelle Untersuchung zur Initiierung und Förderung von Lernprozessen, Berlin.

Staehle, W. (1994): Management. Eine verhaltenswissenschaftliche Perspektive, München.

Stanworth, M.J.K./Curran, J. (1976): Growth and the small firm. An alternative view, in: Journal of Management Studies, 13. Jg., H. 2, S. 94-110.

Starbuck, W.H. (1983): Organizations as Action Generators, in: American Sociological Review, 48. Jg., S. 91-102.

Starbuck, W.H./Hedberg, B. (2001): How Organizations Learn form Success and Failure, in: Dierkes, M./Berthoin Antal, A./Child, J./Nonaka, I. (Hrsg.): Handbook of Organizational Learning & Knowledge, Oxford, S. 327-350.

Starbuck, W.H./Greve, A./Hedberg, B.L.T. (1978): Responding to crisis, in: Journal of Business Administration, 9. Jg., H. 2, S. 111-137.

Staw, B.M. (1976): Knee-deep in the big muddy. A study of escalating commitment to a chosen course of action, in: Organizational Behavior and Human Performance, H. 16, S. 27-44.

Staw, B.M. (1980): Rationality and justification in organizational life, in: Staw, B.M./Cummings, L.L. (Hrsg.): Research in Organizational Behavior, Greenwich.

Staw, B.M. (1981): The escalation of commitment to a course of action, in: Academy of Management Review, H. 6, S. 577-587.

Staw, B.M. (1997): Escalation Research: An Update and Appraisal, in: Shapira, Z. (Hrsg.): Organizational Decision Making, Cambridge, S. 191-215.

Staw, B.M./Sandelands, L.E./Dutton, J.E. (1981): Threat rigidity effects in organizational behavior: A multilevel analysis, in: Administrative Science Quarterly, H. 12, S. 501-524.

Staw, B.M./McKechine, P.I./Puffer, S.M. (1983): The Justification of Organizational Performance, in: Administrative Science Quarterly, 28. Jg., H. 4, S. 582-600.

Staw, B.M./Ross, J. (1987): Behaviour in Escalation: Antecedents, Prototypes and Solutions, in: Cummings, L.L./Staw, B.M. (Hrsg.): Research in Organization Behaviour, London, S. 39-78.

Stotz, M. (1999): Organisationale Lernprozesse. Begriff – Merkmale – Einflussfaktoren, Wiesbaden.

Streubel, F. (2000): Organisatorische Gestaltung und Informationsmanagement in der lernenden Unternehmung, Frankfurt a.M.

TAC GmbH (2005): Untersuchungsergebnisse zur Studie „Psychologie des Krisenmanagements“, München.

Tchouvakhina, M. (2003): Turn-around durch Krisenmanagement? Ergebnisse der Evaluation DtA-Runde Tische, Bonn.

Theile, K. (1996): Ganzheitliches Management. Ein Konzept für Klein- und Mittelunternehmen, Bern u.a.

Thiétart, R.A. (1988): Success strategies for businesses that perform poorly, in: Interfaces, H. 3, S. 32-45.

Thobe (2002): Externalisierung impliziten Wissens. Ein verhaltenstheoretisch fundierter Beitrag zum organisationalen Lernen, Frankfurt a.M. u.a.

Thode, S. (2000): Abgrenzung von Kleine und mittlere Unternehmen (KMU), in: Meyer, J.-A./Schwering, M.G. (Hrsg.): Lexikon für kleine und mittlere Unternehmen, München, S. 169-170.

Thommen, J.-P. (1996): Organisationales Verlernen, um sich aus der Krise zu bewegen, in: European Business School (Hrsg.): Erfahrung – Bewegung – Strategie, Wiesbaden, S. 247-270.

Thommen, J.-P. (1999): Bewältigung von Krisen durch organisationales Lernen, in: Thommen, J.-P./Belak, J./Kajzer, S. (Hrsg.): Krisenmanagement, Gubno, S. 67-80.

Thorndike,E.L. (1931): Human learning, Cambridge, Mass.

Töpfer, A. (1986a): Personalmanagement in der Krise, in: Schimke, E./Töpfer, A. (Hrsg.): Krisenmanagement und Sanierungsstrategien, Landsberg am Lech, S. 77-84.

Töpfer, A. (1986b): Insolvenzvermeidung, in: Schimke, E./Töpfer, A. (Hrsg.): Krisenmanagement und Sanierungsstrategien, Landsberg am Lech, S. 158-171.

Toleman, E.C. (1932): Purposive behavior in animals and men, New York.

Tscheulin, D.K./Römer, S. (2003): Die Methodik des Turnaround-Management und deren Umsetzungsprobleme in Mittelständischen Unternehmen, in: Bouncken, R.B. (Hrsg.): Management von KMU und Gründungsunternehmen, Wiesbaden, S. 69-92.

Turgot, A.R.J. (1766/1946): Betrachtungen über die Bildung und Verteilung des Reichtums, deutsche Übersetzung der französischen Ausgabe von 1766, Frankfurt a.M.

Toleman, E.C. (1948): Cognitive maps in rats and men, in: Psychological Review, 55. Jg., S. 189-208.

Türk, K. (1989): Neuere Entwicklungen in der Organisationsforschung, Stuttgart.

Tushman, M.L./Romanelli, E. (1985): Organizational Evolution. A Metamorphosis Model of Convergence and Reorientation, in: Cummings, L.L./Staw, B.M. (Hrsg.): Research in Or-ganizational Behaviour, Greenwich CT, 7. Jg., S. 171-222.

Treuz, W./Creutzburg, K. (2002): Controlling in KMU – Bericht zur Phase I des Projektes Co-Operatives Controlling (CoC): Feldstudie, in: controller magazin, H. 4, S. 399-405.

Virany, B./Tushman, M.L./Romanelli, E. (1992): Executive succession and organization outcomes in turbulent environments.. An organizational learning approach, in: Organization Science, 3. Jg., S. 72-91.

Wahren, H.-K.E. (1996): Das lernende Unternehmen. Theorie und Praxis des organisationalen Lernens, Berlin u.a.

Wengelowski, P. (2000): Entwicklung organisationalen Lernens. Ein Lenkungsmodell, Wiesbaden.

Welsh, J.A./White, J.F. (1980): A small business is not a little big business, in: Harvard Business Review, 59. Jg., July/August, S. 28-31.

Welter, F. (2003a): Strategien, KMU und Umfeld. Handlungsmuster und Strategiegenese in kleinen und mittleren Unternehmen, Berlin.

Welter, F. (2003b): Strategien und strategisches Verhalten von KMU, in: Bouncken, R. (Hrsg.): Management von KMU und Gründungsunternehmen. Festschrift für Egbert Kahle zum 60. Geburtstag, S. 27-48.

Welter, F./Asp, M./Holmström, C. (2005): Knowledge Creation in Small Firms: An Exploratory Study of ist Influence on Growth and Performance, in: Meyer, J.-A. (Hrsg.): Wissens- und Informationsmanagement in kleinen und mittleren Unternehmen, Lohmar, S. 37-53.

Weiner, B. (1994): Motivationspsychologie, München u.a.

Weisel, E. (1982): Ansätze einer Theorie der Verursachung von Unternehmungsinsolvenzen, Thun u.a.

Whyte, G. (1986) Escalating commitment to a course of action. A reinterpretation, in: Academy of Management Review, H. 2, S. 311-321.

Whyte, G./Auer-Rizzi, W. (2000): Organizational Persistence or Change in the Face of Adversity. A Contingency Theory Based on Efficacy Perceptions, Paper presented at the annual meeting of the Academy of Management, Toronto, August 5-8, S. 1-24.

Wiegand, M. (1996): Prozesse Organisationalen Lernens, Wiesbaden.

Wieselhuber & Partner (2002): Mangel an innovativen Führungsinstrumenten im deutschen Mittelstand. Balanced Scorecard Anwendungserfahrungen, München.

Wieselhuber & Partner (2004): Erfolgsfaktoren der Unternehmenssanierung. Krisenantreiber und kritische Erfolgsfaktoren der Krisenbewältigung aus Bankensicht, München.

Wiersema, M.F./Bantel, K.A. (1992): Top management team demography and corporate strategic change, in: Academy of Management Journal, 35. Jg., H. 1, S. 91-121.

Winn, J. (2002): Strategic turnaround, in: Warner, M. (Hrsg.): International encyclopedia of business and management, Bd. 7, 2. London, S. 6085-6095.

Wiswede, G. (2000): Einführung in die Wirtschaftspsychologie, München u.a.

Witte, E. (1981): Die Unternehmenskrise – Anfang vom Ende oder Neubeginn?, in: Bratschitsch, R./Schnellinger, W. (Hrsg.): Unternehmenskrisen. Ursachen, Frühwarnung, Bewältigung, Stuttgart, S. 7-24.

Wolfrum, B./Rasche, C. (1993): Kompetenzorientiertes Management, in: Thexis, H. 5/6, S. 65-70.

Wolter, H.-J/Hauser, H.-E. (2001): Die Bedeutung des Eigentümerunternehmens in Deutschland. Eine Auseinandersetzung mit der qualitativen und quantitativen Definition des Mittelstands, in: IfM Bonn (Hrsg.): Jahrbuch der Mittelstandsforschung 1/2001, Wiesbaden, S. 25-77.

Wood, R./Bandura, A. (1989): Social Cognitive Theory of Organizational Management, in: Academy of Management Review, 14. Jg., H. 3, S. 361-384.

Wossidlo, P.R. (1993): Mittelständische Unternehmungen, in: Wittmann, W. (Hrsg.): Handwörterbuch der Betriebswirtschaft, Stuttgart, Sp. 2888-2896.

Wüllenweber, H. (2003): Mehr Kundenbindung durch organisationales Lernen. Konzept, Modellierung, empirische Befunde, Lohmar.

Zimbardo, P.G. (1995): Psychologie, Berlin u.a.

ZIS (Zentrum für Insolvenz und Sanierung an der Universität Mannheim e.V.) (2006): Warum Unternehmen insolvent werden – Die wichtigsten Insolvenzgründe, Präsentation im Rahmen des Pressegesprächs vom 27.09.2006.

Zöfel, P. (2003): Statistik für Wirtschaftswissenschaftler, München.

Zuberbühler, M. (1989): Wer sind die erfolgreichen Unternehmer?, in: io Management Zeitschrift, 58. Jg., S. 31-34.

KMU-Forschung

Herausgegeben von Friederike Welter und Andreas Pinkwart

Band 1 Susanne Kolb: Integriertes Turnaround-Management. Konzept zur nachhaltigen Überwindung von Unternehmenskrisen im KMU. 2006.

Band 2 Daniel Heinemann: Lernen im Turnaround von KMU. Eine theoretische und empirische Betrachtung des Unternehmens-Turnarounds von KMU aus der Perspektive des individuellen und orgarnisationalen Lernens. 2008.

www.peterlang.de

FSC
www.fsc.org
MIX
Papier | Fördert gute Waldnutzung
FSC® C083411

Kolibri 360 GmbH
Ferdinand-Jühlke-Straße 7
99095 Erfurt, Deutschland
produktsicherheit@kolibri360.de

Druck:
CPI Druckdienstleistungen GmbH
im Auftrag der
Kolibri 360 GmbH
Ferdinand-Jühlke-Str. 7
99095 Erfurt